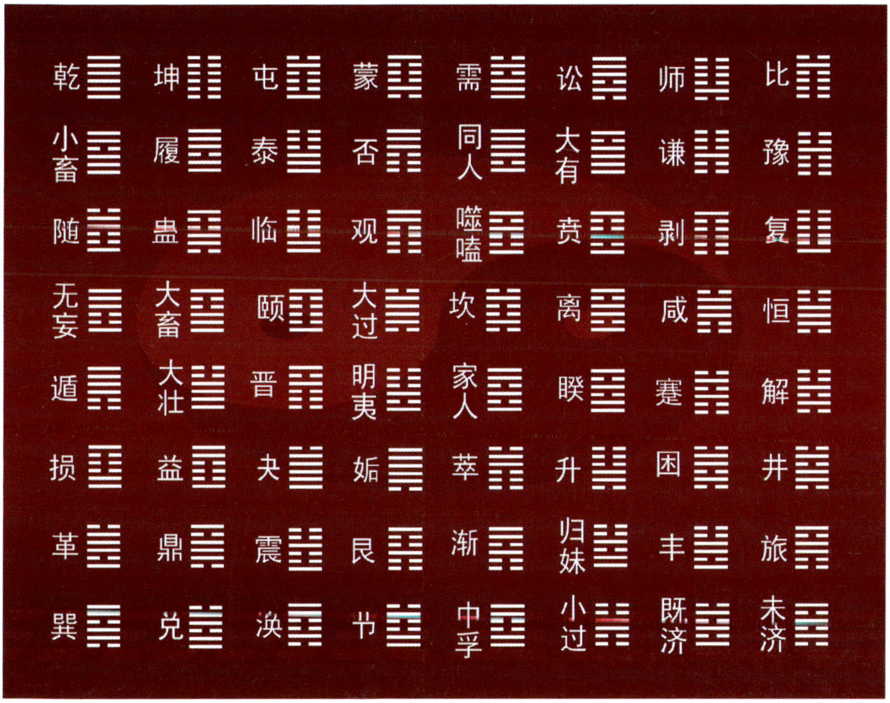
乾 坤 屯 蒙 需 讼 师 比
小畜 履 泰 否 同人 大有 谦 豫
随 蛊 临 观 噬嗑 贲 剥 复
无妄 大畜 颐 大过 坎 离 咸 恒
遁 大壮 晋 明夷 家人 睽 蹇 解
损 益 夬 姤 萃 升 困 井
革 鼎 震 艮 渐 归妹 丰 旅
巽 兑 涣 节 中孚 小过 既济 未济

六十四卦图

神机庙算

——《周易》与《孙子兵法》

韩荣钧 著

山东大学出版社

图书在版编目(CIP)数据

神机庙算:《周易》与《孙子兵法》/韩荣钧著. —济南:
山东大学出版社,2016. 11
ISBN 978-7-5607-5495-6

Ⅰ. ①神… Ⅱ. ①韩… Ⅲ. ①《周易》-研究Ⅳ. ②《孙子兵法》-研究
Ⅳ. ①B221. 5②E892. 25

中国版本图书馆 CIP 数据核字(2015)第 321173 号

责任编辑:张 瑞
封面设计:张 荔

出版发行:山东大学出版社
社 址 山东省济南市山大南路 20 号
邮 编 250100
电 话 市场部(0531)88364466
经 销:山东省新华书店
印 刷:济南景升印业有限公司
规 格:720 毫米×1000 毫米 1/16
19. 5 印张 343 千字
版 次:2016 年 11 月第 1 版
印 次:2016 年 11 月第 1 次印刷
定 价:39. 00 元

前　言

《周易》是中华民族的元典之一，熔铸着中华民族的精神风貌和民族性格。"天行健，君子以自强不息"已是妇孺皆知，并成为中华民族生生不息的原动力。近代大儒曾国藩一生手不释卷，"定刚日读经、柔日读史之法"①，所读何书也？其所手订之《求阙斋课程》列有熟读书一项："《易经》、《诗经》、《史记》、《明史》、《屈子》、《庄子》、杜诗、韩文。"②于"五经"取其二，《易经》占首位，其一生学养、功业得力于《易经》亦多欤？

《周易》与兵学的关系，早有人论及。中国古代军事家，如孙武、韩信、诸葛亮、李靖、刘伯温、曾国藩等，莫不精通易理。明代军事理论家赵本学称誉当世，其所著《韬钤内外篇》将易理与兵学有机结合，以易学推衍兵家奇正虚实之权，为一时独步。其高徒抗倭名将俞大猷谓："猷读先师所授《韬钤内外篇》者有年，领其大旨，知其无一不根基于易者……穷乎先后天之卦、河图洛书之数、九军八阵之法。"③俞大猷少从王宣学《易》，后得赵本学之真传，长于易经，其著有《韬钤续篇》《兵书发微》，与赵本学在以《易》演兵上后先辉映。民国年间出现的《三十六计》以易理推演兵法，将易与兵的刚柔、奇正、进退、攻守融为一体，成为晚近以来以《易》演兵的代表性作品。当代台湾学者安矜群著有《易与兵略》一书将《周易》与兵学的关系进行了细密有条理的分析："中国古代军事理论，皆本诸《易经》而阐发推衍之，故此书体例，先举易经卦爻辞，然后历数诸兵家的学说，再归之于易。此书分三章：第一章《兵之本》，分别论述兵道贵得民重将，师必节制以法令，将不内御必使专，为将之道仁为本。第二章《兵之体》，分别论述计定备立，蓄积养锐，兵必以义，兵勿妄动，兵贵速决。第三章《兵之用》，分别论述密军机，严戒备，审利害，知进退，处危道，握机势。"④"此书收入陈立夫主编的《易学应用之研究》第 1 辑，

① 曾国藩著，李瀚章编撰：《曾文正公家书全集》，金城出版社 2013 年版，第 54 页。

② 蒋星德编著：《曾国藩全集》（二十），岳麓书社 2011 年版，第 73 页。

③ 俞大猷：《赵本学阵法发微序》，茅元仪辑：《武备志》卷六四，清道光活字本，第 2367 页。

④ 萧元主编：《周易大辞典》，中国工人出版社 1991 年版，第 371 页。

台北中华书局(1979 年)印行。”[①]惜乎大陆不易得。大陆学者姜国柱著有《周易与兵法》一书,将《周易》的军事思想与兵学有机结合,颇具特色。

唐人李筌在《太白阴经·庙算》中强调论兵要察天、地、人三才:“上见天灾,下睹地殃,旁观人失。兵不则天不可动,师不法地不可行,征伐不和于人不可成。天赞其时,地资其财,人定其谋,静见其阴,动见其阳,先观其迹,后知其心。……以此观之,胜负亦易见矣!”[②]天、地、人三才,《周易》所运思也;动、静、阴、阳,《周易》之晶核也。古圣“仰则观象于天,俯则观法于地,观鸟兽之迹,与地之宜”[③]而作《周易》八卦,兵机战略与《周易》应具天然之联系。《左传》载:“(庄公)八年春,治兵于庙,礼也。”杨伯峻注:“授兵必于太庙,隐十一年传:‘郑伯将伐许,五月甲辰,授兵于大宫’可证。”[④]“庙者鬼神所居,祭祀以成之。”[⑤]古者命将、出师、还师都要告之于庙。《穀梁传》曰:“四时之田,皆为宗庙之事也,春曰田,夏曰苗,秋曰蒐,冬曰狩。”[⑥]四时田猎,宗庙之祭,皆有军事目的,多为观兵振旅设耳。

孙子曰:“夫未战而庙算胜者,得算多也;未战而庙算不胜者,得算少也。”[⑦]张预注云:“古者兴师命将,必致斋于庙,授以成算,然后遣之,故谓之庙算。”[⑧]孙子之“庙算”一词在西汉著成的《淮南子》一书中化为“庙战”:“故庙战者帝,神化者王。所谓庙战者,法天道也;神化者,法四时也。修政于境内而远方慕其德,制胜于未战而诸侯服其威……”[⑨]庙战要遵循天地、四时自然变化的规律,德明行修,方使远近悦服。该书又云:“凡用兵者,必先自庙战:主孰贤?将孰能?民孰附?国孰治?蓄积孰多?士卒孰精?甲兵孰利?器备孰便?故运筹于庙堂之上,而决胜乎千里之外矣。”[⑩]无非化用孙子成策而延伸推广之,正所谓“前孙子者,孙子不能遗;后孙子者,不能遗孙子”[⑪],孙子之学神乎妙矣!于是作《神机庙算:〈周易〉与〈孙子兵法〉》。

---

① 萧元主编:《周易大辞典》,第 371 页。

② 李筌著,刘先廷译注:《〈太白阴经〉译注》,军事科学出版社 1996 年版,第 91 页。

③ 黄寿祺、张善文:《周易译注》,上海古籍出版社 2001 年版,第 572 页。

④ 杨伯峻编著:《春秋左传注》,中华书局 1990 年版,第 173 页。

⑤ 左丘明撰,杜预注,孔颖达疏:《春秋左传注疏》(一),山东画报出版社 2004 年版,第 98 页。

⑥ 范宁集解,杨士勋疏:《春秋穀梁传注疏》,李学勤主编《十三经注疏》本,北京大学出版社 1999 年版,第 39 页。

⑦ 吴九龙主编:《孙子校释》,军事科学出版社 1990 年版,第 15 页。

⑧ 孙武撰,曹操等注,杨丙安校理:《十一家注孙子》,中华书局 2012 年版,第 19 页。

⑨ 何宁:《淮南子集释》,中华书局 1998 年版,第 1052 页。

⑩ 何宁:《淮南子集释》,第 1067 页。

⑪ 茅元仪辑:《武备志》卷一《兵诀评》,天启元年刻本,第 1 页。

目　录

第一章 《周易》与《孙子兵法》概论

《周易》《孙子兵法》成书的时代与过程，至今有不同的说法。《周易》经文是否对《孙子兵法》产生了影响，产生了哪些影响，以及《易传》与《孙子兵法》之间是否有互相影响的关系，这些都是本章所要呼应的问题。

第一节 《周易》概说

一、《周易》概述

《周易》一书居于儒家典籍“五经”之首，有着崇高的学术地位。清人李光地谓：“臣惟《易》之为书也，大而言之，则《六经》之原、天地鬼神之奥也。切而言之，则动息语默、酬物应事，修之吉而悖之凶，盖有不可斯须去者。”[①]李氏把《周易》看成洞彻宇宙天地之奥秘、条理人间行事之规范。天地之运行规律、人事之情味法则，《周易》靡不具载。实则在上古，《周易》只是一本讲占筮的书(即便在今天，民间也是把《周易》看成占筮之书)，由于后来的解释、扩容，其意义、地位才变得愈显重要了。

(一)《周易》的起源

《周易》的起源与占筮是分不开的。《周易》原本是讲占筮的书，《系辞》中详述了上古用蓍草占筮的过程。周代流行的占筮与殷代流行的龟卜应有承袭关系。龟卜即古人灼烧龟甲或兽骨，使其爆裂，现出兆象，即裂纹，用作判断祸福吉凶的根据。最后把验证的情况刻在甲骨上，就是我们今天看到的甲骨卜辞。“在殷代社会，下层是否有龟卜的权利，不得而知。就卜辞提供的材料看，卜问的人都是王公大人，殷代的贵族。而《周易》和筮法则推广妇人、小子、小人等，成为民间流行的迷信了。”[②]《周易》提到“妇人吉(恒卦六

---

① 李光地：《进易论序》，见祝秀侠、袁帅南编纂：《清文汇》，中华丛书编审委员会1960年版，第881页。

② 朱伯崑：《易学哲学史》第1卷，华夏出版社1995年，第20页。

五)”“纳妇吉(蒙卦九二)”“妇贞厉(小畜卦上九)”“小人吉(否卦六二)”“小人无咎(观卦初六)”“小人否(遁卦九四)”等。可见,《周易》更加普及,其应用范围比殷代流行的龟甲占卜更为广泛。《周易》的应用虽推及民间,但作为其文本的卦爻辞则大多是在此前形成的,必然与龟卜的内容一样,是王公大人所关注的对象,“祀”与“戎”之类成为卦爻辞所描述事象的主要内容。

《周易》的筮法应当上溯到殷代。屈万里谓:“上古筮法可能经过多次改革,也可能各地不同。殷代在筮法改革上最重要的人物是巫咸,他是太戊时期(西元前一六三七至一五六三)的名臣,《世本·作篇》与《吕氏春秋·勿躬》都说:‘巫咸作筮’。他所‘作’的筮究竟怎么样,如今已无法查考。在筮法上最重要的改革,是把筮数归纳成奇偶两类,而改用两种符号来记录。”[①]“两种符号”即《周易》之长横、短横两种阴阳符号。《周易》的筮法经过长时间的积累,后来也就成为人们所奉行的样子。但这必然是一个较为漫长的时间段,且不可能出自某一个人之手。

在周代,筮法并没有完全取代龟卜。容肇祖谓:“周代龟筮并用,是可以证明的。如《诗·氓篇》说,‘尔卜尔筮,体无咎言’。《国语·晋语》‘爰疑,决之以卜筮’。”[②]《左传》至少记载了55例龟卜。[③] 卜筮常连用而不分,又卜又筮较为常见。朱伯崑谓:“《周礼·春官》说:‘凡国之大事,先筮而后卜。’《左传》僖公四年记载卜人的话说:‘筮短龟长,不如从长。’这些评论,除表明龟卜的形式比占筮更加神秘外,还反映了一种情况:龟卜的历史悠久,而占筮则比较晚出。或者说,占筮乃一种新的形式,被看成是对龟卜的补充。”[④]李学勤则用出土材料证明“先筮后卜”在上古长期存在:“近年发现的战国时期竹简,有一些是占卜的记录,也是先筮后卜,文字的格式也和殷末到西周的差不太多。这证明当时还在沿袭着先筮后卜的传统习俗。”[⑤]这也说明,筮与卜有着共同关注的对象和类似的功用。古人有时用筮,有时用卜,而先筮后卜居多。

(二)《周易》的作者及成书问题

关于《周易》的作者,以前多认为是伏羲、周文王、周公所作,今人多不认为是事实。屈万里谓:“在甲骨文中,还没有大家公认的筮字,可知用蓍草占筮,起源较晚。就上举的例子看,易卦和龟骨卜,显然有互相因袭的地方。

① 戴琏璋:《易传之形成及其思想》,(台北)文津出版社1988年版,第19页。
② 容肇祖:《占卜的源流》,海豚出版社2010年版,第10页。
③ 参见陈来:《古代思想文化的世界》,三联书店2009年版,第26页。
④ 朱伯崑:《易学哲学史》第1卷,第6页。
⑤ 李学勤著,傅杰编:《失落的文明》,上海文艺出版社1997年版,第271页。

卦爻的逆数，既用了殷代晚期龟骨卜的习惯，可知画卦和重卦的时代，最早也不会早过殷代的晚年。而卦爻辞作成于西周初年，从而可以推断画卦和重卦的时代，也应当在西周初年。”[①]既然《周易》卦爻的逆数形式（从下往上计）源于龟骨卜，其必然承继龟骨卜而产生，这也是一个漫长的过程，大概在周初正式形成。同样，卦爻辞也是经过长时间的积累而形成的，自然也不是几个圣人所能为的。古人把《周易》说成是周文王、周公所创，虽然是假托古人，但也不是没有一点道理，至少在产生时代上是大致符合的。

郭沫若在《古代社会研究》里面曾把《易经》的产生时代定在史前社会。他说：“《易经》的时代，在上篇我们已经约略地规定了，它是由原始公社社会变成奴隶制时的社会的产物。”[②]郭说明显是把《周易》产生的时代提早了，郭氏本人后来也作了推后的修正。李镜池认为《周易》是周初的作品：“从卦、爻辞的史实背景，时代观念去考察，的确可以推断《周易》作于周初。我写《周易筮辞考》，根据卦、爻辞的材料，分类统计，以战争祭祀等为多，与卜辞之性质近，所以也作同样的假定。”[③]以《周易》记载的史事考证其产生时代比一味相信古书所言作者是谁、时代是何时更具合理性。李学勤认为：“《周易》经文所见人物及其事迹，确实都是很古老的。经文的形成很可能在周初，不会晚于西周中叶。”[④]顾颉刚认为：“《易经》（原注：即卦爻辞）的著作时代在西周，那时没有儒家，没有他们的道统的故事，所以它的作者只把商代和商周之际的故事叙述在各卦爻中。《易传》的著作时代至早不得过战国，迟则在西汉中叶。”[⑤]顾颉刚把《周易》经文的著作时代定在儒家之前，确乎不可移，尧舜、神农之事在经文不见，《易传》则提及。显然，顾颉刚对《易传》的时代判断是有些推后了。

《周易》是周初的作品大致已成公论，但《周易》写定的年代要靠后一些。金景芳曾谓：“应当指出，古人的著作与后人的著作不同。古时没有印刷术，没有版权，更没有稿酬。所以，今人指先秦某书为某人作，其实，多不是某人自作，其中有的部分出于门弟子记录，有的部分甚至得之于道听途说，而为好事者所记。其笔于书也，端赖竹简，其传于当代或后世也，惟靠手抄。不仅如此，而且当时的文字，并没有规范化。所以，传至后世的先秦古书，脱

① 屈万里：《先秦文史资料考辨》，（台北）联经出版事业股份有限公司 1983 年版，第 312 页。

② 郭沫若：《中国古代社会研究》，郭沫若著作编辑出版委员会编：《郭沫若全集·历史编》第 1 卷，人民出版社 1982 年版，第 69 页。

③ 李镜池：《周易探源》，中华书局 1978 年版，第 132 页。

④ 李学勤：《周易溯源》，巴蜀书社 2006 年版，第 18 页。

⑤ 顾颉刚：《周易卦爻辞中的故事》，《燕京学报》1929 年第 6 期，第 989 页。

简,错简,讹误,以至于后人窜入之事,往往有之。”[①]《周易》也应是这样,其诘屈难解,一则因为文字古奥,另一方面也是因为脱简、错简、传抄错误的原因,其成书也是一个漫长的整理、编定的过程。

容肇祖认为:“(《周易》)是占筮家的参考书,汇集古占辞而成。但是在春秋时的占筮者多本于《周易》,可知《周易》的编集,当在春秋以前。”[②]这样说来,《周易》难称是哪一个或者哪几个作者的作品,是众人编汇的成果。上古巫史不分,史官在《周易》成书的过程中做了大量的编纂工作。“约西周在天下安定后,王朝的政府就开始制度化。世官制度给周人贵族以充分共享政权的机会,史官系统(包括祝宗卜史与乐官)由于其承受知识的圣职性格,成为王朝政府中的专门人才,举凡典故、记录与档案方面的事务,王室必须依仗他们的服务。”[③]史官常管理、编定官方文献,统治者常常用到的《周易》这种文献的编辑自然也应在他们的职务服务之列。《左传》《国语》中就有不少史官为王公大人说解《周易》、占卜时事,大概也就是他们对《周易》的占辞进行了整理,并编纂成书。朱伯崑谓:“关于《周易》的编纂,近人认为出于当时的史官之手,《周易》是经过多次整理而成的。史官在古代兼管占卜之事,据《左传》所载,春秋时期从事占筮的人,有周史、史墨、史鱼、史赵、蔡墨等,他们都是周王朝和诸侯国的史官。《周易》这部典籍的编纂,出于西周的史官之手,也是可信的。”[④]郑万耕对此总结道:“多数学者认为,《周易》的基本素材是西周初年或前期的产物,其成书非一时一人之作,而是陆续形成的作品。我们倾向于周初说。《易经》是怎样编成的,可能是当时掌管卜筮的人,于每次占卜之后,将所得的兆象和占断的辞句记录下来,到年终,又将积累的筮辞和卜辞加以统计、整理,看其有多少条已经应验。已经应验的则筛选出来,作为以后卜筮的参考或依据。经过数次的筛选、编排和文字加工,最后形成了《易经》。”[⑤]虽然伏羲、周文王、周公有可能为《周易》的产生做过贡献或重大贡献,古书也言之凿凿,但其书的编定,恐怕是需要几代史卜人才的筛选、编纂才完成的。

(三)《周易》的早期传播

徐中舒认为《周易》在春秋时期传播未广:“公元前五四〇年(鲁昭公二年)晋国执政的韩宣子来聘于鲁,观书于太史氏,见《易象》与《鲁春秋》曰:

---

① 金景芳:《学易四种》,吉林文史出版社 1987 年版,第 213 页。

② 容肇祖:《占卜的源流》,第 19 页。

③ 许倬云:《西周史》,三联书店 2001 年版,第 236 页。

④ 朱伯崑:《易学哲学史》第 1 卷,第 12 页。

⑤ 王宁、褚斌杰等著:《十三经说略》,中华书局 2015 年版,第 3 页。

‘周礼尽在鲁矣！’《周易》为象数之书，故称为《易象》，《易象》在鲁藏于太史氏，外人也是看不到的。韩宣子在鲁初见此书，就加赞叹，可见晋国也没有此书。鲁哀公时公室衰微，太史失职，挟其世代典守的《易象》和《鲁春秋》与孔子弟子相偕去国。子夏居西河，为魏文侯师，《左传》就是完成于子夏一再传的弟子的手中。《左传》好预言因果休咎，每引用《周易》卦爻辞以证其说。”[①]鲁哀公前其他国家未有《周易》，不确；实则《左传》对鲁国以外的人引用《周易》多有记载。徐中舒则认为：“《周易》成书于西周之初，秘藏于周王室和鲁太史氏，民间流传数占，既不需此，而这样简朴难解的书，在民间也不易流行，所以《周易》就在王室和鲁太史氏秘藏中沉睡了四百余年。”[②]《周易》必不能如徐氏所说如此秘藏，《左传》和《国语》中已记载各国多人广泛应用《周易》解事、说理。《周易》“简朴难解”，恐当时亦未必。和其他古籍一样，当时人对该书的理解必不如今人之难。顾颉刚谓：“实在说来，几部真的经书都是国君及卿大夫士们的日常应用的东西，意义简单，有何神秘。《诗》《书》《礼》《乐》，是各国都有的。《易》和《春秋》是鲁国特有的。《左传》上记韩宣子聘鲁，见《易象》与《鲁春秋》，曰：‘周礼尽在鲁矣’，这句话大概可信。……孔子生在鲁国，收了许多弟子，把鲁国所有的书籍当作教科书，这原是平常的事。”[③]说《易》是“鲁国特有的”，非确。《周易》在春秋时期已广泛流行。

《周易》曾在春秋时期的贵族阶层中广泛流行。冯友兰谓：“《左传》《国语》中所载当时人物应答之辞，皆常引《诗》《书》。他们交接用《礼》，卜筮用《易》，可见当时至少一部分的贵族人物皆受过此等教育。”[④]对于《左传》的史学价值，疑古如顾颉刚者亦十分推重：“我们对于春秋时的历史，信《左传》的程度乃远过于信《公羊传》。”[⑤]《周易》在春秋时期的流行，尽可从《左传》得知。“《左传》《国语》之成书年代，应成于春秋末至战国初年间，其后又经史官编纂润饰而成。”[⑥]在此之前，《周易》应广泛流行于世。朱伯崑谓：“《周易》作为占筮的依据，在春秋时期以很流行。据《左传》和《国语》记载，当时人以《周易》卜问吉凶，有二十余条，已把《周易》奉为圣人的典籍。《左传》昭公二年记载，韩宣子聘于鲁，‘观书于太史氏，见易象与鲁国春秋，曰：‘周礼尽在鲁矣。吾乃今知周公之德，与周之所以王也。’……韩宣子认为《周易》和《春秋》乃周王朝开国的典籍，为周礼的一部分，保存在鲁国的史官手中。《周

① 徐中舒：《数占法与周易的八卦》，《徐中舒历史论文选辑》，中华书局 1998 年版，第 1450 页。

② 徐中舒：《数占法与周易的八卦》，《徐中舒历史论文选辑》，第 1450 页。

③ 顾颉刚：《顾颉刚集》，中国社会科学出版社 2001 年版，第 117 页。

④ 冯友兰：《中国哲学史》，华东师范大学出版社 2010 年版，第 34 页。

⑤ 顾颉刚：《古史辨》第四册“序”，《顾颉刚集》，中国社会科学出版社 2001 年版，第 125 页。

⑥ 唐玉珍：《〈左传〉〈国语〉引易考释》，台湾师范大学硕士学位论文，2009 年，第 28 页。

易》不仅在鲁国,在其他诸侯国也是流行的,总的说来,仍被看成是同龟卜并行的占筮的典籍。如出征、结盟、挑选继承人、生子、婚配、推测国家的前途等都占筮以决疑,许多人包括后来《左传》的作者都迷信筮法灵验。”[①]上古信奉占筮的传统在春秋时期仍十分流行。郑万耕亦谓:“从现在流传下来的材料看,《易经》作为占筮的依据,在春秋时期已经十分流行。据《左传》和《国语》记载,当时人以《周易》占问吉凶,共有二十余条,且讲论《周易》的情况,涉及周、陈、晋、鲁、齐、秦、郑、卫等国,足证春秋时代《周易》流传之广泛。这说明,当时人已经把《周易》奉为神圣的典籍。”[②]据《左传》《国语》等记载,王公贵族每遇大事,多或卜或筮以决疑,筮占仍然具有较高的地位。《周易》必在当时社会广为流行。

(四)《周易》的价值与意义

抛开《周易》占筮的形式,但就《周易》文本——卦爻辞来说,便有着丰富的历史内容,确为上古社会生活的真实记录。学者对《周易》的史学价值给予了较高的评价:“卦爻辞原本是占筮的记录,后来经过编者的选择和加工,编入《周易》中。……但是其中讲的事件和问题,却是当时的社会生活在意识形态上的反映。”[③]正像甲骨卜辞反映了殷代的社会生活一样,《周易》卦爻辞主要反映了殷末周初的社会生活。“《易经》是中国古代卜官在长期积累起来的十分丰富的卜筮记录基础上编纂而成的一部占筮书;它是被宗教巫术大氅包裹着的人类孩提时代的百科全书;它相当广泛地展现中国古代社会经济、政治、文化结构以及生活方式、伦理道德、风俗习惯、心理结构等等。”[④]“(《周易》)卦爻辞所反映的社会生活,包括远古时代、殷代和西周初期三个时期的情况,为研究我国古代社会史提供了重要的资料。”[⑤]《周易》是上古社会生活的实录和古人智慧的一大结晶,在中华民族生生不息的历史长河中有着较高的历史价值和深远的社会影响。

春秋时期卜筮的地位已不如先前崇高,社会在进步的同时,思想也在发展。“春秋时期,在《易经》仍继续发挥宗教巫术作用的同时,易学逐渐与卜筮过程分离,并摆脱其束缚,开始向哲理化、抽象化方向发展,卦爻辞被赋予以各种思想内涵和价值意义。”[⑥]《周易》其宗教巫术作用的外衣之下有着丰富的哲理思想内核。随着人们思维、认识程度的提高,其哲理日益被发掘。

---

① 朱伯崑:《易学哲学史》第1卷,第22页。

② 王宁、褚斌杰等:《十三经说略》,第4页。

③ 朱伯崑:《易学哲学史》第1卷,第16页。

④ 张立文:《周易与儒道墨》,(台北)东大图书股份有限公司1991年版,第1页。

⑤ 朱伯崑:《易学哲学史》第1卷,第17页。

⑥ 张涛:《秦汉易学思想研究》,中华书局2005年版,第4页。

"我们在今本《周易》中所见，卦爻辞不只是单纯的断占，作者还着重卦爻性质及意义的说明；他记述历史故事、社会现象或自然景物，把抽象的吉凶断占具体化，把单调的卦爻符号生动化，让筮者得到多方面的启发与指点。"①《周易》以其丰富的逻辑内涵、发散思维的模式给世人以广泛的人生指点。"《周易》一经编纂成书，成为占筮的依据，人们对卦爻象和卦爻辞引申发挥，作出这样或那样的解释，其本来的具体含义也就逐渐被抛到脑后了，可以把它看作许多事物的象征。于是，《周易》也就变成了一个无所不包的空套子，一部宇宙代数学，任何事物都可以套进去。"②《周易》经过几代人的阐释、总结，抽象出了一种形式化的符号系统，使之完全具备了即事言理、舍事言理的哲学书的面孔。《周易》的文本有着丰富的社会史的史料，《周易》的义理则有着多方面的指导人生的价值意义。

秦燔诗书，《周易》的经传在秦火之劫中还是幸存了下来。刘歆《移太常博士书》载："汉兴，去圣帝明王遐远，仲尼之道又绝，法度无所因袭。时独有一叔孙通略定礼仪，天下惟有易、卜，未有它书。"③《周易》是当之无愧的中华民族最古老的典籍之一。《周易》所阐发的生生不息的自强精神成为中华民族浩荡不息、前赴后继的精神动力。

二、《周易》的军事内容

（一）《周易》在内容上对甲骨卜辞多有承袭

在殷代的甲骨卜辞中，"祀"与"戎"占有突出地位："以事类来分，'祀'与'戎'，无疑是殷商甲骨中内容最为充足的两大部分。前者的相关卜辞更是多于后者，甚至许多战事的展开在卜辞中仍然离不开占卜与祭祀。"④祭祀中也包括不少军事内容。林小安谓："殷王每每在出巡狩猎、选将出征、敌国侵扰和灾祸降临时，告祭鬼神。"⑤战前进行祭祀是殷代常规的行事模式，祭祀的卜辞有很多也是关于战争的。罗振玉《殷墟书契考释》载："凡卜祀者用龟，卜它事皆以骨。田猎则用胫骨，其用胛骨者，则疆理征伐之事为多。故殷墟所出，兽骨什九，龟甲什一而已。"⑥一是因为龟甲珍稀；二是因为"卜祀"的时候虽多，卜田猎、征战的时候亦不少。"疆理征伐之事"实成为甲骨卜辞

① 戴琏璋：《易传之形成及其思想》，（台北）文津出版社 1989 年版，第 23 页。

② 郑万耕：《易学源流》，沈阳出版社 1997 年版，第 28 页。

③ 班固：《汉书》卷三六《楚元王传附刘歆传》，中华书局 1962 年版，第 1968 页。

④ 陈佩君：《甲骨文军事动词同义词研究》，东海大学博士学位论文，2013 年，第 38 页。

⑤ 林小安：《殷武丁臣属征伐与行祭考》，宋镇豪主编：《甲骨文与殷商史》第 2 辑，上海古籍出版社 1986 年版，第 287 页。

⑥ 罗振玉编：《殷墟书契考释》，东方学会 1927 年版，第 107 页。

的主要内容之一。"关于《左传》中所记载的龟卜之例,据学者统计,至少有55例。由占问事体的不同,可见其数量分布的情形:征伐(20例)、命官(7例)、立储(4例)、营建(4例)、生育(3例)、疾病(4例)、婚姻(3例)、郊祭(8例)、雨(1例)、梦(1例)。"①甲骨卜辞的内容模式被《周易》继承下来。

(二)军事是《周易》的主要题材和内容之一

《周易》紧承甲骨占卜而兴,"祀"与"戎"仍是其占卜的主要内容。郭沫若认为,《周易》所反映的行政事项第一是享祀,第二是战争。② 他说:"战争在原始人的生活上是很重要的,这是谁也可以想象得到。《易经》中战争的文字之多,实在任何的事项之上。"③郭沫若列举了26条涉及十六卦的有关战争的卦爻辞,并谓:"此外还有不少的单独是征字(原注:十四处),以及意义虽然很鲜明而不敢妄定的无数的孚字,(经文中的孚字凡三十三处,古人均一律训信,有些地方实在讲不通)。'匪寇婚媾'四字联文的寇字四处。战争的机会这样多,惟一的原因就是氏族共有财产的保卫。男子多作了武人,自然从事于生产的时候很少,便不能不用武人的力量去抢劫邻族的财产以富裕己族的私有。于是战争便成为物质生产上一项重要的工具。"④战争、掠夺是奴隶制时代社会生活的重要内容,《周易》的卦爻辞有着对其鲜明的反映,远比今天发挥着更重要的作用。《周易》涉及的武器有"乾""弓""弧""戈""戚""斧""矢""鼓"等。⑤ 足见当时的作战技术已发展到相当的程度。

朱伯崑结合《周礼》探讨了《周易》的筮占内容:"《周礼·春官》:'占人掌占龟,以八筮占八颂。以八卦占筮之八故,以视吉凶。''八故',即八事。按郑玄注,谓一征(征伐),二象(灾变云物类),三与(与人以物),四谋(谋议),五果(事成与否),六至(来到与否),七雨(降雨与否),八瘳⑥(病愈与否)。关于八事的占筮,称为'八筮'。'以八卦占筮之八故',是说,依八种卦象,推测所占八事之后果。"⑦八事之中,"征""谋""果"都与战事有关,在社会生活中的重要性也超过其他五事,《周易》不可能不拿它作为描述社会生活的重要

---

① 陈来:《古代思想文化的世界》,第26页。

② 参见郭沫若:《中国古代社会研究》,郭沫若著作编辑委员会:《郭沫若全集·历史编》第1卷,人民出版社1982年版,第51页。

③ 郭沫若:《中国古代社会研究》,郭沫若著作编辑委员会:《郭沫若全集·历史编》第1卷,第52页。

④ 郭沫若:《中国古代社会研究》,郭沫若著作编辑委员会:《郭沫若全集·历史编》第1卷,第52页。

⑤ 参见徐式圭:《易经字说》,黄寿祺、张善文编:《周易研究论文集》,北京师范大学出版社1990年版,第222页。

⑥ 瘳:病愈,音chōu。

⑦ 朱伯崑:《易学哲学史》第1卷,第9页。

方面。李镜池谓:“古代大事指战争与祭祀,其余都是小事。”[①]从《周易》的内容可以证李说之是。“《周易》全书六十四卦,三百八十四爻,共有四百五十项语句。在这些语句中,关于军事的事项‘在任何事项之上’。从内容看,师、同人、豫、随、离、晋、革、旅八个卦是主讲军事的。其他卦中也不同程度地涉及军事的内容。从文字上看,《周易》中使用了许多军事术语,其中有些还反复出现,如‘征’出现18次,‘寇’出现8次,‘师’出现10次,‘孚’出现41次,‘克’出现5次,‘伐’出现4次。还有战、侵、戎、交、武、击、帅、获、取等术语也多见。”[②]《周易》主要讲军事的专卦有8个,和军事相关的卦象就更多了。李镜池在论文《周易筮辞续考》里面,列举有关战争的卦爻辞43条,牵扯到29卦。[③] 顾颉刚也谈到:“六十四卦中,如《师》,如《同人》,如《谦》,如《豫》,如《晋》…都说到行师攻伐。”[④]李镜池谓:“我们更统计卦、爻辞所载关于筮占的范围,可以知道那时代的人的重要生活。”[⑤]李镜池较为全面地“统计了卦爻辞所载关于筮占的范围”,即:“(1)行旅,泛叙行旅的有近百条。(2)战争,不下八九十条。(3)享祀,有二十条。(4)饮食,有三十多条。(5)渔猎,十九条。(6)牧畜,十七条。(7)农业,不少,但不很明显,未统计。(8)婚媾,有十八条。(9)居处及家庭生活,约有二十余条。(10)妇女孕育,三条。(11)疾病,七条。(12)赏罚讼狱,约十余条。”[⑥]李氏对有关战争的言词作了统计:“战争:包括征伐与寇敌言之,不下八九十条。‘征’凡十八见。”[⑦]和征战有关的行进、迁移则更多见:“泛叙行旅的已近百条,包括往、旅、商旅、涉川、宾见、迁徙等,不下二百条。”[⑧]《周易》描述战争以及与战争有关的词汇实居各种社会事项的第一位。

李镜池认为《周易》对战争的认识已达到较高的水平:“《周易》还常写到战争:《师》《同人》写战争的准备、作战情况和军队组织;《离》写对敌警戒与遭受敌人侵袭的战祸;《晋》讲战略战术。其它卦说到战争的还不少。古代战争频繁,作者在对战争的总结中表现了相当丰富的军事知识。讲到伏击战、攻坚战、防御战、进攻战、遭遇战,特别注意警备、联防,主张和平友好,反

① 李镜池:《周易通义》,第75页。

② 房立中:《周易的军事思想》,军事科学院战略部、后勤学院学术部历史室编:《先秦军事研究》,金盾出版社1990年版,第196页。

③ 参见李镜池:《周易探源》,第81页。

④ 顾颉刚:《周易卦爻辞中的故事》,《燕京学报》1929年第6期,第996页。

⑤ 李镜池:《周易探源》,第33页。

⑥ 李镜池:《周易探源》,第38页。

⑦ 李镜池:《周易探源》,第33页。

⑧ 李镜池:《周易探源》,第33页。

对侵略等。”[①]《周易》应是较早集中反映上古战争方式与方法的典籍之一。李镜池总结道:“关于周易筮辞的叙事方面,我们可有以下的认识:(一)照纪事种类的统计来说,以战争、祭祀、商旅的为多,反映出周民族早期的社会生活。……(三)筮辞所记,是周民族筮占时的事实,与卜辞同,并不假借古人的故事,以代说明。”[②]《周易》实是对当时战争的历史、经验教训所作的总结。《周易》的军事内容直接影响了后来军事学的发展。

(三)《周易》的哲学内涵

随着时代的进步,《周易》的哲理影响大大超过了其原初的卜筮的本来用途。“在春秋时期,《周易》已经开始逐渐摆脱占筮的形式,而发展其自身就包含着的理性化因素。”[③]春秋时期人们对筮占的信仰已不像春秋以前那样执着:“我们说春秋时代筮占思想已到衰落阶段,正因为此时人们问占,敢于不听从占辞或筮史吉凶之断,而以私意解说。私意解说固然有主观条件为依据,言之有理,但卦之吉凶所示为客观标准,以主观条件改变了客观标准,便表示着筮术思想的衰落。”[④]正因为“筮术思想的衰落”,才使人们从神学迷雾中解放出来,才为诸子百家思想的萌发提供了条件,而诸子百家(当然包括兵家)无疑也在吸收着《周易》所蕴含的哲理思想。

春秋时期,开始“强调人的道德品质和执政者的政绩决定人事的盛衰和国家的兴亡”[⑤]。“这种观点同春秋时期的无神论思想是一致的。如史嚚所说‘国将兴,听于民;将亡,听于神’(《左传》庄公三十二年);臧文仲曰:‘修城郭,贬食省用,务穑劝分,此其务也,巫尪何为?’(同上僖公二十一年);士弥牟所说:‘薛征于人,宋征于鬼,宋罪大矣’(同上定公元年)……正是在这种无神论思想的影响下,《周易》作为卜筮之书的迷信色彩削弱了,被引向讲述人生经验和道德修养的典籍。”[⑥]“《周易》作为卜筮之书的迷信色彩削弱了”,在指导人生和社会生活方面其作用一点也没有削弱,反而因着新的解释的引入而加强了其指导人生和社会生活的价值。《周易》的哲理思想在诸子百家著作中多有体现,诸子都在不同程度上利用与解释《周易》。《孙子兵法》在哲学方面、军事思想方面都受《周易》的影响和浸润。

---

① 李镜池:《周易通义》,第 4 页。
② 李镜池:《周易探源》,第 99 页。
③ 王博:《易传通论》,中国书店 2003 年版,第 36 页。
④ 高怀民:《先秦易学史》,广西师范大学出版社 2007 年版,第 136 页。
⑤ 朱伯崑:《易学哲学史》第 1 卷,第 31 页。
⑥ 朱伯崑:《易学哲学史》第 1 卷,第 31 页。

第二节 《孙子兵法》概说

《孙子兵法》经历了时间的考验，至今仍在中国乃至世界军事思想史上享有盛名，其百世谈兵之祖的地位无人（书）能夺。“中国谈兵家无虑百数，惟《孙子》十三篇、戚氏《纪效新书》至今通行，称为切实。此外欲求所谓折衷戎行、会通今昔守御之要而机宜悉当者，殆不多见。”[①]军事学界对《孙子兵法》的评价甚高：“吾国数千年之用兵，均以孙子之理论为依据，而孙子谈兵之要旨即在‘先为不可胜，以待敌之可胜’数语耳，实与拿破仑所云‘战争之全部艺术，为行合理谨慎之防御而后续行迅速勇敢之攻击’之意相仿，后百余年，其后人孙膑在马陵对庞涓所演之歼灭战例，以退为进，更能发挥乃祖之遗意而广大之，此实我国之传统之战术思想殊值得吾人注意者也。”[②]

一、孙子的思想尽萃于《孙子兵法》一书

《孙子兵法》的作者问题尚有不少疑问未能解决。钮先钟谓：“据历史记载，孙子是‘以兵法见于吴王’，当时他的年龄不可能太大，应该还是在壮年期，所以，他不可能有太多的实际经验。但现在所留传的《孙子兵法》却显然是一本非常成熟的书，并且也显示作者是一位已有丰富战争经验的高级将领。因此，壮年期的孙子能否写得出这样一本书，实在令人感到怀疑。”[③]如果司马迁在《史记》中所记载的孙子见吴王事是事实，或许孙子“以兵法见于吴王”的那套兵法只是今日所流传的兵法的雏形。

今天所看到的《孙子兵法》十三篇，体大思精，学理丰赡，为千古所瞻仰，断非年轻无战争经验之人所能为。胡秋原谓：“（《孙子兵法》）思想之组织，文笔之流畅，春秋时代，尚无其匹。而‘五行无常胜’，见于《墨经》，实惠施以后之思想。”[④]《孙子兵法》断不会晚于《墨经》，但最后的定本晚过它也是可能的。有人认为：“孙武入吴而献兵法十三篇，理备言精，但决非一人之力，一时之功，很可能是加工整理田氏家传的兵学言论而成。”[⑤]孙子曾整理家传甚有可能，但定本尚不会如此之早，否则难以解释书中多次呈现的战国色彩。《孙子兵法》从出现到写定大致也是一个漫长的过程。“最早提出《孙子》这

---

① 陈龙昌：《中西兵略指掌》卷二〇，东山草堂光绪二十三年石印本。

② 章培：《根据宪法以策定国军战术思想之管见》，《现代军事》1947年第1期。

③ 钮先钟：《孙子三论：从古兵法到新战略》，广西师范大学出版社2003年版，第23页。

④ 胡秋原：《古代中国文化与中国知识分子》，中华书局2010年版，第172页。

⑤ 刘庆、皮明勇：《中华文化通志·军事学志》，上海人民出版社1998年版，第19页。

本书带有战国色彩是北宋仁宗时代注释《孙子》的名家梅尧臣。”[①]李零认为:“我们认为《孙子》一书作为‘孙子学派’军事思想的记录,其中某些内容可能在春秋末期就已经产生,但是它作为一部完整的书却是由战国时期的人整理完成的。”[②]这样解决了书中何以存在战国色彩的问题。屈万里认为:“这书的著成时代,最早也不会超过战国初年。而且它每篇都有‘孙子曰’,可见它也不是某一位孙子亲自所撰写,而是他的门人或更后的人所记录的。”[③]《孙子兵法》产生的时间定在战国初是合适的,紧跟孙子生活的年代。《孙子兵法》的成书像《论语》一样,是后学记述其先师言论并给予归纳整理的结果,无疑反映了孙子的思想。

二、《孙子兵法》是齐国兵学的集大成者

《孙子兵法》是久负盛名的齐国兵学的重要组成部分。有人谓:“在中国军事学史上影响最大的还是齐国兵学。它渊源于周初兵学家姜太公,后经管仲、司马穰苴等著名兵学家修复承传,至孙武著《孙子兵法》,在批判以往兵学传统,特别是周朝司马法的基础上正式形成。”[④]《孙子兵法》是齐国兵学的集大成者。

孙武出身田陈武将世家,自然饱受齐国兵学的影响。李零:“在《孙子》的成书年代问题上,我们的看法是:《孙子》的成书过程可能正与简本《齐孙子》所说‘明之吴、越,言之于齐’相合,大约是从春秋末期的吴国开始,到战国时期的齐国,经过长期整理最后完成。”[⑤]“《吴孙子兵法》题名作者的主要活动虽在吴国,但成书当是在齐国,书中很多内容和辞句与齐系统的《管子》非常接近,应以定为齐系统更为合适。”[⑥]孙子的兵学理论与战争实践给后人以极大的影响,素有兵学传统的齐国的孙子后学及其崇拜者整理归纳孙子的言论编为成书才有了《孙子兵法》。

《孙子兵法》无疑吸收了前人的智慧。“几乎可以确认战略研究必须从历史研究入门。换言之,一切战略思想的形成都必须以前人的经验为基础。《孙子》十三篇所代表的只是孙子的最后研究成果……从其书中可以发现他曾引述史例,并表示尊重古人经验的态度。所以,以常理度之,孙子对于历

---

① 李零:《〈孙子〉古本研究》,北京大学出版社 1995 年版,第 208 页。

② 李零:《〈孙子〉古本研究》,第 220 页。

③ 屈万里:《先秦文史资料考辨》,第 435 页。

④ 刘庆、皮明勇:《军事学志》,第 20 页。

⑤ 李零:《〈孙子〉古本研究》,第 215 页。

⑥ 李零:《〈孙子〉十三篇综合研究》,中华书局 2006 年版,第 8 页。

史应有相当深入的研究。"[①]孙子对包含丰富哲理思想、战争智慧的《周易》无疑也是借鉴的。顾颉刚谓:"(《周易》)这一部书原来只供卜筮之用,所以在国语(原注:包括《左传》)所记占卜的事中引用了好多次;但那时的筮法和筮辞不止《周易》一种,故《国语》所记多不同。此书初不为儒家及他家所注意,故战国时人的书中不见称举。到战国末年,才见于《荀子》书,比了《春秋》的初见于《孟子》书还后得多。"[②]我们知道,《周易》成书比《春秋》要早得多。《孟子》不言《周易》,只能说明《孟子》不像孔子那样重视《周易》,不能否定《周易》在春秋时期的广泛传播。同时,这也说明《周易》成为儒家经典有一个发展的过程。作为兵家的孙子看中《周易》的哲理价值和实用指导价值,吸取《周易》的智慧是顺理成章的。

第三节 《周易》对《孙子兵法》的影响

《周易》丰富的军事思想给《孙子兵法》以重要影响。魏源曾谓:"《易》其言兵之书乎?'元之为言也,知进而不知退,知存而不知亡,知得而不知丧',所以动而有悔也,吾于斯见兵之情。……《孙武》其言道之书乎?'百战百胜,非善之善者也;不战而屈人之兵,善之善者也。故善用兵者,无智名,无勇功',吾于斯见兵之精。故夫经之《易》也、子之《老》也、兵家之《孙》也,其道皆冒万有,其心皆照宇宙,其术皆合天人、综常变者也。"[③]在魏源看来,儒家经典《周易》亦是"言兵之书",兵家经典《孙子》亦是"言道之书"。即论述宇宙万物变化规律的哲学著作《周易》亦揭示了战争的规律,专事研究争战的兵家圣典《孙子兵法》亦透出了对世界万物的看法。中华文明孕育的两大圣典在哲学上、兵学上高度圆融,密合无间。那么产生在前的《周易》究竟是否影响了《孙子兵法》?又是怎样影响的呢?

一、《周易》与齐文化的契合

《孙子兵法》是世界上现存最早的兵书,比古希腊色诺芬(前430~前354年)所著的号称古希腊最早的军事理论著述的《长征记》要早许多年。"古典世界最伟大的军事理论家"[④]弗拉维乌斯·韦格蒂乌斯·雷纳图斯撰写《兵

---

① 钮先钟:《孙子三论:从古兵法到新战略》,第17页。

② 顾颉刚:《周易卦爻辞中的故事》,《燕京学报》1929年第6期,第1005页。

③ 魏源:《孙子集注序》,《魏源集》上册,辽宁人民出版社1994年版,第138页。

④ [美]小戴维·佐克,罗宾·海厄姆:《简明战争史》,军事科学院外国军事研究部译,商务印书馆1982年版,第28页。

法简述》则晚至公元 4 世纪了。

《孙子兵法》流传至今依然有着广泛的影响。从纵向上看,自该书问世 2500 多年来,战争的形式不断变化,从步战、车战到骑战、陆海空战、信息战,一直到核战争;战争的手段也不断升级,由冷兵器到火药兵器,到核武器;战争的空间也不断扩展,由单纯地面作战,发展到陆、海、空立体作战;由近距离作战,发展到远距离作战。但是《孙子兵法》在今天依然展现了无穷的魅力,仍然具有无可比拟的实战指导价值,其所蕴涵的理性光辉经历了时间的冲刷和考验并未丝毫减色。从横向上看,《孙子兵法》不仅对军事、战争具有巨大的指导意义,对社会各界人士也具有莫大的吸引力,将《孙子兵法》的精髓,用以指导自己的人生、事业。《孙子兵法》的指导价值,无疑源于其可媲美于诸多哲学著作的理性思维的高度和深度。

《孙子兵法》之所以受到古今中外军事家的推崇,之所以受到各行各业有识之士的青睐,之所以经久不衰、历久弥新,无不在于其饱含哲思的理性思维的魅力,或者说《孙子兵法》就是一部哲学著作。孙中山即谓:"就中国历史来考究,二千多年前的兵书有十三篇,那十三篇兵书便是解释当时的战理。由于那十三篇的兵书,便成立中国的军事哲学。"[①]作为东方哲学思辨形式特色的具象思维、抽象思维、朴素的整体性思维和辩证思维,都在《孙子兵法》这部兵学专著中得到了集中体现。中国的军事理论始终没有脱离华夏民族的哲学土壤,兵学的发展与哲学的发展密不可分。作为兵经哲学鼻祖的《孙子兵法》和被奉为"诸经之首""大道之源"的《周易》自然有着密不可分的关系。《孙子兵法》发源于齐国这片文化沃土,可谓齐文化的一枝奇葩。充满思辨色彩的《周易》和《孙子兵法》之根的齐文化是否有着某种关联呢?

春秋时期,在政治、思想、文化等方面出现了两种不同的思想倾向,即尊崇周王室的王道思想和力倡一方称霸的霸道思想。王道思想是以礼、乐和道德来维护王朝的政治、经济制度和家族伦理,使每个人都束缚在等级秩序之内,循名责实,恪守应尽职责。伯禽受封治鲁,以礼教民,施行的即为王道思想。儒家思想成为王道思想的代表。春秋时的鲁国成为宣扬王道思想的主要阵地。霸道思想则是一种现实地追求事功的功利主义思想,是一种重视现实人生的思想。太公治齐,"修政,因其俗,简其礼,通商工之业,便鱼盐之利"[②],便是这种功利主义的做法。以法家、兵家、阴阳家为主体的齐文化基本体现了重功利的霸道思想。作为法家、兵家思想大本营的齐国成为宣示霸道思想的主要阵地。这样齐鲁学术展示了昭然不同的面貌。蒙文通

---

① 黄彦编:《孙文选集》上册,广东人民出版社 2006 年版,第 494 页。

② 司马迁:《史记》卷三二《齐太公世家》,中华书局 1959 年版,第 1480 页。

谓:“鲁以六艺为正宗,齐为百家所聚萃。”[①]有学者指出鲁、齐不同的行为形式:“鲁主常,主合古,倾向于保守;齐主变,主合时,有革新精神。”[②]“(齐国)经济的多样性带来了文化思想的多样性,商业的发达促进了齐国同外界思想文化的交流;带来了齐文化的开放性……他们的思想不封闭,易于接受外来的新鲜事物,容纳各种不同的,甚至是互相对立冲突的思想。”[③]“从而形成了齐学求实、主变、富于革新精神的特点。”[④]而在求实、主变这一点上,齐文化恰与《周易》思想不谋而合。

《周易》不仅被儒家奉为经典,事实上也有很多逸出儒家思想藩篱的内容,而且也被道家、法家作为经典而尊奉之。朱自清曾说:“孔子只教学生读《诗》《书》和《春秋》,确没有教读《周易》。孟子称引《诗》《书》,也没有说到《周易》。《周易》变成儒家的经典,是在战国末期。”[⑤]亦可以说《周易》不是从一开始就被奉为儒家经典的。它后来虽成为儒家经典,但并不为儒家所独据,它还较多地体现了儒家之外的阴阳家、道家的思想。而这正和以阴阳家、道家为主体的齐文化相一致,两者同主功利,力求变革。《周易·系辞》中“崇高莫大乎富贵;备物致用,立成器,以为天下利,莫大乎圣人”[⑥]把《周易》崇尚功利的思想表达得淋漓尽致。《周易》主张,圣人要“备物致用,立成器”,要利及天下,也可以看出它和齐文化倡利思想的一致性。“崇高莫大乎富贵”一语所显示出的《周易》对财富的重视,与儒家的重义轻财思想格格不入,却与齐国的追求鱼盐之利、发展经济的功利思想相合。

《周易》阴阳五行思想的发端应与齐、燕等地有密切的关系。阴阳消息、五行转移,原本都是自然现象,其学说也接近自然主义。梁启超提出:“春秋战国以前所谓‘阴阳’‘五行’,其语甚希见,其义极平淡。且此二事从未尝并为一谈。……然则造此邪说以惑世诬民者,谁耶?其始盖起于燕齐方士。”[⑦]产生于殷末周初的《周易》是蕴聚阴阳思想的大本营。《庄子·天下》谓:“《诗》以道志,《书》以道事,《礼》以道行,《乐》以道和,《易》以道阴阳,《春秋》以道名分。”作为齐文化核心的阴阳五行思想和《周易》思想有其共核。《周易》多言“利”字,与孔子的“罕言利”截然不同。《周易》“汤武革命,顺乎天而

---

① 蒙文通:《经学抉原》,上海人民出版社 2006 年版,第 86 页。

② 林存光、宣兆琦:《试析先秦齐鲁政治文化的差异》,《管子学刊》1991 年第 2 期,第 49 页。

③ 白奚:《战国学术中心产生于齐国的必然性》,《管子学刊》1991 年第 2 期,第 44 页。

④ 白奚:《战国学术中心产生于齐国的必然性》,《管子学刊》1991 年第 2 期,第 44 页。

⑤ 朱自清:《经典常谈》,三联书店 1980 年版,第 14 页。

⑥ 黄寿祺、张善文:《周易译注》,第 406 页。

⑦ 梁启超:《阴阳五行说之来历》,顾颉刚编:《古史辨》第 5 册,上海古籍出版社 1982 年版,第 353 页。

应乎人”[1]的革命思想在讲究君臣等级制度的孔子那里是很难出现的。如果这是孔子的思想,我们应对孔子的保守思想重新认识。而齐桓公以霸道“九合诸侯”[2],发展工商渔盐之利,富国强兵,终成霸业,正与《周易》的功利思想相契合。可以说,齐文化和周易思想有着密不可分的关系,孕育于齐文化的《孙子兵法》亦深受《周易》的影响。

齐国的缔造者、齐文化的肇始者姜尚,是炎帝后裔、东夷土著。东夷主要指齐地。史传伏羲始画八卦,其后裔在商、周时期已经迁至今山东境内。《左传·僖公二十一年》载:“任、宿、须句、颛臾,风姓也,实司大皞(太昊)与有济之祀,以服事诸夏。”[3]任、宿、须句、颛臾四国,都是伏羲后裔,四国之地均在今山东。梁启超谓:“任、宿、须句、颛臾,皆鲁之附庸也。”[4]“‘任’在今山东济宁,‘须句’,我们认为就是现在的邹城凫山一带,均在济水下游。”[5]这样八卦、阴阳的学说遂盛行于山东,而成为齐文化的正源之一。姜尚因齐俗、尚武事、尚权变、尚奇计,开创了齐地一派独具自身特色的文化风尚。《史记》记载,姜太公辅佐周武王灭商,“其事多兵权与奇计,故后之言兵及周之阴权皆宗太公为本谋”[6]。姜尚辅佐周文王,必常与闻《周易》,或自身即精通《周易》,以至多权谋、奇计。源于齐文化的《孙子兵法》被班固列入“兵权谋”之首。班氏指出:“权谋者,以正守国,以奇用兵,先计而后战,兼形势,包阴阳,用技巧者也。”[7]可见,权谋一家兼摄了兵形势、阴阳、技巧的精粹,而兵阴阳家最早的理论根据就是《周易》。《孙子兵法》更多地融入了流行于齐地的《周易》的思想精华。

二、田齐世族与《周易》

《周易》卜筮在春秋时期非常盛行。刘炫云:“计春秋之时,卜筮多矣,丘明所载唯二十许事,举其县验于行事者,其不验者不载之。”[8]《左传》所记载的卜筮活动只能是少数具有代表性的例子。孙子祖上的田氏宗族是非常重视占卜的,或者说其命运就与占卜有着密切的联系。《左传·庄公二十二

---

① 黄寿祺、张善文《周易译注》,第556页。

② 司马迁撰,[日]泷川资言考证:《史记会注考证》,文学古籍刊行社1955年版,第1914页。

③ 李梦生:《左传译注》,上海古籍出版社1998年版,第260页。

④ 顾准:《顾准历史笔记》,光明日报出版社2013年版,第230页。

⑤ 孙玉红、杨恒海:《中华文明起源初探·伏羲文化》,光明日报出版社2012年版,第156页。

⑥ 司马迁撰,[日]泷川资言考证:《史记会注考证》,第2112页。

⑦ 张舜徽:《广校雠略·汉书艺文志通释》,华中师范大学出版社2004年版,第379页。

⑧ 杜预注,孔颖达等正义:《春秋左传正义》,李学勤主编《十三经注疏》本,北京大学出版社1999年版,第274页。

年》载：春，陈公子完（田敬仲）与颛孙奔齐。“（田敬仲）饮桓公酒，乐。公曰：‘以火继之’。辞曰：‘臣卜其昼，未卜其夜，不敢。’”[①]田完巧妙地辞以只卜白日饮酒，未卜黑夜饮酒，婉拒了桓公点火再饮，由此可见田完对占卜的熟习。此外《左传》还记载了卜筮对田氏命运的预言。《左传·庄公二十二年》载：“初，懿氏卜妻敬仲。其妻占之，曰：‘吉。是谓凤皇于飞，和鸣锵锵。有妫之后，将育于姜。五世其昌，并于正卿。八世之后，莫之与京。’”[②]将田氏在齐国的未来发展说得一清二楚。连田敬仲的出生也和《周易》卜筮有关：“陈厉公……生敬仲。其少也，周史有以《周易》见陈侯者，周大史也。陈侯使筮之，遇《观》。坤下巽上，观；爻变而为《否》。曰：‘是谓观国之光，利用宾于王。此其代陈有国乎？不在此，其在异国；非此其身，在其子孙。……若在异国，必姜姓也。’”如此神乎其神，恐当时难有如此准确的语言，必有后人假托的成分。“昭八年，楚灭陈。陈桓子始大于齐；桓子，敬仲五世孙陈无宇。”[③]杜预注云：“陈完有礼于齐，子孙世不忘德，德协于卜，故传备言其终始。卜筮者，圣人所以定犹豫，决疑似，因生义教者也。……丘明故举诸县验于行事者，以示来世。”[④]田陈家族的命运与一次卜筮有密切的关联。司马迁在《史记·陈杞世家》《史记·田敬仲完世家》两次重述此事。篇末并云：“太史公曰：盖孔子晚而喜易。《易》之为术，幽明远矣，非通人达才孰能注意焉！故周太史之卦，田敬完占至十世之后。及完奔齐，懿仲卜之亦云。田乞及常所以比犯二君，专齐国之政，非必事势之渐然也，盖若遵厌兆祥云。”[⑤]意思是：田氏掌齐国之政，不一定是形势使然，倒好像是上天已降兆于先，命定性地按占卜预言发展的结果。周太史之卦、田敬仲之卜已成为田陈家族的集体记忆，影响、激励着其后代去奋斗、拼搏。不仅孙子的远祖与《周易》结缘，其近祖亦熟谙《周易》。

孙子高祖父陈文子即精通《周易》。《左传·襄公二十五年》载：东郭偃在齐国权卿崔杼家为臣，他的姐夫齐国大夫棠公死了。崔杼见棠公寡妻棠姜很美，就让东郭偃把他姐姐介绍给自己为妻。东郭偃不同意。崔杼就叫人用《周易》筮之：“遇《困》之《大过》。”陈文子解卦谓：“夫从风，风陨，妻不可娶也。且其《繇》曰：‘困于石，据于蒺藜，入于其宫，不见其妻，凶。’困于石，往不济也；据于蒺藜，所恃伤也；入于其宫，不见其妻，凶，无所归也。”[⑥]可见

① 杜预注，孔颖达等正义：《春秋左传正义》，第268页。
② 杜预注，孔颖达等正义：《春秋左传正义》，第269页。
③ 杜预注，孔颖达等正义：《春秋左传正义》，第270页。
④ 杜预注，孔颖达等正义：《春秋左传正义》，第273页。
⑤ 司马迁撰，[日]泷川资言考证：《史记会注考证》，第2843页。
⑥ 杜预注，孔颖达等正义：《春秋左传正义》，第1012页。

陈文子深晓易理。田陈家族的易学传统不可能不影响勤奋好学的孙武。

孙子生活在学术氛围浓厚的齐国中心地带,开放性的、功利指向的、推崇变革的齐文化无时无刻地不在影响着他。与齐文化相表里的《周易》思想从田敬仲出世开始,就与这个家族结下不解之缘。敬仲出世的卜筮预言作为一个家族的集体记忆无时无刻不萦绕在其后人的头脑中,助推其后人建功立业、扬名立世,终于代齐立国。正是有着这样的环境条件,才能哺育出孙子这个不世出的天才和他的天才著述——《孙子兵法》。

三、《孙子兵法》深受易学的影响

孙武生活于春秋后期。贵族家庭的出身,武将世家的传统,熏染着一代英才。尚武、倡利、言变的齐文化,重变化、擅阴阳的《周易》思维造就着一代武圣。战争的实践,学术的沃土孕育着彪炳千秋的兵学圣典——《孙子兵法》。《孙子兵法》的魅力即在于它的巧辩哲思、理性之美,其受《周易》的影响也是显而易见的。“《易》乾、坤二卦之下,继之以屯、蒙、需、讼、师、比,六者皆有坎,圣人防患备险之意深矣。”[①]《孙子兵法》的忧患意识、克历险难意识无疑曾受到《周易》的影响。路秀儒谓:“王应麟在《通鉴答问》中指出:‘盖《易》之为书,兵法尽备,其理一也。’的确如此,《孙子兵法》的许多作战思想、用兵方法,在《周易》的 64 卦 384 爻中都有精微的表述,能找到它的原型。比如,《孙子兵法》继承了《周易》‘不富以其邻’和‘富以其邻’的‘合交’思想,提出‘故上兵伐谋,其次伐交,其次伐兵,其下攻城’;继承了《周易》‘自我致寇,敬慎不败’的思想,提出‘故善战者,致人而不致于人’;继承了《周易》‘即鹿无虞’的思想,提出‘穷寇勿迫’……”[②]《孙子兵法》对《周易》的继承更多的是哲理层面的继承。

(一)在哲学上的影响

1.“变”的发展观

《孙子兵法》中的“兵无常势,水无常形”,“四时无常位,日有短长,月有死生”[③],讲的是辩证法。《孙子兵法·势》篇指出:“乱生于治,怯生于勇,弱生于强。”[④]治与乱,勇与怯,强与弱不是固定的,也是讲的变化的道理。军队的士气是“朝气锐,昼气惰,暮气归”[⑤],因时间的变化而士气亦随之变化。一

---

① 洪迈撰,禹门三等校点:《容斋随笔》上,齐鲁书社 2007 年版,第 48 页。

② 路秀儒:《向孙子兵法学思维》,黄河出版社 2013 年版,第 28 页。

③ 吴九龙主编:《孙子校释》,第 104 页。

④ 吴九龙主编:《孙子校释》,第 77 页。

⑤ 杜预注,孔颖达等正义:《春秋左传正义》,第 123 页。

切都处在运动、变化之中。自然界的天时、地利，可以使之服务于军事斗争。而《周易》就是讲变化之书。“易”字本义就是变易的意思。1950年，美国人贝恩斯(Baynes)在纽约出版的《周易》英译本所取书名即为 *The I Ching*: *or Book of Changes*(《易经：变化之书》)。《周易》强调变：“无平不陂，无往不复。”[①]《周易·系辞》谓：“易之为书也，不可远，道也屡迁，变动不居，周流六虚，上下无常，刚柔相易，不可为典要，唯变所适。”[②]事物有变就有常，有常就有变。《易经》就是通过“变动不居”“唯变所适”，揭示事物的发展规律和人们的处事原则的。《孙子兵法》和《周易》都是立足于“变”来把握发展演化的规律，提出应“变”的措施。《系辞》：“阴阳不测之谓神。”此句直接道出了变化之多端。

2. 现象分析的“两点论”——阴阳

《孙子兵法》的辩证思维突出体现了“两点论”的哲学观点。孙子谓：“是故智者之虑，必杂于利害。杂于利而务可信也，杂于害而患可解也。”[③]此可谓孙子认识和解决战争中各种矛盾的钥匙。《孙子兵法》的两点论还体现在孙子对阴阳说的灵活运用上。阴阳说是在齐国发育成长起来的哲学学说，是齐文化的特色之一，而它的母源则在《周易》。《周易》的刚柔、阴阳思想为后世的兵学家充分吸收。“以刚柔为一种范畴，说明事物的性质，较早见于春秋末年的范蠡论兵法。如他说：‘用人无艺，往从其所，刚柔以御，阳节不尽，不死于野。’(《国语·越语》)‘阳节’，指刚强的气度。此是说，用兵无成法，如果进攻敌人的阵地，应掌握刚柔的分寸，敌人的刚强气势没有耗尽，不要同他死战。在兵法中，刚指进攻勇猛，柔指退守镇静。刚柔又同阴阳联系在一起，阳意味着进攻刚强而显露；阴意味着退守镇静而隐蔽。”[④]与范蠡差不多同时代的孙子也广泛吸取了《周易》阴阳、刚柔对立统一的两点论的思想。

孙子谓：“天者，阴阳、寒暑、时制也。”“地者：高下、广狭、远近、险易、死生也。”[⑤]竹简本上句作“天者，阴阳、寒暑、时制也；顺逆，兵胜也”[⑥]，而这些对立统一的概念基本可归纳为阴与阳两大类。自然界中的阴阳包括昼夜(昼为阳、夜为阴)、晴雨(晴为阳、雨为阴)等。孙子此处的“阴阳”，以往多释为“昼夜、晴雨”等，恐含义不只为自然界的阴阳昼夜。《管子·形势解》谓：

---

① 黄寿祺、张善文：《周易译注》，第109页。

② 黄寿祺、张善文：《周易译注》，第596页。

③ 吴九龙主编：《孙子校释》，第137页。

④ 朱伯崑：《易学哲学史》第1卷，第57页。

⑤ 吴九龙主编：《孙子校释》，第7页。

⑥ 银雀山汉墓竹简整理小组编：《银雀山汉墓竹简孙子兵法》，文物出版社1976年版，第29页。

“天,覆万物,制寒暑,行日月,次星辰,天之常也,治之以理,终而复始。……故天不失其常,则寒暑得其时,日月星辰得其序。”[①]故可知所谓“阴阳、寒暑”皆是上隶于“天”,故孙子将“阴阳、寒暑”列于“天者”之下。《孙子十一家注》王皙注云:“总天道五行、四时风云天象也。”[②]杜牧注云:“五行刑德向背之类是也。”[③]总之,这里的“阴阳”并非纯自然现象的阴阳,而有阴阳家所说的阴阳的意味。

《孙子兵法·行军》篇谓:“凡军,好高而恶下,贵阳而贱阴,养生而处实,军无百疾,是谓必胜。”[④]“丘陵堤防,必处其阳而右背之。此兵之利,地之助也。”[⑤]孙子认为,驻扎军队应该选择向阳的地方,避免背阴的地方。在丘陵和堤防这种地形上,要抢先占领向阳的一面,并把它作为军队的主力或主要翼侧的依托。这种做法无疑与阴阳家的说法有关。阴阳家以左前为(东南)为阳,右背(西北)为阴,讲究向阳而背阴。在战术运用上,孙子提出的关于奇正、虚实、劳逸、安危、迂直、勇怯等都是对阴阳说的具体发挥和运用。而阴阳说直接来源于《周易》。整个《周易》都在阐述阴阳对立转化的过程。《周易》把阴阳这一对矛盾作为它的哲学体系的中心范畴。《周易·说卦传》谓:“是以立天之道曰阴与阳,立地之道曰柔与刚,立人之道曰仁与义。”[⑥]天地与人无不包含一阴一阳的矛盾双方,“天地合而万物生,阴阳接而变化起”[⑦],“刚柔相推而生变化”[⑧]。《孙子兵法》也讲刚柔。《九地》篇谓:“刚柔皆得,地之理也。”[⑨]前人之注均以强弱释刚柔,认为兵士的强弱依于地势,恐未确。在《周易》一书,“刚柔”是“阴阳”的引申义。《说卦》即曰:“六画而成卦。分阴分阳,迭用刚柔。”[⑩]《系辞上》谓:“刚柔者,昼夜之象也。”则刚柔即阴阳。《说卦》所谓“立地之道,曰柔与刚”,即“立地之道,曰阴与阳”之谓。那么《九地》中的“刚柔皆得,地之理也”,显然来自于《周易》的阴阳、刚柔思想。

孙子把《周易》中的阴阳说推广到军事领域,是两点论的生动体现。《周易》是中国古代哲学中强调两点论的集中代表。毛泽东说过:“中国古人讲,‘一阴一阳之谓道’。不能只有阴没有阳,或者只有阳没有阴。这是古代的

---

① 陈志坚主编:《诸子集成》第 3 册,北京燕山出版社 2007 年版,第 687 页。
② 曹操等注:《孙子十家注》,上海书店出版社 1986 年版,第 6 页。
③ 曹操等注:《孙子十家注》,第 4 页。
④ 吴九龙主编:《孙子校释》,第 149 页。
⑤ 吴九龙主编:《孙子校释》,第 150 页。
⑥ 马振彪遗著,张善文整理:《周易学说》,花城出版社 2002 年,第 726 页。
⑦ 董治安、郑杰文汇撰:《荀子汇校汇注》,齐鲁书社 1997 年版,第 651 页。
⑧ 马振彪遗著,张善文整理:《周易学说》,第 630 页。
⑨ 吴九龙主编:《孙子校释》,第 201 页。
⑩ 马振彪遗著,张善文整理:《周易学说》,第 726 页。

两点论。”[①]《孙子兵法》在两点论上深受《周易》的影响。

3.普遍联系的观点

《周易》八卦是一个普遍联系的整体，由乾、坤父母卦生坎、艮、震三阳卦和巽、离、兑三阴卦，继而由八经卦相叠生出六十四别卦。通过八卦之间的各种各样的错综关系，将《周易》糅合成一个象、名、辞、义相互贯通的有机整体。孙子也是运用事物普遍联系的观点对战争现象、军事问题加以综合考察和解读。首先，孙子揭示了战争、军事与政治的联系。孙子谓："善用兵者，修道而保法。"[②]这里所说的"道"("令民与上同意"见《计》篇)、"法"("法令孰行"见《计》篇)即是政治、民心的因素。其次，孙子揭示了战争、军事与经济密不可分的关系。孙子谓："凡用兵之法：驰车千驷，革车千乘，带甲十万，千里馈粮；内外之费，宾客之用，胶漆之材，车甲之奉，日费千金，然后十万之师举矣。"[③]又曰："国之贫于师者：远师者远输，远输则百姓贫；近师者贵卖，贵卖则百姓财竭，财竭则急于丘役。"[④]可见一场战争，对于国家财力的消耗是何等之巨！谋国者不能不考虑战争的经济支撑问题。再次，孙子揭示了战争、军事与外交密不可分的关系。孙子谓："不知诸侯之谋者，不能预交。"[⑤]"威加于敌，则其交不得合。""不争天下之交，不养天下之权，信己之私，威加于敌，则其城可拔，其国可隳。"[⑥]通过军事与外交权谋的交互运用，达到"威加于敌"、不战而胜的目的。

4.矛盾转化的观点

《周易》重视矛盾转化，把变革视为事物发展的主要规律之一，认为阴阳交替永无休止，"穷则变，变则通，通则久"，否极泰来，物极则反。《孙子兵法》亦突出强调了矛盾转化的观点。孙子认为，无论治乱、勇怯、攻守、强弱、劳逸、奇正、虚实、远近等战争中的对立双方，都是互相依存、可以转化的。孙子在《势》篇说"乱生于治，怯生于勇，弱生于强"[⑦]，强调了矛盾双方之间的转化关系。孙子并提出要善于利用矛盾转化，避其实而击其虚，化被动为主动。孙子所说"敌逸能劳之，饱能饥之，安能动之"[⑧]，即是利用这种转化关系的表现。

---

① 《毛泽东选集》第5卷，人民出版社1977年版，第320页。

② 吴九龙主编：《孙子校释》，第61页。

③ 吴九龙主编：《孙子校释》，第20页。

④ 吴九龙主编：《孙子校释》，第25页。

⑤ 吴九龙主编：《孙子校释》，第208页。

⑥ 吴九龙主编：《孙子校释》，第210页。

⑦ 吴九龙主编：《孙子校释》，第77页。

⑧ 吴九龙主编：《孙子校释》，第85页。

（二）在军事方面的影响

清人陈梦雷在《古今图书集成》中列“戎政总部总论一，蒙卦、师卦、泰卦、豫卦、谦卦、复卦、离卦、晋卦、萃卦、既济卦、未济卦”[①]共十一卦与军事密切相关的卦象。前人早已关注《周易》中的军事内容。在军事方面，《周易》给了《孙子兵法》哪些影响呢？

1. 慎战思想

《周易》卦爻辞透出了作者的慎战思想。既济九三爻谓：“高宗伐鬼方，三年克之，小人勿用。”[②]朱熹《周易本义》云：“既济之时，以刚居刚，高宗伐鬼方之象也。三年克之，言其久而后克，戒占者不可轻动之意。”[③]此句强调不要轻起战端。汲郡古文有云：“武丁三十二年伐鬼方，次于荆。三十四年，王师克鬼方。”[④]殷高宗伐鬼方，系真实的历史事件，被《周易》作者引入爻辞，表达其对战争的慎重态度。马振彪《周易学说》载：“淮南王云：‘以盛天子伐小蛮夷，三年而后克，言用兵之不可不重也。’”[⑤]重申了慎重用兵的思想。《孙子兵法》的慎战思想也是非常突出的。孙子曰：“兵者，国之大事，死生之地，存亡之道，不可不察也。”[⑥]孙子在肯定“兵者，国之大事”的前提下，提出了他的慎战思想：一是指出“军争为利，军争为危”，不可专恃武力；二是强调用政治、外交的手段解决问题，不要轻易诉诸武力；三是提出“非利不动，非得不用，非危不战”[⑦]的征战原则，并警告：“亡国不可复存也，死者不可复生也。故明主慎之，良将警之，此安国全军之道也。”[⑧]孙子还从经济方面阐明了慎战观点：“凡兴师十万，出征千里，百姓之费，公家之奉，日费千金，内外骚动，怠于道路，不得操事者，七十万家。相守数年，以争一日之胜。”[⑨]强调了战争对经济、社会的严重影响，告诫统治者不可轻易言兵。

2. 战备思想

《周易》在多处讲到战备思想。豫卦卦辞：“利建侯行师。”豫卦本为愉悦之卦。人在安乐中反而容易走向迷途，因而必须常存警戒之心，凡事早作准备，这样才能防患于未然。而“豫”本义即有“预备”“预防”之义。在早为之

---

① 陈梦雷等编纂：《古今图书集成》第741册，《经济汇编·戎政典·戎政总部》，中华书局1936年版，第5页。

② 刘大钧：《今、帛、竹书〈周易〉综考》，上海古籍出版社2005年版，第269页。

③ 朱熹撰，苏勇校注：《周易本义》，北京大学出版社1992年版，第86页。

④ 马振彪遗著，张善文整理：《周易学说》，第609页。

⑤ 马振彪遗著，张善文整理：《周易学说》，第603页。

⑥ 吴九龙主编：《孙子校释》，第2页。

⑦ 吴九龙主编：《孙子校释》，第230页。

⑧ 吴九龙主编：《孙子校释》，第232页。

⑨ 吴九龙主编：《孙子校释》，第236页。

预的前提下，才能利于行军作战，故谓“利建侯行师”。萃卦象曰：“泽上于地，萃，君子以除戎器，戒不虞。”[①]程颐曰：“泽上于地为萃聚之象，君子观萃聚以除治戎器，用戒备于不虞。凡物之萃则有不虞度之事，故众聚则有争，物聚则有夺，大率既聚则多故矣，故观萃象而戒也。除，谓简治也，去弊恶也。除而聚之，所以戒不虞也。”[②]大率像今天说的警惕群体性事件的发生。刘沅曰：“戎器久则必敝，除而修之，非右武也，以戒不虞而已。天下之患，多生于所不虞，故戒之。”[③]他非常清晰地说明了居安思危、备战以戒不虞的重要性。《周易》在夬卦九二爻辞中谓：“惕号，莫夜有戎，勿恤。”即号召大家提高警惕，只要大家能做到这点，即使敌人在黑夜来偷袭，也不必忧虑。朱熹谓：“九二，当决之时，刚而居柔，又得中道，故能忧惕号呼，以自戒备，而莫夜有戎，亦可无患也。”[④]以此说明有备则可无患。《周易》的这种战备思想在《孙子兵法》中有充分的体现。孙子在《谋攻》篇谓：“知胜有五：知可以战与不可以战者胜，识众寡之用者胜，上下同欲者胜，以虞待不虞者胜。”[⑤]把修整战备、以虞待不虞作为制胜的重要条件。古人亦看出了《周易》与《孙子兵法》在战备思想上的密合无间。“李士鉁曰：‘惕号所以戒备也。……惕惧警呼，以防意外之变，未即戎而虑其有戎。书曰，有备无患。孙子曰，无恃其不来，恃吾有以待之；无恃其不攻，恃吾有所不可攻也。此二之所以无忧也。’”[⑥]《孙子兵法》的战备思想无疑不受《周易》的影响。

3.“不战而屈人之兵”的战争观

《周易》是反对恃强用兵的。大壮初九爻谓：“壮于趾，征凶。”[⑦]言其躁进必伤。《周易》同人卦九四爻辞：“乘其墉，弗克攻，吉。”言出兵已据城墙，但没有进攻，是正确的决策，吉祥。以不恃刚强，谦退止攻为吉。孙子进而发展为“不战而屈人之兵”的战争观。孙子曰：“夫用兵之法，全国为上，破国次之；全军为上，破军次之……是故百战百胜，非善之善者也；不战而屈人之兵，善之善者也。故上兵伐谋，其次伐交，其次伐兵，其下攻城。攻城之法，为不得已……将不胜其忿而蚁附之，杀士卒三分之一，而城不拔者，此攻之

① 马振彪遗著，张善文整理：《周易学说》，第 435 页。

② 程颐：《周易程氏传》，程颢、程颐著，王孝鱼点校：《二程集》第 2 集，中华书局 1981 年版，第 931 页。

③ 马振彪遗著，张善文整理：《周易学说》，第 436 页。

④ 朱熹撰，苏勇校注：《周易本义》，第 59 页。

⑤ 吴九龙主编：《孙子校释》，第 47 页。

⑥ 马振彪遗著，张善文整理：《周易学说》，第 419 页。

⑦ 黄寿祺、张善文：《周易译注》，上海古籍出版社 2001 年版，第 280 页。

灾也。”[①]明确反对恃强硬攻,“不战而屈人之兵”成为孙子作战的核心思想。

4.“师出以律”的军法思想

《周易》强调军纪的重要作用。师卦初六爻辞谓:“师出以律。否臧凶。”其象曰:“师出以律,失律凶也。”[②]即强调法令、纪律的重要作用。《孙子兵法》在首篇《计》篇即强调了法令的作用,将“法”列为“五事”之一:“故经之以五事,校之以计,而索其情:一曰道,二曰天,三曰地,四曰将,五曰法。”并曰:“法令孰行?兵众孰强?士卒孰练?赏罚孰明?吾以此知胜负矣。”[③]强调了严明军纪对战争胜负的关键作用。

5.战术思想的影响

《周易》同人卦提到了设伏思想:“九三,伏戎于莽,升其高陵,三岁不兴。”潜伏兵戎于草莽之中,登上山头察看敌情。《孙子兵法》对伏击作战有详尽的分析:“军旁有险阻、潢井、蒹葭、小林、翳浍者,必谨覆索之,此伏奸之所处也。”[④]“众草多障者,疑也;鸟起者,伏也。”[⑤]

《周易》亦讲到地形在军事攻防中的价值。坎卦彖谓:“天险不可升也,地险山川丘陵也,王公设险以守其国。险之时用大矣哉!”[⑥]孔颖达曰:“王公法象天地,固其城池,严其法令,以保其固。”[⑦]刘沅曰:“天之险以气,地之险以形,王公设险守国,则人为也。”[⑧]孙子深知地形在军事攻防中的重要:“不知山林、险阻、沮泽之形者,不能行军。”[⑨]“孙子曰:用兵之法,有散地,有轻地,有争地,有交地,有衢地,有重地,有圮地,有围地,有死地。诸侯自战其地,为散地。入人之地而不深者,为轻地。我得则利,彼得亦利者,为争地。我可以往,彼可以来者,为交地。诸侯之地三属,先至而得天下之众者,为衢地。入人之地深,背城邑多者,为重地。行山林、险阻、沮泽,凡难行之道者,为圮地。所由入者隘,所从归者迂,彼寡可以击吾之众者,为围地。疾战则存,不疾战则亡者,为死地。是故散地则无战,轻地则无止,争地则无攻,交地则无绝,衢地则合交,重地则掠,圮地则行,围地则谋,死地则战。”[⑩]在古代无人能像孙子那样把地形在战争中的重要性发挥到如此程度。

---

① 吴九龙主编:《孙子校释》,第37～40页。
② 黄寿祺、张善文:《周易译注》,第75页。
③ 吴九龙主编:《孙子校释》,第10页。
④ 吴九龙主编:《孙子校释》,第153页。
⑤ 吴九龙主编:《孙子校释》,第155页。
⑥ 吴九龙主编:《孙子校释》,第242页。
⑦ 马振彪遗著,张善文整理:《周易学说》,第291页。
⑧ 马振彪遗著,张善文整理:《周易学说》,第291页。
⑨ 吴九龙主编:《孙子校释》,第208页。
⑩ 吴九龙主编:《孙子校释》,第189～193页。

时代和环境造就的兵学圣典《孙子兵法》禀受了华夏古老文化广泛的影响。首先是齐文化的沃土哺育了它；其次是与齐文化融汇无间的《周易》思想无论在哲学还是军事方面都给了《孙子兵法》重要的影响。

第四节 《易传》与《孙子兵法》

一、《易传》的成书

(一)《易传》主要反映了孔子的思想

《易传》专指古代解释《周易》的十篇论文，又称“十翼”，即《文言》、《彖传》上下、《象传》上下、《系辞传》上下、《说卦传》、《序卦传》、《杂卦传》十篇。关于《易传》的作者，早先多认为是孔子所作。孔颖达谓：“其《彖》《象》等十翼之辞，以为孔子所作，先儒更无异论。”[①]关于孔子作《易传》，自欧阳修始，一直遭受怀疑。童书业谓：“《易传》非孔子所著，近人亦已论定。”[②]但近来的出土材料，证明孔子与《易传》的作成确有关系，学界多认为至少部分《易传》的内容与孔子有关，或即是孔子所作。新出土的马王堆帛书《周易》的《要》篇，记载孔子同子贡的问答，说到“夫子老而好《易》，居则在席，行则在橐”[③]，并且孔子还自陈：“后世之士疑丘者，或以《易》乎？”[④]李学勤认为，这句话口吻和《孟子》所载孔子所说“知我者，其惟《春秋》乎？罪我者，其惟《春秋》乎”是很类似的。[⑤]“孔子说知我、罪我，其惟《春秋》，是因为他对《春秋》作了笔削，所以他与《易》的关系也一定不限于是个读者，而是一定意义上的作者。他所作的，只能是解释经文的《易传》。”[⑥]用出土材料证明孔子是《易传》部分内容的作者是十分有力的。李学勤还说：“《易传》的主体结构形成应和《论语》处于差不多的年代，其与孔子的关系是很密切的。”[⑦]这也说明《易传》的成书时间和《论语》相差不会太远。

(二)“十翼”的成书时间

由于《易传》的作者不能全部确定，其成书时间也说法不一。容肇祖谓：“至于最早使用‘易传’一词的，如果《战国策》是可以依据的史料，那么与齐

① 王弼等注，孔颖达等正义：《周易正义・序》，毛晋汲古阁崇祯四年《十三经注疏》本，第1页。

② 童书业：《童书业著作集》第1卷，中华书局2008年版，第296页。

③ 刘彬：《帛书〈要篇〉校释》，光明日报出版社2009年版，第29页。

④ 刘彬：《帛书〈要篇〉校释》，第45页。

⑤ 杨伯峻译注：《孟子译注》，中华书局2010年版，第141页。

⑥ 李学勤：《走出疑古时代》，长春出版社2007年，第46页。

⑦ 李学勤著，傅杰编：《失落的文明》，第280页。

宣王同时的颜斶(音 chù)就曾经提到过。《齐策四》记他的话:'是故易传不云乎:居上位,未得其实,以喜其为名者,必以骄奢为行。据慢骄奢则凶从之。'这表明'易传'之名在战国中期已经出现。"[①]《战国策》所引《易传》文句今本已无,类似的有"居上位而不骄,在下位而不忧"[②]。有人认为《易传》的全部完成要晚至西汉。戴琏璋谓:"《彖》、《象》两传早于《文言》、《系辞》……《彖》、《象》、《文言》、《系辞》四传在西汉以前已经写成……至于《说卦传》,它的前三章出现在帛书《系辞》中,至少这一部分与《系辞》是同时作品……后八章有可能写于秦汉之际,《史记·孔子世家》既已提到它,那么最迟也当成篇于武帝时代。《序卦》《杂卦》两传的时代比较难以推断……不过其中卦象及对偶感应的观念都与其他五传类似,写成的时代大概也不会与其他五传相差太远。"[③]《易传》大致成书于战国与秦汉之间。

有学者指出,春秋时期的解卦模式与秦汉之后不同。"在《左传》中,不见举称爻题,也不见用爻位解释卦象或引申卦义。《彖传》是目前所知最早利用爻位阐释卦辞或卦名的,用了中位、当位、应位等不同的体例,其后的《象传》充分吸收了此点,并有所扩充,《文言》、《系辞》、《说卦》也都涉及了爻位。"[④]这也说明《易传》的许多内容是在《左传》成书之后产生的。郑万耕谓:"至于传统的取象说和卦德说,即以某种物象之名名卦,如乾取象于天,坤取象于地,云雷为屯,天地交为泰;获认为卦象代表事物之理,取其义理为一卦之名,如乾卦纯阳,主刚健,故取名为乾。皆追求卦名同卦象之间的必然联系,赋予卦象更多的含义,则是春秋战国时人的附会,体现了后人的理论思维,并非《周易》所本有。"[⑤]《周易》原书是质朴的,没有太多的内涵,经过春秋战国这个学术黄金时代的洗礼,《周易》的意义、内涵丰富了,并且扩展了,其成果即萃聚在《易传》里面。《易传》使原本只是占筮之书的《周易》成为深蕴哲理的文本,成为中华民族的精粹元典。

朱伯崑认为,《易传》大致是在战国至汉初陆续形成的:《彖传》形成于战国中期至末期;《象传》《文言》《说卦》形成于战国后期;《系辞》应在《彖传》《象传》之后形成,大致在战国后期;《序卦》在战国末年;《杂卦》更晚至汉代。[⑥] 屈万里认为:"至少《彖》、《象》、《系辞》、《说卦》、《文言》,是传自先秦

---

① 王博:《易传通论》,第 24 页。

② 马振彪遗著,张善文整理:《周易学说》,第 19 页。

③ 戴琏璋:《易传之形成及其思想》,(台北)文津出版社 1989 年版,第 13 页。

④ 王化平:《帛书〈易传〉研究》,巴蜀书社 2007 年版,第 3 页。

⑤ 郑万耕:《易学源流》,第 19 页。

⑥ 参见朱伯崑:《易学哲学史》第 1 卷,第 46～60 页。

的。”[①]“《象》传虽没见于先秦人引述，而《荀子·大略篇》说咸卦，则和《咸彖传》几乎相同。从这些迹象看来，彖象传应当是战国以来的作品；再从司马迁父子学易的源流看来，这二传的作成，也不会晚到秦汉时代。”[②]大致认为《易传》是战国前后的作品。鲁惟一认为：“它们可能成书于公元前三世纪中叶至公元前二世纪初，其中《序卦》可能例外，它看来形成于东汉。”[③]综合起来看，《易传》之成书大致在战国与汉初之间，其部分思想早在春秋末期或已形成，《彖传》《象传》《文言》《系辞》应较早，说卦、序卦靠后一些，最晚的是杂卦。孔子对《周易》的解释被后儒所整理，大多保存在《易传》里。

（三）汉易的流派

中国易学的两个流派都发端于汉代。易学传至汉代，其传授有官方和民间两个系统。《汉书·艺文志》载：“汉兴，田何传之，讫于宣元，有施、孟、梁丘、京氏，列于学官。”[④]这是官方易学系统，多以象数解易，为后来的象数易学派所宗。另有活跃于民间的。《汉书·儒林传》：“（费直）长于卦筮，亡章句，徒以彖、象、系辞十篇文言解说上下经。”[⑤]费氏易为后来的义理派所宗，魏晋的王弼即直承费氏易学，一扫象数，纯以义理说易。方东美谓：“汉代有费氏易，把经传连系在一起，以周易的符号、卦爻辞当作一个系统，是孔子以前的系统。从孔子以后传彖传、文言传、系辞传、象传、说卦传、序卦传，是孔孟学派的贡献。……这是汉代费氏易，撇开一切象数以易传直接来解释易经的理由。后来传费氏易的倒是魏晋黄初时代的王弼，他排斥汉学家的筮数之说，以易传解释经，可以说传了汉代的费氏易。”[⑥]中国易学的颇富哲理意味的义理派就这样开创起来。后世易学基本是在汉易两大流派的基础上发展的。

二、《易传》与《孙子兵法》的关系

《易传》与《孙子兵法》是一种什么关系呢？首先要讨论的是二者孰先孰后的问题。《孙子兵法》的成书像《论语》一样，是后学记述其老师的言论并归纳整理的结果，时间应在战国初期。《易传》的成书则拖了相当长的时间，其早不会超过春秋战国之交，其晚则到西汉初年。总的来看，两者有着大致相同的时代背景和语境，彼此地互相影响。

---

① 屈万里：《先秦文史资料考辨》，第315页。

② 屈万里：《先秦文史资料考辨》，第314页。

③ ［英］鲁惟一著，李学勤等译：《中国古代典籍导读》，辽宁教育出版社1997年版，第234页。

④ 班固：《汉书》卷三〇《艺文志》，第1704页。

⑤ 班固：《汉书》卷八八《儒林传》，第3602页。

⑥ 方东美：《原始儒家道家哲学》，（台北）黎明文化事业股份有限公司1983年版，第141页。

(一)关于战争的起源问题

《易传》对战争的起源问题作了揭示。序卦传曰:“讼必有众起,故受之以师。”[①]战争来自于争讼、纠纷。“姚配中曰:淮南子云:人有衣食之情,而物弗能足也。故群居杂处,分不均,求不澹,则争。争则强胁弱而勇侵怯,饕餮之人,残贼天地,圣人乃讨强暴夷险除秽,兵之所由来者远矣。”[②]对生存条件的争夺导致了战争。序卦传曰:“师者,众也。众必有所比,故受之以比。”[③]人物众多必有所协同、比附。“韩伯曰:众起而不比,则争无息。必相亲比而后得安宁。”[④]他认为对芸芸大众不进行安抚亲比则战争不息,得不到安宁。孙子是职业的军事家,对司空见惯的战争已见怪不怪,也没有兴趣讨论什么战争起源问题。故一开始就揭示用兵的重要:“兵者,国之大事,死生之地,存亡之道,不可不察也。”[⑤]还直截了当地指出用兵是决定国家生死存亡的头等大事。

(二)关于人的品格、能力方面的要求

《易传》讲治大事者要具备“三德”——德、知、力:“德薄而位尊,知小而谋大,力小而任重,鲜不及矣!”[⑥]假如德、知、力都没能够得到充分发展,肯定不能成大事。张浚曰:“无知则不足以应变,无力则不足以镇浮。若夫德之不立,虽有知力亦无以感格天人而措天下以治矣。”[⑦]把“德”的建立看成是第一位的。马其昶曰:“德薄谓不仁,知小谓不知,力少谓不勇。”[⑧]他提炼的“仁”“知”“勇”三德与孙子的为将“五德”重合了三条。《易传》三德适用于所有场合,而《孙子兵法》是战争领域的专书。《孙子兵法·计》篇:“将者,智、信、仁、勇、严也。”[⑨]与素有儒家传统的《易传》首重“德”不同,《孙子兵法》把用兵之“智”看成是第一位的,有德无智决不会取得战争的胜利。除此之外,对于将领的要求,孙子还强调了“信”“严”二字,不仅体现了军事领域的严整特性,而且还体现了对一个统兵将领的特殊要求。

(三)“神武不杀”与“不战而屈人之兵”异曲同工

朱伯崑指出了《孙子兵法》在推崇神妙不测上对《易传》的承袭:“《易传》

① 黄寿祺、张善文:《周易译注》,第646页。

② 马振彪遗著,张善文整理:《周易学说》,第760页。

③ 黄寿祺、张善文:《周易译注》,第646页。

④ 马振彪遗著,张善文整理:《周易学说》,第760页。

⑤ 吴九龙主编:《孙子校释》,第2页。

⑥ 马振彪遗著,张善文整理:《周易学说》,第696页。

⑦ 马振彪遗著,张善文整理:《周易学说》,第696页。

⑧ 马振彪遗著,张善文整理:《周易学说》,第696页。

⑨ 吴九龙主编:《孙子校释》,第8页。

中的‘神’,其义不一。一是指天神,鬼神,神灵……二是指变化神速……三是指思想上有深刻的领悟……四是指事物的变化,神妙莫测。最后一种含意,在先秦的典籍中,较早见于《孙武兵法》:‘兵无常势,水无常形,能因变化而取胜者谓之神’(《虚实》)。是说,因形势的变化而取胜,其用兵神妙莫测。……《系辞》说的‘阴阳不测’之‘神’,同《孙子》和《荀子》中的说法是一致的。”[①]《孙子兵法》对神妙莫测的领会运用与《易传》异曲同工。用兵达到“神妙不测”的水平,指挥者也就达到了用兵的哲学境界、艺术境界。

《易传》推崇“神武而不杀”:“圣人以此洗心,退藏于密,吉凶与民同患;神以知来,知以藏往。其孰能与于此?古之聪明睿知,神武而不杀者夫?”[②]圣人洗濯其心,外用其功而内藏于心,与百姓同其吉凶忧患;其神奇能探究未来,其睿智能洞彻古往。谁能达到这种境界啊?也就只有古代那些聪明睿智、神武而不用刑杀的圣明君主吧。神武指尚武而能布德示威,在《周易》中专指古圣贤王。《周易正义》谓:“古之聪明睿知神武之君,谓伏羲等,用此《易》道能威服天下,而不用刑杀而畏服之也。”[③]谓以圣人之聪慧、圣人之德威,勿用武而能使天下井井有条、安居乐业。刘沅谓:“神武不杀,禁患于无形。”[④]“神武而不杀”讲的是在治国领域以德威、智术治理天下,而不用刑戮杀伐。孙子讲述的是在用兵领域“屈人之兵而非战”。《孙子兵法·谋攻》篇谓:“凡用兵之法,全国为上,破国次之;全军为上,破军次之;全旅为上,破旅次之;全卒为上,破卒次之;全伍为上,破伍次之。是故百战百胜,非善之善也;不战而屈人之兵,善之善者也。”[⑤]“善用兵者,屈人之兵而非战也,拔人之城而非攻也,毁人之国而非久也,必以全争于天下。”[⑥]孙子在这里明确反对攻杀,讲求“不战而屈人之兵”,与《易传》的“神武而不杀”遥相呼应。

(四)教养与惩戒相统一的思想

《易传》主张教养人民、申明法令、令行禁止。《系辞》谓:“理财正辞,禁民为非曰义。”[⑦]项安世曰:“理财,谓水火金木土谷惟修。正辞,谓殊贵贱,明取与,辨名实。禁民为非,谓宪禁令,致刑罚,以齐其不可导者。盖养之教之而后齐之。”[⑧]一要保障人民生活;二要严明法纪,敢犯禁者必处以刑罚,使社

---

① 参见朱伯崑:《易学哲学史》第1卷,第98页。

② 黄寿祺、张善文:《周易译注》,第556页。

③ 王弼等注,孔颖达等正义:《周易注疏》卷七,毛晋汲古阁《十三经注疏》本崇祯四年,第38页。

④ 马振彪遗著,张善文整理:《周易学说》,第667页。

⑤ 吴九龙主编:《孙子校释》,第35页。

⑥ 吴九龙主编:《孙子校释》,第41页。

⑦ 马振彪遗著,张善文整理:《周易学说》,第681页。

⑧ 马振彪遗著,张善文整理:《周易学说》,第681页。

会得以平稳运行。《系辞》还说:"子曰:'小人不耻不仁,不畏不义,不见利不劝,不威不惩。小惩而大诫,此小人之福也。易曰:'屦校灭趾,无咎,此之谓也。'"[①]于事之初严加惩戒而不致犯重大过错,即是恩惠与关怀。刘沅曰:"威之所以福之,故屦校灭趾戒于初,而无再犯之咎。"[②]对人民严加管教,一有错误的苗头,就给予惩处,实则是保护人民。而孙子主张对待士卒要"合之以文,齐之以武",即养之、教之,用法令整齐之,与《易传》的"养之教之而后齐之"属同一个模式。《孙子兵法·行军》谓:"卒未亲而罚之,则不服,不服则难用。卒已亲附而罚不行,则不可用。故合之以文,齐之以武,是谓必取。令素行以教其民,则民服;令素不行以教其民,则民不服。令素行者,与众相得也。"[③]士卒还没有亲附就实施惩罚,他们就会不服气,不服气就难以使用。士卒已经亲附,如果法令不行,也不能用来作战。所以,要用温厚宽仁使他们亲和统一,用军纪、军法使他们步武统一,这样才能无往不取。平素严格执行军令,管教士卒,士卒就能养成服从的习惯;平时从来不严格执行军令、教养士卒,士卒就会养成不服从的习惯。平时命令能贯彻执行的,表明将帅同士卒之间相处融洽。由于孙子所处的是军事的环境,所以他更强调令行禁止、违令必罚的方面。

(五)对治乱危亡的清醒认识

《易传》对警备、备战思想的论述为:"重门击柝,以待暴客,盖取诸豫。"[④]刘沅曰:"(豫卦)坤为阖户,互艮为门阙,重门象。震动善鸣,有声之木,柝象。艮为阍人,坎为夜,又艮为手,击柝象。坎为盗,暴客象。豫,逸也,备也。恐逸豫,故豫备也。……兑金离火相见,杀机,故取威天下象。"[⑤]层层把守,严加戒备,以防寇盗。马振彪:"震动于外而国有备,此出威所以利行师也。"[⑥]有警于外,内必加强战备,不让强徒、敌人有隙可乘。孙子亦非常强调战备,《孙子兵法·谋攻》:"故知胜有五:知可以战与不可以战者胜……以虞待不虞者胜……"[⑦]有充分的战争准备就可以打败疏忽、麻痹、没有准备的敌人。

《易传》对治乱危亡有清醒的认识:"子曰:危者,安其位者也;亡者,保其存者也;乱者,有其治者也。是故,君子安而不忘危,存而不忘亡,治而不忘

---

① 马振彪遗著,张善文整理:《周易学说》,第694页。
② 马振彪遗著,张善文整理:《周易学说》,第694页。
③ 吴九龙主编:《孙子校释》,第164~165页。
④ 马振彪曰:《周易学说》,第687页。
⑤ 马振彪遗著,张善文整理:《周易学说》,第687~688页。
⑥ 马振彪遗著,张善文整理:《周易学说》,第176页。
⑦ 吴九龙主编:《孙子校释》,第47页。

乱；是以身安而国家可保也。易曰：其亡其亡，系于包桑。”[①]提醒人们要居安思危，警钟长鸣。孙子对国家的危亡时刻在心：“兵者，国之大事，死生之地，存亡之道，不可不察也。”[②]“知兵之将，民之司命，国家安危之主也。”[③]还强调慎重发动战争可以“安国全军”：“主不可以怒而兴师，将不可以愠而致战。合于利而动，不合于利而止。怒可以复喜，愠可以复悦，亡国不可以复存，死者不可以复生。故明主慎之，良将警之。此安国全军之道也。”[④]孙子对治乱危亡的关系的认识与《易传》相同：“乱生于治，怯生于勇，弱生于强。”[⑤]

（六）《易传》的军事意识

《易传》还有意以军事意识解释《周易》。《系辞下传》：“弦木为弧，剡木为矢，弧矢之利，以威天下，盖取诸睽。”[⑥]“弧矢之利，以威天下”的思想大致应产生于战国时代。来知德曰：“坎为弓矢，离为戈兵，又水火相息，皆有征伐之意。”[⑦]说卦传曰：“坎……为弓轮。”[⑧]刘沅曰：“……矫揉，谓以刚物纳于陷中，矫曲使直，揉直使曲。弓中劲则善发，轮中劲则善运，又皆矫揉所成之物也。”[⑨]“（坎）为盗。”[⑩]刘沅曰：“刚强伏于阴中，故为盗。”[⑪]说卦传曰：“离……为甲胄……为戈兵。”虞翻曰：“外实中虚之象。在上胄，在下甲。”[⑫]“刘沅曰：……甲胄外坚，戈兵上锐，外刚上炎之象。”[⑬]八卦的取象寓有较多的军事思想，也反映了那个时代的军事生活的面貌。

《易传》以言辞观人与《孙子兵法》的相敌三十二法有异曲同工之妙，都对人的心理进行了较多的研究：《系辞下传》：“将叛者，其辞惭，中心疑者其辞枝，吉人之辞寡，躁人之辞多，诬善之人其辞游，失其守者其辞屈。”[⑭]从语言透视其背后的心理与行为。《孙子兵法·行军》篇云：“辞卑而益备者，进也；辞强而进驱者，退也……谆谆翕翕，徐与人言者，失众也；数赏者，窘也；

① 马振彪遗著，张善文整理：《周易学说》，第695页。
② 吴九龙主编：《孙子校释》，第2页。
③ 吴九龙主编：《孙子校释》，第32页。
④ 吴九龙主编：《孙子校释》，第232页。
⑤ 吴九龙主编：《孙子校释》，第77页。
⑥ 马振彪遗著，张善文整理：《周易学说》，第687页。
⑦ 马振彪遗著，张善文整理：《周易学说》，第687页。
⑧ 马振彪遗著，张善文整理：《周易学说》，第751页。
⑨ 马振彪遗著，张善文整理：《周易学说》，第753页。
⑩ 马振彪遗著，张善文整理：《周易学说》，第752页。
⑪ 马振彪遗著，张善文整理：《周易学说》，第753页。
⑫ 马振彪遗著，张善文整理：《周易学说》，第753页。
⑬ 马振彪遗著，张善文整理：《周易学说》，第754页。
⑭ 马振彪遗著，张善文整理：《周易学说》，第719页。

数罚者,困也;先暴而后畏其众者,不精之至也;来委谢者,欲休息也。"[①]孙子也是从语言、形貌上寻求其背后隐藏的军事信息。

虽然《易传》与《孙子兵法》产生的时代相差不远,有着相同的背景和语境,两者表达的军事思想也有许多共通的地方,但两者不是同一领域的著作。《孙子兵法》作为兵学盛典,体现了更高的专业特色,而《易传》的哲学特色和普适意义更加鲜明。

① 吴九龙主编:《孙子校释》,第 157~162 页。

第二章 《周易》《孙子兵法》军事语词比较

本章颇受屈万里先生治《易》方法的启发。"他(屈万里)以甲骨、金文及《诗》《书》中所习用之语法、物事,以稽研《周易》卦爻辞;以战国诸子所习用之语法、物事,以参证《十翼》。"[①]笔者拟采用此法对《周易》与《孙子兵法》的部分语词进行比照研究,以探寻二者各自的时代语境。《周易》的经文部分比《孙子兵法》产生的要早,所以二者在语词使用上有时代差异。而《易传》与《孙子兵法》差不多同时产生,或有参互影响的地方,方面词汇、语法二者在区别不大。

第一节 《周易》《孙子兵法》共有的军事语词

一、兵

兵,小篆的字形是双手持斤(故兵器),其本义即为武器、兵器。今天的士兵义在古代较为晚出。"'兵'的本义是兵器,成语'坚甲利兵'用的就是'兵'的本义,《说文》所说的'兵,械也'与古形古义是相合的。'士兵'义是后起引申义。"[②]《左传・襄公二十五年》:"赋车兵、徒兵、甲楯之数。"[③]《左传・襄公二十六年》:"简兵蒐乘。"[④]此两处"兵"均指兵器。《左传・襄公二十七年》:"天生五材,民并用之,废一不可,谁能去兵?圣人以兴,乱人以废。废兴、存亡、昏明之术,皆兵之由也。"[⑤]"兵"指兵戈。《国语・越语下》范蠡曰:"夫勇者,逆德也;兵者,凶器也;争者,事之末也。阴谋逆德,好用凶器,始于

---

① 《中华易学大辞典》编辑委员会编:《中华易学大辞典》(上),上海古籍出版社2008年版,第587页。

② 李学勤主编:《字源》,天津古籍出版社2013年,第202页。

③ 杨伯峻编著:《春秋左传注》,中华书局1990年版,第1107页。

④ 杨伯峻编著:《春秋左传注》,第1121页。

⑤ 杨伯峻编著:《春秋左传注》,第1136页。

人者,人之所卒也。”[①]“兵”为兵器。《国语·越语下》:“兵胜于外,福生于内。”[②]“兵”有用兵意。范蠡曰:“臣闻古之善用兵者,赢缩以为常,四时以为纪,无过天极,究数而止。”[③]《国语·周语上》:“于是乎有刑罚之辟,有攻伐之兵,有征讨之备,有威让之令,有文告之辞。”[④]“兵”为军队、军事意。“兵”有士卒义见于金文:“《新郪虎符》:‘甲兵之符,右才(在)王,左才(在)新郪。凡兴士被甲,用兵五十人以上,必会王符,乃敢行之。’”[⑤]“兵”为兵力。陈昭容认为:“新郪虎符的年代宜在战国末期至秦统一天下之间。”[⑥]这说明“兵”的士卒义出现并不为早。杨言昌谓:“《通训定声》引《左昭十四传》:‘简上国之兵,疏,战必令人执兵,因即名人为兵也。’《句读》曰:‘秦汉以下,始谓执兵之人为兵,犹古时擐甲之人为甲也。’”[⑦]此说秦汉以下始有士兵义,其实并没有这么晚。“兵”为士兵义大抵出现在春秋末、战国初期。

《周易》经文无“兵”字。《周易·说卦传》曰:“离为火、为日、为电、为中女、为甲胄、为戈兵。”《周易集解》谓:“乾为金,离火断乾,燥而炼之,故‘为戈兵’也。”[⑧]“兵”为兵器之兵,乾金经离火锻炼而成戈兵。

《孙子兵法》较多使用“兵”字。《孙子兵法·始计》:“孙子曰:兵者,国之大事,死生之地,存亡之道,不可不察也。”[⑨]此兵即兵戎之兵,指军武之事。《孙子兵法·谋攻》:“故上兵伐谋,其次伐交,其次伐兵,其下攻城。”[⑩]“上兵”指出兵作战之上策,“伐兵”指讨伐对方的军队。“故善用兵者,屈人之兵而非战也,拔人之城而非攻也,毁人之国而非久也,必以全争于天下,故兵不顿而利可全,此谋攻之法也。”[⑪]“用兵”指出兵作战。“屈人之兵”,即使对方的军队屈服。《孙子兵法·形》篇:“是故胜兵先胜而后求战,败兵先战而后求胜。”[⑫]“胜兵”“败兵”分别指取胜的军事、遭败的军事。《孙子兵法·虚实》:“夫兵形象水,水之形,避高而趋下,兵之形,避实而击虚。水因地而制流,兵

---

① 徐元诰撰,王树民、沈长云点校:《国语集解》,中华书局2002年版,第576页。

② 徐元诰撰,王树民、沈长云点校:《国语集解》,第579页。

③ 徐元诰撰,王树民、沈长云点校:《国语集解》,第584页。

④ 徐元诰撰,王树民、沈长云点校:《国语集解》,第8页。

⑤ 王文耀编著:《简明金文词典》,上海辞书出版社1998年版,第165页。

⑥ 陈昭容:《秦系文字研究:从汉字史的角度考察》,台北“中央研究院”历史语言研究所2003年版,第261页。

⑦ 杨言昌:《兵字解》,《军事杂志》1937年第1期,第228页。

⑧ 张文智:《〈周易集解〉导读》,齐鲁书社2005年版,第443页。

⑨ 吴九龙主编:《孙子校释》,第2页。

⑩ 吴九龙主编:《孙子校释》,第37页。

⑪ 吴九龙主编:《孙子校释》,第41页。

⑫ 吴九龙主编:《孙子校释》,第61页。

因敌而制胜。故兵无常势,水无常形。”[①]“兵形”指用兵的情形和规律。《孙子兵法·军争》:“故兵以诈立,以利动,以分和为变者也。”[②]“故用兵之法,高陵勿向,背丘勿逆,佯北勿从,锐卒勿攻,饵兵勿食,归师勿遏,围师必阙,穷寇勿迫,此用兵之法也。”[③]《孙子兵法·九变》曰:“故将通于九变之利者,知用兵矣;将不通九变之利,虽知地形,不能得地之利矣;治兵不知九变之术,虽知五利,不能得人之用矣。”[④]《孙子兵法·九地》曰:“古之善用兵者,能使敌人前后不相及,众寡不相恃,贵贱不相救,上下不相收,卒离而不集,兵合而不齐。”[⑤]《孙子兵法·行军》曰:“兵怒而相迎,久而不合,又不相去,必谨察之。”[⑥]“兵非多益,惟无武进,足以并力、料敌、取人而已。”[⑦]“奔走而陈兵者,期也。”[⑧]“兵”指军队。《孙子兵法·地形》曰:“凡兵有走者、有驰者、有陷者、有崩者、有乱者、有北者。”[⑨]“兵”指败兵。“将弱不严,教道不明,吏卒无常,陈兵纵横,曰乱。将不能料敌,以少合众,以弱击强,兵无选锋,曰北。”[⑩]“陈兵”指排兵布阵。“兵之情主速,乘人之不及,由不虞之道,攻其所不戒也。”[⑪]此处“兵”指用兵。“兵士甚陷则不惧,无所往则固,深入则拘,不得已则斗。”[⑫]“兵士”一词,更为晚出,大概在春秋以后。

总之,《孙子兵法》用“兵”多指用兵、军队等意。从“兵器”意上运用“兵”字的时候极少。易培基认为杜牧释“兵众孰强”为“卒众车多为强”是不对的。他说:“杜说非也。春秋时无谓士卒为‘兵’者;所谓‘兵’,皆兵器;且下句即言‘士卒孰练’,如杜氏之说,岂不成重复语耶?‘兵众’即兵物。‘众’可训‘物’,《淮南·本经》篇:‘旁薄众宜。’注曰:‘众,物也。’是‘兵众’犹言兵械也。兵械为行军至要,岂有通篇不计及耶?”[⑬]易说有理。此处的“兵”为《孙子兵法》中极少释为“兵器”“兵械”之义。从《孙子兵法》对“兵”字使用的情况看,其书的写定还是比较晚的。

---

① 吴九龙主编:《孙子校释》,第 102 页。
② 吴九龙主编:《孙子校释》,第 107 页。
③ 吴九龙主编:《孙子校释》,第 126 页。
④ 吴九龙主编:《孙子校释》,第 136 页。
⑤ 吴九龙主编:《孙子校释》,第 194 页。
⑥ 吴九龙主编:《孙子校释》,第 162 页。
⑦ 吴九龙主编:《孙子校释》,第 163 页。
⑧ 吴九龙主编:《孙子校释》,第 157 页。
⑨ 吴九龙主编:《孙子校释》,第 175 页。
⑩ 吴九龙主编:《孙子校释》,第 176 页。
⑪ 吴九龙主编:《孙子校释》,第 196 页。
⑫ 吴九龙主编:《孙子校释》,第 197 页。
⑬ 易培基:《读孙子杂记》,《国故》1919 年第 4 期。

二、师

师为古代军队编制单位,《周礼·夏官司马》谓两千五百人为一师。“在金文里……师……作名词指军队、军旅、职官等,如西六师、殷八师、师尹、师克、工师等。也常用指军队长驻的营地……作动词时,则用指驻扎、驻师,读。”[①]

《周易》多用“行师”,“师”指军队。卦名有“师卦”,即行师、用师之卦。谦卦上六:“鸣谦,利用行师,征邑国。”《周易集解》曰:“虞翻曰:应在震,故曰‘鸣谦’。体师象,震为行,坤为邑国,利五之正,己得从征,故‘利用行师,征邑国’。”[②]九三、六四、六五爻参成震卦,上六应九三,故曰应在震。二至六爻伍师,可看成师卦,故曰体师象。震为动,故有出征邑国之象。豫卦:“利建侯,行师。”《周易集解》曰:“郑玄曰:坤,顺也。震,动也。顺其性而动者,莫不得,得其所,故谓之豫。豫,喜逸说乐之貌也。震又为雷,诸侯之象。坤又为众,师役之象。故‘利建侯,行师’矣。”[③]雷上于地,万物振奋而欢豫。《周易集解》曰:“虞翻曰:复初之四,与小畜旁通。坤为邦国,震为诸侯。初至五,体比象。四利复初,故‘利建侯’。三至上,体师象,故‘行师’。”[④]复卦的初九往居四位,六四来居初位,即成豫卦。豫卦六爻全变,旁通成小畜。豫卦三至五爻互坎,五上两爻半坤,坎下坤上,为师。复卦上六:“迷复,凶,有灾眚。用行师,终有大败,以其国君凶。”《周易集解》:“虞翻曰:三复位时,而体师象,故‘用行师’。阴逆不顺,坤为死丧,坎流血,故‘终有大败’。姤乾为君灭藏于坤,坤为异邦,故‘国君凶’矣。”潘雨廷谓:“复三正位时,卦为明夷,明夷上伍师,故用行师。上卦坤乘九三,故阴逆不顺而为死丧,下参坎为流血,流血而死丧,终有大败。”[⑤]复卦六三之正为九三,卦变成明夷。“荀爽曰:坤为众,故‘用行师’也。谓上行师,而距于初。阳息上升,必消群阴,故‘终有大败’。国君,谓初也。受命复道,当从下升。今上六行师,王诛必加。故‘以其国君凶’也。”[⑥]上述“师”皆为军队意。

《孙子兵法》一般用“师”字指军队较多。《孙子兵法·作战》篇云:“凡用兵之法,驰车千驷,革车千乘,带甲十万,千里馈粮,则内外之费,宾客之用,

① 庄蕙如:《两周金文军事动词研究》,(台南)成功大学博士学位论文,2010年,第78页。

② 张文智:《〈周易集解〉导读》,第168页。

③ 张文智:《〈周易集解〉导读》,第168页。

④ 张文智:《〈周易集解〉导读》,第168页。

⑤ 潘雨廷:《周易虞氏易象释 易则》,上海古籍出版社2009年版,第140页。

⑥ 张文智:《〈周易集解〉导读》,第200页。

胶漆之材，车甲之奉，日费千金，然后十万之师举矣。”[①]“其用战也胜，久则钝兵挫锐，攻城则力屈，久暴师则国用不足。”[②]“国之贫于师者：远师者远输，远输则百姓贫。近师者贵卖，贵卖则财竭。”[③]《孙子兵法·军争》篇云：“故用兵之法，高陵勿向，背丘勿逆，佯北勿从，锐卒勿攻，饵兵勿食，归师勿遏，围师必阙，穷寇勿迫，此用兵之法也。”[④]上述“师”皆指军队。《孙子兵法·九地》篇云：“去国越境而师者，绝地也。”[⑤]“师”为驻扎义。

《周易》皆用“师”字指军队，不用军、兵等字，符合“《春秋》不书军旅，一皆曰‘师’”的《春秋》义例[⑥]。《孙子兵法》即用“师”字，也用“兵”“军”等，体现了不同的时代特征。

三、旅

旅，为古代军队编制单位。《左传·哀公元年》载：“(夏少康)有田一成，有众一旅。”[⑦]“甲骨文……从，表示军旗下人数众多之意，用为‘师旅’之‘旅’。这是‘旅’字的本义。……《论语·卫灵公》：‘军旅之事，未之学也。’何晏集解：‘郑玄曰：万二千五百人为军，五百人为旅。’一说二千人为旅。《国语·齐语》：‘故二千人为旅。’……假借为‘路’，由此引申出‘旅客’、‘旅行’、‘商旅’等义。”[⑧]《尚书·大禹谟》：“班师振旅。”[⑨]《穀梁传·庄公八年》曰：“出曰治兵，习战也；入曰振旅，习战也。”[⑩]师、旅同为军事编制单位，均指军队。《诗经·皇矣》：“王赫斯怒，爰整其旅，以按徂旅。”[⑪]前“旅”指军队；后“旅”为国名，此处指莒国。

《周易》有“旅”字，但指卦名，并未用在军事上。复卦：“象曰：雷在地中，复；先王以至日闭关，商旅不行，后不省方。”[⑫]“《白虎通》云：‘至日阳气微弱，王者承天理物，故率天下静，不复行役，扶助微气成万物也。’”[⑬]此“旅”指行

---

① 吴九龙主编：《孙子校释》，第20页。
② 吴九龙主编：《孙子校释》，第21页。
③ 吴九龙主编：《孙子校释》，第25页。
④ 吴九龙主编：《孙子校释》，第126页。
⑤ 吴九龙主编：《孙子校释》，第205页。
⑥ 左丘明撰，杜预注：《春秋左传注疏》(一)，山东画报出版社2004年版，第70页。
⑦ 杨伯峻编著：《春秋左传注》，第1606页。
⑧ 李学勤主编：《字源》，第615页。
⑨ 李民、王健：《尚书译注》，上海古籍出版社2012年版，第27页。
⑩ 范宁集解，杨士勋疏：《春秋穀梁传注疏》，李学勤主编《十三经注疏》本，第22页。
⑪ 高亨注：《诗经今注》，上海古籍出版社1980年版，第388页。
⑫ 马振彪遗著，张善文整理：《周易学说》，第246页。
⑬ 马振彪遗著，张善文整理：《周易学说》，第246页。

旅之人。旅卦上九云:“鸟焚其巢,旅人先笑后号咷。丧牛于易,凶。”朱熹谓:“上九过刚,处旅之上,离之极,骄而不顺,凶道也。”[①]此处“旅”指行旅。

“旅”字仅见于《孙子兵法·谋攻》篇云:“凡用兵之法,全国为上,破国次之;全军为上,破军次之;全旅为上,破旅次之;全卒为上,破卒次之;全伍为上,破伍次之。”[②]在《周礼》中记有军制系统的详细记载:“凡制军万有二千五百人为军……军将皆命卿。二千有五百人为师,师帅皆中大夫。五百人为旅,旅帅皆下大夫。百人为卒,卒长皆上士。二十五人为两,两司马皆中士。五人为伍,伍皆有长。”[③]《周礼》的军制系统较为规范,军、师、旅、卒、两、伍的建置有条不紊。《孙子兵法》军、旅、卒、伍,排列有序,一气呵成,但与《周礼相较》缺师、两。究其原因,《周礼》反映的是一种理想的军制,《孙子兵法》反映的或是当时真实的建制。

四、征

“征”字,甲骨文会意为“举趾往邑”[④],即远征及征伐之义。“征字兼有征伐及征行两义的现象,在金文中十分常见。”[⑤]“‘征’在金文中的另一个用法就是表示征伐,此当由征行义发展而来,《诗经·鲁颂·泮水》‘桓桓于征’郑玄笺:‘征,征伐也。’《礼记·月令》‘以征不义’郑玄注:‘征之言伐也。’段玉裁《说文解字注·是部》‘适,正行也’注:‘征,引申为征伐。’这种用法的‘征’在西周各个时期与春秋战国金文中都很常见。”[⑥]而陈佩君认为:“‘伐’‘征’二词主要使用于殷对外邦的关系中,亦即以殷商攻击方国为主,相反地,方国对商的攻击,绝少称‘伐’或‘征’,使用上已略有区别。”[⑦]《字源》载:“《书·胤征》:‘胤征。’孔传:‘奉辞伐罪曰征。’”[⑧]征字“上伐下”的意义已很明显。庄蕙如谓:“商人到了武丁时期‘征’的‘上征下’观念已经确立,故第五期开始,就出现了《孟子·梁惠王上》所云:‘征者,上伐下也’的使用状况,亦即‘征’字仅用于商攻方国,而不见于方国攻商者。”[⑨]“征”“伐”都具有一定的指向意义,不是随便使用的。“先秦文献中表示征伐义的‘征’用法基本与金文

① 马振彪遗著,张善文整理:《周易学说》,第549页。
② 吴九龙主编:《孙子校释》,第36页。
③ 郑玄注,贾公彦疏:《周礼注疏》,上海古籍出版社1990年版,第1020页。
④ 李学勤主编:《字源》,第114页。
⑤ 庄蕙如:《两周金文军事动词研究》,第53页。
⑥ 商艳涛:《金文中的“征”》,《语言科学》2009年第2期,第150页。
⑦ 陈佩君:《甲骨文军事动词同义词研究》,第82页。
⑧ 李学勤主编:《字源》,第114页。
⑨ 庄蕙如:《两周金文军事动词研究》,第233页。

同，亦是用于上对下，有道对无道。”[①]《周易》中征字用得较多，有的作“征兆”“征发”解，有的只作“征战”解。《孙子兵法》用“征”字仅见一处。

（一）“征”释为“征行”“进取”

先看“征行”意：泰卦：“初九，拔茅茹，以其汇，征吉。”李舜臣曰：“爻以位升，自下而上，故言征。”[②]李士鉁曰：“震爻为征，阳主进故征。”[③]九三、六四、六五互震卦。“征”字在这里为征行、征进义。颐卦六二：“颠颐，拂经，于丘颐，征凶。象曰：六二征凶，行失类也。”[④]《周易集解》云：“王肃曰：养下曰颠。拂，违也。经，常也。丘，小山，谓六五也。二宜应五，反下养初，岂非颠颐，违常于五也，故曰‘拂经于丘’矣。拂丘虽阻常理，养下故谓养贤。上既无应，征必凶矣，故曰‘征凶’。”[⑤]释“征”为“前往”。《周易本义》：“求养于初，则颠倒而违丁常理；求养于上，则往而得凶。”[⑥]同样，释“征”为往。

再看“进取”义：大壮卦初九：“壮于趾，征凶，有孚。象曰：壮于趾，其孚穷也。”《周易集解》：“虞翻曰：趾谓四。征，行也。震足为趾，为征。初得位，四不征之五，故‘凶’。”[⑦]释“征”为行。潘雨廷释：“趾谓四者，九四震爻也。又震为征，征，行也。四不征之五，故凶。盖初四敌应，而初得上卦征象，失位而凶，是谓征凶。若四上之五，即征行而不凶，则卦成需。需上卦坎为孚，初四皆当位而应，故有孚。”[⑧]陈梦雷谓：“初阳在下，当壮时而急于进，有壮于趾之象。征凶有孚，言进必取凶也。”[⑨]同样，释“征”为行、进取。

损卦九二：“利贞，征凶，弗损益之。象曰：九二利贞，中以为志也。”《周易集解》：“虞翻曰：失位当之正，故‘利贞’。征，行也。震为征，失正毁折，故‘不征’。之五则凶，二之五成益，小损大益，故‘弗损益之’矣。”[⑩]陈梦雷《周易浅述》：“二刚中，无有不正。然不能自守而妄进，则不正矣。故戒以征凶也。”释“征”为行、进取。

（二）“征”释为“征战”

谦卦：“六五，不富，以其邻，利用侵伐，无不利。象曰：利用侵伐，征不服也。”李士鉁：“自二至上互师，故利用侵伐以征不服。无钟鼓曰侵，有钟鼓曰

---

① 商艳涛：《金文中的“征”》，《语言科学》2009 年第 2 期，第 150 页。

② 马振彪遗著，张善文整理：《周易学说》，第 125 页。

③ 马振彪遗著，张善文整理：《周易学说》，第 125 页。

④ 马振彪遗著，张善文整理：《周易学说》，第 275 页。

⑤ 张文智：《〈周易集解〉导读》，第 210 页。

⑥ 李光地编纂，刘大钧整理：《周易折中》，巴蜀书社 2008 年版，第 117 页。

⑦ 张文智：《〈周易集解〉导读》，第 234 页。

⑧ 潘雨廷：《周易虞氏易象释 易则》，第 198 页。

⑨ 陈梦雷：《周易浅述》，上海古籍出版社 1983 年，第 131 页。

⑩ 张文智：《〈周易集解〉导读》，第 258 页。

伐。本谦德以征不顺,故无不利。"[①]把"征"分为侵、伐两种。五柔顺居尊位,以上伐下,故无往不利。

谦卦上六:"鸣谦,利用行师,征邑国。"马其昶谓:"征不服,为战阵之事。征邑国,但声罪而不遽加兵,亦谦意也。"[②]具有名正言顺地加以声讨、征讨之意。

离卦上九:"王用出征,有嘉折首,获其匪丑,无咎。象曰:王用出征,以正邦也。"虞翻曰:"'王'谓乾。……乾五出征坤,故'正邦'也。"[③]"横渠易说云:'离道已成,然后不附可征。"[④]"征"皆释为出征、征战。

渐卦九三:"鸿渐于陆,夫征不复,妇孕不育,凶;利御寇。象曰:夫征不复,离群丑也。妇孕不育,失其道也。利用御寇,顺相保也。"刘沅谓:"夫指上九,上在卦外,不与三应,为夫征不复。"[⑤]"征"为征战意。

(三)"征"释为征行或征战均可

复卦上六:"迷复,凶,有灾眚。用行师,终有大败,以其国君,凶;至于十年不克征。""征",黄寿祺释为:"前行,含'振兴发展'之义。……《尚氏学》:'不克征,言不能兴起也'。"[⑥]高亨谓:"大败之后,十年之内不能行师。"[⑦]此处将"征释"为征行或征伐均可。

升卦卦辞:"升:元亨,用见大人,勿恤,南征吉。象曰:柔以时升,巽而顺,刚中而应,是以大亨。用见大人,勿恤,有庆也。南征吉,志行也。"陈鼓应谓:"'南征',南行。……程、朱释'南征'为'前进',亦通。"[⑧]李镜池将"征战"之"征"理解为:"可以肯定不是指昭王南征而不复之事。究竟是指穆王征楚,还是宣王征淮徐,不能确指。以穆王大兴九师征楚为可能。"[⑨]但可以确定此处的"南征"是指历史上发生的一次战争。

困卦九二:"困于酒食,朱绂方来,利用亨祀,征凶,无咎。"石介曰:"既在险中,何可以行?以其居阳明之德,可以无咎。"[⑩]下坎为险,释"征"为行。李镜池释为:"喝醉了酒,穿红色服装的敌人正好来了。有忧患,于是祭祀求

---

① 马振彪遗著,张善文整理:《周易学说》,第 166 页。

② 马振彪遗著,张善文整理:《周易学说》,第 166 页。

③ 张文智:《〈周易集解〉导读》,第 222 页。

④ 马振彪遗著,张善文整理:《周易学说》,第 306 页。

⑤ 马振彪遗著,张善文整理:《周易学说》,第 517 页。

⑥ 黄寿祺、张善文:《周易译注》,上海古籍出版社 2001 年版,第 210 页。

⑦ 高亨:《周易古经今注》,《高亨著作集林》第 1 卷,清华大学出版社 2004 年版,第 275 页。

⑧ 陈鼓应、赵建伟注泽:《周易今注今译》,第 411 页。

⑨ 李镜池:《周易通义》,第 91 页。

⑩ 马振彪遗著,张善文整理:《周易学说》,第 454 页。

神。贞问出征则凶。"[①]解"征"为征战。

革卦六二:"已日乃革之,征吉,无咎。象曰:已日革之,行有嘉也。"《周易集解》:"荀爽曰:日以喻君也。谓五已居位为君,二乃革,意去三应五。故曰'已日乃革之'。上行应五,去卑事尊,故曰'征吉,无咎也'。"[②]释"征"为行。李镜池认为:"古人战争要祭祀,祭祀又要择日。……祭祀日期改变亦即意味着出征的日期改变。'征,吉。'表明战期改变了,于是征战吉利。"[③]释"征"为征战。革卦上六:"君子豹变,小人革面,征凶,居贞吉。象曰:君子豹变,其文蔚也。小人革面,顺以从君也。"龚焕曰:"三征凶,戒其妄动也;上征凶,谓事之已革者不可复变也。当革而未革故贞厉,已革而当守故居贞吉。"[④]释"征"为行动。李镜池认为:"这是说长官发火,引起士兵的不满,甚至倒戈,结果导致战争的失败。"[⑤]释"征"为战争。

未济六三:"未济,征凶,利涉大川。象曰:未济征凶,位不当也。"《周易集解》曰:"干宝曰:吉凶者,言乎其得失也。禄父反叛,管蔡与乱,兵连三年,诛及骨肉,故曰'未济征凶'。"[⑥]此处"征"有征发、征战义。陈鼓应谓:"六三质柔用刚,失中不正,与上九有应,处未济之时,独力上往济险,焉能不凶,故云'未济,征凶'。"[⑦]释"征"为往。

(四)《孙子兵法》中的"征"字

《孙子兵法》中用"征"字者仅见一处:"凡兴师十万,出征千里,百姓之费,公家之奉,日费千金,内外骚动,怠于道路,不得操事者,七十万家。"[⑧]释"征"为征战。商艳涛谓:"文献中外敌入侵也可称为'征'。例如:'仲春行秋令,则其国大水,寒气总至,寇戎来征。'(《礼记·月令》,又《吕氏春秋·仲春纪》、《淮南子·时则训》)但从现有材料来看,金文中'征'未见此用法。"[⑨]此种用法应较为晚出。"到春秋战国时期,礼崩乐坏,社会动荡不安,各国之间征战不断,这时人们的思想观念也发生了很大变化,'征'也不限于《孟子》所谓的'征者上伐下也,敌国不相征也',各诸侯国之间也可用'征'。"[⑩]孙子仅在"出征"的意义上使用"征"字。此时"征"字在上古的道德意义在春秋战国

① 李镜池:《周易通义》,第93页。
② 张文智:《〈周易集解〉导读》,第294页。
③ 李镜池:《周易通义》,第98页。
④ 马振彪遗著,张善文整理:《周易学说》,第479页。
⑤ 李镜池:《周易通义》,第99页。
⑥ 张文智:《〈周易集解〉导读》,第348页。
⑦ 朱高正:《周易六十四卦通解》,华东师范大学出版社1999年版,第222页。
⑧ 吴九龙主编:《孙子校释》,第236页。
⑨ 商艳涛:《金文中的"征"》,《语言科学》2009年第2期,第150页。
⑩ 商艳涛:《西周军事铭文研究》,华南理工大学出版社2013年版,第276页。

时期尚未完全消失——孟子犹言:“征者,上伐下也,敌国不相征也”[①]——虽然当时征战频仍,《孙子兵法》却极少用“征”字。

五、伐

《说文》:“伐,击也。”段玉裁注:“《尚书》:‘不愆于四伐五伐’,郑曰:‘一击一刺曰伐。’《诗》曰:‘是伐是肆’,《笺》云:‘谓击刺之’,按此伐之本义也,引申之乃为征伐。”[②]“‘伐’可以依形释义,有‘砍头’的意思,又可以用于‘征伐’。”[③]“伐……学界普遍认为字像以戈砍击人首之形,殷卜辞中有三个义项:其一,为祭祀动词;其二,为祭祀人牲;其三,为征伐动词。”[④]

陈佩君认为:“‘伐’在殷代的使用无分敌我,周代继承了这样的用法,均未发展出典籍中富含褒贬的风格色彩。……其实在先秦时期,‘伐’字之用并无褒贬美恶之别,敌我两造互相攻击争战皆可用‘伐’,而非仅用于周王室对外的战争;若所用的强调被征者为不义之国,则用‘讨’字,如《孟子·告子下》云:‘是故天子讨而不伐,诸侯伐而不讨。’”[⑤]如《左传·庄公十年》载:“十年春,齐师伐我。”[⑥]即齐师攻打我国,“伐”在此处无道德情感意义。“外邦来犯殷土亦可称‘伐’……从使用的频率来看,殷王及其部属对方国行伐的情形较为普遍,相反地,方国对殷或方国出现‘伐’的情况并不多。”[⑦]庄蕙如谓:“汉儒以降咸认为先秦典籍中的‘伐’字已寓有情感义,亦即赋予其褒贬色彩。”[⑧]与“征”字相反,“伐”字的道德寓意是后出的,而“征”的道德寓意愈往后则愈淡薄。“除去通用之外,‘伐’‘征’在用法上最明显的差别在于西周金文中的‘征’全部用于上伐下,而‘伐’既可用于上伐下,也可以用于下伐上。”[⑨]“征”“伐”合为一词也较为后出。陈炜湛谓:“征、伐同义而分用,金文亦然(例见《金文编》、《金文诂林》)。‘征伐’合为一词,先秦文献见于《诗》《论语》《左传》等书,当是春秋以后出现的语言现象。”[⑩]《周易》还在“上伐下”的寓意上使用“伐”字。《孙子兵法》用“伐”字纯为攻伐、攻战意,不具有道德、情感色彩。

---

① 杨伯峻译注:《孟子译注》,第 300 页。

② 许慎撰,段玉裁注:《说文解字注》,(台北)黎明文化公司 1996 年版,第 385 页。

③ 陈佩君:《甲骨文军事动词同义词研究》,第 16 页。

④ 陈佩君:《甲骨文军事动词同义词研究》,第 74 页。

⑤ 陈佩君:《甲骨文军事动词同义词研究》,第 76 页。

⑥ 杨伯峻编著:《春秋左传注》,第 182 页。

⑦ 陈佩君:《甲骨文军事动词同义词研究》,第 75 页。

⑧ 庄蕙如:《两周金文军事动词研究》,第 175 页。

⑨ 商艳涛:《西周军事铭文研究》,第 275 页。

⑩ 陈炜湛:《甲骨文简论》,上海古籍出版社 1987 年版,第 40 页。

(一)"伐"寓"上伐下"

晋卦上九:"晋其角,维用伐邑,厉吉无咎,贞吝。象曰:维用伐邑,道未光也。"刘沅曰:"坤邑,离戈兵,伐邑象。"[①]李士鉁曰:"邑指内卦,征伐自天子出。晋为诸侯之象,虽明德昭著,亦仅伐己之私邑而已。"[②]"伐"与"征"意义基本相同,都有上伐下之意。

既济卦九三曰:"高宗伐鬼方,三年克之,小人勿用。"[③]未济卦九四曰:"震用伐鬼方,三年有赏于大邦。"《周易集解》曰:"虞翻曰:变之震,体师,坤为鬼方。故'震用伐鬼方'。坤为年,为大邦,阳称赏,四在坤中,体既济离三,故'三年有赏于大邦'。"[④]潘雨廷释:"四正而卦为蒙,蒙下参为震,上参坤为用为鬼方,下伍师,故震用伐鬼方。"[⑤]均可见"伐"字之上伐下之义。

(二)"伐"为侵伐、攻击

谦卦六五:"不富,以其邻,利用侵伐,无不利。象曰:利用侵伐,征不服也。"冯椅(琦)曰:"潜师曰侵,声罪曰伐。"[⑥]此处"伐"有伸张正义之意。朱震曰:"征者,上伐下也。司马法云,负固不服则侵之。"[⑦]此处"伐"与"侵"同,与"征"多有差别,"下伐上则"不能用"征"。

《易经·系辞上传》:"作易者其知盗乎?易曰:'负且乘,致寇至。'负也者,小人之事也;小人而乘君子之器,盗思夺矣!上慢下暴,盗思伐之矣。"[⑧]盗之武事亦能用"伐"字,此处"伐"为侵夺义。此处释解卦六三:"负且乘,致寇至,贞吝。象曰:负且乘,亦可丑也,自我致戎,又谁咎也。"《周易集解》:"虞翻曰:三倍五,上慢乾君,而乘其器。下暴于二,二藏于坤,五来寇三,以离戈兵,故称'伐之'。"[⑨]九二、六三、九四互离卦。《易》曰:"负且乘,致寇至,盗之招也。"《周易集解》:"虞翻曰:五来夺三,以离兵伐之,故变寇言戎,以成三恶。二藏坤时,艮手招盗,故'盗之招'。"[⑩]"伐"即侵夺。

(三)《孙子兵法》中的"伐"字

《孙子兵法》用"伐"字无情感寓意。《孙子兵法·谋攻》篇:"故上兵伐谋,其次伐交,其次伐兵,其下攻城。"郭化若释为:"指导战争的上策是挫败

---

① 马振彪遗著,张善文整理:《周易学说》,第 348 页。
② 马振彪遗著,张善文整理:《周易学说》,第 348 页。
③ 张文智:《〈周易集解〉导读》,第 344 页。
④ 张文智:《〈周易集解〉导读》,第 348 页。
⑤ 潘雨廷:《周易虞氏易象释 易则》,第 364 页。
⑥ 马振彪遗著,张善文整理:《周易学说》,第 165 页。
⑦ 马振彪遗著,张善文整理:《周易学说》,第 165 页。
⑧ 张文智:《〈周易集解〉导读》,第 368 页。
⑨ 张文智:《〈周易集解〉导读》,第 368 页。
⑩ 张文智:《〈周易集解〉导读》,第 368 页。

敌人的战略计谋,其次是挫败敌人的外交,再次是进攻敌人的军队,下策是攻城。"①此处将"伐"释为攻伐、打击。《孙子兵法·九地》篇:"夫霸王之兵,伐大国,则其众不得聚;威加于敌,则其交不得合。"郭化若释为:"凡是霸、王的军队,进攻大国就能使敌方的民众和军队来不及动员集中……"②孙子所用的"伐"字,仅有攻伐、攻战、争斗之意,无情感、褒贬色彩。《春秋》书"伐"是有一定之规的。胡安国云:"经之书'伐',非主兵者皆有言可执,见伐者皆有罪可讨也。《传》曰:'欲加之罪,何患无辞?'"③欲伐之,须有罪可声讨,没有罪也要硬找一个来。否则不能用"伐"字。在孙子那里,只论攻守之条件,可打可不打,不论罪与不罪。时代不同了,要不孟子就没有"春秋无义战"④的感慨了。

六、侵

侵,"初文像手举扫帚之类的物什轰驱牛马之形"⑤。《穀梁传·隐公五年》:"苞人民、殴牛马曰侵。"⑥俘获其人民、牛马财物曰侵。"制其人民,殴其牛马,亦侵陵焉。……就被伐国而言,用兵深者谓之伐,用兵浅者谓之侵;就主伐国而言,正如《春秋胡传》所谓'声罪致讨曰伐,潜师掠境曰侵'是也。"⑦看来"侵"与"伐"有程度、形式的不同,但目的都是侵掠、讨罪的目的。"'侵'仅用于外邦番境,殷商王朝对外攻伐并不称'侵'……其具体内容为侵犯土田以及掠夺人力。将此内容与字形结合来看,可以推论殷周二代的字形一从牛一从匕,反映的正好是行动中所掠夺的人力及物资,所得比较是限定在田地之上。到了战国时代,字形改从戈,所强调的不再是夺取的资源,而是强势兵力的侵略,其性质已有明显转变。"⑧战国时期从早期的侵占他人财物发展到侵占土地、兼并国家,其规模、形式大幅度升级,事实上从春秋末期就开始预演。

谦卦六五:"不富以其邻,利用侵伐,无不利。"《周易集解》:"荀爽曰:谓

① 孙武撰,郭化若译:《孙子今译》,上海人民出版社1977年版,第7页。

② 孙武撰,郭化若译:《孙子今译》,第42页。

③ 胡安国:《春秋传》,岳麓书社2011年版,第32页。

④ 杨伯峻译注:《孟子译注》,第300页。

⑤ 参见李学勤主编:《字源》,第710页。

⑥ 范宁注,杨士勋疏:《春秋穀梁传注疏》,李学勤主编《十三经注疏》本,北京大学出版社1999年版,第22页。

⑦ 陈顾远:《中国国际法溯源》,上海书店出版社1989年版,第280页。按,胡安国《春秋传》:"凡兵,声罪致讨曰伐,潜师入境曰侵,两兵相接曰战……毁其宗庙社稷曰灭,诡道而胜之曰败,悉虏而俘之曰取。"(胡安国撰:《春秋传》,岳麓书社2011年版,第18页)

⑧ 陈佩君:《甲骨文军事动词同义词研究》,第92页。

阳利侵伐来上，无敌不利之者。”[①]李士钤曰：“自二至上互师，故利用侵伐以征不服。无钟鼓曰侵，有钟鼓曰伐。”[②]朱熹谓：“犹有未服者，则利以征之。”[③]“侵”“伐”连用，意思没太大差别，仍为征讨、征伐义。象曰：“利用侵伐，征不服也。”《周易集解》：“荀爽曰：不服，谓五也。案：六五离爻。离为戈兵，侵伐之象也。”[④]来知德谓：“侵伐非黩武，以其不服，不得已而征之也。”[⑤]侵伐、征在同一意义上使用。

《孙子兵法·军争》云：“故其疾如风，其徐如林，侵掠如火，不动如山，难知如阴，动如雷震。”孙子要的是痛快淋漓，动与静都要发挥到极致。侵掠敌国时，要像烈火，像闪电。

《周易》《孙子兵法》用“侵”字者各仅一处。在《周易》语境里，“侵”与“伐”是连在一起的，犹有吊民伐罪、声罪致讨之意。在孙子的视野里，夺取胜利的目标是第一位的，目的决定一切！

七、武

“武”指与军事、战争有关的事。“《春秋元命苞》：‘武者，伐也。’即武之本义。金文用作：(1)军事。……(2)勇健。……(3)人名。……(4)干的名号。”[⑥]“从止表示行进，从戈表示武器，本义是征伐、示威，非《说文》所说‘止戈为武’。”[⑦]《周易》与《孙子兵法》“武”字的用法没大差别。

巽卦初六：“进退，利武人之贞。”《周易集解》：“虞翻曰：巽为进退。乾为武人。初失位，利之正为乾，故‘利武人之贞’矣。”[⑧]《说卦传》：“巽为木、为风、为长女、为绳直、为工、为白、为长、为高、为进退……”[⑨]初六阴爻居阳位，为失位不正，“之正”即动变阳，下卦三阳成乾。刘沅曰：“巽为进退，变乾纯刚，象武人。”[⑩]“武人”指武勇之军人。

“神以知来，知以藏往，其孰能与于此哉！古之聪明睿知神武而不杀者夫！”《周易集解》：“虞翻曰：谓大人也。庖牺在乾五。动而之坤，与天地合聪明。在坎则聪，在离则明。神武谓乾，睿知谓坤。乾坤坎离，反复不衰，故

---

① 曹元弼：《周易集解补释》卷四，1927年刻本，第78页。
② 马振彪遗著，张善文整理：《周易学说》，第166页。
③ 朱熹撰，苏勇校注：《周易本义》，北京大学出版社1992年版，第24页。
④ 曹元弼：《周易集解补释》卷四，第79页。
⑤ 来知德撰，张万彬点校：《周易集注》，九州出版社2004年版，第278页。
⑥ 王文耀编著：《简明金文词典》，上海辞书出版社1998年版，第180页。
⑦ 李学勤主编：《字源》，第1110页。
⑧ 张文智：《〈周易集解〉导读》，第324页。
⑨ 潘雨廷：《周易虞氏易象释 易则》，第465页。
⑩ 马振彪遗著，张善文整理：《周易学说》，第555页。

'而不杀者夫'。"[1]乾动之坤为坎,坤动之乾离。"武"为勇武意。

《孙子兵法·行军》云:"兵非益多也,惟无武进,足以并力、料敌、取人而已。"[2]"武"有武莽、恃强蛮干意。整个《孙子兵法》是主于"智"的,恃强用力不取焉。"故令之以文,齐之以武,是谓必取。"[3]"文"指宽厚亲仁,"武"指军纪刑罚。

八、战

"'战'字甲文未见。"[4]金文"战"字见于东周时期铭文。[5] "《说文》:'战,斗也。'……郭店楚墓竹简《老子丙》10:'战胜则以丧礼居之。'《尚书·甘誓》:'大战于甘。'"[6]《甘誓》虽属于夏书,但传世《尚书》写定的时间较晚,不能作为"战"字较早出现的证据。

坤卦上六:"龙战于野,其血玄黄。"是为在文献中较早出现的"战"字。《周易集解》:"侯果曰:坤,十月卦也。乾位西北,又当十月。阴穷于亥,穷阴薄阳,所以战也。故《说卦》云'战乎乾'是也。"[7]李士鉁曰:"易穷则变,初六以阴消阳,上六则阳来伐阴,阴不足以敌阳,故伤出血。"[8]《坤卦》中的"战"为争斗的意思。

《孙子兵法》使用"战"字比较广泛,其第二篇即以"作战"命名,"战"皆为"作战"义。《孙子兵法·谋攻》云:"故知胜有五:知可以战与不可以战者胜,识众寡之用者胜,上下同欲者胜,以虞待不虞者胜,将能而君不御者胜。"[9]"故曰:知彼知己,百战不殆。"《孙子兵法·形》云:"昔之善战者,先为不可胜,以待敌之可胜。""是故胜兵先胜而后求战,败兵先战而后求胜。"[10]《孙子兵法·势》:"凡战者,以正合,以奇胜。"[11]"战势不过奇正,奇正之变,不可胜穷也。""任势者,其战人也,如转木石。"《孙子兵法·虚实》云:"凡先处战地而待敌者佚,后处战地而趋战者劳。"[12]

---

① 张文智:《〈周易集解〉导读》,第379页。
② 吴九龙主编:《孙子校释》,第163页。
③ 吴九龙主编:《孙子校释》,第164页。
④ 庄惠如:《两周金文军事动词研究》,第176页。
⑤ 参见庄惠如:《两周金文军事动词研究》,第176页。
⑥ 李学勤主编:《字源》,第1107页。
⑦ 张文智:《〈周易集解〉导读》,第113页。
⑧ 马振彪遗著,张善文整理:《周易学说》,第44页。
⑨ 吴九龙主编:《孙子校释》,第47页。
⑩ 吴九龙主编:《孙子校释》,第61页。
⑪ 吴九龙主编:《孙子校释》,第71页。
⑫ 吴九龙主编:《孙子校释》,第84页。

《周易》较早使用“战”字，多用其战斗的意义，未专用于军事领域《孙子兵法》广泛使用“战”字，“作战”的军事专业特色十分明显，这或许是《孙子兵法》作为兵书的性质使然。

九、诛

“诛”原意为“治”。“甲文未见，金文仅一例……《说文》言部：‘诛，讨也。从言，朱声。’……《说文》：‘讨，治也。从言寸。’在典籍里，‘诛’字之用已寓有褒贬美恶意，故《左传》里‘诛’字恒用于治乱纠责，如《隐公元年》下《正义》云：‘武庚作乱周公伐而诛之。’”[①]《论语·公冶长》：“朽木不可雕也，粪土之墙不可杇也；于予与何诛？”[②]“诛”为责备意。《孟子·梁惠王下》：“闻诛一夫纣矣，未闻弑君也。”“诛”为诛戮。《韩非子》：“故群臣陈其言，君以其言授其事，事以责其功。功当其事，事当其言，则赏；功不当其事，事不当其言，则诛。”[③]“诛”为惩处意。《周易》与《孙子兵法》的“诛”字的使用情况都仅见一处。

《孙子兵法·九地》：“是故政举之日，夷关折符，无通其使，厉于廊庙之上，以诛其事。”[④]在较为原始的意义上使用“诛”字，为研治之意。《周易·杂卦传》：“晋，昼也。明夷，诛也。”《周易集解》：“诛，伤也。离日在上，故‘昼也’。明入地中故‘诛也’。”[⑤]杂卦传成书应在西汉，使用的是“诛”字较为晚出的诛戮意。

十、攻

“攻”的本义是击打。“古初以工为攻，后乃为造专字。……攻字最先见于春秋。”[⑥]庄蕙如认为：“在金文里，‘攻’字与军事相关者，有攻击、攻打之动词义以及军事、军功之名词义。”[⑦]

“攻”字在《周易》经文里只有一处，即同人九四：“乘其庸，弗克攻，吉。”《周易集解》：“虞翻曰：巽为庸，四在巽上，故‘乘其庸’。变而承五，体讼，乾刚在上，故‘弗克攻’，则‘吉’也。”[⑧]刘沅云：“四在上卦，有陵下之志，为乘墉

① 庄蕙如：《两周金文军事动词研究》，第 185 页。

② 杨伯峻译注：《论语译注》，中华书局 1980 年版，第 48 页。

③ 张松辉、张景译注：《韩非子译注》，三联书店 2014 年版，第 36 页。

④ 吴九龙主编：《孙子校释》，第 214 页。

⑤ 张文智：《〈周易集解〉导读》，第 456 页。

⑥ 李学勤主编：《字源》，第 261 页。

⑦ 庄蕙如：《两周金文军事动词研究》，第 198 页。

⑧ 张文智：《〈周易集解〉导读》，第 160 页。

下攻之象。三为二墉,五以刚中应二,攻安能克?"[①]登上城墙进攻,敌人有应援,还是未能攻克。"攻"即攻打。

《孙子兵法》多处使用"攻"字,其第三篇即为《谋攻》篇,"攻"字即为进攻、攻击之意。《孙子兵法·计》曰:"攻其无备,出其不意。"《孙子兵法·作战》篇:"其用战也胜,久则钝兵挫锐,攻城则力屈,久暴师则国用不足。"《孙子兵法·谋攻》篇:"故上兵伐谋,其次伐交,其次伐兵,其下攻城。攻城之法为不得已。故善用兵者,屈人之兵而非战也,拔人之城而非攻也,毁人之国而非久也,必以全争于天下。""故用兵之法,十则围之,五则攻之,倍则分之,敌则能战之,少则能逃之,不若则能避之。""攻"均释为进攻、攻击。

在"攻"字的运用上,《周易》与《孙子兵法》没有太大的区别,因为"攻"字出现较晚,其本身的意义也没有什么变化。如果说"攻字最先见于春秋"[②],那么《周易》的写定或晚至春秋。否则,"攻"字的出现应该要在《周易》的形成时期——周初。

十一、取

"取的本义就是割取敌人的耳朵,有所获取。'夺取''获取'等义都包含在捕取俘虏这一过程中,也都是'取'的常用义。"[③]甲骨文、金文、战国包山简"均象以手持耳状,一般认为即手持俘馘之貌,由此观之,'取'一开始就是为了适切地表达战争事务而产生的文字,于卜辞中除可见取得战俘之义以外,还扩大了使用的范围,另可适用于夺取城邑之义"[④]。"金文中'取'极少再被用于战事之中,已由擒获类动词脱离出去,转变为一般的动词了。"[⑤]

比卦九五:"象曰:显比之吉,位正中也。舍逆取顺,失前禽也。"《周易集解》:"虞翻曰:背上六,故舍逆。据三阴,故'取顺'。不及初,故'失前禽'。"曹元弼谓:"禽在前来者射之易,故以象降者、奔者。背而去者取之难,故以象拒敌者。王者农隙讲武,为田除害,仍寓爱物之仁,不忍取其自来而易得者。"[⑥]"取"为猎取、获取之意。

小过卦六五:"密云不雨,自我西郊,公弋,取彼在穴。"李镜池释为:"某贵族本想射鸟,路过一个地方,从洞穴里捉到了野兽。"[⑦]"取"为获取、捉取之意。

① 马振彪遗著,张善文整理:《周易学说》,第146页。
② 李学勤主编:《字源》,第261页。
③ 李学勤主编:《字源》,第225页。
④ 陈佩君:《甲骨文军事动词同义词研究》,第189页。
⑤ 陈佩君:《甲骨文军事动词同义词研究》,第190页。
⑥ 曹元弼:《周易集解补释》卷三,第46页。
⑦ 李镜池:《周易通义》,第124页。

《孙子兵法·计》篇:“故利而诱之,乱而取之,实而备之……”“取”为夺取之义。《孙子兵法·行军》篇:“兵非贵益多也,惟无武进,足以并力、料敌、取人而已。”“故令之以文,齐之以武,是谓必取。”《孙子兵法·九地》篇:“夫战胜攻取而不修其功者凶,命曰费留。”《孙子兵法·作战》篇:“取用于国,因粮于敌,故军食可足也。”“取”有争夺、攻取、获取之意。《孙子兵法·用间》篇:“先知者,不可取于鬼神,不可象于事,不可验于度,必取于人,知敌之情者也。”“取”有采取、取用之意。

《周易》《孙子兵法》中“取”的用法基本相同,大多为军事上的获取、夺取义。

十二、御

“御”本义是一种祭祀名,即御祭,指一种袪除灾殃的祭祀仪式。其引申义为防御、抵御等。“‘御’字用在征伐方面者,是由‘止’义所引申而出的捍卫义,常见‘御某’辞例,‘御’字之后为抵御的对象,有方、羌……方国部队,‘御某’指御某方入侵。”[①]“《诗·小雅·棠棣》:‘外御其侮。’《甲骨文合集》6613:‘乎御羌。’‘御羌’即抵御羌方。”[②]

蒙卦上九:“击蒙,不利为寇,利御寇。”“虞翻曰:体艮为手,故‘击’。谓五已变,上动成坎,称寇。而逆乘阳,故‘不利为寇’矣。御,止也。此寇谓二。坎为寇,巽为高,艮为山,登山备下,顺有师象,故‘利御寇’也。”[③]刘沅曰:“蒙之至而为寇,我以刚御之,不得已也。”[④]“御”为防御意。渐卦九三:“鸿渐于陆,夫征不复,妇孕不育,凶。利用御寇。”《周易集解》:“虞翻曰:御,当也。坤为用,巽为高,艮为山,离为戈兵甲胄,坎为震寇。自上御下,三动坤顺,坎象不见。故‘利用御寇,顺相保’。”[⑤]刘沅曰:“位当坎险,上承巽顺,如御寇者不轻进而自保。”[⑥]此处强调防御自保。

《孙子兵法·九地》篇:“故诸侯之情,围则御,不得已则斗,过则从。”杜佑注:“穷则同心守御。”[⑦]有置之死地而后生之意。“御”谓防御、守御。《孙子兵法·虚实》篇“进而不可御者,冲其虚也;退而不可追者,速而不可及也。”“御”字为防御、抵御之意。《孙子兵法·谋攻》曰:“将能而君不御者胜。”“御”为驾驭意。

---

① 庄蕙如:《两周金文军事动词研究》,第142页。
② 李学勤主编:《字源》,第11页。
③ 张文智:《〈周易集解〉导读》,第126页。
④ 马振彪遗著,张善文整理:《周易学说》,第70页。
⑤ 张文智:《〈周易集解〉导读》,第310页。
⑥ 马振彪遗著,张善文整理:《周易学说》,第517页。
⑦ 孙武撰,杨丙安校理:《十一家注孙子》,中华书局2012年版,第242页。

"御"释为防御、抵御,时间是很早的。《周易》《孙子兵法》运用"御"字取意基本没有差别。

十三、禽

禽,最初释为形字,像捕兽的网。《说文》未有'擒'字,只有"禽"字:"禽,走兽总名。"李孝定云:"禽本动词,遂名所获为禽(名词),反于禽字增之手旁作擒以当本谊,亦犹兽为动词,因名所获为兽,于是另制形声之狩以当本谊。"①《左传·僖公二十二年》:"君子不重伤,不禽二毛。"②"禽"为捕获、获取之意。

《周易》"禽"仅一见。井卦初六曰:"井泥不食,旧井无禽。"《周易集解》"干宝曰:在井之下体,本土爻,故曰'泥'也。井而为泥,则不可食,故曰'不食'。此托纣之秽政不可以养民也。旧井,谓殷之未丧师也。亦皆清洁,无水禽之秽,又是况泥土乎!故'旧井无禽'矣。"③赵汝楳曰:"古者鸟兽虫鱼通曰禽。井有生气,而禽生焉。"④此处"禽"指水禽、鱼类。象曰:"井泥不食,下也。旧井无禽,时舍也。"《周易集解》:"崔觐曰:处井之下,无应于上。则是所用之井不汲,以其多涂久废之井,不获以其时舍。故曰'井泥不食,旧井无禽'。禽,古擒字,禽,犹获也。"⑤此处"禽"为收获、获取之意。到汉代"擒""禽"尚通用。《史记·淮阴侯列传》:"禽赵王歇。"⑥"陛下不能将兵,而善将将,此乃信之所以为陛下禽也。"⑦此处使用的是"禽"字古义。

《孙子兵法·谋攻》篇"故小敌之坚,大敌之擒也。"⑧《孙子兵法·军争》篇:"是故卷甲而趋,日夜不处,倍道兼行,百里而争利,则擒三将军。"⑨《孙子兵法·行军》篇:"夫唯无虑而易敌者,必擒于人。"⑩上述"擒"字皆为擒获意。

《周易》《左传》等古籍表示擒获意时多用"禽"字,《孙子兵法》则用"擒"字,由此可知其写定较晚。

---

① 李孝定:《甲骨文字集释》,台北"中央研究院"历史语言研究所1965年版,第4191页。
② 杨伯峻编著:《春秋左传注》,第397页。
③ 张文智:《〈周易集解〉导读》,第289页。
④ 马振彪遗著,张善文整理:《周易学说》,第463页。
⑤ 张文智:《〈周易集解〉导读》,第290页。
⑥ 司马迁:《史记》卷九二《淮阴侯列传》,第2616页。
⑦ 司马迁:《史记》卷九二《淮阴侯列传》第2628页。
⑧ 吴九龙主编:《孙子校释》,第43页。
⑨ 吴九龙主编:《孙子校释》,第112页。
⑩ 吴九龙主编:《孙子校释》,第163页。

十四、势

"势"字汉代才出现，东汉张芝的书帖中写成"势"[①]字样，古写作"埶"字。"埶"是"藝"（艺）的初文本字。金文"埶"字像人双手种植草木，为种植。"《说文》：埶，种也……段注：《齐风》毛传曰：艺犹树也，树种义同……然艺字皆不见于《说文》。周时六艺字盖亦作埶。……又《说文》无势字，古用埶为之。《书》曰：我埶黍稷。"[②]"势"的字形、字义出现都较晚，先有"势"的字义，后有此字形。"《钮新附考》：《礼记·礼运》：'在埶者去。'郑注：埶，埶位也；《释文》：'埶本亦作势。'……《隶释》载汉碑有势。"[③]清郑珍《说文新附考》谓："（势）经典本皆借作埶。古无势字，今例改从俗书。《史》、《汉》尚多作埶。外黄令高彪碑先生郭辅碑并有势，是汉世字。据二碑从力在丸下，不在埶下。"[④]"徐铉：势，盛力权也。从力，埶声。经典通用埶。（《说文解字》卷十三新附）"[⑤]汉代，"势"仍多写作"埶"：《史记·高帝纪》："持戟百万，秦得百二焉。地埶便利。"[⑥]"势"仍作"埶"。

"埶"有"势"义不早于周初。《逸周书·王会》："汤问伊尹曰：'诸侯来献，或无牛马之所生。而献远方之物，事与实相反，不利。今吾欲因其地埶所有而献之……'"[⑦]"地埶"与今"地势"不同，指土地的生产、种植情况。"埶"仍用种植意。战国时期，"势"被广泛使用。《管子》有《形势》[⑧]、《势》等篇[⑨]，《韩非子》有《难势》[⑩]，《吕氏春秋》有《慎势》等篇[⑪]。"势"在战国时期已成十分流行的概念。法家慎子以强调"势"著称；孙膑以"贵势"驰名。[⑫]"势"可分为形势与权势两类意思。

第一，"势"释为形势、情势等。《孟子·公孙丑上》载："虽有智慧，不如乘势。"[⑬]此处"势"指情势。《孟子·告子上》："今夫水，搏而跃之可使过颡，

---

① 杨琳：《汉字形义与文化》，南开大学出版社2012年版，第333页。
② 许慎撰，段玉裁注：《说文解字注》，上海古籍出版社1981年版，第113页。
③ 蒋人杰编纂：《说文解字集注》，上海古籍出版社1996年版，第2919页。
④ 丁福保编纂：《说文解字诂林》，中华书局1988年版，第13445页。
⑤ 古文字诂林编纂委员会：《古文字诂林》第10册，上海教育出版社2004年版，第439页。
⑥ 程馀庆：《历代名家评注史记集说》，三秦出版社2011年版，第175页。
⑦ 黄怀信：《逸周书校补注译》，三秦出版社2006年版，第333页。
⑧ 黎翔凤撰，梁运华整理：《管子校注》，中华书局2004年版，第20页。
⑨ 黎翔凤撰，梁运华整理：《管子校注》，第882页。
⑩ 王先慎撰，钟哲点校：《韩非子集解》，中华书局1998年版，第388页。
⑪ 张双棣等译注：《吕氏春秋译注》，北京大学出版社2000年版，第567页。
⑫ 参见张双棣等译注：《吕氏春秋译注》，第576页。
⑬ 杨伯峻译注：《孟子译注》，第52页。

激而行之可使在山,是岂水之性哉?其势则然也。"[①]"势"为形势。《荀子·议兵》:"兵之所贵者埶(势)利也。"[②]"势"指形势便利。《管子》:"故明于机数者,用兵之势也。"[③]《管子·轻重甲》:"管子对曰:'请战衡、战准、战流、战权、战势,此所谓五战而至于兵者也。'"[④]"势"指形势。《韩非子·十过》:"问其兵势与其地形。"[⑤]"势"指形势。《郭店简·尊德义》:"筊(教)以埶(势),则民埜(野)以静(争)。"[⑥]《郭店简·性自命出》:"勿(物)之埶(势)者之胃(谓)埶(势)。"[⑦]"势"指形势。《全上古三代文·报燕太子书》:"臣愿合纵于楚,并势于赵,连衡于韩魏,然后图秦,秦可破也。且韩、魏与秦外亲内疏,若有倡兵,楚乃来应,韩、魏必从,其势可见。"[⑧]前一"势"字为势力,后一"势"字为形势。《战国策》:"且物固有势异而患同者,又有势同而患异者。"[⑨]"势"指形势、情势。"凡天下强国,非秦而楚,非楚而秦,两国敌侔交争,其势不两立。"[⑩]此时"势不两立"已成成语。《战国策》"非以韩能强于楚也,其地势然也。"[⑪]"地势"指地理形势。《战国策·燕策》:"弗利而势为之者,何也?"[⑫]"势"指形势。

第二,"势"释为权势、势力、威势等。《荀子·儒效》:"埶在人上,则王公之材也。"[⑬]"埶"指势位、权位。《管子·法法》:"凡人君之所以为君者,势也;故人君失势,则臣制之矣。"[⑭]"势"指权势。《管子·明法》:"以埶胜也。"[⑮]"势"指权势、威势。《慎子·威德》:"贤不足以服不肖,而势位足以屈贤矣。"[⑯]"势"指权势。《韩非子·功名》:"有材而无势,虽贤不能制不肖。"[⑰]"势"指势位、权势。《吕氏春秋·慎势》:"失之乎势,求之乎国,危。"注:"失

---

① 杨伯峻译注:《孟子译注》,第 235 页。
② 董治安、郑杰文汇撰:《荀子汇校汇注》,齐鲁书社 1997 年版,第 461 页。
③ 黎翔凤撰,梁运华整理:《管子校注》,中华书局 2004 年,第 116 页。
④ 黎翔凤撰,梁运华整理:《管子校注》,第 1403 页。
⑤ 王先慎撰,钟哲点校:《韩非子集解》,第 72 页。
⑥ 白于蓝编著:《简牍帛书通假字字典》,福建人民出版社 2008 年版,第 212 页。
⑦ 白于蓝编著:《简牍帛书通假字字典》,第 212 页。
⑧ 严可均辑,苑育新审订:《全上古三代文·全秦文》,商务印书馆 1999 年版,第 42 页。
⑨ 刘向编订:《战国策》,上海古籍出版社 2008 年版,第 316 页。
⑩ 刘向编订:《战国策》,第 232 页。
⑪ 张清常、王延栋:《战国策笺注》,南开大学出版社 1993 年版,第 674 页。
⑫ 刘向编订:《战国策》卷九,上海古籍出版社 2008 年版,第 513 页。
⑬ 董治安、郑杰文汇撰:《荀子汇校汇注》,齐鲁书社 1997 年版,第 222 页。
⑭ 黎翔凤撰,梁运华整理:《管子校注》,第 305 页。
⑮ 黎翔凤撰,梁运华整理:《管子校注》,第 913 页。
⑯ 朱海雷编著:《关尹子·慎子今译》,浙江大学出版社 2012 年版,第 144 页。
⑰ 王先慎撰,钟哲点校:《韩非子集解》,第 208 页。

居上之势,以恃有国,故危也。"[①]"势"为权力。《伪古文尚书·君陈》:"无依势作威。"[②]"势"为权势、权力。

《周易》经文无"势"字,《易传》见"势"字仅一处,即:"地势坤,君子以厚德载物。"[③]黄寿祺等释为"大地的气势厚实和顺"[④]。此处"势"为气势、形势。

"势"是《孙子兵法》的核心概念,其第五篇即以"势"为篇名。孙子在《计篇》即揭出"势"的概念:"计利以听,乃为之势,以佐其外。势者,因利而制权也。"[⑤]利用便利灵活机动以制敌。"势"指人为制造的态势。《势》曰:"战势不过奇正,奇正之变,不可胜穷也。"[⑥]"势"指情势。"激水之疾,至于漂石者,势也;"[⑦]"势"指势能之势。"故善战者,其势险,其节短。"[⑧]取居高临下指势。"治乱,数也;勇怯,势也"[⑨],指环境、情势能使人变勇、变怯。"故善战者,求之于势,不责于人,故能择人而任势。任势者,其战人也,如转木石。"[⑩]"任势"指造成有利的态势。《孙子兵法·虚实》曰:"故兵无常势,无恒形。"[⑪]"常势"指固定不变的态势。

《孙子兵法》对"势"这一概念的运用已达到纯熟的状态。"势"是战国时期的常用概念,在战国时期所著书中经常出现。因此,今本《孙子兵法》的写定不会早过战国时期。

第二节 《周易》所用、《孙子兵法》未用的军事语词

一、戎

"戎"字的本义是兵器。"《叔夷镈》:'余易(赐)女(汝)马车戎兵,厘仆三百又五十家。'"[⑫]"戎兵"指军队的武器装备。胡厚宣:"戎字从戈从盾,正是

① 王利器注疏:《吕氏春秋注疏》第3册,巴蜀书社2002年版,第2051页。

② 屈万里:《尚书释议》,台湾"中国文化学院出版部"1980年版,第248页。

③ 陈鼓应等认为,"势"本当作"埶",因形近"執"而讹为"執",后写作"势"。"埶",静义。(参见陈鼓应、赵建伟注译:《周易今注今译》,第42页)

④ 黄寿祺、张善文:《周易译注》,第27页。

⑤ 吴九龙主编:《孙子校释》,第11页。

⑥ 吴九龙主编:《孙子校释》,第73页。

⑦ 吴九龙主编:《孙子校释》,第75页。

⑧ 吴九龙主编:《孙子校释》,第75页。

⑨ 吴九龙主编:《孙子校释》,第77页。

⑩ 吴九龙主编:《孙子校释》,第77页。

⑪ 吴九龙主编:《孙子校释》,第103页。

⑫ 王文耀编著:《简明金文词典》,第117页。

兵戎之义。《说文》'戎,兵也。',用为动词,则为伐。"[①]范毓周《甲骨文'戎'字通释义》:"戎字……当为从事'兵'事,故其字以人持干、戈或干、戈相加会意。引申之则有征伐之义。"[②]"'戎'字亦见于甲骨卜辞,如'征戎',而云'在东',又有'东戎'之名。周金文中有'东国……戎'(《班殷铭》),《书·费誓》称徐为'戎',《春秋经》及《左氏传》中以'戎'名之国族甚多,有鲁、曹等国附近之'戎'(隐二年、庄二十年、二十四年),盖在今山东曹县附近。……中原亦多戎族,如'扬、拒、泉、皋、伊雒之戎','陆浑之戎','九州岛之戎','戎蛮氏'等。"[③]《孙子兵法》无"戎"字,《周易》多见。

夬卦:"扬于王庭,孚号,有厉,告自邑,不利即戎。"《周易集解》:"虞翻曰:阳息动复,刚长成夬。震为告。坤为自邑。夬从复升,坤逆在上,民众消灭。二变时,离为戎。"[④]夬卦自复卦长起。复下卦震为宣告,坤为城邑。夬卦九二变为泽火革,泽下卦离为戎。夬卦彖辞:"不利即戎,所尚乃穷也。"《周易集解》:"荀爽曰:不利即尚兵戎,而与阳争,必困穷。"[⑤]夬卦九二:"惕号,莫夜有戎,勿恤。"《周易集解》:"虞翻曰:惕,惧也。二失位,故'惕'。变成巽,故'号'。剥坤为'莫夜'。二动成离,离为戎,变而得正,故'有戎'。四变成坎,坎为忧,坎又得正,故'勿恤'。"[⑥]九二居阴位为失位,之正后二、三、四爻参成巽,下卦离为戎。此处"戎"指战事。

同人九三:"伏戎于莽,升其高陵,三岁不兴。"《周易集解》:"虞翻曰:巽为伏,震为草莽,离为戎。谓四变时,三在坎中,隐伏自藏,故'伏戎于莽'也。"[⑦]下卦离为戎。"戎"字指兵士。解卦六三:"负且乘,致寇至,贞吝。《象》曰:负且乘,亦可丑也。自我致戎,又谁咎也。"《周易集解》:"虞翻曰:临坤为丑也。坤为自我。以离兵伐三,故转寇为戎。艮手招盗,故'谁咎也'。"[⑧]"戎"指戎寇。

萃卦象曰:"泽上于地,萃。君子以除戎器,戒不虞。"《周易集解》:"虞翻曰:君子谓五。除,修,戎,兵也,《诗》曰:修尔车马,弓矢戎兵。阳在三四为修。坤为器。三四之正,离为戎兵、甲胄、飞矢。坎为弓弧,巽为绳。艮为

---

① 胡厚宣:《甲骨文所见殷代奴隶的反压迫斗争》,《考古学报》1976 年第 1 期,第 6 页。

② 范毓周:《甲骨文"戎"字通释义》,王宇信、宋镇豪主编《纪念殷墟甲骨文发现一百周年国际学术研讨会论文集》,社会科学文献出版社 2003 年版,第 191 页。

③ 童书业:《童书业著作集》,中华书局 2008 年,第 556 页。

④ 张文智:《〈周易集解〉导读》,第 266 页。

⑤ 张文智:《〈周易集解〉导读》,第 267 页。

⑥ 张文智:《〈周易集解〉导读》,第 268 页。

⑦ 张文智:《〈周易集解〉导读》,第 160 页。

⑧ 张文智:《〈周易集解〉导读》,第 255 页。

石，谓谷甲胄，锻厉矛矢。故‘除戎器’也。坎为寇，坤为乱，故‘戒不虞’也。”[①]“戎”为兵，“戎器”为兵器。

二、孚

“孚”有俘虏和孚信两义。于省吾曰：“收养战争中俘虏的男女以为子，这就是孚的造字由来。至于鸟孵之孚系用借字，后世则以孵为之。”[②]“许慎《说文解字》云：‘孚，军所获也。’乃因承殷周二代的动词用法而来，明白指出‘孚（俘）’的‘战获’之义。”[③]“‘孚’在卜辞中并没有太多的使用机会。到了周金文中用例大幅增加，终于得到了长足的发展，获取之物类也从而增广许多，与同时代的其他擒获动词一样，都由原本获取敌人的主要用法扩大为可取得多种不同的物类。”[④]“以手捕获之人，为俘虏的通称。”[⑤]《左传·庄公十年》：“小信未孚，神弗福也。”[⑥]“孚”为诚信义。

（一）“孚”释为“俘虏”“俘获”

小畜六四：“有孚。血去惕出。无咎。”李镜池释为：“当敌人来抢粮食时，把他们俘虏了。”[⑦]

（二）“孚”释为“孚信”

随卦九四：“随有获，贞凶。有孚在道，以明何咎。”程颐云：“四以阳刚之才，处臣位之极，人心从己，危疑之道。……次如唐郭子仪，威震主而主不疑，亦由中有孚诚而处，无甚失也，非明哲能如是乎？”[⑧]“孚”为孚信。

大有六五：“厥孚交如，威如，吉。”李士鉁谓：“六五以一阴孚众阳，而众阳亦孚之。孚于一爻为有孚，孚于众阳为厥孚也。虚中接下，上下相孚，故交如。……交如者不言而信也，威如者不怒而民威于斧钺也，吉可知矣。”[⑨]“孚”为孚信。

三、执

“执”的本义为拘捕。“《说文》云：‘执，捕罪人也。’强调被捕获的对象是

① 张文智：《〈周易集解〉导读》，第 276 页。
② 于省吾：《甲骨文字释林》，台湾大通书局 1981 年版，第 301 页。
③ 陈佩君：《甲骨文军事动词同义词研究》，第 190 页。
④ 陈佩君：《甲骨文军事动词同义词研究》，第 191 页。
⑤ 陈佩君：《甲骨文军事动词同义词研究》，第 17 页。
⑥ 杨伯峻编著：《春秋左传注》，第 182 页。
⑦ 李镜池：《周易通义》，第 23 页。
⑧ 马振彪遗著，张善文整理：《周易学说》，第 182 页。
⑨ 马振彪遗著，张善文整理：《周易学说》，第 156 页。

罪人，与卜辞相比已不尽相同。殷代被执者多为战场中落败的敌人。”①“甲骨文像人（或朝左，或朝右）双手戴刑具之形，或连头颈一起使用刑具束缚。文例有‘执羌’（逮住了羌族的人）、‘执寇’（逮住了强盗）、‘执兕’（逮住了犀牛）等。”②

师卦六五：“田有禽，利执言，无咎。”李士鉁曰：“五以柔居尊，不能帅师临敌，而能正言伐罪，故利执言。”③“执言”有正言声讨义。宋祚胤断句为：“田有禽，利执；言，无咎。”“利执：利以执，以捕获鸟兽而得到好处。”④释“执”为执获、捕获。宋氏解释更说得通。

遁卦六二：“执之用黄牛之革，莫之胜说。”《周易集解》：“虞翻曰：艮为手，称执；否坤为黄牛；艮为皮。四变之初，则坎水濡皮。离日干之。故‘执之用黄牛之革’。莫，无也。胜，能。说，解也。乾为坚刚，巽为绳，艮为手，持革缚三在坎中，故‘莫之胜说’也。”潘雨廷谓：“夫六二所以执之而不使其说者，乃防其消阳而遯成否也。”⑤“执”为绑缚。

四、振

“‘振’字始见于战国时期……本义是救助……又有振动、抖动义。”⑥“《公羊传·庄公八年》曰：‘出曰祠兵，入曰振旅，其礼一也，皆习战也。”⑦《春秋穀梁传·庄公八年》曰：“出曰治兵，习战也；入曰振旅，习战也。”⑧“祠兵”“振旅”都是一种田猎仪式，借以校阅、整训军队。

蛊卦象曰：“山下有风，蛊。君子以振民育德。”“虞翻曰：君子，谓泰乾也。坤为民。初上抚坤，故‘振民’。”⑨刘沅谓：“山木风摧，蛊败之象。振民者，振作而维新之象。巽风之行于下，涵养而扩充之象。”⑩潘雨廷谓：“泰下卦乾为君子，上卦坤为民，乾初之上以抚坤民，故振民。”⑪《周礼》云：“（大司马之职）简稽乡民，以用邦国……中春，教振旅，司马以旗致民，平列陈，如战之陈，辨鼓铎镯铙之用……作进退疾徐疏数之节，遂以蒐田，有司表貉誓

---

① 陈佩君：《甲骨文军事动词同义词研究》，第192页。

② 李学勤主编：《字源》，第917页。

③ 马振彪遗著，张善文整理：《周易学说》，第93页。

④ 宋祚胤：《周易译注与考辨》，湖南人民出版社1987年版，第45页。

⑤ 潘雨廷：《周易虞氏易象释 易则》，第194页。

⑥ 李学勤主编：《字源》，第1069页。

⑦ 何休解诂；徐彦疏：《春秋公羊传注疏》，（台北）艺文印书馆1997年版，第85页。

⑧ 范宁集解，杨士勋疏：《春秋穀梁传》，李学勤主编《十三注疏》本，第72页。

⑨ 张文智：《〈周易集解〉导读》，第176页。

⑩ 马振彪遗著，张善文整理：《周易学说》，第190页。

⑪ 潘雨廷：《周易虞氏易象释 易则》，第115页。

民……中夏，教茇舍，如振旅之陈……中秋，教治兵，如振旅之陈。"[①]

恒卦上六："振恒，凶。象曰：振恒在上，大无功也。"马振彪谓："振恒二字，亦犹迷复二字。……复之上六，言有灾眚，用行师终有大败，以其国君凶，亦即大无功之义。复之大败，以其迷而不知复也；恒之大无功，以其动所不当动也，皆处穷极也。此两爻皆可为穷兵黩武之戒。"[②]"振"为动意。

第三节 《孙子兵法》所用、《周易》未用的军事语词

一、军

《说文解字》云："军，圜围也。四千人为军。从车，从包省。军，兵车也。"[③]"军"最早当为动词指，包围。"军队编制单位当为'军'字之本义，甲骨文称军队为'师'，西周金文亦如此，至春秋金文叔夷钟、庚壶铭文等始见称军队为军。"[④]《左传·闵公元年》："晋侯作二军，公将上军，太子申生将下军。"[⑤]晋国在各国中最早成立"军"的建制，后作六军。《左传·哀公十一年》："齐国书将中军，高无平将上军，宗楼将下军。"[⑥]齐国有三军。《周易》凡军队皆用"师"字。《孙子兵法》"军""师"并用。

《孙子兵法·谋攻》："孙子曰：夫用兵之法，全国为上，破国次之；全军为上，破军次之；全旅为上，破旅次之；全卒为上，破卒次之；全伍为上，破伍次之。"[⑦]从军队编制的发展看，"军"制在各诸侯国的普遍设立应较晚。《孙子兵法·作战》："取用于国，因粮于敌，故军食可足也。"[⑧]"公家之费，破军罢马，甲胄矢弓，戟盾矛橹，丘牛大车，十去其六。"[⑨]《孙子兵法·谋攻》："故君之所以患于军者三：不知军之不可以进而谓之进，不知军之不可以退而谓之退，是谓縻军；不知三军之事而同三军之政，则军士惑矣；不知三军之权而同三军之任，则军士疑矣。三军既惑且疑，则诸侯之难至矣。是谓乱军引胜。"[⑩]《孙子兵法·九地》："凡为客之道，深入则专，主人不克；掠于饶野，三

① 林尹注译：《周礼今注今译》，书目文献出版社1985年版，第298页。
② 马振彪遗著，张善文整理：《周易学说》，第326页。
③ 董莲池：《说文解字考正》，作家出版社2005年版，第566页。
④ 李学勤主编：《字源》，第1251页。
⑤ 杨伯峻编著：《春秋左传注》，第258页。
⑥ 杨伯峻编著：《春秋左传注》，第1162页。
⑦ 吴九龙主编：《孙子校释》，第36页。
⑧ 吴九龙主编：《孙子校释》，第24页。
⑨ 吴九龙主编：《孙子校释》，第26页。
⑩ 吴九龙主编：《孙子校释》，第45～47页。

军足食。”[①]“聚三军之众,投之于险,此谓将军之事也。”[②]“犯三军之众,若使一人。”[③]《孙子兵法·火攻》:“凡军必知五火之变,以数守之。”[④]《孙子兵法·用间》:“凡军之所欲击,城之所欲攻,人之所欲杀,必先知其守将、左右、谒者、门者、舍人之姓名,令吾间必索知之。”[⑤]“故明君贤将,能以上智为间者,必成大功。此兵之要,三军之所恃而动也。”[⑥]以上“军”皆指军队。

《孙子兵法》广泛运用“军”字。《春秋》有“不书军旅”之例,孔颖达对此作了解释:“《周礼》:‘万二千五百人为军,二千五百人为师,五百人为旅。’用兵多少,其数无常,重其举大事,动大众,满师则书之,不满则不书。轻其众少,故经皆不书旅也。师者,众也。虽复五军三军,悉皆以师为名,取其众义,故经亦不书军也。《释例》曰:‘《春秋》不书军旅,壹皆曰‘师’,从众辞,是其义也。经之大例,君自将者,言君不言师;卿将者,满师则师将并书,不满则空举将名;大夫将者,满师则称师,不满则称人。所以然者,定四年传曰‘君行师从,卿行旅’,则君行必有师,卿行必有旅,文虽不见,理足可明。君将不言帅师,卿将不言帅旅,以其可知故也。卿行不合师从,今乃帅领一师,若不言师,则师文不见;卿尊自合书各(名),师文又须别见,故师将并举,言某帅师也。其师少者,卿自须见,唯举将名,不云帅旅,言众少不足录也。’”[⑦]卿率领一旅,则不书;率领一师,则言“某帅师”。周初礼制严整,秩序井然。春秋以下,礼崩乐坏,周礼之义不复行于当世,故《孙子兵法》不尊周礼,符合当时的情势。

二、将

将本义为动词义:将持。“本义是持取。《荀子·成相》云:‘吏谨将之无铍滑。’引申指扶助。……亦引申指养护、顺从、遵奉、推进等。假借作助动词,想、要。……引申为时间副词,主要表将来时。……指将军、统领。马王堆汉墓帛书《五星占》:‘破军杀将。’”[⑧]《左传·僖公二十七年》载:“于是乎蒐于被庐,作三军,谋元帅……乃使郤縠将中军……使狐偃将上军……使栾枝

---

① 吴九龙主编:《孙子校释》,第196页。
② 吴九龙主编:《孙子校释》,第204页。
③ 吴九龙主编:《孙子校释》,第211页。
④ 吴九龙主编:《孙子校释》,第228页。
⑤ 吴九龙主编:《孙子校释》,第245页。
⑥ 吴九龙主编:《孙子校释》,第248页。
⑦ 左丘明撰,杜预注:《春秋左传注疏》,第70页。
⑧ 李学勤主编:《字源》,第243页。

将下军。"[①]事在公元前633年。陈茂同谓:"所谓'元帅',也称将军,就是中军将,元帅、将军之名实始于此。中军将是军中最高执政官。春秋列国军政不分,晋文公六年(前631年),赵盾将中军,'始为国政,'这就是说,中军主将执国政,为诸卿之首。晋三军将佐都是卿。"[②]说"元帅"始于此可,说"将军"始于此不确。顾炎武谓:"至昭公二十八年,阎没、女宽对魏献子曰:'岂将军食之而有不足?'正义曰:'此以魏子将中军,故谓之将军。'及六国以来,遂以将军为官名,盖其元起于此。《公羊传》:'将军子重谏曰。'《穀梁传》:'使狐夜姑为将军。'《孟子》:'鲁欲使慎子为将军'《墨子》:'昔者晋有六将军,而智伯莫为强焉。'"[③]昭公二十八年为公元前514年,是文献中所见"将军"最早的记载。孔颖达所引《吴语》:"王孙雄设法,百人为行,十行一旌,十旌一将军。"[④]此法应于孙子同时。《韩非子·初见秦》:"昔者纣为天子,将率天下甲兵百万……武王将素甲三千。"[⑤]"将"为率领义。《尉缭子·将令》:"将军受命,君必先谋于庙,行令于廷,君身以斧钺授将。"[⑥]战国称"将军"已较广泛。《周易》有"将"字,但无率领、将领意。

《孙子兵法·计》云:"故经之以五事,校之以七计,而索其情。一曰道,二曰天,三曰地,四曰将,五曰法。"[⑦]"将者,智、信、仁、勇、严也。"[⑧]《孙子兵法·作战》篇云:"故知兵之将,民之司命,国家安危之主也。"[⑨]《孙子兵法·谋攻》:"夫将者,国之辅也。"[⑩]《孙子兵法·军争》篇云:"凡用兵之法,将受命于君,合军聚众,交和而舍,莫难于军争。"[⑪]"将"皆为将领意。

战国时期,将相分工逐渐明晰。《尉缭子·原官》:"官分文武,惟君之二术也。"[⑫]"从《秦简》看,'将'是简称,法定官名应叫'将军'。将军原是春秋时晋国'六卿'的称号……到战国时……常备兵的建立和征兵制度的推行,以及战争规模的扩大和战争方式的改变,在官僚机构中不得不文武分家,产生

---

① 杨伯峻编著:《春秋左传注》,第445页。

② 陈茂同:《历代职官沿革史》,华东师范大学出版社1988年,第35页。

③ 顾炎武撰,张京华校释:《日知录校释》(下),岳麓书社2011年版,第968页。

④ 杜预注,孔颖达等正义:《左传注疏·襄公十三年》,王先谦:《清经解续编》第3册,上海书店出版社1988年版,第199页。

⑤ 王先慎撰,钟哲点校:《韩非子集解》,第11页。

⑥ 刘仲平:《尉缭子今注今译》,台湾商务印书馆1977年版,第220页。

⑦ 吴九龙主编:《孙子校释》,第5页。

⑧ 吴九龙主编:《孙子校释》,第8页。

⑨ 吴九龙主编:《孙子校释》,第32页。

⑩ 吴九龙主编:《孙子校释》,第44页。

⑪ 吴九龙主编:《孙子校释》,第110页。

⑫ 刘仲平译:《尉缭子今注今译》,第144页。

文官的首长——相,以及武官的统领——将。”[①]《孙子兵法》所指称的“将”作为专职武将是明确的,对揭示《孙子兵法》成书时代有一定指示意义。

三、令

“‘令’在甲骨文、西周金文中多用为命令之义。”[②]庄慧如对金文中的“令”字进行了整理:“‘令’字西周早期凡 10 器 12 见,其中施令者为王有 8 次,分别是康王 3、昭王 4 及西周早期的王令。王臣令……仍可归原于王令的语境脉络里。”[③]“西周中期‘令’字之用凡 5 器 9 例,施令者为穆王,分别下令对东夷、南夷进行攻伐。”[④]“西周晚期的‘令’字之用凡 13 器 18 例……多为王令句,非王令句里,下命的将领亦是秉承王命的主将,所以有权指派其他部将进行军队的列阵与追击。”[⑤]“东周时期的军事使令有 3 例,皆为楚出,铭文内容相近。”[⑥]《周易》未见“令”字。

《孙子兵法·计》:“道者,令民于上同意,可与之死,可与之生,而不畏危也。”[⑦]《孙子兵法·地形》:“爱而不能令,厚而不能使,乱而不能治;譬如骄子,不可用也。”[⑧]“令”为使令意。

《孙子兵法·计》云:“故校之以计,而索其情,曰:主孰有道?将孰有能?天地孰得?法令孰行?兵众孰强?”[⑨]《孙子兵法·行军》篇:“令素行以教其民,则民服;素不行以教其民,则民不服。”[⑩]《孙子兵法·九地》篇:“施无法之赏,悬无政之令。犯三军之众,若使一人。”[⑪]“令”均为法令。

《孙子兵法·九地》云:“是故,其兵不修而戒,不求而得,不约而亲,不令而信。”[⑫]“令发之日,士坐者涕沾襟,卧者涕交颐。”[⑬]上述“令”字皆指命令。

《周易》阐发命令意的则有巽卦,其象曰:“随风,巽;君子以申命行事。”陈梦雷谓:“申命,叮咛反复之意。……命,风象。申命,随风象。行事,即行其所

---

① 陈茂同:《历代职官沿革史》,第 45 页。
② 李学勤主编:《字源》,第 796 页。
③ 庄蕙如:《两周金文军事动词研究》,第 67 页。
④ 庄蕙如:《两周金文军事动词研究》,第 69 页。
⑤ 庄蕙如:《两周金文军事动词研究》,第 71 页。
⑥ 庄蕙如:《两周金文军事动词研究》,第 73 页。
⑦ 吴九龙主编:《孙子校释》,第 5 页。
⑧ 吴九龙主编:《孙子校释》,第 181 页。
⑨ 吴九龙主编:《孙子校释》,第 10 页。
⑩ 吴九龙主编:《孙子校释》,第 165 页。
⑪ 吴九龙主编:《孙子校释》,第 211 页。
⑫ 吴九龙主编:《孙子校释》,第 198 页。
⑬ 吴九龙主编:《孙子校释》,第 199 页。

命。三复申戒，然后见之行事，则民晓然于吾意之所在而易从也。”[①]《孙子兵法》之“令”是军令，以严明号令为特色。

四、追

“追”的本义为追赶。甲骨文、金文已见，“甲骨卜辞中对象一般为人”[②]。“在字义方面，卜辞之‘追’多用于军事行动，表追击义，全用于商对方国的行动。”[③]“《公羊传・庄公十八年》：‘公追戎于济西。’何休注：‘以兵逐之曰追。’”[④]

《孙子兵法・虚实》篇云：“进而不可御者，冲其虚也；退而不可追者，速而不可及也。”“追”为追赶、追击之意。

《周易》无“追”字，凡“追”意则用“逐”字。“逐本义为追赶。《说文》：‘逐，追也。’在甲骨卜辞中追赶的对象一般为野兽。……金文中已可用于追人。”[⑤]《左传・庄公十年》：“下，视其辙，登轼而望之，曰‘可矣。’遂逐齐师。”[⑥]“逐”为追击义。“逐”在《周易》中用为追马、追物，尚未见追人。可见是在原始的意义上“逐”与“追”就是分开的。大畜九三：“良马逐，利艰贞。”“虞翻曰：乾为‘良马’，震为惊走，故称‘逐’也。”[⑦]“逐”有追逐、奔跑意。睽初九：“悔亡，丧马勿逐，自复，见恶人，无咎。”“虞翻曰……震为逐，艮为止，故‘勿逐’。”[⑧]“逐”即追意。震六二：“震来厉，亿丧贝，跻于九陵，勿逐，七日得。”[⑨]既济六二：“妇丧其茀，勿逐，七日得。”“虞翻曰……与睽‘丧马勿逐’同义。”[⑩]

从《周易》《孙子兵法》对“追”“逐”二词的运用上看，春秋时代二词的分工还是比较明确的，《论语》可为证。《论语・学而》云：“曾子曰：慎终追远，民德归厚矣。”[⑪]“追”为追念。《论语・子张》云：“楚狂接舆歌而过孔子曰：‘凤兮凤兮！何德之衰？往者不可谏，来者犹可追。”[⑫]“追”为追赶。在追赶的意义上也不使用“逐”，因“逐”的本义是追兽类。

---

① 陈梦雷：《周易浅述》，第 202 页。
② 李学勤主编：《字源》，129 页。
③ 庄蕙如：《两周金文军事动词研究》，第 217 页。
④ 李学勤主编：《字源》，第 129 页。
⑤ 李学勤主编：《字源》，第 129 页。
⑥ 杨伯峻编著：《春秋左传注》，第 183 页。
⑦ 张文智：《〈周易集解〉导读》，第 206 页。
⑧ 张文智：《〈周易集解〉导读》，第 247 页。
⑨ 张文智：《〈周易集解〉导读》，第 303 页。
⑩ 张文智：《〈周易集解〉导读》，第 344 页。
⑪ 杨伯峻译注：《论语译注》，第 6 页。
⑫ 杨伯峻译注：《论语译注》，第 205 页。

五、围

“围”字本义为围绕。“甲文有‘韦’无‘围’……皆作名词用,有人名、族称、地名等三种用法,没有作包围、合围的例句。金文之‘韦’字也只用作人名或地名。‘围’字金文 2 见,一为西周晚期的《柞伯鼎》,二见于春秋晚期齐庄公时……可见‘围’字的产生甚晚,使用不甚频繁。”[①]《周易·系辞》里出现“围”字,无军事语意:“范围天地之化而不过,曲成万物而不遗,通乎昼夜之道而知,故神无方而易无体。”[②]“围”有周围、四围义。

《孙子兵法》较多使用“围”字。《孙子兵法·军争》云:“故用兵之法,高陵勿向,背丘勿逆,佯北勿从,锐卒勿攻,饵兵勿食,归师勿遏,围师必阙,穷寇勿迫,此用兵之法也。”[③]“围”作包围意。《孙子兵法·九变》云:“圮地无舍,衢地合交,绝地无留,围地则谋……”[④]《孙子兵法·九地》云:“所由入者隘,所从归者迂,彼寡可以击吾之众者,为围地。”[⑤]“围”作“四围”解。

“围”字出现较晚,用作军事上的“包围”意则更晚,《孙子兵法》应是较早使用的,再就是《左传》了。《左传·僖公五年》:“八月甲午,晋侯围上阳。”[⑥]难道《孙子兵法》与《左传》差不多同时成书?

《周易》与《孙子兵法》都是先秦重要的典籍,《周易》的经文部分要早于《孙子兵法》,其《易传》部分内容应与《孙子兵法》在时间上相接近。辨析《周易》《孙子兵法》在语词运用上的异同,对考察《周易》《孙子兵法》的时代背景、写定年代具有一定的意义。

---

① 庄蕙如:《两周金文军事动词研究》,第 243 页。

② 张文智:《〈周易集解〉导读》,第 358 页。

③ 吴九龙主编:《孙子校释》,第 126 页。

④ 吴九龙主编:《孙子校释》,第 132 页。

⑤ 吴九龙主编:《孙子校释》,第 192 页。

⑥ 杨伯峻编著:《春秋左传注》,第 310 页。

第三章 《周易》谋略与《孙子兵法》

本章主要阐释《周易》的谋略意义，并与《孙子兵法》作比较与对照。首先对《周易》的六十四卦作解题说明。“解本分析之称，用为一切分析之称，故分析经典之意义谓之解。”[①]解题部分主要分析、阐述各卦所蕴含的卦理及意义。在每卦解题之后附列该卦经传全文及王弼注（本书所引用《周易》经传、王弼注除《系辞传》《说卦传》《序卦传》《杂卦传》外不再出注）。然后，从与军事谋略有关的经典原句中，逐条抽绎出谋略，并对相应元典作出解释，揭示出其所蕴含的谋略价值，并尽可能地与孙子兵法作比较。最后，选取经典史实作为例证进行补充说明。

第一节 六十四卦与《孙子兵法》

一、乾卦

【解题】

朱熹谓：“乾者，健也，阳之性也。本注乾字，三画卦之名也。下者，内卦也。上者，外卦也。经文乾字，六画卦之名也。……此卦六画皆奇，上下皆乾，则阳之纯而健之至也，故乾之名，天之象。”[②]乾卦系八纯卦之一。《周易》中由相同的两个三画卦上下相叠而成的八个卦，称八纯卦。来知德谓：“乾者，健也。阳主于动，动而有常，其动不息，非至健不能。奇者阳之数，天者阳之体，健者阳之性，如火性热，水性寒也。六画皆奇，则纯阳而至健矣，故不言天而言乾也。”[③]“纯阳而至健”揭示了“天行健自强不息”之本源。李士钤谓：“乾，健也，天之象也。以形言则曰天，以道言则曰乾。法天以道不以形也。天者阳之宗，物莫先焉，物莫大焉，故画一以象之。……六十四卦生于

---

① 胡朴安：《古书校读法》，安吴胡氏朴学斋丛书本，第5页。

② 李光地编纂，刘大钧整理：《周易折中》，巴蜀书社2008年版，第18页。

③ 来知德撰，张万彬点校：《周易集注》，九州出版社2004年版，第152页。

一,道之大原出于天也。"[①]可谓健者天之道,阳之性。东晋干宝解易常以史实证之:释九四"或跃在渊,无咎"曰:"言既不安于地,而未能飞于天也……此武王举兵孟津,观衅而退之爻也。"[②]释九五"飞龙在天,利见大人"曰:"此武王克纣正位之爻也,圣功既就,万物既堵,故曰利见大人矣。"[③]以武王伐纣的过程比拟之。

【乾卦经传】[④]

乾,元、亨、利、贞。

初九,潜龙勿用。(王注:文言备矣。)

九二,见龙在田,利见大人。(王注:出潜离隐,故曰"见龙";处于地上,故曰"在田"。德施周普,居中不偏,虽非君位,君之德也。初则不彰,三则乾乾,四则或跃,上则过亢。利见大人,唯二、五焉。)

九三,君子终日乾乾,夕惕若,厉无咎。(王注:处下体之极,居上体之下,在不中之位,履重刚之险。上不在天,未可以安其尊也;下不在田,未可以宁其居也。纯修下道,则居上之德废;纯修上道,则处下之礼旷。故终日乾乾,至于夕惕犹若厉也。居上不骄,在下不忧,因时而惕,不失其几,虽危而劳,可以无咎。处下卦之极,愈于上九之亢,故竭知力而后免于咎也。乾三以处下卦之上,故免亢龙之悔;坤三以处下卦之上,故免龙战之灾。按:"夕惕若,厉无咎"一句,楼宇烈先生断为:"夕惕若厉,无咎。"[⑤]潘雨廷先生断句:"夕惕若,厉,无咎。"[⑥]黄寿祺、张善文断句:"夕惕若,厉无咎。"[⑦]本书从黄张所断。李道平疏:"三不得中,上应乎亢,宜有咎矣。然得正而能朝乾夕惕,是以'无咎'。"[⑧])

九四,或跃在渊,无咎。(王注:去下体之极,居上体之下,乾道革之时也。上不在天,下不在田,中不在人。履重刚之险,而无定位所处,斯诚进退无常之时也。近乎尊位,欲进其道,迫乎在下,非跃所及;欲静其居,居非所安,持疑犹豫,未敢决志。用心存公,进不在私,疑以为虑,不谬于果,故无咎也。)

---

① 马振彪遗著,张善文整理:《周易学说》,第 2 页。

② 孙星衍:《周易集解》,成都古籍书店 1988 年版,第 5 页。

③ 孙星衍:《周易集解》,第 5 页。

④ 《周易》经传点校以中华书局《四库备要》本阮刻《周易注疏》为底本,参酌诸先圣时贤之注疏而定,得力于楼宇烈校释《周易注》(中华书局 2011 年版)、刘玉建《周易正义导读》(齐鲁书社 2005 年版)甚多,专此申谢。

⑤ 王弼撰,楼宇烈校释:《周易注(附周易略例)》,中华书局 2011 年版,第 1 页。

⑥ 李道平撰,潘雨廷点校:《周易集解纂疏》,中华书局 1994 年版,第 30 页。

⑦ 黄寿祺、张善文:《周易译注》,第 3 页。

⑧ 李道平撰,潘雨廷点校:《周易集解纂疏》,第 31 页。

九五，飞龙在天，利见大人。（王注：不行不跃而在乎天，非飞而何？故曰“飞龙”也。龙德在天，则大人之路亨也。夫位以德兴，德以位叙。以至德而处盛位，万物之睹，不亦宜乎！）

上九，亢龙有悔。（按：干宝曰：“圣人之治世，威德相济，武功既成，义在止戈。盈而不反，必陷于悔。”[①]言圣人之用武必知适可而止，以免走向事情的反面。）

用九，见群龙无首，吉。（王注：九，天之德也。能用天德，乃见群龙之义焉。夫以刚健而居人之首，则物之所不与也；以柔顺而为不正，则佞邪之道也。故乾吉在“无首”，坤利在“永贞”。按：《潜夫论·务本》：“是以持盈之道，挹而损之，则（不）[亦]可以免于亢龙之悔，乾坤之愆矣。”[②]天道忌盛满，谦退则为益。）

彖曰：大哉乾元，万物资始，乃统天。云行雨施，品物流形。大明终始，六位时成，时乘六龙以御天。乾道变化，各正性命。（王注：天也者，形之名也；健也者，用形者也。夫形也者，物之累也。有天之形，而能永保无亏，为物之首，统之者岂非至健哉！大明乎终始之道，故六位不失其时而成。升降无常，随时而用。处则乘潜龙，出则乘飞龙，故曰“时乘六龙”也。乘变化而御大器。静专动直，不失大和，岂非正性命之情者邪？）保合大和，乃利贞。（王注：不和而刚暴。首出庶物，万国咸宁。（王注：万国所以宁，各以有君也。）

象曰：天行健，君子以自强不息。“潜龙勿用”，阳在下也。“见龙在田”，德施普也。“终日乾乾”，反复道也。（王注：以上言之则不骄，以下言之则不忧，反复皆道也。）“或跃在渊”，进无咎也。“飞龙在天”，大人造也。“亢龙有悔”，盈不可久也。“用九”，天德，不可为首也。

文言曰：元者，善之长也；亨者，嘉之会也；利者，义之和也；贞者，事之干也。君子体仁，足以长人；嘉会，足以合礼；利物，足以和义；贞固，足以干事。君子行此四德者，故曰：“乾，元、亨、利、贞。”

初九曰“潜龙勿用”何谓也？子曰：“龙德而隐者也。不易乎世，不成乎名，遁世无闷，不见是而无闷。乐则行之，忧则违之，确乎其不可拔，潜龙也。”（王注：不为世俗所移易也。）

九二曰“见龙在田，利见大人”，何谓也？子曰：“龙德而正中者也。庸言之信，庸行之谨，闲邪存其诚，善世而不伐，德博而化。《易》曰：‘见龙在田，

---

① 孙星衍：《周易集解》，第6页。

② 陈雄根等编著：《先秦两汉典籍引〈周易〉〈论语〉〈孟子〉资料汇编》，香港中文大学出版社2007年版，第21页。

利见大人’,君德也。”(按:《逸周书·大武解》:“善政不政,善攻不侵,善侵不伐。”[①]行善政不必政事繁杂,攻人国不必武力侵夺,侵人国不必大肆杀伐,用德而已矣,德博而化。)

九三曰“君子终日乾乾,夕惕若,厉无咎”,何谓也?子曰:“君子进德修业。忠信,所以进德也;修辞立其诚,所以居业也。知至至之,可与几也。知终终之,可与存义也。”(王注:处一体之极,是至也;居一卦之尽,是终也。处事之至而不犯咎,知至者也,故可与成务矣。处终而能全其终,知终者也。夫进物之速者,义不若利;存物之终者,利不及义。故“靡不有初,鲜克有终”。夫可与存义者,其唯知终者乎?)是故居上位而不骄,在下位而不忧。(王注:居下体之上,在上体之下,明夫终敝,故不骄也;知夫至至,故不忧也。)故乾乾,因其时而惕,虽危无咎矣。(王注:惕,怵惕之谓也。处事之极,失时则废,懈怠则旷,故“乾乾”,因其时而惕,虽危“无咎”。)

九四曰“或跃在渊,无咎”,何谓也?子曰:“上下无常,非为邪也;进退无恒,非离群也;君子进德修业,欲及时也,故无咎。”

九五曰“飞龙在天,利见大人”,何谓也?子曰:“同声相应,同气相求;水流湿,火就躁,云从龙,风从虎。圣人作而万物睹,本乎天者亲上,本乎地者亲下,则各从其类也。”

上九曰“亢龙有悔”,何谓也?子曰:“贵而无位,高而无民。”(王注:下无阴也。)贤人在下位而无辅,(王注:贤人虽在下而当位,不为之助。)是以动而有悔也。”(王注:处上卦之极而不当位,故尽陈其阙也。独立而动,物莫之与矣!乾《文言》首不论乾,而先说元,下乃曰乾,何也?夫乾者,统行四事者也。君子以自强不息行此四者,故首不论乾,而下曰“乾,元亨利贞”。余爻皆说龙,至于九三独以君子为目,何也?夫易者,象也。象之所生,生于义也。有斯义,然后明之以其物,故以龙叙“乾”,以马明“坤”,随其事义而取象焉。是故初九、九二龙德皆应其义,故可论龙以明之也。至于九三,乾乾夕惕,非龙德也,明以君子当其象矣。统而举之,乾体皆龙;别而叙之,各随其义。)

“潜龙勿用”,下也。“见龙在田”,时舍也。“终日乾乾”,行事也。“或跃在渊”,自试也。“飞龙在天”,上治也。“亢龙有悔”,穷之灾也。乾元“用九”,天下治也。(王注:此一章全以人事明之也。九,阳也。阳,刚直之物也。夫能全用刚直,放远善柔,非天下至[治],未之能也。故乾元用九,则天下治也。夫识物之动,则其所以然之理皆可知也。龙之为德,不为妄者也。

---

① 陈雄根等编著:《先秦两汉典籍引〈周易〉〈论语〉〈孟子〉资料汇编》,第23页。

潜而勿用，何乎？必穷处于下也；见而在田，必以时之通舍也。以爻为人，以位为时，人不妄动，则时皆可知也。文王明夷，则主可知矣；仲尼旅人，则国可知矣。）

“潜龙勿用”，阳气潜藏。“见龙在田”，天下文明。“终日乾乾”，与时偕行。（王注：与天时俱不息。“或跃在渊”，乾道乃革。“飞龙在天”，乃位乎天德。“亢龙有悔”，与时偕极。（王注：与时运俱终极。）乾元“用九”，乃见天则。（王注：此一章全说天气以明之也。）九，刚直之物，唯乾体能用之。用纯刚以观天，天则可见矣。乾元者，始而亨者也。利贞者，性情也。（王注：不为乾元，何能通物之始？不性其情，何能久行其正？是故始而亨者，必乾元也；利而正者，必性情也。）

乾，始能以美利利天下，不言所利，大矣哉！大哉乾乎！刚健中正，纯粹精也。六爻发挥，旁通情也。时乘六龙，以御天也。云行雨施，天下平也。君子以成德为行，日可见之行也。

潜之为言也，隐而未见，行而未成，是以君子弗用也。君子学以聚之，问以辩之，（王注：以君德而处下体，资纳于物者也。）宽以居之，仁以行之。易曰“见龙在田，利见大人”，君德也。

九三重刚而不中，上不在天，下不在田。故乾乾，因其时而惕，虽危无咎矣。

九四重刚而不中，上不在天，下不在田，中不在人，故或之。或之者，疑之也，故无咎。夫大人者，与天地合其德，与日月合其明，与四时合其序，与鬼神合其吉凶。先天而天弗违，后天而奉天时。天且弗违，而况于人乎？况于鬼神乎？（按：《越绝书・越绝外传记军气》：“夫圣人行兵，上与天合德，下与地合明，中与人合心，义合乃动，见可乃取。”[①]圣人用兵，要上合天德，下合地明，中合人心，合于义才行动，见其可行才争取。由文言九五延伸至用兵一路上去。）

亢之为言也，知进而不知退，知存而不知亡，知得而不知丧。其唯圣人乎！知进退、存亡而不失其正者，其唯圣人乎！

【谋略第一】

力量未强，时机未到，要养晦待时，以待飞举。

乾卦初九爻辞曰：“初九，潜龙勿用。”意思是初九，龙潜伏于水渊，暂时不要施展才能。朱熹云：“初九者，卦下阳爻之名。凡画卦者，自下而上，故

① 陈雄根等编著：《先秦两汉典籍引〈周易〉〈论语〉〈孟子〉资料汇编》，第25页。

以下爻为初。阳数九为老，七为少，老变而少不变，故谓阳爻为九。……初阳在下，未可施用，故其象为'潜龙'，其占曰'勿用'。"[①]初阳力量未足，宜潜藏待时。干宝谓："此文王在羑里之爻也，虽有圣明之德，未被时用，故曰'勿用'。"[②]文王拘于羑里，只有等待出头之日。李士鉁曰："阳气初生，伏藏在下，须养晦俟时。人物潜于夜以养其精神，草木潜于冬以养其英华，朱(珠)玉潜于山川以养其光彩。潜而勿用，养其阳也。今日之潜，正他日见飞之本耳。"[③]鸟之飞升必始于下，人之发达必起于潜。今日之潜正他日奋飞之基。

孙子曰："故用兵之法，十则围之，五则攻之，倍则战之，敌则能分之，少则能守之，不若则能避之。故小敌之坚，大敌之擒也。"[④]对手强大，寡不敌众，则逃之、避之，沉潜应对。待以时日，敌我力量对比发生根本转化之时，正我胜敌图功之日也。

【史鉴】

句践养晦终沼吴

鲁哀公元年(前 494 年)夫差败越于夫椒，许越议和，伍子胥谓："越十年生聚，而十年教训，二十年之外，吴其为沼乎!"[⑤]哀公二十二年(前 473 年)越灭吴，共历二十二年。越王句践卑辞屈身，卧薪尝胆，养晦待时，终于迎来一朝翻身、扬眉吐气之日。

【谋略第二】

做事必审进退。只知道一味进取而不知适时退却，会陷入十分危险的境地。

文言曰："亢之为言也，知进而不知退，知存而不知亡，知得而不知丧。其唯圣人乎！知进退、存亡而不失其正者，其唯圣人乎!"是说阳亢，就是只知道一味进取而不知适时退却，只强调自身的存在而不知终将退出历史舞台，只晓得获取而不知有得必有失。能正确处理进退、出处、存亡、得失的，大概只有圣人了。

孙子曰："兵非多益，惟无武进，足以并力、料敌、取人而已。"[⑥]孙子告诫不审情势，不能料敌在先，恃强而进，必会陷入危险的境地。

---

① 李光地编纂，刘大钧整理:《周易折中》，第 20 页。
② 曹元弼:《周易集解补释》卷一，第 6 页。
③ 马振彪遗著，张善文整理:《周易学说》，第 3 页。
④ 吴九龙主编:《孙子校释》，第 42 页。
⑤ 杨伯峻编著:《春秋左传注》，第 1607 页。
⑥ 吴九龙主编:《孙子校释》，第 163 页。

【史鉴】

庞涓知进不知退

魏与赵攻韩，韩告急于齐。齐使田忌率兵而往，直走大梁。魏将庞涓闻之，去韩而归，齐军已退。孙膑谓田忌曰：“彼三晋之兵素悍勇而轻齐，齐号为怯，善战者因其势而利导之。兵法，百里而趣利者蹶上将，五十里而趣利者军半至。使齐军入魏地为十万灶，明日为五万灶，又明日为三万灶。”[1]庞涓行三日，大喜，曰：“我固知齐军怯，入吾地三日，士卒亡者过半矣。”[2]乃弃其步军，与其轻锐快马加鞭追击之。孙子考察魏军的行进速度，夜间当至马陵。马陵道路狭窄，而旁多阻隘，可伏兵，乃砍削大树白而书之曰：庞涓死于此树之下。于是令齐军善射者万弩，夹道而伏，约定暮见火举而万箭俱发。庞涓果夜至斫木下，见白书，乃点火照看。读其书未毕，齐军万弩俱发，魏军大乱。庞涓自知智穷兵败，乃自刭，曰：“遂成竖子之名！”齐因乘胜尽破其军，虏魏太子申以归。当庞涓说“我固知齐军怯”之时，其骄矜之气现矣。不知料敌，不度战争情势，不明齐军真相，一味直追，终于中了孙膑诱敌之计，覆军灭身，教训真够惨重了。

【谋略第三】

治事者效法乾卦的刚健，总理万机，责在一人，能去专制之弊，则其功大矣。

文言曰：“乾，始能以美利利天下，不言所利，大矣哉！大哉乾乎！刚健中正，纯粹精也。”是说乾自始能以和美的利益施与天下，何其伟大啊！刚劲强健，居中守正，纯阳精一。《周易折中》云：“贞元为体，亨利为用。然即体即用不相离也，即用即体未尝二也。天道如此，王道亦然。要以体天地生生之心，能使仁覆天下而莫知其为之者。”[3]乾卦系天道之象征，乾卦取天为象，其爻辞取龙为象。封建帝王被奉为“天子”，阐述天道的乾卦亦成为阐释王道的不易之卦。可惜有的帝王不取上天的“生生之心”，而专以“乾刚”断制天下，帝王专制在乾卦那里找到了依据。“天行，健。”天道的刚健为后世的一些人君所效法，从而当仁不让，宰治天下。

---

① 司马迁：《史记》卷六五《孙子吴起列传》；程馀庆：《历代名家评注史记集说》，三秦出版社2011年版，第831页。

② 司马迁：《史记》卷六五《孙子吴起列传》；程馀庆：《历代名家评注史记集说》，第831页。

③ 马振彪遗著，张善文整理：《周易学说》，第27页。

【史鉴】

帝王"乾纲独断"与"御驾亲征"

朱元璋认为元朝灭亡的原因即在"委任权臣,上下蒙蔽故也"[①]。洪武十三年(1380年),朱元璋废除了中书省和丞相制度。洪武十五年(1382年),仿宋制从翰林院等文翰机关中选调官员加殿阁大学士衔,执掌草拟诏谕,并备皇帝顾问。朱元璋还广行特务政治,说什么"惟此数人,譬如恶犬,则人怕"[②]。皇帝之专制,明代唯朱元璋为最,清代康、雍、乾有过之而无不及。

康熙四十七年(1708年),康熙皇帝在御制《告天祭文》中提到:"臣(康熙皇帝对天自称)祇承丕绪,四十七年余矣……无事不可质诸天地……故身虽不德,而亲握乾纲,一切政务,不徇偏私,不谋群小,事无久稽,悉由独断,亦惟鞠躬尽瘁,死而后已。"[③]他还说过:"朕于国家政务,竭力勤求,是非自任,从不委于群下。即如迁移吴逆之事……朕坚持独断,必令迁移。彼时十三省用兵数载,天下大事,皆朕一人独任。"[④]康熙除鳌拜后,君临天下,裁制一切,为清朝的皇权专制奠定了基调。

雍正十年,设立军机处,军机大臣为皇帝亲近,仅面奉上谕,缮写递发而已,皇帝的威权达到了顶峰。南炳文谓:"《清史稿》在评论咸丰时期的政治时也说:'辅弼充位,悉出庙算。'这些都反映了军机处设立之后专制主义中央集权得到加强的客观情况。雍正之后,随着军机处的设立,清朝专制主义中央集权的发展,不仅超过了顺康时期而达到了本朝的顶峰,而且比明代专制主义中央集权制度也有提高,明代永乐之后一直是通过内阁制实现其专制主义中央集权的,这显然赶不上清朝利用军机处的发展水平。"[⑤]

乾隆皇帝曾谓:"乾纲独断,乃本朝家法,自皇祖、皇考以来,一切用人听言大权从无旁假。即左右亲信大臣,亦未有能荣辱人、能生死人者。盖与其权移于下,而使作福作威,肆行无忌,何若操之自上,而当宽而宽,当严而

---

① 胡广等:《明太祖实录》卷五九,上海书店1982年版,第1158页。

② 刘辰:《国初事迹》,南炳文、汤纲:《明史》上册,上海人民出版社2003年版,第80页。

③ 《大清圣祖仁皇帝实录》卷二三四,康熙四十七年九月辛卯条;赵尔巽等撰:《清史稿》卷二二,吉林人民出版社1995年版,第7259页。

④ 《大清圣祖仁皇帝实录》卷一四四,康熙二十九年春正月辛丑条;郑天挺:《明清史资料》(下),天津人民出版社1981年版,第116页。

⑤ 南炳文:《明清史蠡测》,天津教育出版社1996年版,第397页。

严。"[①]乾隆二十三年十二月癸亥朔谕："前代流弊具详史册……今之干大权、挠法纪者安在？我朝圣圣相承，乾纲独断，政柄从无旁落……"[②]乾隆帝大言不惭说这话时，和珅(1750～1799年)只有九岁。哪知到了其统治后期受尽清朝第一号大权臣、大贪官和珅的蒙蔽。嘉庆学习"乾纲独断"亦有模有样："我朝列圣相承，乾纲独断，皇考高宗纯皇帝临御六十年，于一切纶音宣布，无非断自宸衷，从不令臣下阻挠国是。即朕亲政以来，办理庶务，悉遵皇考遗训，虽虚怀延纳，博采群言，而至用人行政，令出惟行，大权从未旁落。"[③]

总的来看，清朝前期几任皇帝确能"乾纲独断"，把大权牢牢抓在手中，纵有权臣亦远在皇帝的威权之下，而不能逞志于天下。有论者谓："曾经极度强化的清朝皇权，并不能杜绝权臣的出现，但是，它能够最大限度地约束权臣，使之为皇权的进一步集中、巩固发挥积极作用，同时将其对皇权的威胁，限制在相对较小的范围内。这是清朝权臣与皇权关系中的一条主线。清朝权臣对皇权的依附性，超过包括明朝在内其他王朝的权臣。"[④]诚哉斯言。

清朝前几位皇帝之所以能"乾纲独断"，勤于政务，与早年能读书有关。赵翼曾说："本朝家法之严，即皇子读书一事，已迥绝千古。余内直时届早班之期，率以五鼓入，时部院百官未有至者。惟内府苏喇数人(闲散白身人在内府供役者)往来黑暗中。残睡未醒，时复倚柱假寐，然已隐隐望见有白纱灯一点入隆宗门，则皇子进书房也。吾辈穷措大专恃读书为衣食者，尚不能早起，而天家金玉之体乃日日如是。既入书房，作诗文，每日皆有程课。未刻毕，则又有满洲师傅教国书，习国语及骑射等事，薄暮始休。然则文学安得不深？武事安得不娴熟？宜乎皇子孙不惟诗文书画无一不擅其妙，而上下千古成败理乱已了然于胸中，以之临政复何事不办……然则我朝谕教之法，岂惟历代所无，即三代以上，亦所不及矣。"[⑤]咸丰以后，积弊日深，国势日衰，乾刚已不振，已不可能再培养出勇毅独断的皇帝了。

皇帝乾纲独断，就是在战场上也当仁不让，那就是御驾亲征了。古代史上，第一个"御驾亲征"的皇帝是汉高祖刘邦。刘邦登大位不久，其原先手下大将楚王韩信、淮南王英布、燕王臧荼、梁王彭越、韩王信、赵王张敖等拥兵

① 《大清高宗纯皇帝实录》卷三二三，乾隆十三年八月辛亥条；戴逸、李文海主编：《清通鉴》卷一五，山西人民出版社2000年版，第3547页。

② 戴逸、李文海主编：《清通鉴》卷一一五，山西人民出版社2000年版，第3830页。

③ 戴逸、李文海主编：《清通鉴》卷一五九，第4947页。

④ 杨珍：《清朝权臣与皇权的关系及其特点》，中国社会科学院历史研究所明清史研究室编：《清史论丛》，中国广播电视出版社2004年版，第46页。

⑤ 赵翼：《檐曝杂记》卷一《皇子读书》，上海古籍出版社编：《清代笔记小说大观》(4)，上海古籍出版社2007年版，第3104页。

自重,专制一方,叛乱征象时现。刘邦带兵亲征,七八年间先后消灭了这些割据势力,巩固了国家的统一和社会秩序的安定。康熙帝"御驾亲征"亦颇有名。1671年,居住在今新疆北部的卫拉特蒙古准噶尔部首领噶尔丹自立为汗。1688年,噶尔丹悍然入侵漠北喀尔喀部,沙俄也出兵呼应,气焰嚣张。康熙皇帝亲统大军,于康熙二十九年(1690年)、三十五年(1696年)、三十六年(1697年)三次御驾亲征,转战大漠南北,噶尔丹穷蹙而死,西北获安。

在古代皇帝代表着正义、威权,是"恭行天之罚"[①]。与皇帝对抗,就是与天对抗,就是乱臣贼子,在思想上已经缴了械,哪里还能有效地整合出对抗的力量呢?《孙子兵法·军争》谓:"无邀正正之旗,勿击堂堂之陈(阵),此治变者也。"[②]不要邀击正面而来的大军,不可攻击阵容严整的敌阵。杜佑注此:"正正者,整齐也。堂堂者,盛大之貌也。"[③]正正堂堂有超过皇帝之御驾亲征乎?李贽谓:"是以堂堂之阵,正正之旗,日与世交战而不败者,正兵在我故也。正兵法度森严,无隙可乘,谁敢邀堂堂而击正正,以取灭亡之祸欤!"[④]御驾亲征以正兵胜,以法度胜,以威势胜,其对手必无气焰矣。宋真宗咸平二年(999年,即辽圣宗统和十七年),辽圣宗亲率大军南下攻宋。"帝自将御之,次于大名,圣宗引还。"[⑤]景德元年(1004年),辽圣宗奉萧太后又南侵,河北大震。朝廷有议迁都南避者。寇准力主御驾亲征:"陛下神武,将臣协和。若大驾亲征,敌当自遁。"[⑥]"遂渡河御北城门楼。诸军望见御盖,踊跃呼万岁,声闻数十里。契丹遣数千骑来薄城,准遣兵逆击,大破之,斩获大半。契丹骇怖,始欲议和。"[⑦]皇帝一举一动为天下所瞻视,其进,则举国大振;其退,则一发不可收拾。

小说中常写到"御驾亲征"。罗贯中《三国演义》第八十一回写道:"今刘玄德即了帝位,统精兵七十余万,御驾亲征,其势甚大。"[⑧]明代郭勋《英烈传》第四十八回:"张士信连夜申奏士诚,说:'金陵兵势浩大,望御驾亲征。'"[⑨]皇帝本是负责军国全盘的,原不应也不必亲临前敌。一旦皇帝"御驾亲征",既能增强己方的自信,又能给对方极大的威慑。原因在于皇帝是代表天下的,

---

① 孔安国传,孔颖达等正义:《尚书正义》,李学勤主编《十三经注疏》本,北京大学出版社2000年版,第339页。

② 吴九龙主编:《孙子校释》,第125页。

③ 杜佑:《通典》卷一五五,岳麓书社1995年版,第2096页。

④ 李贽:《与周友山》,张建业、张岱注:《续焚书注》,社会科学文献出版社2013年版,第47页。

⑤ 王桐龄:《中国史》第三编,北平文化学社1931年版,第56页。

⑥ 王桐龄:《中国史》第三编,第56页。

⑦ 王桐龄:《中国史》第三编,第56页。

⑧ 罗贯中:《三国演义》,中华书局2009年版,第598页。

⑨ 徐渭:《英烈传》,华夏出版社2013年版,第152页。

与皇帝对阵就是与天下对阵，直接就丧失了道义的阵地，这也是叛臣贼子所畏惧的。宣德元年(1426年)朱高煦在山东乐安叛乱。宣宗原本派阳武侯薛禄率兵征讨，而杨荣力主皇帝亲征，并进言，高煦以为陛下新立，一定不会亲征。如今出其不意，以天威临之，事无不济。于是宣宗御驾亲征，朱高煦一时众叛亲离，被迫出降。假使二十年前的"靖难之役"建文帝能御驾亲征，朱棣未必能成功。

二、坤卦

【解题】

来知德谓："偶者，阴之数也。坤者，顺也，阴之性也。六画皆偶，则纯阴而顺之至也。故不言'地'而言'坤'。"[①]坤卦由三画卦坤上下相叠而成，八纯卦之一，代表地。陈梦雷谓："周易以坤继乾，以地承天，万物之父母也。全卦以柔顺得正为地道、臣道、妻道之宜。六爻唯二五言吉利，而五不如二之正。他则皆有扶阳抑阴之微旨焉。"[②]乾坤为父母，震巽、坎离、艮兑为六子，从乾坤而出。李士鉁曰："坤者乾之所变化，非两物也。乾者气之始，坤则形之始。乾健者阳之体，坤顺者阳之用。"[③]万物生于一，此太极生两仪之意也。

【坤卦经传】

坤，元亨，利牝马之贞。(王注：坤，贞之所利，利于牝马也。马，在下而行者也，而又牝焉，顺之至也。至顺而后乃亨，故唯利于牝马之贞。)

君子有攸往，先迷；后得主，利。西南得朋，东北丧朋。安贞吉。(王注：西南，致养之地，与坤同道者也，故曰"得朋"。东北，反西南者也，故曰"丧朋"。阴之为物，必离其党，之于反类，而后获安贞吉。)(按：尚秉和谓："李源《周易函书补义》云：其说经之最精者，易内朋字类字。……类即朋也，朋即类也，有相资相得之义。谓阴资阳以为朋，月资日以为光；若阴与阴、阳与阳，合一不分，安可云类？安可云朋？复曰朋来无咎，谓阳来也，阴以阳为朋也。颐六二征凶，行失类也，阴以得阳为类，往不遇阳故云失类。于是全易朋字类字皆得解。"[④]尚氏之说俞樾已先得之："周易朋字始见于坤彖辞，曰：利西南得朋，东北丧朋。西南东北以坎离震兑居四正者而言，凡阳以得阴为朋，阴以得阳为朋。西南者兑离也，其卦一阴而二阳，二阳即朋也。东北者

① 来知德撰，张万彬点校：《周易集注》，第180页。
② 陈梦雷：《周易浅述》，第16页。
③ 马振彪遗著，张善文整理：《周易学说》，第33页。
④ 尚秉和撰，常秉义点校：《易说评议·易学群书评议》，光明日报出版社2006年版，第123页。

震坎也,其卦二阴而一阳,一阳则不为朋矣。故宜乎西南得朋,东北丧朋也。若就乾而言之,则又以震坎二阴为得朋,兑离一阴为丧朋,即谓之利东北得朋,西南丧朋无不可者。圣人之辞固举隅以见例也。”[①]俞氏之解更为合理。)

彖曰:至哉坤元,万物资生,乃顺承天。坤厚载物,德合无疆。含弘光大,品物咸亨。牝马地类,行地无疆。(王注:地之所以得无疆者,以卑顺行之故也。乾以龙御天,坤以马行地。)柔顺利贞。君子攸行,先迷失道,后顺得常。西南得朋,乃与类行;东北丧朋,乃终有庆。安贞之吉,应地无疆。(王注:地也者,形之名也;坤也者,用地者也。夫两雄必争,二主必危。有地之形,与刚健为耦,而以永保无疆,用之者,不亦至顺乎?若夫行之不以牝马,利之不以永贞,方而又刚,柔而又圆,求安难矣。)

象曰:地势坤,(王注:地形不顺,其势顺。)君子以厚德载物。

初六:履霜坚冰至。(王注:始于履霜,至于坚冰,所谓至柔而动也刚。阴之为道,本于卑弱而后积著者也,故取履霜以明其始。阳之为物,非基于始以至于著者也,故以出处明之,则以初为潜。)

象曰:履霜坚冰,阴始凝也。驯致其道,至坚冰也。

六二,直方大,不习无不利。(王注:居中得正,极于地质。任其自然,而物自生;不假修营,而功自成,故不习焉,而无不利。)

象曰:六二之动,直以方也。王注:动而直方,任其质也。不习无不利,地道光也。

六三,含章可贞,或从王事,无成有终。(王注:三处下卦之极,而不疑于阳,应斯义者也。不为事始,须唱乃应,待命乃发,含美而可正者也,故曰“含章可贞”也。有事则从,不敢为首,故曰“或从王事”也。不为事主,顺命而终,故曰“无成有终”也。)

象曰:“含章可贞”,以时发也。“或从王事”,知光大也。(王注:知虑光大,故不擅其美。)

六四,括囊,无咎无誉。(王注:处阴之卦,以阴居阴。履非中位,无直方之质;不造阳事,无含章之美。括结否闭,贤人乃隐;施慎则可,非泰之道。)

象曰:括囊无咎,慎不害也。

六五,黄裳元吉。(王注:黄,中之色也;裳,下之饰也。坤为臣道,美尽于下。夫体无刚健而能极物之情,通理者也。以柔顺之德,处于盛位,任夫文理者也。垂黄裳以获元吉,非用武者也。极阴之盛,不至疑阳,以文在中,美之至也。)

---

① 俞樾:《易贯》之二,第一楼丛书光绪九年重定本,第17页。

象曰:"黄裳元吉",文在中也。(王注:用黄裳而获元吉,以文在中也。)

上六,龙战于野,其血玄黄。(王注:阴之为道,卑顺不盈,乃全其美;盛而不已,固阳之地,阳所不堪,故战于野。)

象曰:龙战于野,其道穷也。

用六,利永贞。(王注:用六之利,利永贞也。)

象曰:用六永贞,以大终也。(王注:能以永贞,大终者也。)

文言曰:坤,至柔而动也刚,至静而德方。(王注:动之方直,不为邪也;柔而又圆,消之道也;其德至静,德必方也。)后得主而有常,含万物而化光。坤道其顺乎?承天而时行。

积善之家,必有余庆;积不善之家,必有余殃。臣弑其君,子弑其父,非一朝一夕之故,其所由来者渐矣,由辩之不早辩也。易曰"履霜坚冰至",盖言顺也。

直,其正也。方,其义也。君子敬以直内,义以方外,敬义立而德不孤。"直方大,不习无不利",则不疑其所行也。

阴虽有美,含之以从王事,弗敢成也。地道也,妻道也,臣道也。地道无成,而代有终也。

天地变化,草木蕃;天地闭,贤人隐。易曰"括囊,无咎无誉",盖言谨也。

君子黄中通理,正位居体。美在其中,而畅于四支,发于事业,美之至也。

阴疑于阳,必战,(王注:辩之不早,疑盛乃动,故必战。)为其嫌于无阳也,(王注:为其嫌于非阳而战。)故称龙焉,犹未离其类也,(王注:犹未失其阴类,为阳所灭。)故称血焉。(王注:犹与阳战而相伤,故称血。)夫玄黄者,天地之杂也,天玄而地黄。

【谋略第四】

为将以德。两军对阵,本为仇雠,惟大德者能以宽厚至诚之心感动敌人,化敌为友。

坤卦大象曰:"地势坤,君子以厚德载物。"大地以仁厚之德载纳万物,君子应效法这种精神,宽仁温厚,承载万物。来知德谓:"地之势本坤顺者也,故曰'地势坤'。且天地间持重载物,其势力无有厚于地者,故下文曰'厚'……'厚德载物'者,以深厚之德容载庶物也。"[①]坤,顺的意思,坤顺以容物,物来而不怫。"《诗》曰:'温温恭人,惟德之基。'子曰:'仁之难成久矣,唯

① 来知德撰,张万彬点校:《周易集注》,第183页。

君子能之。是故君子不以其所能者病人,不以人之所不能者愧人。'"[①]是说君子要有宽厚之心,自己能做到的不要抱怨别人做不到,不要拿别人的不足苛责人、羞辱人。《左传》也强调宽厚容养:"良君将赏善而刑淫,养民如子,盖之如天,容之如地。"[②]良君不只要庇佑、保护他们,还要像大地一样承载他们生生不息。《老子》有言:"江海所以能为百谷王,以其善下之,故能为百谷王。"[③]江海之所以能够成为一切河流的总汇,是因为他能处在下游的位置承载众水。《菜根谭》讲到"厚德载物,雅量容人":"地之秽者多生物,水之清者常无鱼。故君子当存含垢纳污之量,不可持好洁独行之操。"[④]一切脏的东西尚能容纳,对不合自己意愿的意见、不能意气相投之人更是要有宽宏能容的雅量。曾国藩谓:"有盖宽饶、诸葛丰之劲节,必兼有山巨源、谢安石之雅量。于是乎言足以兴,默足以容。否则峣峣易缺,适足以取祸也。雅量虽由于性生,然亦恃学力以养之。惟以圣贤律己,'躬自厚而薄责于人',则度量宏深矣。"[⑤]曾国藩在"严于律己,宽以待人"方面实为后人树立了榜样。正所谓,春风大雅能容物,坤道至德励后人。

孙子曰:"故善用兵者,屈人之兵而非战也,拔人之城而非攻也,毁人之国而非久也,必以全争于天下,故兵不顿而利可全,此谋攻之法也。"[⑥]屈人之兵、毁人之国不一定攻城力战,善用攻心,使对方心折,消对方抗力于无形之中,斯为上矣。

【史鉴】

羊祜仁厚服敌手

西晋泰始五年(269年),尚书左仆射羊祜被任命为都督荆州军事,镇守襄阳。羊祜对吴人开诚布公,投降的吴人如果愿意走,任凭离去,并削减许多巡逻守卫的士兵,开垦荒地达八百顷之多。《资治通鉴・晋纪》记载:"羊祜归自江陵,务修德信,以怀吴人。每交兵,刻日方战,不为掩袭之计;将帅有欲进谲计者,辄饮以醇酒,使不得言。祜出军行吴境,刈谷为粮,皆计所侵送绢偿之。每会众江、沔游猎,常止晋地,若禽兽先为吴人所伤而为晋兵所得者,皆送还之。于是吴边人皆悦服。祜与陆抗对境,使命常通:抗遗祜酒,

① 陈戍国点校:《礼记》,岳麓书社2002年版,第639页。
② 杨伯峻编著:《春秋左传注》,第1016页。
③ 朱谦之:《老子校释》,《朱谦之文集》第3卷,福建教育出版社2002年版,第583页。
④ 洪应明撰,崔钟雷编译:《菜根谭》,浙江人民出版社2013年版,第53页。
⑤ 王启原编钞,周殿富编注:《曾国藩日记类钞》,安徽人民出版社2013年版,第24页。
⑥ 吴九龙主编:《孙子校释》,第41页。

祜饮之不疑。抗疾，求药于祜，祜以成药与之，抗即服之。人多谏抗，抗曰：'岂有鸩人羊叔子哉？'"[①]咸宁二年(276年)，朝廷加封羊祜为征南大将军。当时吴帅陆抗已死，羊祜上疏要求讨伐吴国。病重举杜预代己承担伐吴大任。史书记载了羊祜死后的哀荣："南州人征市日闻祜丧，莫不号恸，罢市，巷哭者声相接。吴守边将士亦为之泣。襄阳百姓于岘山祜平生游憩之所建碑立庙，岁时飨祭焉。望其碑者，无不流涕，杜预因名为堕泪碑。"[②]羊祜能以宽厚之德感动敌手，千百年后令人垂念。

【谋略第五】

先知敌我之情，谋定于战事未发之前，方能沉着应对，不致方寸错乱。

坤卦初六爻辞曰："初六，履霜坚冰至。"是说初六，踩到微霜，坚冰很快就会来到。霜是坚冰的前兆。刘沅曰："阴始下生，其端甚微，而其势渐盛。履霜而即知坚冰之至，辨之于早也。苟以方履霜而忽之，岂不危哉！"[③]防微杜渐之意甚明。《申鉴·时事》云："天人之应，所由来渐矣。故履霜坚冰，非一时也。"[④]见机于先才能有充分的思想准备，对天下大势的把握就在于对政治、军事的兆头能给予准确的预见、分析。"孙子在其著作中经常强调一个'先'字，而'先知'也就是'先胜'的基础。孙子认为战略的研究应以计划为其起点，而计划当然具有未来导向。"[⑤]军事计划的制定是以军事的先见为基础的。

《孙子兵法·用间》谓："故明君贤将，所以动而胜人，成功出于众者，先知也。先知者，不可取于鬼神，不可象于事，不可验于度，必取于人，知敌之情者也。"[⑥]先知者，知敌我之情也，知情势之状也。先知就要把握敌我态势发展的兆头，做到踏微霜而知坚冰至，一叶落而知天下秋。

【史鉴】

西人测暴日图华

抗战前夕，《密勒氏评论报》发表了一篇政论——《假使日本统治了中国》，文中分析了日本占领中国后对西方的影响：

---

① 司马光：《资治通鉴·晋纪》，中华书局1956年版，第2528页。

② 房玄龄等：《晋书》卷三四《羊祜传》，中华书局1974年版，第1023页。

③ 马振彪遗著，张善文整理：《周易学说》，第39页。

④ 陈雄根等编著：《先秦两汉典籍引〈周易〉〈论语〉〈孟子〉资料汇编》，第28页。

⑤ 钮先钟：《孙子三论：从古兵法到新战略》，第23页。

⑥ 吴九龙主编：《孙子校释》，第238页。

> 虽然中国的各种自然资源并不都很丰富,可是她蕴藏着许多东西,特别是煤和棉花是日本根本缺乏或产量不足的。……如果是自己被禁止使用的话,为了适应国内和军事上的需要,日本必须统治和开发中国的这些资源。因此,当中国在蒋委员长领导之下实行国民经济建设计划的时候,日本便不得不"将中国击至屈膝"了。……若是她为着控制中国经济的发展而很费事地"将中国击至屈膝",她决不会慷慨地使中国变成美国或其他各国的市场。……中国和满洲将都为着日本的利益而开发她的资源,这就是所谓"经济提携"和"共同防共"。这样中国当然是一个被侵略者,但其他各列强在商业上也将蒙受严重的影响。[①]

文章最后的结论为:"自由的中国可发展国际对华的贸易;被法西斯的日本统治了的中国却只会给予各列强对远东的贸易以严重的打击。"[②]文章的结论为事实所验证,由于日本的对华占领,西方在华利益日益萎缩。在日本对华占领刚刚开始之时,能对国际社会敲响警钟,作者的履霜坚冰之思还是十分深刻的。

世事难料,政论家也有失手的时候。美国人陈别林在《基督教科学箴言报》上发表的《太阳旗下阴霾四布》的文章分析道:"假如中国的抵抗力量被击破了,日本会不会利用中国的人力与富源来继续征服世界的事业呢?"[③]最后总结道:"征服世界实在不过是一种梦幻而已。在现世界的国家里远没有一个有足够的人力和财力来干这种勾当,没有一个国家具有独并五大洲的力量呢!若最后的胜利属于日本,则亚洲的均势必将打破。但欲进一步而征服世界,则绝非日本的经济才力所能胜任。"[④]虽然日本无此财力,但日本征服世界的欲望和野心是作者没有体察到的。中国尚没有被击败,日本就发动了太平洋战争,将战火烧遍东半球,陈别林见微知著的功夫还差一层。

三、屯卦

【解题】

屯卦震下坎上,雷动而遇险,譬喻事物初始之艰难情状,后也泛指艰难之时势。陈梦雷谓:"屯卦,震下坎上。震一阳动于二阴之下,故其德为动,其象为雷。坎一阳陷于二阴之间,故其德为陷、为险,其象为云、为雨、为水。

---

① 《假使日本统治了中国》,佚名:《国际政论家之中日战争论续集》,亚东图书馆 1938 年版,第 104 页。

② 《假使日本统治了中国》,佚名:《国际政论家之中日战争论续集》,第 105 页。

③ [美]陈别林:《太阳旗下阴霾四布》,佚名:《国际政论家之中日战争论续集》,第 105 页。

④ [美]陈别林:《太阳旗下阴霾四布》,佚名:《国际政论家之中日战争论续集》,第 106 页。

有天地，而后万物生焉。屯者，难也。物之始生，郁结未通。故其为字，象草穿地始出未申，此屯所以次乾坤之后也。其卦以震遇坎，乾坤始交而遇坎陷，故其名为屯也。”[①]以卦象释卦义、卦序。柳宗元《游南亭夜还叙志七十韵》言：“进乏廊庙器，退非乡曲豪。天命斯不易，鬼责将安逃。屯难果见凌，剥丧宜所遭。”[②]“屯难”指遭遇艰难。贾至《自蜀奉册命往朔方途中呈韦左相文部房尚书门下崔侍郎》诗云：“古来有屯难，否泰长相因。”[③]《新唐书·戴叔伦传》：“叔伦‘劝以屯难未靖，安之者莫先于兵，兵所藉者食物。’”[④]艰难时世，正志士仁人有为之时也。故“象曰：云雷，屯；君子以经纶。”李士钤曰：“屯象草木出生，气盈而郁结未通，故难。……人生之始为屯，所谓人生于忧患也。”[⑤]今人也有忧患人生之一说，逆境正可以锻炼人，绝处正可以逢生。

【屯卦经传】

屯，元亨，利贞。（王注：刚柔始交，是以屯也。不交则否，故屯乃大亨也。大亨则无险，故利贞。）勿用有攸往，（王注：往益屯也。）利建侯。（王注：得主则定。）

彖曰：屯，刚柔始交而难生，动乎险中，大亨贞。（王注：始于险难，至于大亨而后全正，故曰“屯，元亨，利贞”。）雷雨之动满盈。（王注：雷雨之动，乃得满盈，皆刚柔始交之所为。）天造草昧，宜建侯而不宁。（王注：屯体不宁，故利建侯也。屯者，天地造始之时也。造物之始，始于冥昧，故曰“草昧”也。处造始之时，所宜之善，莫善建侯也。）

象曰：云雷，屯。君子以经纶。（王注：君子经纶之时。）

初九，盘桓，利居贞，利建侯。（王注：处屯之初，动则难生。不可以进，故“盘桓”也。处此时也，其利安在？不唯居贞建侯乎！夫息乱以静，守静以侯，安民在正，弘正在谦。屯难之世，阴求于阳，弱求于强，民思其主之时也。初处其首，而又下焉，爻备斯义，宜其得民也。）

象曰：虽盘桓，志行正也。（王注：不可以进，故“盘桓”也；非为宴安弃成务也。故“虽盘桓，志行正”也。）以贵下贱，大得民也。（王注：阳贵而阴贱也。）

六二，屯如邅如，乘马班如。匪寇，婚媾。女子贞不字，十年乃字。（王

---

① 陈梦雷：《周易浅述》，第 23 页。

② 中华书局编辑部点校：《全唐诗》第 6 册，中华书局 2013 年版，第 3956 页。

③ 中华书局编辑部点校：《全唐诗》第 4 册，第 2588 页。

④ 欧阳修、宋祁：《新唐书》卷一四三《戴叔伦传》，中华书局 1975 年版，第 4691 页。

⑤ 马振彪遗著，张善文整理：《周易学说》，第 54 页。

注:志在乎五,不从于初。屯难之时,正道未行,与初相近而不相得,困于侵害,故屯邅也。时方屯难,正道未通,涉远而行,难可以进,故曰"乘马班如"也。寇,谓初也。无初之难,则与五婚矣,故曰"匪寇,婚媾"也。志在于五,不从于初,故曰"女子贞不字"也。屯难之世,势不过十年者也,十年则反常,反常则本志斯获矣,故曰"十年乃字"。)

(按:刘沅谓:"坎险,故疑为寇。然五为二之正应,以阳从阴,故有昏媾之象。"[①]六二疑九五为寇,非也,乃婚姻之配。李镜池谓:"寇字的意义等于侵伐,'为寇'是我侵伐人,'御寇'是抵抗人的侵伐。这也是较早的惯用语,与后代以寇为盗贼不同。"[②])

象曰:六二之难,乘刚也。十年乃字,反常也。

六三,即鹿无虞,惟入于林中。君子几,不如舍。往吝。(王注:三既近五而无寇难,四虽比五,其志在初,不妨己路,可以进而无屯邅也。见路之易,不揆其志,五应在二,往必不纳,何异无虞以从禽乎?虽见其禽,而无其虞,徒入于林中,其可获乎?几,辞也。夫君子之动,岂取恨辱哉?故不如舍。"往吝",穷也。)

象曰:既鹿无虞,以从禽也。君子舍之,"往吝"穷也。

六四,乘马班如,求婚媾。往吉,无不利。(王注:二虽比初,执贞不从,不害己志者也。求与合好,往必见纳矣。故曰"往吉,无不利"。)

象曰:求而往,明也。(王注:见彼之情状也。)

九五,屯其膏。小贞吉;大贞凶。(王注:处屯难之时,居尊位之上,不能恢弘博施,无物不与,拯济微滞,亨于群小,而系应在二,屯难其膏,非能光其施者也。固志同好,不容他间,小贞之吉,大贞之凶。)

象曰:屯其膏,施未光也。

上六,乘马班如,泣血涟如。(王注:处险难之极,下无应援,进无所适,虽比于五,五屯其膏,不与相得。居不获安,行无所适,穷困阍[③]危,无所委仰,故"泣血涟如"。)

象曰:泣血涟如,何可长也。

【谋略第六】

成大事者,必能屈身下己,然后才为我用,士为我死。

屯卦小象初九曰:"以贵下贱,大得民也。"高贵者甘居卑下之位,初九必

---

① 马振彪遗著,张善文整理:《周易学说》,第58页。

② 李镜池:《周易探源》,第134页。

③ 阍,音yin,堵塞意。

能大得民心。初九阳爻居群阴之下，周易贵阳贱阴，故有以贵下贱之说。《孔子家语·贤君》引孔子："以贵下贱，无不得也。"[①]李士钤曰："江海下于水，而百川赴焉；君子下于民，而四方归焉。"[②]有大志者求才若渴，必能礼贤下士，得士之心，终能成就大事。

孙子谓："卒未亲而罚之，则不服，不服则难用。卒已亲附而罚不行，则不可用。……令素行以教其民，则民服；令素不行以教其民，则民不服。令素行者，与众相得也。"[③]孙子强调与卒"亲"、"与众相得"，然后能得士心，而能收如臂使指之效。《周易》讲"以贵下贱，大得民也"。其所见亦略同乎？

【史鉴】

吴起吮疽得士心

吴起投奔魏文侯。"文侯问李克曰：'吴起何如人哉？'李克曰：'起贪而好色，然用兵司马穰苴不能过也。'于是魏文侯以为将，击秦，拔五城。起之为将，与士卒最下者同衣食。卧不设席，行不骑乘，亲裹赢粮，与士卒分劳苦。卒有病疽者，起为吮之。卒母闻而哭之。人曰：'子卒也，而将军自吮其疽，何哭为？'母曰：'非然也。往年吴公吮其父，其父战不旋踵，遂死于敌。吴公今又吮其子，妾不知其死所矣。是以哭之。'文侯以吴起善用兵，廉平，尽能得士心，乃以为西河守，以拒秦、韩。"[④]吴起在"与卒亲""与众相得"方面做得十分出色，想必名将必有别人不可及之处。吴起为卒吮疽，士卒能不效死以报乎？将能而士卒敢战，离百战百胜就不远了！

刘秀屈身严子陵

范仲淹《严先生祠堂记》中云："在《屯》之初九，阳德方亨，而能'以贵下贱，大得民也'，光武以之。"[⑤]刘秀屈身严子陵之事见于《后汉书·逸民列传》："严光字子陵，一名遵，会稽余姚人也。少有高名，与光武同游学。及光武即位，乃变名姓，隐身不见。帝思其贤，乃令以物色访之。后齐国上言：'有一男子，披羊裘钓泽中。'帝疑其光，乃备安车玄纁，遣使聘之。三反而后至。舍于北军，给床褥，太官朝夕进膳。……车驾即日幸其馆。光卧不起，

---

① 陈雄根等编著：《先秦两汉典籍引〈周易〉〈论语〉〈孟子〉资料汇编》，第31页。

② 马振彪遗著，张善文整理：《周易学说》，第57页。

③ 吴九龙主编：《孙子校释》，第165页。

④ 司马迁：《史记》卷六五《孙子吴起列传》，程馀庆：《历代名家评注史记集说》，第832页。

⑤ 范仲淹：《范文正公文集》卷八，北宋元祐四年刻本。

帝即其卧所,抚光腹曰:'咄咄子陵,不可相助为理邪?'光又眠不应,良久,乃张目熟视,曰:'昔唐尧著德,巢父洗耳。士故有志,何至相迫乎?'帝曰:'子陵,我竟不能下汝邪?'于是升舆叹息而去。复引光入,论道旧故,相对累日。帝从容问光曰:'朕何如昔时?'对曰:'陛下差增于往。'因共偃卧,光以足加帝腹上。明日,太史奏客星犯御坐甚急。帝笑曰:'朕故人严子陵共卧耳。'除为谏议大夫,不屈,乃耕于富春山,后人名其钓处为严陵濑焉。建武十七年,复特征,不至。年八十,终于家。"[①]刘秀成就帝业,颇得人才之助,于待严子陵处可见其举贤任能之一斑,天下之士能不望风归附乎?

【谋略第七】

为将者面临敌我情势,应及时决断进退,见机而不能决,迁延受敌,必贻害无穷。

屯卦六三爻辞曰:"六三,即鹿无虞,惟入于林中,君子几[②],不如舍。往吝。"这是说六三,没有虞人引导而追逐野鹿,茫茫林海何所得?君子见机应及时决断去取。当舍不舍,必有吝惜。陈梦雷谓:"六三……不安于阴,而又贪求阳。不中不正,无正应而妄行,取困者也。"[③]六三与上六同为阴而敌应,不能获鹿。鹿,阳物。李士铃曰:"虞人,掌禽兽者,六三乘承与应皆阴爻,故无虞人导之。震坎二木,林之象。机,所以取禽兽者。坎为弓矢,故象机。阴迷而不能济,不如止而自全,所以事贵量力也。"[④]六三性阴而迷,且处境不佳,宜止而自全。李道平谓:"往应于上,则历乎坎险矣,故不可往也。三动已正,成既济,往则动而失位,故不如舍之,不必往取吝穷也。"[⑤]外卦为坎为险,往则入险。

《劝忍百箴》有言:"天人一机,进退一理。当退不退,灾害并至。"[⑥]《奇门旨归》谓:"故制胜之道,莫先于地。当留不留,当去不去,当奇不奇,当伏不伏,是谓死将。当进不进,当退不退,当避不避,当争不争,是谓死军。"[⑦]孙子谓:"故知胜有五:知可以战与不可以战者胜,识众寡之用者胜……此五者,知胜之道也。"[⑧]可战则战,不可战则退。不可战而浪战,不知进退之理,必受其害。

---

① 范晔:《后汉书》卷八三《逸民列传》,中华书局 1965 年版,第 2764 页。
② 马其昶曰:"几,郑(玄)作机。"见马振彪《周易学说》,第 58 页。
③ 陈梦雷:《周易浅述》,第 25 页。
④ 马振彪遗著,张善文整理:《周易学说》,第 58 页。
⑤ 李道平撰,潘雨廷点校:《周易集解纂疏》,第 102 页。
⑥ 许名奎:《劝忍百箴》,陕西旅游出版社 2006 年版,第 168 页。
⑦ 朱浩文撰,郑同编校:《奇门旨归》,华龄出版社 2013 年版,第 211 页。
⑧ 吴九龙主编:《孙子校释》,第 47 页。

【史鉴】

公子卬临机不决

《吕氏春秋·无义》载公元前341年商鞅虏公子卬事："公孙鞅……为秦将而攻魏，魏使公子卬将而当之。公孙鞅之居魏也，固善公子卬。使人谓公子卬曰：'凡所为游而欲贵者，以公子之故也。今秦令鞅将，魏令公子当之，岂且忍相与战哉？公子言之公子之主，鞅请亦言之主，而皆罢军。'于是将归矣，使人谓公子曰：'归未有时相见，愿与公子坐而相去别也。'公子曰：'诺。'魏吏争之曰：'不可。'公子不听，遂相与坐。公孙鞅因伏卒与车骑以取公子卬。"[①]公子卬临机不决，不识进退，全凭人言，终至懵懂误事。

【谋略第八】

视钱财如宝贝必视人才如粪土。重赏之下必有勇夫。这赏赐不只是金帛，也包括高爵显位。吝惜权位，其谁愿拼死效力呢？

屯卦九五爻辞曰："九五，屯其膏。小贞吉；大贞凶。"这是说把膏泽肥肉囤聚起来，不与他人。占问日常的小事吉；占问战争与祭祀则凶。陈梦雷谓："九五虽以阳刚中正居尊位，然当屯之时，陷于险中。六二虽为正应，而阴柔才弱不足以济。初九为众所归，则人心已他属。坎体虽有膏润而不得施，故为屯其膏之象。以处小事，则守正犹可获吉。以处大事，则虽正亦凶矣。"[②]九五居尊位而不能广施恩泽，则人心他属，而成孤家寡人矣。屈万里谓："屯，聚。膏，泽。大学：'财聚则人散。'"[③]谷永曰："民饥馑而吏不恤，百姓困而赋敛重，易曰'屯其膏'。"[④]当政者不能轻徭薄赋，德惠下民，民必他向，大厦将倾之时，必无木可支。

---

① 张双棣等译注：《吕氏春秋译注》，北京大学出版社2011年版，第672页。
② 陈梦雷：《周易浅述》，第26页。
③ 屈万里：《读易三种》，《屈万里全集》(1)，(台北)联经出版事业公司1983年版，第629页。
④ 马振彪遗著，张善文整理：《周易学说》，第60页。

【史鉴】

项羽吝惜权位

项羽麾下本是猛将如云,可为什么一个个离他而去呢?《史记·高祖本纪》中高起、王陵道出了项羽的短处:"项羽妒贤嫉能,有功者害之,贤者疑之,战胜而不予人功,得地而不予人利,此所以失天下也。"[①]把持着地盘、爵位不放,失去的是人心、人望。韩信、陈平,本都是项羽的部属,一个在刘邦郁郁不得志、局促巴蜀时弃楚归汉,一个在项羽鼎盛时期背楚降汉。楚汉之争中,项羽派武涉说韩信背汉归楚。韩信直言不讳道出了项羽的短处:"臣事项王,官不过郎中,位不过执戟,言不听,画不用,故倍楚而归汉。"[②]《史记》中还记载了韩信对项羽的剖析:"项王见人恭敬慈爱,言语呕呕,人有疾病,涕泣分食饮。至使人有功当封爵者,印刓敝,忍不能予,此所谓妇人之仁也。"[③]项羽即便有拔山之力,因不能与人分功分利,终至失人、失天下。霸王别姬时,财势复如何?

四、蒙卦

【解题】

蒙卦坎下艮上,山下有水,汩汩而有所启发。李士鉁谓:"艮为少男,五阴爻暗昧,故童蒙。二阳爻开明,故能开五之蒙。二五正应,匪二求五,乃五求二。所谓礼闻来学,不闻往教也。"[④]《蒙卦》大致在揭示如何启蒙、发蒙的道理。其上九谈到的"击蒙"尤和军事有关。杜甫有两首诗写到"击蒙":其《夜听许十损诵诗爱而有作》诗云:"离索晚相逢,包蒙欣有击。"[⑤]许十损精于禅埋,这里用《易》语,谓有待许氏的启发。其《寄司马山人十二韵》诗云:"道术曾留意,先生早击蒙。"[⑥]这里用《易》语,追述在长安时司马山人曾以道术相启发。[⑦]《三十六计》第十七计抛砖引玉有"类以诱之,击蒙也"[⑧]之说。是说用相类似的事物迷惑引诱对方,把对方引入圈套。

---

① 司马迁:《史记》卷八《高祖本纪》,第381页。

② 司马迁:《史记》卷九二《淮阴侯列传》,第2622页。

③ 司马迁:《史记》卷九二《淮阴侯列传》,第2612页。

④ 马振彪遗著,张善文整理:《周易学说》,第64页。

⑤ 杜甫:《夜听许十损诵诗爱而有作》,中华书局编辑部点校:《全唐诗》第4册,第2264页。

⑥ 杜甫:《寄司马山人十二韵》,中华书局编辑部点校:《全唐诗》第4册,第2482页。

⑦ 范之麟、吴庚舜编:《全唐诗典故辞典(增订本)》上册,湖北辞书出版社2001年版,第403页。

⑧ 无谷译注:《绘图三十六计》,吉林文史出版社1991年版,第65页。

【蒙卦经传】

蒙，亨。匪我求童蒙，童蒙求我。初筮告，再三渎，渎则不告。（王注：筮者，决疑之物也。童蒙之来求我，欲决所惑也。决之不一，不知所从，则复惑也。故初筮则告，再三则渎，渎蒙也。能为初筮，其唯二乎。以刚处中，能断夫疑者也。）利贞。（王注：蒙之所利，乃利正也。夫明莫若圣，昧莫若蒙。蒙以养正，乃圣功也。然则养正以明，失其道矣。）

彖曰：蒙，山下有险，险而止，蒙。（王注：退则困险，进则阂山，不知所适，蒙之义也。）"蒙，亨"，以亨行，时中也。（王注：时之所愿，惟愿亨也，以亨行之，得时中也。）"匪我求童蒙，童蒙求我"，志应也。（王注："我"，谓非童蒙者也。非童蒙者，即阳也。凡不识者求问识者，识者不求所告；暗者求明，明者不谘于暗。故蒙之为义，"匪我求童蒙，童蒙求我"也。童蒙之来求我，志应故也。）初筮告，以刚中也。（王注：谓二也。二为众阴之主也。无刚失中，何由得初筮之告乎？）再三渎，渎则不告，渎蒙也。蒙以养正，圣功也。

象曰：山下出泉，蒙；（王注：山下出泉，未知所适，蒙之象也。）君子以果行育德。（王注：果行者，初筮之义也；育德者，养正之功也。）

初六，发蒙，利用刑人，用说桎梏；以往吝。（王注：处蒙之初，二照其上，故蒙发也。蒙发疑明，刑说当也。"以往吝"，刑不可长。）

象曰：利用刑人，以正法也。（王注：刑人之道，道所恶也。以正法制，故刑人也。）

九二，包蒙吉，纳妇吉，子克家。（王注：以刚居中，童蒙所归，包而不距，则远近咸至，故"包蒙吉"也。妇者，配己而成德者也。体阳而能包蒙，以刚而能居中，以此纳配，物莫不应，故"纳妇吉"也。处于卦内，以刚接柔，亲而得中，能干其任，施之于子，克家之义。）

象曰：子克家，刚柔节也。

六三，勿用取女，见金夫，不有躬，无攸利。（王注：童蒙之时，阴求于阳，晦求于明，各求发其昧者也。六三在下卦之上，上九在上卦之上，男女之义也。上不求三，而三求上，女先求男者也。女之为体，正行以待命者也，见刚夫而求之，故曰"不有躬"也。施之于女，行在不顺，故"勿用取女"，而"无攸利"。）

象曰："勿用取女"，行不顺也。

六四，困蒙，吝。（王注：独远于阳，处两阴之中，暗莫之发，故曰"困蒙"也。困于蒙昧，不能比贤以发其志，亦以鄙矣，故曰"吝"也。）

象曰：困蒙之吝，独远实也。（王注：阳称实也。）

六五，童蒙，吉。（王注：以夫阴质，居于尊位，不自任察，而委于二。付物以能,不劳聪明,功斯克矣,故曰“童蒙吉”。)

象曰:童蒙之吉,顺以巽也。(王注:委物以能,不先不为,“顺以巽也”。)

上九,击蒙,不利为寇,利御寇。(王注:处蒙之终,以刚居上,能击去童蒙,以发其昧者也,故曰“击蒙”也。童蒙愿发,而己能击去之,合上下之愿,故莫不顺也。为之捍御,则物咸附之;若欲取之,则物咸叛矣。故“不利为寇,利御寇”也。)

象曰:利用御寇,上下顺也。

【谋略第九】

“不利为寇,利御寇”,是指不要无端地挑起战争,要后发制人,沉着应对强寇的攻击。

蒙卦上九爻辞曰:“上九,击蒙,不利为寇,利御寇。”上九,像当头棒喝一样警醒启发蒙昧,主动进攻不利,利于沉着应对对方。王弼注:“处蒙之终,以刚居上,能击去童蒙,以发其昧者也。”上九刚健,能以猛药、棒喝警醒蒙昧。李士钤曰:“寇以邪压正,御寇以正压邪。蒙之终言御寇,刑以弼教之义。诗书礼乐,教之正也;斧钺甲兵,教之变也。其所以勉人为善之意一也。”[①]是说“斧钺甲兵”、威势刑罚等用刚用猛也是教化之一端,可导不善于为善一途。高亨谓:“蒙借为蒙。攻击愚昧无知之人,谓之击蒙。蒙者未犯我,而我击之,是虽有必胜之势,而大背人道,天下所共嫉。蒙者先犯我,而我击之,是既有胜之势,且不背人道,天下所共许。”[②]大有“人不犯我,我不犯人;人若犯我,我必犯人”[③]之意味。李镜池谓:“寇,侵略。作者从农业生产的经验中,总结出要反对侵略,抵抗与防御敌人的主张。”[④]以上可以看出《周易》作者是反对主动出击的。

陈鼓应谓:“不利攻寇而利御寇,即老子‘用兵有言:不敢为主,而为客’之义。”[⑤]陈鼓应解释小象“利用御寇,上下顺也”云:“位居上九高位,而能持守势,是得进退之节者。”[⑥]他进一步指出了蒙卦用兵防御主义的真义。

刘君祖谓:“上爻走到那一步,只剩唯一的方法可以解决问题、打破僵局。‘包蒙’不能使对方就范,只好逼着出手‘击蒙’。国家受到侵略,我们起来保家卫国,从国际舆论等各方面讲都是正确的,而且比较容易同仇敌忾,

---

① 马振彪遗著,张善文整理:《周易学说》,第 70 页。

② 高亨:《周易古经今注》,中华书局 1989 年版,第 175 页。

③ 《毛泽东选集》第二卷,人民出版社 1991 年版,第 745 页。

④ 李镜池:《周易通义》,第 12 页。

⑤ 陈鼓应、赵建伟注译:《周易今注今译》,第 65 页。

⑥ 陈鼓应、赵建伟注译:《周易今注今译》,第 68 页。

得到认可，就像抗日战争。'为寇'本身就是侵略者，像美国打伊拉克，即使'击蒙'成功，可是这么多年来消耗无数人力物力，仍然无法获得国际舆论支持，这肯定是不利的。"[①]从中可知蒙卦具有反侵略的思想。

姜国柱谓："《蒙·上九》说：'击蒙。不利为寇，利御寇。'愚昧无知的侵略者，来侵犯、掠夺我，我予以还击，而取得了胜利，天下人就会赞许；如果我无端的去袭击、侵犯蒙昧无知的人，虽然有利可图，但却会招致天下人的嫉恨。因此说'不利为寇，利御寇'。这说明《周易》的作者对战争的性质有了明确的认识，能正确判断战争的是与非、利与不利的问题，从而主张正义的防御战争，反对非正义的侵略战争。"[②]从蒙卦可以看出古人普遍具有热爱和平、反对侵略的思想。

孙子谓："守则有余，攻则不足。"[③]同样的兵力，采取守势，力量是有余的；采取攻势，力量则不充分。要发动进攻，必须审慎地考量。

【史鉴】

唐太宗高丽惨胜

贞观十九年(645年)唐太宗出征高丽，攻克玄菟等十座城池，斩杀敌人四万余人，而唐朝军队也战死两千余人，战马死了十分之七八。《唐鉴》载："帝以不能成功，深悔之，叹曰：'魏征若在，不使我有是行也。'"[④]范祖禹赞为"见危而思直臣，知过而能自悔"[⑤]。对唐太宗征高丽，范祖禹给予严厉批评："太宗北擒颉利，西灭高昌，兵威无所不加，四夷震慑，而玩武不已。亲击高丽，以天下之众困于小夷，无功而还，意折气沮，亲见炀帝以勤远亡国，而袭其所为。臣以为太宗之征高丽，无异于炀帝，但不至于乱亡耳。惟不能慎终如始，日新其德，而欲功过五帝，地广三王，是以失之。"[⑥]他对唐太宗的穷兵黩武、好大喜功痛下针砭，并认为与隋炀帝失策征高丽没什么不同。隋炀帝征高丽也并非是出于高丽对隋朝构成了威胁，而是"高丽高元，亏失藩礼，将欲问罪辽左，恢宣胜略。虽怀伐国，仍事省方"[⑦]。也就是说，只是因为高丽王高元不来朝觐而已。这样战端一启，一发而不可收，终至葬送了隋朝。唐

① 刘君祖：《刘君祖完全破解易经密码》第1辑，九州出版社2012年版，第179页。

② 姜国柱：《〈周易〉与兵法》，国防大学出版社1997年版，第12页。

③ 吴九龙主编：《孙子校释》，第56页。

④ 范祖禹：《唐鉴》，中华书局2008年版，第122页。

⑤ 范祖禹：《唐鉴》，第122页。

⑥ 范祖禹：《唐鉴》，第122页。

⑦ 魏征等：《隋书》卷三《炀帝本纪上》，中华书局1973年版，第75页。

太宗征高丽表面上他是想恢复大汉故业,实际上正如苏辙所说:“贞观之间,天下既平,征伐四夷,灭突厥,夷高昌,残吐谷浑,兵出四克,务胜而不知止。最后亲征高丽,大臣力争不从,仅而克之,其贤于隋氏者,幸一胜耳!而帝安为之。原其意,亦欲夸当时,高后世耳。”[①]唐太宗、隋炀帝征高丽惨败都是没有接受蒙卦“不利为寇,利御寇”的教诲而虚骄之心膨胀的结果。

五、需卦

【解题】

需卦乾下坎上,水在天上,需待而下之义。《周易本义》谓:“需,待也。以乾遇坎,乾健坎险,而不遽进以陷于险,待之义也。……正固无所不利,而涉川尤贵于能待,则不欲速而犯难也。”[②]需有需求、期待二义。李士鉁谓:“坎水在天上,流而不息,故需。优游涵养,所以需也。”[③]强调凡事要徐图其功,不可躁切。陈鼓应谓:“天上有雨水,雨水下浸,云气上蒸,则是濡泽、浸润之义;故‘需’字当为‘濡’之本字。……爻辞之需(濡)即取稽留之义。”[④]杂卦:“需,不进也。”[⑤]“需”即有不进之义,则不必为“濡”。陈梦雷谓:“《左传》云:‘需,事之贼。’言犹豫不决之害事也。《易》‘需’非不决之谓。见险而不动,能动而不轻动者也。内三爻以见险不轻进为需,外三爻以入险而待人以共进为需。六爻初九、九五之吉不待言。余四爻虽有悔吝,然终归于吉。如二曰‘终吉’,三曰‘敬慎不败’。盖有刚健之德,而能相机度势,从容少待,鲜有败者。四曰‘顺以听’,上曰‘敬之终吉’。盖虽入险中,而待阳刚之德以共进,故亦吉也。”[⑥]是说险难在前,不能轻举妄动,要沉着度势,俟机待援,见机而动。

【需卦经传】

需,有孚,光亨贞吉,利涉大川。

彖曰:需,须也,险在前也。刚健而不陷,其义不困穷矣。“需有孚,光亨贞吉”,位乎天位,以正中也。(王注:谓五也。位乎天位,用其中正,以此待物,需道毕矣,故“光亨贞吉”。)

利涉大川,往有功也。(王注:乾德获进,往辄亨也。)

---

① 郭预衡主编:《唐宋八大家文集·苏辙文》,人民日报出版社 1996 年版,第 214 页。
② 朱熹撰,苏勇校注:《周易本义》,第 10 页。
③ 马振彪遗著,张善文整理:《周易学说》,第 72 页。
④ 陈鼓应、赵建伟注译:《周易今注今译》,第 72 页。
⑤ 金景芳、吕绍刚:《周易全解》,第 552 页。
⑥ 陈梦雷:《周易浅述》,第 30 页。

象曰：云上于天，需。君子以饮食宴乐。（王注：童蒙已发，盛德光亨，饮食宴乐，其在兹乎！）

（按：孔颖达谓："需者，待也。物初蒙稚，待养而成。"）

初九，需于郊，利用恒，无咎。（王注：居需之时，最远于难，能抑其进，以远险待时，虽不应几，可以保常也。）

象曰："需于郊"，不犯难行也；"利用恒，无咎"，未失常也。

九二，需于沙，小有言，终吉。（王注：转近于难[①]，故曰"需于沙"也；不至致寇，故曰"小有言"也。近不逼难，远不后时，履健居中，以待其会，虽小有言，以吉终也。）

象曰："需于沙"，衍在中也。虽"小有言"，以终吉也。

九三，需于泥，致寇至。（王注：以刚逼难，欲进其道，所以招寇而致敌也。犹有须焉，不陷其刚。寇之来也，自我所招，敬慎防备，可以不败。）

（按：初九、九三两爻，或与军队驻扎有关。"指出军队驻扎在郊野，利于久驻，而无灾患；如驻扎在泥泞之地，敌寇便会乘机而来。"[②]体现出周易作者重视地形、地利的思想。）

象曰：需于泥，灾在外也。自我致寇，敬慎不败也。

六四，需于血，出自穴。（王注：凡称血者，阴阳相伤者也。阴阳相近，而不相得，阳欲进而阴塞之，则相害也。穴者，阴之路也。处坎之始，居穴者也。九三刚进，四不能距，见侵则辟，顺以听命者也。故曰"需于血，出自穴"也。）

象曰：需于血，顺以听也。

六五，需于酒食，贞吉。（王注：需之所须，以待达也。已得天位，畅其中正，无所复须，故酒食而已，获"贞吉"也。）

（按：姜国柱释作："对待士兵，给予酒食，以示关心，鼓舞士气，增强勇气，提高战斗力。"[③]）

象曰："酒食贞吉"，以中正也。

（按：傅以渐谓："此正所谓位乎天位以正中者。德泽已敷，惟优游以俟教化之洽，需时之正道也，我无为而民自化，吉。"[④]是说九五已得天位，恩德广施，尽可优游于酒食。李士钤曰："坎为酒食物，又坎水在离火上，下有兑口

---

① "转近于难"，《周易正义》（中华书局《十三经注疏》本，第 25 页）、刘玉建《周易正义导读》（齐鲁书社 2005 年版）作"将近于难"。《宋本周易注疏》（中华书局 1988 年版，第 149 页）为"转近于难"。

② 高锐主编：《中国军事史略》（上），第 78 页。

③ 姜国柱：《〈周易〉与兵法》，第 32 页。

④ 傅以渐、曹本荣：《易经通注》卷一，中华书局 1985 年版，第 15 页。

承之,酒食之象。九五阳刚中正,其道足以养天下。休养生息,优柔餍饫,渐以仁而摩以义,食以德而饮以和。王道久则化自成,故正固而吉。”[①]是说九五居刚中之位,足可以酒食教养天下。陈鼓应谓:“九五为坎陷深处,当以酒食滋养,以积蓄出坎之力量。”[②]陈氏以九五所处险位立说,颇为辨证,然没有体现出九五的刚中之德,应以李说为是。)

上六,入于穴,有不速之客三人来,敬之终吉。(王注:六四所以出自穴者,以不与三相得而塞其路,不辟则害,故不得不出自穴而辟之也。至于上六,处卦之终,非塞路者也。与三为应,三来之己,乃为己援,故无畏害之辟,而乃有入穴之固也。三阳所以不敢进者,须难之终也,难终则至,不待召也。己居难终,故自来也。处无位之地,以一阴而为三阳之主,故必敬之而后终吉。)

象曰:不速之客来,“敬之终吉”。虽不当位,未大失也。(王注:处无位之地,不当位者也。敬之则得“终吉”,故“虽不当位,未大失”也。)

【谋略第十】

险难艰困之时,不可躁切行事,乱了方寸,要沉着应对,寻机制敌。

需卦卦辞曰:“需,有孚,光亨,贞吉,利涉大川。”沉着待机,心地光明诚信,守正不移,终能涉越大河激流。刘沅曰:“需以阳德遇险而能待,此有德而不苟进者。从容、和平、退让、敬慎,天下无不可为。”[③]内卦三阳爻遇外卦坎难之险而不轻进。李士钤曰:“事坏于操切,政败于苟且,王者久道化成,不于目前计其功,并不必于吾身收其效,优游渐渍,民日潜善而不自知,所以广大亨通正固而吉。”[④]越是坎难之时,越要沉着冷静,寻机应对,切勿急躁求成。

孙子特别强调掌握主动,沉着待敌的重要:“凡先处战地而待敌者佚,后处战地而趋战者劳。故善战者,致人而不致于人。”[⑤]“以治待乱,以静待哗”。“以近待远,以佚待劳,以饱待饥。”[⑥]待敌就是寻找合适的战机制敌,而不要贸然出击。姜国柱谓:“由于外卦为险,故不可贸然行事,鲁莽出击,而要等待时机,抓住战机,适时出击。‘待’作为一种克敌制胜的策略,而被历代兵家所推重、运用。孙子十分重视这个军事策略。他说:‘昔之善战者,先为不

① 李士钤:《周易注》卷上,至德周氏师古堂1936年刻本,第18页。

② 陈鼓应、赵建伟注译:《周易今注今译》,第73页。

③ 马振彪遗著,张善文整理:《周易学说》,第72页。

④ 马振彪遗著,张善文整理:《周易学说》,第72页。

⑤ 吴九龙主编:《孙子校释》,第84页。

⑥ 吴九龙主编:《孙子校释》,第124页。

可胜，以待敌之可胜。’……就是说，善于指挥战争的人，首先要创造不可被敌人战胜的条件，以等待能够战胜敌人的机会。”[①]

【史鉴】

曹刿沉潜待敌

鲁庄公十年（前684年），鲁与齐战于长勺。曹刿充分发挥“待”的艺术，终使弱鲁战胜强齐。《左传》详述了这次战役：“公（鲁庄公）与之乘，战于长勺。公将鼓之。刿曰：‘未可。’齐人三鼓，刿曰：‘可矣。’齐师败绩。公将驰之。刿曰：‘未可。’下，视其辙；登轼而望之，曰：‘可矣。’遂逐齐师。既克，公问其故。对曰：‘夫战，勇气也。一鼓作气，再而衰，三而竭。彼竭我盈，故克之。夫大国，难测也，惧有伏焉。吾视其辙乱，望其旗靡，故逐之。’”[②]曹刿以其少有的沉着冷静，沉潜待敌，寻找合适的战机，终一鼓作气，战胜敌人。

【谋略第十一】

濒临险地，遭敌寇来侵，则需敬谨审慎，冷静勿躁，智寻战机，庶几可免于失败。

需卦九三爻曰：“九三，需于泥，致寇至。象曰：‘需于泥’，灾在外也。自我‘致寇’，敬慎不败也。”九三，滞留于泥淖中，濒临险地，遭致敌寇来侵。象谓：灾祸尚未来到。敌寇是我遭致的，敬谨审慎，冷静勿躁，庶几可免于失败。“致寇至”，竹书作“至寇至”[③]。丁四新校注：“‘至寇’，帛本、今本均作‘致寇’，《释文》：‘郑、王肃本作戎。’案：‘至’读作‘致’，楚简上下二‘至’异义。‘戎’、‘寇’同义。《解》六三：‘致寇至。’《象传》曰‘自我致戎。’《礼记·月令》：‘寇戎来征。’皆为‘戎’、‘寇’同义之证。”[④]丁说是。王弼注：“以刚逼难，欲进其道，所以招寇而致敌也。犹有须焉，不陷其刚。寇之来也，自我所招，敬慎防备，可以不败。”三爻濒临险地，刚躁频动，所以遭致敌寇来侵。能审慎待敌，沉着应对，还不至于覆败。陈梦雷谓：“水涯有泥。三将陷于险，有需于泥之象。坎为盗贼，有寇之象。三过刚不中，有自我致寇之象……外谓坎在外卦。谓之外，则祸不自己作。但以过刚妄动，以近于险，则寇乃我

① 姜国柱：《〈周易〉与兵法》，第17页。
② 杨伯峻编著：《春秋左传注》，第183页。
③ 刘大钧：《今、帛、竹书〈周易〉综考》，第198页。
④ 丁四新：《楚竹简与汉帛书〈周易〉校注》，上海古籍出版社2011年版，第11页。

致之也。然卦为需,能敬慎,犹可不至于败。”[1]躁动,则会遭致敌寇来侵;沉着冷静应对,犹可不败。

孙子谓:“不知山林、险阻、沮泽之形者,不能行军。”[2]行军必充分利用地利,严防敌人就地利设伏。“故知战之地,知战之日,则可千里而战;不知战之地,不知战日,则左不能救右,右不能救左,前不能救后,后不能救前,而况远者数十里,近者数里乎!”[3]不知战之地与敌会战,即如聋如盲与人搏击,胜可期乎?

【史鉴】

李广沉着离险境

匈奴入侵上郡,皇帝派中贵人跟随李广训练士兵,防御匈奴入侵。一次,中贵人带领几十名骑兵训练,恰遇到三个匈奴人。匈奴人射伤了中贵人,并几乎全歼他的骑兵。中贵人前去报告李广,李广说:“这一定是匈奴的射雕手。”于是便带领一百多名骑兵追赶那三个匈奴人。那三个人没有骑马,徒步行走,走了几十里,李广命令他的骑兵分两路包抄,李广亲自向那三人射箭,杀死其中的两人,活捉一人,经过查问,果然是匈奴的射雕手。这时,远处有几千名匈奴骑兵已在山上摆好了阵势,李广的一百多骑兵见此非常害怕,想策马逃还,李广说:“我去大军数十里,今如此走,匈奴追射,我立尽。今我留,匈奴必以我为大军之诱,不我击。”[4]接着,李广下令前进。到距匈奴阵地约二里远的地方,李广又下令全体下马,解下马鞍。“骑曰:‘虏多如是,解鞍,即急,奈何?’广曰:‘彼虏以我为走,今解鞍以示不去,用坚其意。’”[5]匈奴阵中有一个骑白马的将领出来指挥军队。李广上马,与十多名骑兵奔跑着射死那个将领,又回到自己的队伍中,解下马鞍,把马放开,各自随便躺下。已经到了傍晚,匈奴兵始终感到奇怪,不敢进攻。到了半夜,匈奴兵以为附近有汉朝的伏兵,要趁夜色来袭击他们,于是撤走。第二天早晨,李广等人才回到自己营寨。李广濒临险境,能沉住冷静、机智勇敢地应对敌人,终于摆脱了敌人,保存了自己。

---

① 陈梦雷:《周易浅述》,第 32 页

② 吴九龙主编:《孙子校释》,第 116 页。

③ 吴九龙主编:《孙子校释》,第 96 页。

④ 班固:《汉书》卷五四《李广传》,中华书局 1962 年版,第 2440 页。

⑤ 班固:《汉书》卷五四《李广传》,第 2440 页。

六、讼卦

【解题】

讼卦坎下乾上，天气上升，水流下，其行相违背，争讼之象。李士铃谓："又天升于上，水降于下，上下相违，亦讼之象。上乾为刚，下坎为险。彼刚此险，是以兴讼。又内险而外健，不险则无讼，不健则不能讼。险而健，故讼也。"[1]朱熹谓："上刚以制其下，下险以伺其上，又为内险外健，己险彼健，皆讼之道也。"[2]

【讼卦经传】

讼，有孚，窒惕，中吉。（王注：窒谓窒塞也。皆惕，然后可以获中吉。）终凶。利见大人，不利涉大川。

彖曰：讼，上刚下险，险而健，讼。"讼，有孚，窒惕，中吉"，刚来而得中也。"终凶"，讼不可成也。"利见大人"，尚中正也。"不利涉大川"，入于渊也。（王注：凡不和而讼，无施而可，涉难特甚焉。唯有信而见塞惧者，乃可以得吉也。犹复不可终，中乃吉也。不闭其源，使讼不至，虽每不枉，而讼至终竟，此亦凶矣。故虽复有信而见塞惧，犹不可以为终也。故曰"讼，有孚，窒惕，中吉，终凶"也。无善听者，虽有其实，何由得明，而令有信塞惧者得其中吉？必有善听之主焉，其在二乎？以刚而来，正夫群小，断不失中，应斯任也。）

象曰：天与水违行，讼。君子以作事谋始。（王注：听讼，吾犹人也，必也使无讼乎！无讼在于谋始，谋始在于作制。契之不明，讼之所以生也。物有其分，职不相滥，争何由兴？讼之所以起，契之过也。故有德司契而不责于人。）

初六，不永所事，小有言，终吉。（王注：处讼之始，讼不可终，故"不永所事"然后乃吉。凡阳唱而阴和，阴非先唱者也。四召而应，见犯乃讼。处讼之始，不为讼先，虽不能不讼，而了讼必辩明矣。）

象曰：不永所事，讼不可长也。虽小有言，其辩明也。

九二，不克讼，归而逋其邑。人三百户，无眚。（王注：以刚处讼，不能下物，自下讼上，宜其不克。若能以惧，归窜其邑，乃可以免灾。邑过三百，非为窜也。窜而据强，灾未免也。）

（按：丁四新云："王弼释义虽有可取，然断句有误。本爻'自下讼上'，刚

---

① 李士钤：《周易注》卷上，至德周氏师古堂1936年刻本，第19页。

② 马振彪遗著，张善文整理：《周易学说》，第81页。

而居柔,未能胜讼;讼者归逋,未受拘系,而其邑人三百户亦无灾眚,以其居中无颇,故患至而可剟除之也。”[①])

象曰:“不克讼”,归逋窜也。自下讼上,患至掇也。

(按:李士钤曰:“二,下卦之主,位为大夫。三百户,其食邑也。二敢与五讼,以下陵上,以臣犯君,必取大祸,不保其家。惟不克而归逋,故得保其私邑,可以无眚。……二之逋,二之幸也。”[②]败而能逃,逃不据强、恃强,可无灾。丁四新云:“‘三百邑’者,孔《疏》引郑注《礼记》云:‘小国下大夫之制。’《穀梁传》庄公九年:‘十室之邑可以逃难,百室之邑可以隐死。’可以参看。”[③])

六三,食旧德,贞厉,终吉。或从王事无成。(王注:体夫柔弱以顺于上,不为九二自下讼上。不见侵夺,保全其有,故得食其旧德而不失也。居争讼之时,处两刚之间,而皆近不相得,故曰“贞厉”。柔体不争,系应在上,众莫能倾,故曰“终吉”。上壮争胜,难可忤也。故或从王事,不敢成也。)

象曰:食旧德,从上吉也。

九四,不克讼。(王注:初辩明也。)复即命渝,安贞吉。(王注:处上讼下,可以改变者也,故其咎不大。若能反从本理,变前之命,安贞不犯,不失其道,“为仁由己”,故吉从之。)

象曰:复即命渝,安贞不失也。

九五,讼元吉。(王注:处得尊位,为讼之主。用其中正,以断枉直。中则不过,正则不邪,刚无所溺,公无所偏,故“讼元吉”。)

象曰:“讼元吉”,以中正也。

上九,或锡之鞶带,终朝三褫之。(王注:处讼之极,以刚居上,讼而得胜者也。以讼受锡,荣何可保?故终朝之间,褫带者三也。)

象曰:以讼受服,亦不足敬也。

【谋略第十二】

兵未动,谋先动。出兵必谋其始,战前谋划的成熟是战事成功的一半。

讼卦大象曰:“天与水违行,讼。君子以作事谋始。”是说天气向上,水流向下,相违而行,象征道不同而争讼。君子做事必慎于初、谋于始。程颐《易传》曰:“天上水下,相违而行,二体相戾,讼之由也。君子观象,凡作事必谋

① 丁四新:《楚竹简与汉帛书〈周易〉校注》,第16页。

② 马振彪遗著,张善文整理:《周易学说》,第83页。

③ 丁四新:《楚竹简与汉帛书〈周易〉校注》,第16页。

其始，绝讼端于事之始，则讼无由兴矣。”[①]履霜坚冰意亦近之，易教做事慎于始、谋于始，其所从来久矣。

刘君祖谓：“在《孙子兵法》里面，‘作事谋始’就在《兵法》前三篇《始计》、《作战》、《谋攻》中出现。第一篇名曰‘始计’，意思是作战前开始做沙盘推演。第二篇取名‘作战’，其实还没有真正打仗，只是在为战争作预算，因为打仗最消耗钱，国不富焉有强兵，所以得把所有东西都算进去，没钱别打仗。第三篇叫‘谋攻’，就是算完钱之后，不论胜算、败算，最好不要真的开打，能不战而屈人之兵、和平解决，用最低成本取得实质胜利。可见兵法首重‘始计’、‘作战’、‘谋攻’，说到底，就是‘作事谋始’。争讼不是好事，出师更不是好事，因此在事情发端之前，越早做完善的处理和周密的计划越好。”[②]《孙子兵法》为兵权谋之书，战前战时必出自运筹谋划。谋划于前，方能收水到渠成之效。

【史鉴】

元嘉北伐太草草

刘宋元嘉年间两次北伐皆遭失败，与决策者不明时势、战前谋划不周有密切关系。（刘宋文帝元嘉七年，430年）“二月，帝（宋文帝）自践位以来，有恢复河南之志。三月戊子，诏简甲卒五万给右将军到彦之，统安北将军王仲德、兖州刺史竺灵秀舟师入河，又使骁骑将军段宏将精骑八千直指虎牢，豫州刺史刘德武将兵一万继进，后将军长沙王义欣将兵三万监征讨诸军事。”[③]宋文帝不用足智多谋的檀道济而用无统御之才的到彦之，终遭此次北伐大败。大军自淮水、泗水进军，每日只前行十里。自四月至七月，才到达东平须昌县（今山东东平西北）。十月，魏军进攻。此时，河水将要冰封，粮食将尽，彦之素患有眼病，军中也流传疾疫，于是撤军，烧掉舟船，步行回到彭城（今江苏徐州），甲仗军资尽数丧失。

元嘉二十六年（449年），彭城太守王玄谟为迎合宋文帝意图，奏请北伐。宋文帝阅后，忘却上次北伐之败的教训，欣然有封狼居胥之意。此时，北魏太武帝已统一北方，正想对南方用兵。次年初，太武帝亲率十万步骑南下，南顿太守及颍川太守均弃城而走。悬瓠（今河南汝阳）之役，魏军被击败退却。文帝北伐之意兴又萌。朝中只有王玄谟及少数文臣如江湛、徐湛之等表示赞成，反对者居多，其中以大将沈庆之反对尤烈。沈庆之极力向文帝规

---

① 马振彪遗著，张善文整理：《周易学说》，第82页。

② 刘君祖：《刘君祖完全破解易经密码》第1辑，第276页。

③ 司马光：《资治通鉴·宋纪》，第4182页。

劝:"马步不敌,为日已久矣。请舍远事,且以檀、到言之。道济再行无功,彦之失利而返。今料王玄谟等未逾两将,六军之盛,不过往时。将恐重辱王师,难以得志。"①文帝让文官徐湛之、江湛和他争辩。"庆之曰:'治国譬如治家,耕当问奴,织当访婢。陛下今欲伐国,而与白面书生辈谋之,事何由济。'上大笑。"②文帝依然不接纳他的意见。七月,宋大举北征,以王玄谟为宁朔将军。玄谟遂围滑台,积旬不克。"玄谟军众亦盛,器械甚精,而玄谟专依所见,多行杀戮。初围城,城内多茅屋,众求以火箭烧之,玄谟恐损亡军实,不从。城中即撤坏之,空地以为窟室。及魏救将至,众请发车为营,又不从,将士多离怨。又营货利,一匹布责人八百梨,以此倍失人心。及拓跋焘军至,乃奔退,麾下散亡略尽。"③谋始不周、用将失人导致刘宋大军两次北伐一败涂地。

七、师卦

【解题】

《师卦》坎下坤上,坤为众、为师,是和军事最相关的一卦。"程传:为卦坤上坎下,以二体言之,地中有水,为众聚之象。以二卦之义言之,内险外顺,险道而以顺行,师之义也。以爻言之,一阳而为众阴之主,统众之象也……将帅之象也。"④九二居中,为将帅。胡炳文曰:"六爻中,出师、驻师、将兵、将将、伐罪、赏功,靡所不载,其终始节次严矣。"⑤九二将兵,六五将将,上九赏功。方宗诚谓:"师卦于用兵之道尽之矣。行师之道过刚不得,过柔不得,刚中乃能成功也,故九二最吉。六五用师之君全以择得此刚中之人而信任之专为主。"⑥于国庆谓:"《师》卦论兵,体系完整,内容深刻。有关战争的'师(众)'、'贞'、'律'、'左次'四大原则,即从战争的地位、战事的性质、治军原则和战争的谋略四个方面提出的基本思想,为后世的兵学思想提供了纲领性原则。"⑦贾丰臻把六十四卦分成十六类,"以观察人生十六方面"⑧。其中,第十一类为战争:"十一战争:师,兵众也。坎险坤顺,坎水坤地,古者寓兵于农,伏至险于大顺,藏不测于至静之中。又卦惟九二一阳居下卦之中,为将之象。上下五阴顺而从之,为众之象。九二以刚居下而用事,六五

① 沈约:《宋书》卷七七《沈庆之传》,中华书局1974年版,第1999页。
② 沈约:《宋书》卷七七《沈庆之传》,第1999页。
③ 沈约:《宋书》卷七六《王玄谟传》,第1974页。
④ 李光地编纂,刘大钧整理:《周易折中》,第43页。
⑤ 马振彪遗著,张善文整理:《周易学说》,第94页。
⑥ 方宗诚:《柏堂遗书·读易笔记》卷一,桐城方氏志学堂家藏版光绪六年刻本。
⑦ 于国庆:《师卦之兵法及其对〈孙子兵法〉的影响》,《周易研究》2006年第3期,第93页。
⑧ 贾丰臻:《易之哲学》,《民国丛书》第2编,上海书店1991年版,第88页。

以柔居上而任之，为人君命将出师之象。故名师。”[1]陈梦雷谓：“六爻以一阳统众阴，有大将率师之象。二刚居下，五柔居上任之，人君命将出师之象，故名为师。师次于讼。按，序卦：讼必有众起，故受之以师。师旅之兴，由于有争，所以次讼也。出师贵乎得正，而用将在乎得人。此全象之大旨也。九二以阳刚在下卦之中，为老成之将。六五相应，为任将之君。三四亦皆将兵之臣。二以居中持重而吉，三以躁妄而凶。四以柔自守，仅可无咎。初为出师之始，贵其纪律之明。上为行师之终，尤欲论功行赏之当。盖六爻而行师之道备矣。又师与比反对。皆以一阳统众阴，而义各有所取。盖先王之制民，居则为比闾族党，故比则众在内，而一阳在上为之主，君象也。行则为伍两卒旅，故师则众在外，而一阳在下为之统，将帅象也。此又二卦取义之意也。”[2]将师卦倒看，即为比卦。刘锦标谓：“用师之道，宜先正其名。行师之初，宜纪律严明，收兵之日，宜爵赏得当，为将之德，在刚柔得中。任将之道，必专任不疑。如是既无殃民之患，又无穷兵之咎也。”[3]陈梦雷谓：“锡命于行师之始，专在丈人。有命于行师之终，戒在小人。用将不可不知人也。全卦于用师之道最为详尽。王者之师在于得正，尤贵于择人。专任君子而不以小人参之，此人君御将之道也。行师者贵有刚中之德，而又得君之委任。师之出必纪律严明而后可以制胜。其或敌强我弱，则当知难而退。宁为四之左次，勿为三之舆尸。此为将之道也。”[4]师卦将为将、将将之道、出师作战原则依次论列，反映了上古的军事水平已发展到相当的高度。

【师卦经传】

师，贞，丈人吉，无咎。（王注：丈人，严庄之称也。为师之正，丈人乃吉也。兴役动众无功，罪也，故吉乃无咎也。）

彖曰：师，众也。贞，正也。能以众正，可以王矣。刚中而应，行险而顺，以此毒天下而民从之，吉，又何咎矣！（王注：毒，犹役也。）

象曰：地中有水，师。君子以容民畜众。

初六，师出以律，否臧凶。（王注：为师之始，齐师者也。齐众以律，失律则散，故“师出以律”。律不可失，失律而臧，何异于否？失令有功，法所不赦，故师出不以律，否臧皆凶。）

象曰：师出以律，失律凶也。

---

① 贾丰臻：《易之哲学》，《民国丛书》第 2 编，第 88 页。

② 陈梦雷：《周易浅述》，第 37 页。

③ 刘锦标：《易理中正论》，关东印书馆 1930 年版，第 25 页。

④ 陈梦雷：《周易浅述》，第 41 页。

九二,在师中,吉,无咎,王三锡命。(王注:以刚居中,而应于上,在师而得其中者也。承上之宠,为师之主,任大役重,无功则凶,故吉乃无咎也。行师得吉,莫善怀邦,邦怀众服,锡莫重焉,故乃得成命。)

象曰:"在师中,吉",承天宠也。"王三锡命",怀万邦也。

(按:九二爻阳刚居中,与六五正应,得君信任,才足济世,为师卦唯一得吉之爻。《焦氏易林·师之坤》:"春桃生花,季女宜家。受福且多,在师中吉,男为邦君。"[①]春桃得势,小女有福于婆家,男子带兵会立功封侯。)

六三,师或舆尸,凶。(王注:以阴处阳,以柔乘刚,进则无应,退无所守,以此用师,宜获舆尸之凶。)

象曰:师或舆尸,大无功也。

六四,师左次,无咎。(王注:得位而无应,无应不可以行,得位则可以处,故左次之而无咎也。行师之法,欲右背高,故左次之。)

象曰:"左次,无咎",未失常也。(王注:虽不能有获,足以不失其常也。)

六五,田有禽,利执言,无咎。长子帅师,弟子舆尸,贞凶。(王注:处师之时,柔得尊位,阴不先唱,柔不犯物,犯而后应,往必得直,故"田有禽"也。物先犯己,故可以执言而无咎也。柔非军帅,阴非刚武,故不躬行,必以授也。授不得王,则众不从,故"长子帅师"可也。弟子之凶,故其宜也。)

象曰:"长子帅师",以中行也。"弟子舆尸",使不当也。

上六,大君有命,开国承家,小人勿用。(王注:处师之极,师之终也。大君之命,不失功也;开国承家,以宁邦也;小人勿用,非其道也。)

象曰:大君有命,以正功也。小人勿用,必乱邦也。

(按:《易理中正论》:"上六当行师之终,列土分治之始,有异于用师之时,意在胜敌。凡才有可用者,无论其为君子小人均可用之。若行师既终,开国承家,分土设治,则尚德不尚才。凡小人有功可优之以赏,不可位之以爵,恐为他日之乱源耳。"[②]寓"唯器与名,不可以假人"之意[③]。)

【谋略第十三】

命将出师,贵在得人。老成持重、众人信服之将必能谨慎处理战守事宜,保全自己,战胜敌人,安定地方。

师卦卦辞曰:"师,贞,丈人吉,无咎。"是谓庄严持重之人守正统兵可获吉祥,没有灾祸。刘沅曰:"一阳(九二)居下卦之中,五阴从之,将统兵之象。

---

① 焦延寿著,尚秉和注,常秉义批点:《焦氏易林》,中央编译出版社2012年版,第135页。

② 刘锦标:《易理中正论》,第24页。

③ 杨伯峻编著:《春秋左传注》,第788页。

二以刚中居下，五以柔居上而任之，君命将出师之象。”[①]丈人系指九二，为师卦唯一阳爻，以统众阴。陈梦雷曰：“九二以刚在下统众，六五以柔在上而应之，为人君命将出师之象。贞，正也。所谓仁义之师、师出有名者也。丈人，老成持重、众所畏服者也。言行师之道，当以贞为本。而用将，又必得老成持重之人。乃有全师战胜之吉，无穷兵黩武之咎。”[②]师出有名方可正辞伐罪，将领得人方可指挥若定。

孙子谓：“故知兵之将，民之司命，国家安危之主也。”[③]选将不得人，则损兵失地，置国于危难之地。选将得人，则为国家排除危难，使生民安居乐业，真国家、人民之福。

【史鉴】

赵充国持重用兵

汉武帝时，义渠安国御羌失策，“为虏所击，失亡车重兵器甚众”[④]。“时充国年七十余，上老之，使御史大夫丙吉问谁可将者，充国对曰：‘亡逾于老臣者矣。’上遣问焉，曰：‘将军度羌虏何如，当用几人？’充国曰：‘百闻不如一见。兵难喻度，臣愿驰至金城，图上方略。然羌戎小夷，逆天背畔，灭亡不久，愿陛下以属老臣，勿以为忧。’上笑曰：‘诺。’……充国常以远斥候为务，行必为战备，止必坚营壁，尤能持重，爱士卒，先计而后战。遂西至西部都尉府，日飨军士，士皆欲为用。”[⑤]赵充国果然不负众望，恩威并用，战守结合，又用屯田之计，终使西羌安定。休战后，“朝廷每有四夷大议，常与参兵谋，问筹策焉”[⑥]。国家用人之时，老将赵充国当仁不让，愿赴边效力，能言复能行，使边疆安堵。国家有这样的大将，也是社稷、人民之福了。

【谋略第十四】

统兵者刚健中正又能顺乎领袖之意愿，涉险犯难又能正道而行，以此征讨天下，必能百姓归心，望风影从，胜利自然指日可待。

师卦彖辞曰：“师，众也；贞，正也。能以众正，可以王矣。刚中而应，行险而顺，以此毒天下，而民从之，吉，又何咎矣！”是说：师是众多；贞是坚守正

---

① 马振彪遗著，张善文整理：《周易学说》，第 88 页。
② 陈梦雷：《周易浅述》，第 38 页。
③ 吴九龙主编：《孙子校释》，第 32 页。
④ 班固撰，王继如主编：《汉书今注》(4)，凤凰出版社 2013 年版，第 1733 页。
⑤ 班固撰，王继如主编：《汉书今注》(4)，第 1734 页。
⑥ 班固撰，王继如主编：《汉书今注》(4)，第 1746 页。

道。能使部众守持正道,就可以为王了。刚健居中而又上应乎领袖,行险犯难而又顺乎正道,凭此来征讨天下,百姓闻风从之,定会有吉无害。《周易正义》云:"'刚中而应'者,'刚中'谓九二,'而应'谓六五。"[①]是为九二刚中而上应六五,人臣与君主同心同德。刘沅曰:"言合众志而一之,乃成为师,正吊民伐罪,仁义之事。顺乎天理,人归天与,可王天下。毒,害也。用师止乱如用药攻疾,不得已而用之,实有安民之心,非徒好武。以此治乱,民必从之。"[②]王者之师、仁义之师,必顺乎天理,合乎民意,出兵征伐为不得已,穷兵黩武非仁义之君所为。

【史鉴】

姜尚伐纣膺大功

孟津观兵后二年,帝纣之淫纵腐化愈演愈烈,杀比干,囚箕子,微子出奔。"武王问太公曰:'殷已亡其三人,今可伐乎?'太公曰:'臣闻之,知天者不怨天,知己者不怨人。先谋后事者昌,先事后谋者亡。且天与不取,反受其咎;时到不行,反受其殃。非时而生,是为妄成。故夏条可结,冬冰可释,时难得而易失也。'"[③]于是武王将纣之暴行遍告天下,"恭行天之罚"[④]。"武王师到牧野,阵未毕,而暴风疾雨电雷,幽冥前后不见。太公曰:'善,雷电者,是吾军动应天也。'"[⑤]作战开始时,"武王使尚父与百夫致师,以大卒(大卒,谓戎车三百五十乘,士卒二万六千二百五十人,有虎贲三千人)驰帝纣师。纣师虽众,皆无战之心,心欲武王亟入。纣师皆倒兵以战,以开武王。武王驰之,纣兵皆崩畔纣。"[⑥]武王伐纣以姜尚为主将,托于大任。姜尚洞察时势,引导武王适时伐纣,君臣相得,终大获成功。

【谋略第十五】

行军作战须严明军纪,信赏必罚。军纪涣散、号令不一没有不失败的。

师卦初六爻辞曰:"初六,师出以律,否臧凶。"初六,行军出师必严守军纪,不守纪律则凶。李士鉁曰:"初爻师之方出,始于谨严,故以律。律,法也。

---

① 王弼等注,孔颖达等正义:《周易正义》,第125页。

② 马振彪遗著,张善文整理:《周易学说》,第89页。

③ 刘斌主编:《姜太公志》,山东人民出版社2009年版,第118页。

④ 王世舜译注:《尚书·牧誓》,中华书局2012年版,第140页。

⑤ 刘斌主编:《姜太公志》,第121页。

⑥ 司马迁:《史记》卷四《周本纪》,第124页。

阵伍号令之事，坐作进退之节，整齐严肃，出师之本也。”[①]出师要慎于始，所谓善始善终。丁四新云：“《说文·彳部》：‘律，均布也。’段玉裁《注》：‘均、律双声。均，古音同匀也。”《易》曰：“师出以律。”《尚书》：“正日，同律度量衡。”《尔雅》：“坎律，铨也。”律者，所以范天下之不一而归于一，故曰“均布也”。引申之，‘律’训法令、法律。惠栋《周易述》卷二：‘律者，同律也。《周礼·太师》曰：“大师执同律以听军声而诏吉凶。”郑《注》云：“大师，大起军师。”《兵书》云：“王者行师，出军之日，太师吹律合音。商则战胜，军士强；角则军扰多变，失士心；宫则军和，士卒同心；征则将急数怒，军士劳；羽则兵弱，少威明。”《史记·律书》曰：“王者制事立法，一秉于六律。六律为万事根本，其于兵械尤重。是‘师出以律’之事也。”’王引之《经义述闻》驳之，而云‘律’训‘律令’。王说详实，当从之。”[②]王引之《经义述闻》卷一“师出以律”条云：“案《尔雅》曰：‘律，常也，法也。’《九家易》曰：‘坎为法律。’王《注》曰：‘律以齐众’盖律者，军之常发，若进退有度、左右有局之类是也。《象传》曰：‘失律凶也。’正谓不循常法以致败亡，岂失六律之谓乎？宣十二年《左传》引《易》‘师出以律，否臧凶’而释之曰：‘有律以如己也，故曰律。否臧，且律竭也，盈而以竭，夭且不整，所以凶也。’亦未尝以为六律。《索隐》、《正义》之说，殆不可通。”[③]“师出以律”的“律”有两种解法：律令，音律。段玉裁训为律令之“律”，惠栋训为音律之“律”。丁四新从段玉裁、王引之说认为是律令之“律”。马叙伦《说文解字六书疏证》卷四：“均布也当作伇也、布也。布也校语。伇也者以律为法律字之义也……则律亦可借为法。然法律字本作范。”[④]“《礼记·乐记》：‘八风从律而不奸注：律，五声阴阳之法也。’《国语·周语》：‘律度量衡注：律，法也。’”[⑤]则“律”从“五声阴阳之法”转借为律法。“师出以律”仍以“律法”“律令”解为是。

顾颉刚谓：“用《易》于卜筮，我们在《国语》里看见许多。用《易》于言，我们在《荀子》和《礼记》里也见到了不少。用《易》于动，书里虽没有记载，但看《左传》记邲之战，知庄子引了《师卦》初爻的‘师出以律，否臧凶’一语以见晋师之将败（宣公十二年），可见一个将帅如要得胜，应当记着‘师出以律’这句话而后动；这也是可以有的一件事。”[⑥]孙子谓：“故校之以计，而索其情。曰：主孰有道？将孰有能？天地孰得？法令孰行？兵众孰强？士卒孰练？赏罚

---

① 马振彪遗著，张善文整理：《周易学说》，第 91 页。

② 丁四新：《楚竹简与汉帛书〈周易〉校注》，第 21 页。

③ 王引之：《经义述闻》卷一，商务印书馆 1935 年“万有文库”本，第 13 页。

④ 李玲璞：《古文字诂林》第 2 册，上海教育出版社 2000 年版，第 513 页。

⑤ 阮元辑：《经籍纂诂》卷九三，世界书局 1936 年版，第 914 页。

⑥ 顾颉刚：《中国上古史研究讲义》，中华书局 2007 年版，第 138 页。

孰明？吾以此知胜负矣。"[①]七计之中，涉及军纪的有两条："法令孰行？""赏罚孰明？"军纪、军令不能贯彻，赏罚不明，而能让士卒奋力作战，未之有也。

【史鉴】

荀林父法令不明

鲁宣公十二年(前 597 年)夏六月，晋军援郑击楚。中军主帅荀林父，副帅先縠，上军主帅士会，副帅郤克，下军主帅赵朔，副帅栾书，韩厥是司马。大军进到黄河边，得知郑国已与楚国讲和，荀林父想回师，士会同意。先縠不同意："不可。晋所以霸，师武、臣力也。今失诸侯，不可谓力；有敌而不从，不可谓武。由我失霸，不如死。且成师以出，闻敌强而退，非夫也。命为军帅而卒以非夫，唯群子能，我弗为也。"[②]他不顾将令带着自己的部队径自渡过黄河。知庄子曰："此师殆哉。"韩献子(韩厥)谓桓子(荀林父)曰："彘子(先縠)以偏师陷，子罪大矣。子为元帅，师不用命，谁之罪也？失属亡师，为罪已重，不如进也。事之不捷，恶有所分。与其专罪，六人同之，不犹愈乎？"[③]于是全军渡过黄河。晋将魏锜、赵旃因所求不遂，想使晋军失败，于是力请挑战楚军，荀林父不许。他们又请前去讲和，荀林父答应了。不料他们到楚营后，反向楚军要求开战。此时晋上军将领士会、郤克都在准备作战，先縠疏忽大意，又不赞成作战。士会擅自行动，派部下巩朔、韩穿带队埋伏在敖山之前。赵旃冲击楚营失败。晋人派兵车迎回魏锜和赵旃。孙叔敖下令楚兵直冲晋营。"桓子(荀林父)不知所为，鼓于军中曰：'先济者有赏。'中军、下军争舟，舟中之指可掬也。"[④]到了夜间，晋之余部不能成军，纷乱争渡黄河，一夜没有停歇。晋军的失败，非是实力不如楚军，荀林父不能严明法令，军纪失灵，将领不服号令，擅自进退，是其主要原因。

【谋略第十六】

将领懂得事上驭下之道，能得到上级的信任，在军中得专其事，能使将士用命，离成功也就不远了。

师卦九二爻辞曰："九二，在师中，吉，无咎，王三锡命。"是说九二，在军中刚柔兼济，恩威并用，吉，多次获得王的奖赐。李士鉁曰："二以一阳率众

---

① 吴九龙主编:《孙子校释》，第 10 页。

② 杨伯峻编著:《春秋左传注》，第 726 页。

③ 杨伯峻编著:《春秋左传注》，第 728 页。

④ 杨伯峻编著:《春秋左传注》，第 739 页。

阴,专阃之寄,权无旁贷。二,将兵之将;五,命将之君也。赏薄者不可以得士,权轻者不足以莅众。命锡再三,赏之厚,任之专也。"[①]九二、六五君主、将领相得,将乐用命,王不吝赏,大事必济。陈梦雷曰:"盖刚柔兼济、故有克敌全师之吉、无躁妄逗挠之咎。此即彖之所谓丈人也。锡命至于三,言极其宠。故权无中制、所向得有功也。"[②]九二得上九之君王信任,故能用兵自如,无所掣肘,终能成功。程颐曰:"二乃师之主,专制其事者也。居下而专制其事,唯在师则可。自古命将,阃外之事得专制之。在师专制而得中道,故吉而无咎。盖恃专则失为下之道;不专则无成功之理。故得中为吉。凡师之道,威和并至则吉也。"[③]九二深明上下相接之道,处置合宜,君王信任,将士用命,故能成功。朱高正谓:"《师卦》是《周易》的第七卦,其九二爻以孤阳处下卦之中,一阳统群阴而为行军作战之主。以阳爻居阴位而得中,乃是恩威并济,随宜制胜的良将。领兵作战,如恃权专制,则失为下卑逊之道;如不能专制,军令不行,则无成功之理。所以要能处得其中,才能得吉。凡行师之道,能使威严与亲和同时到位,刚柔相济,就可得吉。"[④]将领驭下以恩威,又得上级之信任,措置得宜,成功可期。

孙子谓:"故知胜有五:知可以战与不可以战者胜,识众寡之用者胜,上下同欲者胜,以虞待不虞者胜,将能而君不御者胜。此五者,知胜之道也。"[⑤]上下同心同德,君臣相得,将领得便宜行事,无所掣肘,是取胜的重要条件。

【史鉴】

朱元璋知人善任

朱元璋起于穷困,终成帝业,与其知人得人大有关系。"吴元年冬十月甲子,命中书右丞相信国公徐达为征虏大将军,中书平章掌军国重事鄂国公常遇春为征虏副将军,率甲士二十五万,由淮入河,北取中原。"[⑥]朱元璋尝谕诸将:"征伐所以奉大命,平祸乱。故命将出师,必在得人。今诸将非不健斗,然能持重有纪律,战胜攻取,得为将之体者,无如大将军达。……达则专主中军,策厉群帅,运筹决胜,不可轻动。古云:'将在军,君不御者胜。'汝等

---

① 马振彪遗著,张善文整理:《周易学说》,第 91 页。

② 陈梦雷:《周易浅述》,第 39 页。

③ 程颢、程颐著,王孝鱼点校:《二程集》第 2 集,第 734 页。

④ 朱高正:《近思录通解》,华东师范大学出版社 2010 年版,第 228 页。

⑤ 吴九龙主编:《孙子校释》,第 47 页。

⑥ 韩儒林主编:《中国通史参考资料》第 6 册,中华书局 1981 版,第 234 页。

其识之。"[①]朱元璋确具帝王识度,历年的征战也锻炼了他的帝王才具。他曾举史事说明选将、用将要用人不疑:"昔齐用司马穰苴,魏用乐羊,可谓任之专,信之笃,故皆有功。若唐肃宗用鱼朝恩,宪宗用吐突承璀为监军,使诸将掣肘以致败事者,是任将不专,信之不笃故也。"[②]读到这里,笔者颇惊异朱元璋学问、识见长进之快。《明史·太祖本纪》载明太祖谕徐达北伐谓:"中原之民,久为群雄所苦,流离相望,故命将北伐,拯民水火。元祖宗功德在人,其子孙罔恤民隐,天厌弃之。君则有罪,民复何辜。前代革命之际,肆行屠戮,违天虐民,朕实不忍。诸将克城,毋肆焚掠妄杀人,元之宗戚,咸俾安全。庶几上答天心,下慰民望,以副朕伐罪安民之意。"[③]朱元璋指示得宜,选将得人。徐达不负其所望,率军十二月即克济南,后前锋西指,据有河南、河北。大军遂沿运河北上,大破元军于河西务,进据通州,元帝北遁,北定中原,一朝告成。

徐达是懂得事上驭下之道的代表性将领。据史载:"达言简虑精。在军,令出不二。诸将奉持凛凛,而帝前恭谨如不能言。善拊循,与下同甘苦,士无不感恩效死,以故所向克捷。尤严戢部伍,所平大都二,省会三,郡邑百数,闾井宴然,民不苦兵,归朝之日,单车就舍,延礼儒生,谈议终日,雍雍如也。帝尝称之曰:'受命而出,成功而旋,不矜不伐,妇女无所爱,财宝无所取,中正无疵,昭明乎日月,大将军一人而已。'"[④]徐达事上恭谨,待下宽严兼施,恩威并用,正如《师卦·九二》所言:"在师中,吉,无咎,王三锡命。"

【谋略第十七】

统兵者实力不足,外无应援,却贪功冒进,必然失败。

师卦六三爻辞曰:"六三,师或舆尸,凶。"是说六三,兵众有时载运尸体回来,大凶。陈梦雷曰:"六三以阴居阳,不中不正,才弱志刚,轻躁以进。师徒覆败,舆尸以归也。"[⑤]六三以柔乘刚,进则无应,退则失据,终有大败。

孙子曰:"兵非多益,惟无武进,足以并力、料敌、取人而已。夫惟无虑而易敌者,必擒于人。"[⑥]兵多尚不能轻敌冒进,况兵弱乎?

---

① 胡广等:《明太祖实录》卷二六,上海书店1982年版,第396页。
② 胡广等:《明太祖实录》卷一五九,第2457页。
③ 张廷玉等:《明史》卷二《太祖本纪》,中华书局2000年版,第14页。
④ 张廷玉等:《明史》卷一二五《徐达传》,第2474页。
⑤ 陈梦雷:《周易浅述》,第39页。
⑥ 吴九龙主编:《孙子校释》,第163页。

【史鉴】

李信冒进丧秦师

秦始皇既灭三晋，迫走燕王，想乘势攻取楚国。“秦将李信者，年少壮勇，尝以兵数千逐燕太子丹至于衍水中，卒破得丹，始皇以为贤勇。于是始皇问李信：‘吾欲攻取荆，于将军度用几何人而足？’李信曰：‘不过用二十万人。’始皇问王翦，王翦曰：‘非六十万人不可。’始皇曰：‘王将军老矣，何怯也！李将军果势壮勇，其言是也。’遂使李信及蒙恬将二十万南伐荆。……李信攻平与，蒙恬攻寝，大破荆军。信又攻鄢、郢，破之，于是引兵而西，与蒙恬会城父。荆人因随之，三日三夜不顿舍(停下来休息)，大破李信军，入两壁，杀七都尉，秦军走。”[①]秦军的两座营垒被攻破，七个都尉被杀，李信落荒逃回。李信贪功轻敌，终至失败。

【谋略第十八】

用兵遇到不利局面，善于据险退守，可以避免失败。

师卦六四爻辞曰：“六四，师左次，无咎。”是说六四，兵众后撤退守，没有灾害。六四居上卦之下，无有下应，但阴爻阴位，不贸然挺进，不利时能退守防御，终能不败。丁四新云：“《纂疏》李道平案：‘行军以右为前，以左为后，初在后，四与同志，故有左次之象。’……王弼《注》：‘行师之法，欲右背高，故左次之。’陈惠玲引《史记·淮阴侯列传》“兵法右倍山陵，前左水泽”以证之，可从。”[②]“兵法右倍山陵，前左水泽”源于《孙子兵法·行军》：“丘陵堤防，必处其阳而右背之。”[③]行军列阵应右面、背后依托高山，前面、左边凭借水湾，则汉代以左为前。邵雍云：“以百零为前后左右，看生合冲克，推详看有气无气，以百为左为后，零为右为前，生合冲克，乃大吉也。”[④]邵雍则是以左为后。程传曰：“左次，退舍也。见可而进，知难而退，师之常也。度不能胜，而完师愈于覆败远矣。可进而退，乃为咎矣。易发此义示后世，其仁深矣。”[⑤]作战不只要战胜敌人，还要善于保全自己，两败俱伤不取焉。屈万里云：“兵家尚右，故以退为左。来瞿唐曰：‘右为前，左为后，盖乾先坤后，乾右坤左。故明夷六四阴也，曰左腹；丰卦九三阳也，曰右肱。’按：明夷六二，曰：‘夷于左

---

① 司马迁撰，韩兆琦等评注：《〈史记〉(评注本)》(下)，岳麓书社2004年版，第1073页。

② 丁四新：《楚竹简与汉帛书〈周易〉校注》，第23页。

③ 吴九龙主编：《孙子校释》，第150页。

④ 邵雍撰，周浩良整理：《邵子易数》，第88页。

⑤ 马振彪遗著，张善文整理：《周易学说》，第92页。

股。'亦在阴位。"[①]六四处第四爻阴位,退守防御之象,以退为左,故曰"左次"。陈梦雷云:"阴柔不中而居阴得正,故有左次之象。全师以退,贤于六三,故无咎。"[②]不能战胜敌人而能全师而退,也是合乎正道的。于国庆谓:"六四所处的情形是前临上'坤'之平地,后居下'坎'险阻之前,形成了一种前松后紧之事态,这时的军队应顺势驻扎留守或是暂时撤退,防备敌人突袭,而自己也可凭借险要地理位置布成阵势,以逸待劳,等待敌人前来,伺机攻打敌人。"[③]作战中要善于寻求有利于自己的地理条件,适时进退,择机击敌。

孙子谓:"故知胜有五:知可以战与不可以战者胜,识众寡之用者胜"[④]敌我强弱异势,敌专我分,应避免与敌决战,善于自保,以待机歼敌。

【史鉴】

谭延闿遇险自保

1918年3月,段祺瑞派兵讨湘。3月24日,熊希龄致电湘督谭延闿:"湘事南北两军如在省城地面战争,蹂躏必不堪设想。南军战斗力果不敌,似乎不如退守衡、郴,彼此相持,或可议和。否则,长沙一失,南军抵抗更弱,北军必日进不已,益无解决希望。"[⑤]3月29日,熊希龄再次致电谭延闿,有"湘桂军退驻衡山,尚属稳着"[⑥]语。奈何对手系北洋名将吴佩孚。4月24日,吴佩孚占领衡阳,湘军再退永州。湘军面对强敌没有死打硬拼,留下一线力量,终于6月15日与吴佩孚达成和局。

【谋略第十九】

委用主将而又任用其亲,用人而疑,信任不专,必至败事。

师卦六五爻辞曰:"六五,田有禽,利执言,无咎。长子帅师,弟子舆尸,贞凶。"六五,田中有猎物,利于获取,没有灾害。长子九二领兵,吉;弟子六三才弱志刚,急躁冒进,凶。李士鉁曰:"五以柔居尊,不能率师临敌,而能正言伐罪,故利执言。"[⑦]把"利执言"解为传檄昭告天下。陈梦雷谓:"六五用师

---

① 屈万里:《屈万里全集》,第69页。

② 陈梦雷:《周易浅述》,第40页。

③ 于国庆:《师卦之兵法及其对〈孙子兵法〉的影响》,《周易研究》2006年第3期。

④ 吴九龙主编:《孙子校释》,第47页。

⑤ 周秋光主编:《谭延闿集》第2册,湖南人民出版社2013年版,第549页。

⑥ 周秋光主编:《谭延闿集》第2册,第549页。

⑦ 马振彪遗著,张善文整理:《周易学说》,第93页。

之主。柔顺而中，不为兵端者也。然敌加于己，不得已而应之。应坎为豕，为田中有禽害稼之象。言，语辞。利于搏执之，无穷黩之咎也。"[①]透露出不轻起战端、和平防御的思想，人不犯我，我不犯人；人若犯我，我必犯人。高亨注"长子帅师，弟子舆尸，贞凶"："长子为主将，而次子丧其军，是用其亲以致败绩也。"[②]有主将而又用其亲，用人而疑，必至败事。"敌加于己，不得已而应之，故为田有禽之象。若使长子任事，而又使小人参之，则是使之舆尸而归，故虽贞而又不免于凶也。"[③]信任不专，凡事有小人掣肘，有心成事，其可得乎？高岛嘉右卫门谓："奈何既任长子帅师，复任弟子，以分长子之权，是六五之君，信任不专也。长子指九二，弟子指六三。盖九二刚中有才，其出师也，纪律严明，故吉；六三阴柔不中，无智无谋，是以一败涂地，舆尸而归，故曰'长了帅师，弟子舆尸'。此长子即《象》辞所谓'大人'也。"[④]分析的是。"闻一多《周易义证类纂》：'案言当读为讯……是古音言讯亦近，音近则义通，故讯问之讯谓之言(原注：《尔雅·释言》：'讯，言也')。俘讯之讯亦谓之言。……执言犹执讯也。"[⑤]屈万里谓："丁晏曰：'窃尝博考而深思之，而知执言即执讯也。《小雅·出车》云："执讯获丑。"笺云："讯，言。"……《尔雅》释言云："讯，言也。"'《诗》大雅皇矣：'执讯连连。'笺云：'讯，言也，执所生得者而言问之。'虢季子白盘：'折首五百，执讯五十。'讯盖间谍侦探之类。《春秋》文公十七年《左传》：'于是晋侯不见郑伯，以为二于楚也。郑子家使执讯而与之书，以告赵宣子。'"[⑥]闻一多、屈万里之说亦可通。"执讯"即讯问以获取情报信息。六五居中以控御天下，必耳目聪明，方不误事，情报讯息至为重要。

孙子谓："凡用兵之法……途有所不由，军有所不击，城有所不攻，地有所不争，君命有所不受。"[⑦]必是明君圣聪，"君命有所不受"方行得通。如君主暗昧，小人在侧，将在外无有不被掣肘者，攻不得攻，退不得退，欲胜敌图功，难矣。

---

① 陈梦雷：《周易浅述》，第40页。

② 高亨：《周易古经今注》，第182页。

③ 刘锦标：《易理中正论》，第22页。

④ [日]高岛嘉右卫门著，王治本译，曾子恒校注：《高岛易断占断破解》，中央编译出版社2010年版，第79页。

⑤ 屈万里：《屈万里全集》，第486页。

⑥ 屈万里：《屈万里全集》，第70页。

⑦ 吴九龙主编：《孙子校释》，第134页。

【史鉴】

崇祯多疑误明朝

明崇祯皇帝性多疑,对臣工极不信任,每出兵,派出监军太监是常事,造成将领左右掣肘,难有作为,终至内忧外患难弭,葬送了明朝。崇祯十一年(1638年)九月,多尔衮、岳托率清军两路攻明。当时正逢监军太监邓希诏的生日,担有防务重任的蓟辽总督吴阿衡、总兵吴国俊都离开岗位前去祝寿。忽闻清军来犯,猝不及防,吴阿衡战死密云,吴国俊落花而逃。崇祯帝派卢象升御敌,却又派太监高起潜监军。卢象升兵少饷缺,杨嗣昌在朝中作梗,高起潜在一旁掣肘,国事已不易为。十二月,卢象升在保定与清军激战,寡不敌众,致书高起潜求援,高竟充耳不闻。卢象升战死疆场,杨嗣昌竟诬陷卢怯战,高起潜说他未死而是逃跑了。崇祯帝困于宵小,自己又有疑心病,有良将而不能用,葬送了明朝江山。

【谋略第二十】

因功行赏应区分君子小人,君子履道坦坦,可堪信任;小人戚戚于怀,慎给名位。小人用事,祸乱不止。

师卦上六爻辞曰:“上六,大君有命,开国承家,小人勿用。”上六,天子因功行赏,功大者封侯建国,次者封爵食邑,有才无德者不可再用。陈梦雷谓:“盖小人功大开国、功小承家,使之享有爵土,不必任以政事。如光武云台之将,邓禹贾复外不任以政是也。”[①]其理解恐偏窄,君子有功更应开国承家。郭嵩焘谓:“但此处小人二字,又似所包者广,盖非专论在师立功之人,乃是谓乱定之后,建官惟贤,不可复用小人,恐为他日之乱本尔。”[②]其延伸甚广,原文只论赏功而分君子小人耳。顾颉刚:“《周易》中,《屯》言‘利建侯’者二,《豫》言‘利建侯’者一,《师》言‘大君有命,开国承家,小人弗用’,足征作《周易》卦爻辞之时,封建亲戚以为王屏藩者已多。”[③]有周一代,封邦建国多在周初,卦爻辞之作应与该时代不远。

① 陈梦雷:《周易浅述》,第40页。

② 郭嵩焘撰,梁小进主编:《郭嵩焘全集》(2),岳麓书社2012年版,第107页。

③ 顾颉刚:《周易卦爻辞中的故事》,《燕京学报》1929年第6期,第984页。

【史鉴】

太宰嚭贪美误吴

司马迁谓："子胥以谏死，太宰嚭用事，顺君之过以安其私，是残国之治也。"[①]太宰嚭以一己之私葬送了吴国。越国战败，"越王句践乃以甲兵五千人栖于会稽，使大夫种因吴太宰而行成，请委国为臣妾"[②]。《国语·越语上》载："越人饰美女八人纳之太宰嚭，曰：'子苟然赦越国之罪，又有美于此者将进之。"[③]夫差终听太宰嚭之言而许和越国。"吴王夫差将伐齐，子胥曰：'齐之与吴也，习俗不同，言语不通，我得其地不能处，得其民不得[能]使。夫吴之与越也，接土邻境，壤交通[道]属，习俗同，言语通，我得其地能处之，得其民能使之。越于我亦然。夫吴、越之势不两立，越之于吴也，譬若心腹之疾也，虽无作，其伤深而在内也。夫齐之于吴也，疥癣之病也，不苦其已也，且其无伤也。今释越而伐齐，譬之犹惧虎而刺之，虽胜之，其后患未央。'太宰曰：'不可。君王之令所以不行于上国者，齐、晋也。君王若代齐而胜之，徙其兵以临晋，晋必听命矣，是君王一举而服两国也，君王之令必行于上国。'夫差以为然，不听子胥之言，而用太宰之谋。……居数年，越报吴，残其国，绝其世，灭其社稷，夷其宗庙，夫差身为擒。"[④]"吴王闻越王句践于太宰嚭，智伯闻赵襄子于张武，不审也，故国亡身死也。"[⑤]用人不慎，宵小逞志作威，最后误掉的是自己、是国家。

八、比卦

【解题】

比卦坤下坎上，水切比于地，无有间隙。比有比肩、比翼、比附的意思。五爻以阳刚居君位，众阴所比附。庄惠如谓："许慎以'密'训比虽为声训，唯段注已指出密亦有亲密、亲比意，比的本义从亲密联合引申有相从、相次、比联义及夹辅义等，《说文》比字古文像二人携手并肩相亲密之形，正为'比'字的最原始用义。"[⑥]比卦体现的是上下、彼此之间的亲比关系。李士鉁曰："得道者多助，天下顺之。……九五一阳，以乾之中爻，居坤之尊位，下亲上，上亦亲下，所以比也。……古者兵民一致，出则为伍两军师，居则为比闾族党，

① 司马迁：《史记》卷六七《仲尼弟子列传》，第2199页。
② 司马迁：《史记》卷三一《吴太伯世家》，第1469页。
③ 徐元诰：《国语集解》，中华书局2002年版，第569页。
④ 吕不韦：《吕氏春秋》，第369页。
⑤ 吕不韦：《吕氏春秋》，第361页。
⑥ 庄惠如：《两周金文军事动词研究》，第89页。

故比与师相反而相承也。”[①]无论兵民,只有团结一心,互相亲比,才能济事。胡朴安谓:“‘建万国,亲诸侯’二句,是《比》卦之主要义。吾人入世与入群,虽无‘建万国,亲诸侯’之事,而有等于‘建万国,亲诸侯’之理。盖一人不能独立于世,必人人生活安、秩序宁,而我一人始能优游于人群之中。”[②]比卦论述的是团结、亲附、聚拢人心的问题。

【比卦经传】

比,吉。原筮,元永贞,无咎。不宁方来,后夫凶。

彖曰:比,吉也;比,辅也,下顺从也。“原筮,元永贞,无咎”,以刚中也。(王注:处比之时,将原筮以求无咎,其唯元永贞乎!夫群党相比,而不以元永贞,则凶邪之道也。若不遇其主,则虽永贞而犹未足免于咎也。使永贞而无咎者,其唯九五乎!)“不宁方来”,上下应也。(王注:上下无阳以分其民,五独处尊,莫不归之,上下应之,既亲且安。安则不安者托焉,故不宁方所以来,上下应故也。夫无者求有,有者不求所与;危者求安,安者不求所保。火有其炎,寒者附之。故已苟安焉,则不宁方来矣。)“后夫凶”,其道穷也。(王注:将合和亲,而独在后,亲成则诛,是以凶也。)

象曰:地上有水,比。先王以建万国,亲诸侯。(王注:万国以比建,诸侯以比亲。)

初六,有孚,比之无咎。有孚盈缶,终来,有它吉。(王注:处比之始,为比之首者也。夫以不信为比之首,则祸莫大焉,故必有孚盈缶,然后乃得免比之咎,故曰“有孚,比之无咎”也。处比之首,应不在一,心无私吝,则莫不比之。著信立诚,盈溢乎质素之器,则物终来无衰竭也。亲乎天下,著信盈缶,应者岂一道而来?故必“有它吉”也。)

象曰:比之初六,“有它吉”也。

六二,比之自内,贞吉。(王注:处比之时,居中得位,而系应在五,不能来它,故得其“自内,贞吉”而已。)

象曰:“比之自内”,不自失也。

六三,比之匪人。(王注:四自外比,二为五应[贞],近不相得,远则无应。所与比者皆非已亲,故曰“比之匪人”。)

象曰:比之匪人,不亦伤乎!

六四,外比之,贞吉。(王注:外比于五,履得其位,比不失贤,处不失位,故“贞吉”也。)

---

① 马振彪遗著,张善文整理:《周易学说》,第96～97页。

② 蔡尚思主编:《十家论易》,上海人民出版社2006年版,第206页。

象曰：外比于贤，以从上也。

九五，显比。王用三驱，失前禽。邑人不诫，吉。（王注：为比之主，而有应在二，"显比"者也。比而显之，则所亲者狭矣。夫无私于物，唯贤是与，则去之与来皆无失也。夫三驱之礼，禽逆来趣己则舍之，背己而走则射之，爱其来而恶于去也，故其所施，常"失前禽"也。以"显比"而居王位，用三驱之道者也。故曰"王用三驱，失前禽"也。用其中正，征讨有常，伐不加邑，动必讨叛，邑人无虞，故"不诫"也。虽不得乎大人之吉，是显比之吉也。此可以为上之使，非为上[之]道。）

象曰："显比"之吉，位正中也；舍逆取顺，"失前禽"也；"邑人不诫"，上使中也。

上六，比之无首，凶。（王注：无首，后[也]。处卦之终，是后夫也。亲道已成，无所与终，为时所弃，宜其凶也。）

象曰："比之无首"，无所终也。

【谋略第二十一】

有德者用兵必师出有名，降服者抚之，叛逆者讨之，不嗜杀人，方得天下人之心。

比卦九五爻辞曰："九五，显比。王用三驱，失前禽。邑人不诫，吉。"九五，正大光明地团结亲比，结成一体。君王围猎时三方驱赶，任凭前方的禽兽走掉。下属感受君德，不再震惊戒备，天下吉祥。郑康成曰："王者习兵于搜狩，驱禽而射之。三则已，法军礼也。失前禽者，在前不逆而射之，旁去又不射，惟背走者顺而射之，不中则已，是皆所以失之。用兵之法亦如之，降者不射，奔者不御，皆为敌不敌己，加以仁恩养威之道。"[①]王者以仁惠待禽兽，不以获禽为目标。用兵亦不嗜滥杀，仁恩施与敌而敌者不敌。苏轼谓："三驱之礼，禽逆来趋己则舍之，背己而走则射之，爱于来而恶于去也，故其所施，常失前禽也。以显比而居王位，用三驱之道者也。故曰王用三驱，失前禽也。用其中正，征讨有常。伐不加邑，动必讨叛，邑人无虞，故不诫也。"[②]与郑说同，谓只射背己而跑者。王者广施惠众，宽厚待敌，仁声远播，内外咸服，故天下治。陆希声曰："以阳居尊，而明示比道。三驱之礼，去害而不嗜杀，示至仁之道以比天下。"[③]王者正大光明，宣示仁德，天下无不亲附。"五以一阳居尊，为众阴所附，阳明光显、有显比之象。比为师之反。阳在上而

① 马振彪遗著，张善文整理：《周易学说》，第101页。

② 苏轼撰，李之亮笺注：《苏轼文集编年笺注》(十二)，巴蜀书社2011年版，第132页。

③ 马振彪遗著，张善文整理：《周易学说》，第101页。

统众,有王用三驱之象。四阴皆顺乎五,独上背之,而五无容心,有失前禽之象。坤为土、为邑、为众。五下四阴皆比,听上之背去,邑人不诫之象。……此爻取象极得帝王之用心。盖王者未尝不欲万国皆在绥怀之中,然惟顺我抚而亲之,其叛去者亦姑舍之。在内者安之,在外听之。其心光明正大,在下亦相忘其化,王道所以隆也。"[①]比卦九五爻显示的是王道。王者以天下为怀,欲安定天下如磐石而慎于用兵。有叛者起,亦不轻启战端,俟其向化而服之。必不得已,用武亦显其至仁之德。

【史鉴】

攻心消敌于无形

诸葛亮七擒孟获事见《华阳国志》,为古来攻心战之典型。"建兴三年春,亮南征。……夏五月,亮渡泸,进征益州。生虏孟获,置军中,问曰:'我军如何?'获对曰:'恨不相知,公易胜耳。'……乃赦获,使还合军,更战。凡七虏、七赦。获等心服,夷、汉亦思反善。"[②]吕思勉对此史事颇有怀疑:"《后主传》仅云:'南征四郡,四郡皆平。'《亮传》亦仅云:'率众南征,其秋悉平。'不详述其战绩者,亮军实无多战事也。七纵七擒事同儿戏,其说信否,殊难质言。即谓有之,亦必在平原,非山林深阻之区。且以亮训练节制之师,临南夷未经大敌之众,胜算殆可预操。孟获虽得众心,实非劲敌。累战不捷,强弱皎然,岂待七擒而后服?况攻心攻城,心战兵战,乃庙算预定之策,非临机应变之方,谋之历年,当正指此,安得待出军之日,然后问之?马谡亦安得迟至相送之日,然后言之乎?《李恢传》云:'军还,南夷复叛,杀害守将。……'此所谓军还者,当指亮南征之军。……则是亮军还未几,南夷即叛也。"[③]即便攻心战法不能时时有效,也不能否定攻心的重要。

公元前1125年姬昌受命称王,周文王四年(前1122年)"诸侯朝于周"[④]。纣王失德,时已天下归心于周矣。周文王九年(前1117年)去世,《尚书孔氏传》云:"言诸侯归之九年而卒。"[⑤]武王姬发即位。武王十一年(前1106年)灭商。武王灭商实是继承文王的德业。史载:"(纣王)赐之(文王)以弓矢斧钺,得专征伐,是为西伯。自后,诸侯皆来决平。……汉南诸侯归

---

① 陈梦雷:《周易浅述》,第41页。

② 常璩撰,汪启明、赵静译注:《华阳国志译注》,四川大学出版社2007年版,第158页。

③ 吕思勉:《三国史话》,中国画报出版社2013年版,第225页。

④ 张闻玉等主编:《西周纪年研究》,贵州大学出版社2010年版,第255页。

⑤ 张闻玉等主编:《西周纪年研究》,第258页。

者四十国。……仲尼曰：'三分天下有其二，以服事殷，周之德，其可谓至德也已矣。'"[①]周亡商朝于不知不觉之中。天下之心已系于周，牧野一役不过是周对商纣的最后一击，商纣的基业早被周文王的攻心之计掏空了。

九、小畜卦

【解题】

小畜卦乾下巽上，有以下济上、以柔济刚之义。程颐谓："畜，止也，止则聚也。为卦巽上乾下，乾在上之物，乃居巽下。夫畜止刚健，莫如巽顺，为巽所畜，故为畜也。……小畜，谓以小畜大，所畜聚者小，所畜之事小，以阴敌也。"[②]六四爻一阴畜止上下五阳，惟用顺道则可。"当小畜之时，若能具有内健外巽，刚而得中之德，则可得亨。内健则存心强毅力，外巽则行事细审而恭巽，刚中则有善处之术，所以得亨也。"[③]"内健"指下乾，"外巽"指上巽。内心坚毅，外行事审慎，终能亨通。胡朴安谓："'懿文德'一句，是《小畜》之主要义。《小畜》卦是内畜，由内著于外，畜之功始成。文者见于外者也，德者蕴于内者也。"[④]小畜卦解决的是主体的心理品质问题，以柔顺之道处事。姜国柱谓："《小畜・上九》说：'月几望，君子征，凶。'在月望之后的日子里，君子进行征伐之事，则是凶险的。……所以进行战争，要选择时日。因为古代战争要举行祭祀仪式，祭祀之后，方可出征。而祭祀亦要择日，如果祭祀的日子改变了，说明出征的日期也改变了。"[⑤]上九爻是说阴气不可过盛，月盈必亏，阳气之君子继续前进，必阴阳相战，凶险。

【小畜卦经传】

小畜，亨。（王注：不能畜大止健，刚志故行，是以亨。[⑥]）密云不雨，自我西郊。

彖曰：小畜，柔得位而上下应之，曰"小畜"。（王注：谓六四也，成卦之义在此爻也。体无二阴以分其应，故"上下应之"也。既得其位，而上下应之，三不能陵，小畜之义。）健而巽，刚中而志行，乃亨。"密云不雨"，尚往也。"自我西郊"，施未行也。（王注：小畜之势，足作密云，乃自我西郊，未足以为雨也。何由知未能为雨？夫能为雨者，阳上薄阴，阴能固之，然后烝而为雨。

---

① 吴光主编：《刘宗周全集》第5册《补遗》，浙江古籍出版社2007年版，第291页。

② 李光地编纂，刘大钧整理：《周易折中》，第52页。

③ 刘锦标：《易理中正论》，第30页。

④ 蔡尚思主编：《十家论易》，上海人民出版社2006年版，第207页。

⑤ 姜国柱：《〈周易〉与兵法》，第16页。

⑥ 刘玉建断作："不能畜大，止健刚志，故行是以亨。"（刘玉建：《周易正义导读》，第159页）

今不能制初九之复道,固九二之牵复,九三更以不能复为劣也,下方尚往,施岂得行?故密云而不能为雨,尚往故也。何以明之?(去)[夫]阴能固之,然后乃雨乎。上九独能固九三之路,故九三不可以进,而"舆说辐"也。能固其路而安于上,故得"既雨既处"。若四五皆能若上九之善畜,则能雨明矣。故举一卦而论之,能为小畜密云而已。阴苟不足以固阳,则虽复至盛,密云自我西郊,故不能雨也。雨之未下,即施之未行也。彖,至论一卦之体,故曰"密云不雨"。象,各言一爻之德,故曰"既雨既处"也。)

象曰:风行天上,小畜。君子以懿文德。(王注:未能行其施者,故可以懿文德而已。)

(按:马振彪谓:"孔子系易曰以懿文德,盖深见文王之能成畜道,以小畜大,以臣畜君,无往不亨,其德为至纯至美矣。"[①]周文王以柔顺之道得天下人之心,得天下三分之二而服事殷,深得以小畜大之旨。)

初九,复自道,何其咎?吉。(王注:处乾之始,以升巽初,四为己应,不距己者也。以阳升阴,复自其道,顺而无违,何所犯咎?得义之吉。)

象曰:"复自道",其义吉也。

九二,牵复吉。(王注:处乾之中,以升巽五,五非畜极,非固己者也。虽不能若阴之不违,可牵以获复,是以吉也。)

象曰:"牵复"在中,亦不自失也。

九三,舆说辐。夫妻反目。(王注:上为畜盛,不可牵征,以斯而进,故必"说辐"也。己为阳极,上为阴长,畜于阴长,不能自复,方之"夫妻反目"之义也。)

象曰:"夫妻反目",不能正室也。

六四,有孚,血去惕出,无咎。(王注:夫言"血"者,阳犯阴也。四乘于三,近不相得,三务于进,而己隔之,将惧侵克者也。上亦恶三,而能制焉,志与上合,共同斯诚。三虽逼己,而不能犯,故得血去惧除,保无咎也。)

象曰:有孚惕出,上合志也。

九五,有孚挛如,富以其邻。(王注:处得尊位,不疑于二,来而不距。二牵己挛,不为专固,"有孚挛如"之谓也。以阳居阳,处实者也。居盛处实,而不专固,"富以其邻"者也。)

象曰:有孚挛如,不独富也。

上九,既雨既处,尚德载,妇贞厉。月几望,君子征凶。(王注:处小畜之极,能畜者也。阳不获亨,故"既雨"也。刚不能侵,故"既处"也。体巽处上,

---

① 马振彪遗著,张善文整理:《周易学说》,第113页。

刚不敢犯，"尚德"者也。为阴之长，能畜刚健，德积载者也。妇制其夫，臣制其君，虽贞近危，故曰"妇贞厉"也。阴之盈盛，莫盛于此，故曰"月几望"也。满而又进，必失其道；阴疑于阳，必见战伐；虽复君子，以征必凶，故曰"君子征凶"。）

象曰："既雨既处"，德积载也。"君子征凶"，有所疑也。（王注：夫处下可以征而无咎者，唯泰也则然。坤本体下，又顺而弱，不能敌刚，故可以全其类，征而吉也。自此以往，则其进各有难矣。夫巽虽不能若艮之善畜，犹不肯为坤之顺从也，故可得少进，不可尽陵也。是以初九、九二其复则可，至于九三，则"舆说辐"也。夫大畜者，畜之极也。畜而不已，畜极则通。是以其畜之盛，在于四、五，至于上九，道乃大行。小畜积极而后乃能畜，是以四、五可以进，而上九说征之辐。）

（按：项安世曰："上九居畜之极，畜道已成，昔之不雨者，今'既雨'矣；昔之尚往者，今'既处'矣。……畜至于上，其德积而成载，则所畜大矣。然以小畜大，非可常之事也。妇道贞此而不变，则为危；君子过此而复行，则为凶。盖月望则昃，阴极则消，自然之理也。"[①]以小蓄大，非世间常理，君子慎之。）

【谋略第二十二】

在上者推诚待下，施恩于下属；在下者巽顺事上，上下一体，必能成就大事。

小畜卦九五爻辞曰："九五，有孚挛如，富以其邻。"是说九五诚信，牵系、团结同类，将余泽惠及邻人。李士鉁曰："畜之道成于孚。相比为邻，君臣同体，故称邻。犹书言臣邻也。九五富不独富，能并六四而富之，盖阴阳交孚，君臣一德，天位与共，天禄与食，所谓富与其邻也。"[②]九五不独富，而与天下臣民均之，以诚信获天下心。马振彪云："四畜巽顺之德以承九五之刚中，五之有孚，由四孚之，四与五同德连为一体，故有挛如之象。畜财不如畜德，若为富不仁，四邻诸侯不闻令德而闻重币，是独富也。"[③]六四能巽顺九五，是由于九五能以德服人，又能施恩泽于六四也。象传曰："有孚挛如，不独富也。"高岛嘉右卫门谓："'挛'与孪通，'挛如'者，相连之意。'富以其邻'者，邻指六四，谓九五之君，能信任六四，与之合志而畜乾。六四之臣，积诚以格其君；九五之君，推诚以待其下，上下相孚，而畜道成。九五之富，皆六四之功

① 李光地编纂，刘大钧整理：《周易折中》，第 55 页。
② 马振彪遗著，张善文整理：《周易学说》，第 110 页。
③ 马振彪遗著，张善文整理：《周易学说》，第 112 页。

也。此爻中正,以阳居尊位,而密比六四之宰相,惟其有孚,则群阳亦牵连以相从也。九五居尊,所谓贵为天子,富有四海,与上爻、四爻同居巽体,并力畜乾,以御众阳锐进之锋,方张之势。曰'富以其邻',是以四爻为邻也。然九五之君,当以大赉天下,泽被群生,若第挛如六四之宰相,其富厚之泽,未免偏而不公,故曰'有孚挛如,富以其邻'。"[①]九五君道,当施仁德于天下,恩惠被于四海,非只亲近之臣下受其恩也。

孙子谓:"故经之以五事,校之以七计,而索其情。一曰道,二曰天,三曰地,四曰将,五曰法。道者,令民与上同意,可与之死,可与之生,而不畏危也。"[②]"令民与上同意"者,使民与上同心同德也。何得于此?"主孰有道"[③]解决的就是"令民于上同意"的问题。君主能修明政治,德被天下,惠及臣民,为天下所归心,天下必然同心事主,众志成城,事无不济矣。

【史鉴】

刘秀冯异君臣知遇

东汉名将冯异早年即跟随刘秀南征北战,君臣颇相知遇。"及王郎起,光武自蓟东南驰,晨夜草舍,至饶阳无蒌亭。时天寒烈,众皆饥疲,异上豆粥。明旦,光武谓诸将曰:'昨得公孙(冯异)豆粥,饥寒俱解。'及至南宫,遇大风雨,光武引车入道傍空舍,异抱薪,邓禹热火,光武对灶燎衣。异复进麦饭菟肩(葵类植物)。"[④]刘秀、冯异君臣颇能同甘苦。建武二年(26年)春,封冯异为阳夏侯。光武帝诏令冯异回乡祭扫坟茔,派太中大夫送上牛酒,下令二百里内太守、都尉以下官员以及同宗族的人会同祭坟。即便这样,君臣之间不能不有疑虑。"异自以久在外,不自安,上书思慕阙廷,愿亲帷幄,帝不许。后人有章言异专制关中,斩长安令,威权至重,百姓归心,号为'咸阳王'。帝使以章示异。异惶惧,上书谢曰:'臣本诸生,遭遇受命之会,充备行伍,过蒙恩私,位大将,爵通侯,受任方面,以立微功,皆自国家谋虑,愚臣无所能及。臣伏自思维:以诏敕战攻,每辄如意;时以私心断决,未尝不有悔。国家独见之明,久而益远,乃知'性与天道,不可得而闻也'。……见所示臣章,战栗怖惧。伏念明主知臣愚性,固敢因缘自陈。'诏报曰:'将军之于国家,义为君臣,恩犹父子。何嫌何疑,而有惧意?'六年春,异朝京师。引见,

---

① [日]高岛嘉右卫门:《高岛易断占断破解》,第92页。
② 吴九龙主编:《孙子校释》,第5页。
③ 吴九龙主编:《孙子校释》,第10页。
④ 陈芳译注:《后汉书·王霸传》,中华书局2009年版,第130页。

帝谓公卿曰：'是我起兵时主簿也。为吾披荆棘，定关中。'既罢，使中黄门赐以珍宝、衣服、钱、帛。诏曰：'仓卒无蒌亭豆粥，滹沱河麦饭，厚意久不报。'异稽首谢曰：'臣闻管仲谓桓公曰："愿君无忘射钩，臣无忘槛车。"齐国赖之。臣今亦愿国家无忘河北之难，小臣不敢忘巾车之恩。'"[①]"河北之难"指刘秀破王郎受窘之事；"巾车之恩"指冯异在颍川巾车乡为刘秀所获归顺事。刘秀颇能推诚待众将，众将亦竭诚为刘秀复兴汉室尽力，终能复开汉室基业。刘秀厚待功臣亦为后人所称道。

十、履卦

【解题】

履卦兑下乾上，泽下天上，乾又为虎，兑从后履之。程颐谓："履，礼也。礼，人之所履也。为卦天上泽下，天而在上，泽而再下，上下之分，尊卑之义，理之当也，礼之本也，常履之道也，故为履。"[②]履卦讲的是尊卑名分，人能小心行事，虽危无害，可致亨通。胡朴安谓："《小畜》之'懿文德'，是能以礼行之于己者。施之于人之履，当以辩上下，使世有秩序，定民志，使人得安宁，此《履》之所有事也。"[③]人能谨慎行事，社会秩序井然，可使天下安宁。"大凡人之践履也，莫患于激亢，莫善于和悦。若夫虎刚猛咥人者也。然以和悦履尾则不见咥而反致亨……以是观之，人能践履和悦，何往而不行乎？"[④]和悦处世，谨慎行事，则能处处亨通。

【履卦经传】

履虎尾，不咥人，亨。

彖曰：履，柔履刚也。说而应乎乾，是以"履虎尾，不咥人，亨"。（王注：凡"彖"者，言乎一卦之所以为主也。成卦之体，在六三也。"履虎尾"者，言其危也。三为履主，以柔履刚，履危者也。履虎尾有不见咥者，以其说而应乎乾也。乾，刚正之德者也。不以说行夫佞邪，而以说应乎乾，宜其履虎尾不见咥而亨。）

（按：蔡清谓："八卦唯兑为至弱，唯乾为至健。今以至弱者而蹑于至健者之后，自是危机，故独以'履'名卦。"[⑤]）

---

① 范晔：《后汉书》卷二〇《王霸传》，第649页。

② 李光地编纂，刘大钧整理：《周易折中》，第55页。

③ 蔡尚思主编：《十家论易》，第208页。

④ 刘锦标：《易理中正论》，第33页。

⑤ 李光地编纂，刘大钧整理：《周易折中》，第56页。

刚中正,履帝位而不疚,光明也。(王注:言五之德。)

象曰:上天下泽,履。君子以辩上下,定民志。

初九,素履,往无咎。(王注:处履之初,为履之始。履道恶华,故素乃无咎。处履以素,何往不从?必独行其愿,物无犯也。)

象曰:素履之往,独行愿也。

九二,履道坦坦,幽人贞吉。(王注:履道尚谦,不喜处盈,务在致诚,恶夫外饰者也。而二以阳处阴,履于谦也。居内履中,隐显同也。履道之美,于斯为盛,故"履道坦坦",无险厄也。在幽而贞,宜其吉。)

象曰:幽人贞吉,中不自乱也。

六三,眇能视,跛能履。履虎尾,咥人凶。武人为于大君。(王注:居履之时,以阳处阳,犹曰不谦,而况以阴居阳,以柔乘刚者乎!故以此为明,眇目者也;以此为行,跛足者也;以此履危,见咥者也。志在刚健,不修所履,欲以陵武于人,"为于大君",行未能免于凶,而志存于五,顽之甚也。)

象曰:"眇能视",不足以有明也。"跛能履",不足以与行也。咥人之凶,位不当也。"武人为于大君",志刚也。

九四,履虎尾,愬愬,终吉。(王注:逼近至尊,以阳承阳,处多惧之地,故曰"履虎尾,愬愬"也。然以阳居阴,以谦为本,虽处危惧,终获其志,故"终吉"也。)

象曰:愬愬终吉,志行也。

九五,夬履,贞厉。(王注:得位处尊,以刚决正,故曰"夬履,贞厉"也。履道恶盈,而五处尊,是以危。)

象曰:夬履,贞厉,位正当也。

上九,视履考祥,其旋元吉。(王注:祸福之祥,生乎所履,处履之极,履道成矣,故可"视履"而"考祥"也。居极应说,高而不危,是"其旋"也。履道大成,故元吉也。)

象曰:元吉在上,大有庆也。

【谋略第二十三】

武夫称雄,须看才德。才德不足以服天下人心,必不能保持长久的成功。

履卦六三爻辞曰:"六三,眇能视,跛能履。履虎尾,咥人,凶。武人为于大君。"是说六三,一只眼睛瞎了却认为看得远,一条腿瘸了却认为走的好。踩着老虎尾巴被虎咬伤,凶险。六三狂妄欺人,欲登大君之位。六三不中不正,为履卦唯一之凶爻、唯一之阴爻。王申子谓:"三以阴居阳,以柔履刚,谓其明耶？则众阳而独阴；谓其不明耶？则又居于阳。眇能视之象也。谓其能行耶？则众刚而独柔；谓其不能行耶？则又履乎刚。跛能履之象也。是体暗而用明，才弱而志刚者也，而又不中不正，故不自度量而一于进，敢于蹈危而取祸，如‘履虎尾’而受咥人之凶也。”[①]狂妄自大者多如六三一样，才德不济而觊觎名位，不走正道，终没有好下场。李士鉁谓：“易以少者为主。六三阴而不中，乃为一卦之主，据有刚位而欲使群阳归之，以武人欲履大君之位，故‘武人为于大君’，三乘势而为之。后世如项羽、安禄山辈以武夫称帝，即此象也。”[②]“武人为于大君”，李氏解作武人欲登大君之位，得卦意。也有解作武人效力于大君者：“惟武人之效力于其君，其济则君之灵也，不济则以死继之，是当勉为之，而不可避耳。故有‘断脰决腹，一瞑而万世不视，不知所益，以忧社稷者，莫敖大心是也。’（《战国策·楚策一》）”[③]武人只知断头流血，不问利害，只问是非，效忠大君，意甚佳，但非本卦意。刘君祖谓：“履卦‘六三’就像武人一样，柔而能刚，连自己‘眇能视、跛能履’都敢冲锋陷阵去冒险，他这样逞强斗勇，忽略了身为大君必须具备观照全局的政治协调眼光，所以并不足取。而且军人扮演政治领袖的角色，可能会把国家搞得一团糟。古人云‘马上得天下，不可马上治天下’，我们在师卦讲过，这两个角色如果混淆了，很容易造成‘履虎尾，咥人，凶’的后果。军事有军事的作战规律，政治有政治的运作法则，很难求其全才。《象传》说：‘武人为于大君，志刚也。’让武人扮演大君的角色，这种不当的人事安排是很危险的。”[④]“武人为于大君”会有两种不同的结局，有成功和不成功之分。李世民、赵匡胤、朱元璋成功地实现了身份转变，文治武功萃于一身。项羽、安禄山是失败者。

此与孙子所谓“主孰有道”同义。无道之主不能服得天下人之心，何能得天下。

【史鉴】

项羽竟为武夫终

司马光《项羽论》云：“世称项王不王秦而归楚，故失天下。观其拥百万之众，西入函谷，擅天下之势，裂山河以王诸侯，自谓可以逞其私心而莫敢违。安行无礼，忍为不义，欲以一夫之力，服亿兆之心。才高者见疑，功大者

---

① 李光地编纂，刘大钧整理：《周易折中》，第57页。

② 李士鉁：《周易注》卷上，至德周氏师古堂1936年刻本。

③ 顾炎武撰，张京华校释：《日知录校释》（上），岳麓书社2011年版，第17页。

④ 刘君祖：《刘君祖完全破解易经密码》第2辑，第89页。

被绌。推此道以行之,虽得百秦之地,将能免于败亡乎?"[①]项羽之败,有多方面的原因。其莽夫作派与刘邦的帝王气象相比,实在是别如天渊。

十一、泰卦

【解题】

泰卦乾下坤上,阳气旺盛而上升,阴气衰落而下降,象征天地通泰。程颐谓:"阳气下降,阴气上交也。阴阳和畅,则万物生遂,天地之泰也。以人事言之,大则君上,小则臣下,君推诚以任下,臣尽诚以事君,上下之志通,朝廷之泰也。阳为君子,阴为小人,君子来出于内,小人往出于外,是君子得位,小人在下,天下之泰也。"[②]泰卦为君子行道之时。胡朴安谓:"'财成天地之道,辅相天地之宜,以左右民'三句,是《泰》卦之重要义。财成者,裁而成之也。辅相者,傰而助之也。以天地之道裁成,是教之也。以天地自然之道辅相,是育之也。教育之道,当随自然之趋势,不可稍有强迫。"[③]以天地阴阳之道教化天下,使之秩序井然,向化而治。"九二:包荒,用冯河,不遐遗。朋亡,得尚于中行。"九二胸襟阔大,河川可渡,贤者为其用,是君主的好帮手。罗典《管见》云:"泰之初转,四野萧索,所见惟茅茹耳,故曰荒。包荒者,心殷民食以略井疆,茅茹所没之地,殆无一不归其相度经营中也。然则初之拔茅茹以其汇,征,此分任之事。二之包荒,则兼总以筹之者矣。其曰用冯河者,言于拔茅茹之时,而用其汇之杰而能征者,以为师也。与上爻勿用师之词反对,师为涉川之象,必用冯河之勇,取之于其汇,则易得验之于能征,则易明汇之中有能征,而挺于走陆者,其势必敢于冯河,王于兴师,此其选也。故以用之者,先为备耳。然泰之初转,二方以包荒者,谋足食;即以用冯河者,并谋足兵,则何也?盖平陂往复之运,若循环然。观上六称城复于隍,勿用师,自邑告命,传曰其命乱也,则知泰之时,有不终矣。虽上六之处卦极,其卒为小人以倡乱者,事以久而后形;而其由于勿用师以为乱本者,理则宜于先事而预防也。故二之以用冯河,明用师之意,盖不狃目前之粗定,而忘远虑耳。是曰不遐遗,虑之远,故防之密,非惟小人如上六也。即以九三之为阳,为君子,于九二朋也。以其与上六外内得孚,亦恐不能守艰贞,以卒为君子,故远之而不与昵,曰朋亡也。"[④]九二为君主悉心筹划,能于乱机未萌之前防患于未然。

---

① 司马光撰,伍耀光辑录:《通鉴论》,江苏人民出版社1962年版,第142页。

② 李光地编纂,刘大钧整理:《周易折中》,第59页。

③ 蔡尚思主编:《十家论易》,第209页。

④ 罗典撰,兰甲云校点:《凝园读易管见》,岳麓书社2013年版,第89页。

【泰卦经传】

泰，小往大来，吉亨。

彖曰："泰，小往大来，吉亨"，则是天地交而万物通也，上下交而其志同也。内阳而外阴，内健而外顺，内君子而外小人。君子道长，小人道消也。

象曰：天地交，泰。后以财成天地之道，辅相天地之宜，以左右民。（王注："泰"者，物大通之时也。上下大通，则物失其节，故财成而辅相，以左右民也。）

初九，拔茅茹，以其汇，征吉。（王注：茅之为物，拔其根而相牵引者也。"茹"，相牵引之貌也。三阳同志，俱志在外；初为类首，己举则从，若茅茹也。上顺而应，不为违距，进皆得志，故以其类"征吉"。）

象曰："拔茅""征吉"，志在外也。

（按：从希斌谓："把消灭敌人比喻为'拔茅茹以其汇'。……杀敌应该像拔草一样，要连根及其同类一并清除。只有这样才能巩固胜利，清除后患。"[①]刘向曰："贤人在上位，则引其类而聚之于朝。在下位，则思与其类俱进。"[②]初九、九二、九三三阳同类俱进。）

九二，包荒，用冯河，不遐遗。朋亡，得尚于中行。（王注：体健居中，而用乎"泰"，能包含荒秽，受纳"冯河"者也。用心弘大，无所遐弃，故曰"不遐遗"也。无私无偏，存乎光大，故曰"朋亡"也。如此乃可以"得尚于中行"。尚，犹配也。"中行"，谓五。）

象曰："包荒"，"得尚于中行"，以光大也。

九三，无平不陂，无往不复。艰贞，无咎。勿恤其孚，于食有福。（王注：乾本上也，坤本下也，而得泰者，降与升也。而三处天地之际，将复其所处。复其所处，则上守其尊，下守其卑。是故无往而不复也，无平而不陂也。处天地之将闭，平路之将陂，时将大变，世将大革，而居不失其正，动不失其应，艰而能贞，不失其义，故"无咎"也。信义诚著，故不恤其孚而自明也，故曰"勿恤其孚，于食有福"也）

象曰："无往不复"，天地际也。（王注：天地将各分复之际。）

六四，翩翩，不富以其邻。不戒以孚。（王注：乾乐上复，坤乐下复，四处坤首，不固所居，见命则退，故曰"翩翩"也。坤爻皆乐下，己退则从，故不待富而用其邻也。莫不与己同其志愿，故不待戒而自孚也。）

（按：高亨撰《周易古经今注》曰："不富以其邻者，邻人虏取其财物，以致

---

① 从希斌：《〈易经〉军事思想管窥》，天津师范大学（社会科学版）2002年第2期，第22页。

② 马振彪遗著，张善文整理：《周易学说》，第124页。

家贫也。……孚即俘字,虏取也。"[①])

象曰:"翩翩不富",皆失实也。"不戒以孚",中心愿也。

六五,帝乙归妹,以祉,元吉。(王注:妇人谓嫁曰"归"。泰者,阴阳交通之时也。女处尊位,履中居顺,降身应二,感以相与,用中行愿,不失其礼。"帝乙归妹",诚合斯义。履顺居中,行愿以祉,尽夫阴阳交配之宜,故"元吉"也。)

象曰:以祉元吉,中以行愿也。

(按:顾颉刚谓:"我以为《周易》中的'帝乙归妹'一件事就是《诗经》中的'文王亲迎'一件事。……周本是专与姜姓通婚姻的,而在这一段'翦商'的期间,却常娶东方民族的女子了。这在商是不得已的亲善,而在周则以西夷高攀诸夏,正是他们民族沾沾自喜的举动呢。"[②])

上六,城复于隍,勿用师。自邑告命,贞吝。(王注:居泰上极,各反所应,泰道将灭,上下不交,卑不上承,尊不下施,是故"城复于隍",卑道崩也。"勿用师",不烦攻也。"自邑告命,贞吝",否道已成,命不行也。)

(按:高亨《周易古经今注》:"盖城覆则无以守,更不可攻也。自邑告命者,由邑以城覆之事告命于君是也。"[③])

象曰:城复于隍,其命乱也。

【谋略第二十四】

内政未修,内忧外患不已,若再贪功黩武,必致全盘皆输。

泰卦上六爻辞曰:"上六,城复于隍;勿用师,自邑告命,贞吝。"上六,城墙倾塌于干涸的城沟里;不能出兵征战,邑人来告其命,变通乃可振作。罗典谓:"城隍,从坤上取象。城复于隍,状其颓废而不修也。勿用师者,乐颂升平,讳言兵革耳。二句盖明泰之日久备疏有如此。所以然者,由六五居尊为主,能柔顺,不能光大。既任二之包荒,以成初之拔茅征吉,当自谓天下可长治矣。其于思患预防之策,皆将视为后图。故因循久之,而不免有城复于隍,勿用师之时也。自邑告命,则上六之小人,乃乘是以为乱耳。《易》中为人之私属者,多称邑,上六本坤体,坤土有邑象。其以卦外无位,而与卦内有位之九三为应,是即私属于九三,而为之邑也。上六为九三之邑,则其自邑告命者,其为告于九三可知。第民居为邑,君言为命,今来告之地曰自邑,比于民也。而其来告之言则称命,拟于君矣。上六地比于民,而言拟于君,是

① 高亨:《周易古经今注》,第 229 页。

② 顾颉刚:《周易卦爻辞中的故事》,《燕京学报》1929 年第 6 期,第 980 页。

③ 高亨:《周易古经今注》,第 231 页。

其心欲悖六五以为乱，即欲号召九三以从乱也。然六五曰以祉元吉，其受福方长，虽九三未必果守其艰贞，而在九二之用冯河，不遐遗，朋亡者，固早知有上六今日之乱，而预知之。则当城复于隍，勿用师之时，城不完而仍能守，师不试而仍能克也。”[①]泰盛过久，六五防患未然之意怠，终成城墙倾颓之象，上六乃乘机号召九三为乱。六五当谨慎自守，不可行师，自有九二贤臣勤于王事，即便九三响应上六而蠢动，祸乱终将消弭。

崔憬曰：“物极则反，故不终通而否矣，所谓城复于隍者也。”[②]泰极则转为否。卞斌谓：“易象乾为治，坤为乱。”[③]泰卦之终为坤上，乱萌矣。惠栋谓：“泰反为否，政教陵夷，一人仅亦守府，号令不出于国门，上六虽得位，亦为吝也。”[④]上六欲号召九三，然九三不失其正，无能为矣。薛雪谓：“泰极而否，如城圮而复于隍也，不可力争。但当反己自治，修政令以维持之，若守其常。谓可力争，羞辱难免矣。”[⑤]事物鼎盛到了极点，谨防向对立面转化，当反躬自省，不可恃强使硬。姜国柱谓：“城墙倒塌崩溃，倾覆于城池之中，既不适于进攻，更不宜于防守，故不可以出师用兵征战，而要发布命令自责，停止进攻，因为占问的结果是有凶兆出现，故不可冒进。”[⑥]就整个泰卦来说，上六处于危地，应速谋防守进退之法，不可莽撞行事。李士钤曰：“然城已坏矣，无可以守，安可以战？内政未修，安可攘外？况权柄下移，内忧方大，若更贪功黩武，儌(侥)福境外，则愈促其亡，故勿用师也。……命，号令也。世将治，则命自上而下；将乱，则命自下反上。……泰将成否，故邑人来告其命而议之也。若否之六四，奉五之命以致乎下，则将休否矣。极泰之世，必当变通振作，以祛其弊。”[⑦]安内与攘外何先何后是一道政治难题，当随时势而转移。世道已乱，一再因循，必被时代潮流所埋葬。曹元弼谓：“天道不绝自新之路。圣人无富天下之心，不忍言凶而言吝。……此亦泰之所以勿用师也。武王观兵还师，以三仁在朝，犹望纣之能悛，用师非圣人意也。迨玄黄箪车以迎我后，则师亦不待用矣。”[⑧]用师为不得已。敌方能识时悟势，自觉降服，干戈不动而天下定，未始不是国民之福，然一厢情愿之时多矣。

孙子谓：“其用战也，胜久则钝兵挫锐，攻城则力屈，久暴师则国用不足。

---

① 罗典撰，兰甲云校点：《凝园读易管见》，第94页。
② 曹元弼：《周易集解补释》卷四，1927年刻本。
③ 卞斌述：《周易通解》卷一，道光十九年(1839年)吴兴丛书刻本。
④ 惠栋撰，郑万耕点校：《周易述》，中华书局2007年版，第40页。
⑤ 薛雪：《周易粹义》卷一，乾隆十一年(1746年)序稿本。
⑥ 姜国柱：《〈周易〉与兵法》，第19页。
⑦ 李士钤：《周易注》卷上，至德周氏师古堂1936年刻本。
⑧ 曹元弼：《周易集解补释》卷四，1927年刻本。

夫钝兵挫锐，屈力殚货，则诸侯乘其弊而起，虽有智者不能善其后矣。”[1]商灭东夷，民怨国削，西周乘机取而代之；明剿李闯，国疲民穷，清乘其弊而兴；国共内争，不暇攘外，日寇蚕食半壁江山。泰极否来，慎乎慎乎！

【史鉴】

纣克东夷而陨其身

商朝之所以被西方兴起的周所灭掉，除商纣肆行暴政、大失民心外，其没有处理好与周边少数民族尤其是与东夷族的关系也是一个重要原因，史载“纣克东夷，而陨其身”[2]。许倬云谓：“殷人末代国君纣(或帝辛)原不是一位苴塌的人物，由史籍资料看来，帝辛之时国势颇强，只是纣好大喜功，把国力消耗于与东夷的战争，一面西防周人，一面东伐东夷。两面作战，疲于奔命，而军队中的夷人又临阵倒戈相向。卜辞中征人方一事，也证实了纣在东方曾大有举动，也许人方即是《左传》的东夷。‘纣克东夷，而陨其身’，大约可以解释殷灭亡的原因，也正可说明周人在牧野一役能以少胜众的缘由了。”[3]“商在东方遭遇不小的麻烦。《左传》昭公四年，‘商纣为黎之搜，东夷叛之。’昭公十一年，‘纣克东夷而陨其身’。都说商纣时东夷与商之间有战事，纣明明不是在克东夷之后死亡，此处所谓‘陨其身’，当指东夷之叛促成了商的失败及纣的死亡。”[4]“纣在东方的战役大约相当激烈。商胜了，克服了东夷，抚有夷众，但这些新服的夷人，口服心不服，《左传》昭公二十四年，‘纣有亿兆夷人，亦有离德’，当为对商夷关系的描述。”[5]商纣面临西面强敌周的威胁，不能协调好内外各方面的关系，反而诛杀贤臣，开辟东方战场，虽服得亿兆夷人，奈何西周乘其弊而攻之，牧野一役，国灭身亡。

十二、否卦

【解题】

否卦坤下乾上，天处上，地处下，有天地违离、闭塞不通、阴阳不交之义，小人在内，君子在野之象。象曰：“天地不交，否。君子以俭德辟难，不可荣以禄。”胡朴安谓：“处晦盲否塞之时，当收敛其德，以避否之难。所谓‘危邦

---

① 吴九龙主编:《孙子校释》，第 22 页。

② 杨伯峻编著:《春秋左传注》，中华书局 1990 年版，第 1313 页。

③ 许倬云:《求古编》，商务印书馆 2014 年版，第 57 页。

④ 许倬云:《西周史》增补 2 版，三联书店 2012 年版，第 107 页。

⑤ 许倬云:《西周史》增补 2 版，第 108 页。

不入，乱邦不居'也。不可萦心于利禄。所谓'邦无道，富且贵，耻也。'"[①]处否之时，君子要慎于行事，不可张扬显世，不可戚戚于利禄。

【否卦经传】

否之匪人，不利君子贞。大往小来。

彖曰："否之匪人，不利君子贞。大往小来"，则是天地不交，而万物不通也；上下不交，而天下无邦也。内阴而外阳，内柔而外刚，内小人而外君子。小人道长，君子道消也。

象曰：天地不交，否。君子以俭德辟难，不可荣以禄。

初六，拔毛茹，以其汇，贞吉，亨。（王注：居否之初，处顺之始，为类之首者也。顺非健也，何可以征？居否之时，动则入邪，三阴同道，皆不可进，故茅茹以类。贞而不谄，则"吉，亨"。）

象曰：拔茅贞吉，志在君也。（王注：志在于君，故不苟进。）

六二，包承，小人吉；大人否，亨。（王注：居否之世，而得其位；用其至顺，包承于上。小人路通，内柔外刚；大人"否"之，其道乃亨。）

象曰："大人否亨"，不乱群也。

六三，包羞。（王注：俱用小道以承其上，而位不当，所以包羞也。）

象曰：包羞，位不当也。

九四，有命无咎，畴离祉。（王注：夫处否而不可以有命者，以所应者小人也；有命于小人，则消君子之道者也。今初志在君，处乎穷下，故可以有命无咎，而畴丽福也。畴，谓初也。）

象曰："有命无咎"，志行也。

九五，休否，大人吉。其亡？其亡？系于苞桑。（王注：居尊得位，能休否道者也。施否于小人，否之休也。唯大人而后能然，故曰"大人吉"也。处君子道消之时，己居尊位，何可以安？故心存将危，乃得固也。）

象曰：大人之吉，位正当也。

上九，倾否，先否后喜。（王注：先倾后通，故"后喜"也。始以倾为否，后得通，乃喜。）

象曰：否终则倾，何可长也。

【谋略第二十五】

生当乱世，有为者当挺身而出拨乱反正。斯人不出，如苍生何？但要时

---

① 蔡尚思主编：《十家论易》，第211页。

刻警惕世运的变换,安危存亡常系于一念之差。

否卦九五爻辞曰:“九五,休否,大人吉;其亡?其亡?系于苞桑。”九五,停止否道,世运已获转机,大人可获吉;危亡存乎一线,就向系在一丛桑树上一样,要时刻警惕啊!李士钤谓:“休否,非小人事也。孔子不能治春秋之乱,有其德无其位也。桀纣不能救夏商之亡,有其位无其德也……不系于磐石而系于苞桑,危之甚矣。……有大人之德,而当否之时,体乾之惕,故深虑其亡。”[①]小人之道渐消,君子当思振起之时。国家安危系于一线,君子拯之当仁不让也。胡朴安谓:“人为天地之心,治乱不是天运,而是人心。虽当极否之时,人苟负起责任,努力前进,心理一振,世运即随之转移。……《否》九五之大人,一身既系群众之望,涉大川以往,是君子之所有事。生当乱世,欲拨乱而反之正,当率领群众而奋斗也。”[②]君子当秉其担当之精神,于国家危难之时,奋起振作,思一为之耳。《潜夫论·思贤第八》云:“尊贤任能,信忠纳谏,所以为安也;而闇君恶之,以为不若奸佞阘茸谗谀之言者,此其将亡之征也。老子曰:‘夫惟病病,是以不病。’《易》称:‘其亡其亡!系于苞桑。’是故养寿之士,先病服药;养世之君,先乱任贤。”[③]君主不能亲贤人、远小人,从而误国误民屡见不鲜矣。曹元弼谓:“匪人欲剥阳使亡,大人以亡自惕,故曰其亡其亡。阳德非阴所能消,休否有道,则阴固承阳者也。”[④]阴云漫天,亦有云开见日之时。君子需俟机运而待时,思一为之所也。

孙子谓:“是故智者之虑,必杂于利害,杂于利而务可信也,杂于害而患可解也。”[⑤]乱世易建功,乱世出英雄。一着不慎,惑于利而忽于害,必致毁了一世英名。

【史鉴】

袁世凯帝制自为

民国建立,民主共和已深入人心,有敢行帝制者,必为天下之公敌。聪明如袁世凯者终走上帝制自为之不归路,身死名污,为天下笑。“袁帝制自为,身败名裂。论者每归咎于左右之浸润,而不知左右皆窥意承志,发纵指示者乃其自身也。”[⑥]说袁氏不想当皇帝是假的,但来自其周围的推动力亦

---

① 李士钤:《周易注》卷一,至德周氏师古堂1936刻本。
② 蔡尚思主编:《十家论易》,第211页。
③ 刘殿爵、陈方正主编:《潜夫论逐字索引》,商务印书馆(香港)有限公司1995年版,第13页。
④ 曹元弼:《周易集解补释》卷四,1927年刻本,第32页。
⑤ 吴九龙主编:《孙子校释》,第137页。
⑥ 尹笠:《政海轶闻》,独立出版社1945年版,第2页。

大。“袁世凯是个老滑头，他不会不知道形势正在急转直下（日本就不同意），当然也不会不知道，如果事情办砸了，自己将是首当其冲的受害者。但家庭的影响和那帮阴谋家们的声音实在太大了，到最后，他不得不同意跨出更远的一步。”①如果袁世凯不走帝制这一步，他在历史上的地位将会大书特书。小小的一步，改变了他的人生，流芳百世与遗臭万年只在跬步之间。

十三、同人卦

【解题】

同人卦离下乾上，天在上，火上炎而从之，协同之象。朱熹谓：“同人，与人同也。以离遇乾，火上同于天。六二得位得中而上应九五。又卦唯一阴而五阳同与之，故为同人。”②同人卦讲的是聚众团结对敌的意思。《周易正义》谓：“和同于人必须宽广无所不同，用心无私，处非近狭，远至于野，乃得亨通。……与人同心，足以涉难。”③胡朴安谓：“有温柔之貌，有中正之心。下得民心而有位，上得天心而应乾。此同人之道也。嘉会于野，涉大川而行健行之事。温柔之貌而又健，中正之志而能应。此君子之正也。”④九五与六二上下同心，统治者与天下人民的意志相通，终能成就大事。同人卦主要反映战争准备方面的问题。“《同人卦》的卦爻辞大体上可以连读成文，可能是古代某次战争的记述。卦辞和初九爻、六二爻记战争的动员；九三爻说战术运用虽然正确，战斗进行却不顺利；九四爻和九五爻说挫折如何向胜利转化，有着丰富的内涵。”⑤“‘同人与野’，‘同人于门’，‘同人于宗’，总观卦爻辞，虽然聚合众人于三个不同的地方，但却是有一个共同的目的，则是选练士卒，准备战争，大概在郊外是选练，在王门是准备出发，在宗庙是誓师，总之是战前准备。”⑥“九五，同人先号咷而后笑，大师克，相遇。”郭沫若谓：“这是聚集着在关心战事的情景，起初大约是听见消息不好，所以先号咷；后来战争又胜利了，所以又后笑。《萃卦》初六的‘有孚不终，乃乱乃萃，若号，一握为校’，怕也就是这个同样情景罢。”⑦

---

① ［英］威尔著，秦传安译：《帝国梦魇：乱世袁世凯》，中央编译出版社 2005 年，第 169 页。

② 朱熹撰，苏勇校注：《周易本义》，第 21 页。

③ 王弼等注，孔颖达等正义：《周易正义》卷二，第 40 页。

④ 蔡尚思主编：《十家论易》，第 212 页。

⑤ 牛鸿恩、邱少华编著：《先秦经史军事论译注》，第 2 页。

⑥ 姜国柱：《〈周易〉与兵法》，第 8 页。

⑦ 郭沫若著作编辑出版委员会编：《郭沫若全集·历史编》，人民出版社 1982 年版，第 50 页。

【同人卦经传】

同人于野,亨,利涉大川,利君子贞。

彖曰:同人,柔得位得中而应乎乾,曰“同人”。(王注:二为同人之主。)同人曰:“同人于野,亨,利涉大川”,乾行也。(王注:所以乃能“同人于野,亨,利涉大川”,非二之所能也,是乾之所行,故特曰“同人曰”。)文明以健,中正而应,君子正也。(王注:行健不以武,而以文明用之;相应不以邪,而以中正应之。君子正也,故曰“利君子贞”。)唯君子为能通天下之志。(王注:君子以文明为德。)

象曰:天与火,同人。(王注:天体在上而火炎上,同人之义也。)君子以类族辨物。(王注:君子小人,各得所同。)

初九,同人于门,无咎。(王注:居同人之始,为同人之首者也。无应于上,心无系吝,通夫大同,出门皆同,故曰“同人于门”也。出门同人,谁与为咎。)

象曰:出门同人,又谁咎也。

九二,同人于宗,吝。(王注:应在乎五,唯同于主,过主则否,用心偏狭,鄙吝之道。)

象曰:“同人于宗”,吝道也。

九三,伏戎于莽,升其高陵,三岁不兴。(王注:居同人之际,履下卦之极,不能包弘上下,通夫大同;物党相分,欲乖其道,贪于所比,据上之应。其敌刚健,非力所当,故“伏戎于莽”,不敢显亢也。“升其高陵”,望不敢进,量斯势也,三岁不能兴者也。三岁不能兴,则五道亦以成矣,安所行焉。)

象曰:“伏戎于莽”,敌刚也。“三岁不兴”,安行也。(王注:安,辞也。)

九四,乘其墉,弗克攻,吉。(王注:处上攻下,力能乘墉者也。履非其位,以与人争,二自五应,三非犯己,攻三求二,尤而效之,违义伤理,众所不与,故虽乘墉而不克也。不克则反,反则得吉也。不克乃反,其所以得吉,“困而反则”者也。)

象曰:“乘其墉”,义弗克也;其“吉”,则困而反则也。

九五,同人先号咷而后笑,大师克,相遇。(王注:彖曰“柔得位得中而应乎乾,曰同人”,然则体柔居中,众之所与;执刚用直,众所未从,故近隔乎二刚,未获厥志,是以“先号咷”也。居中处尊,战必克胜,故“后笑”也。不能使物自归,而用其强直,故必须大师克之,然后相遇也。)

象曰:同人之先,以中直也。大师相遇,言相克也。

上九,同人于郊,无悔。(王注:郊者,外之极也。处同人之时,最在于外,不获同志,而远于内争,故虽无悔吝,亦未得其志。)

象曰:同人于郊,志未得也。(王注:凡处同人而不泰焉,则必用师矣。不能大通,则各私其党而求利焉。楚人亡弓,不能亡楚;爱国愈甚,益为它灾。是以同人不弘刚健之爻,皆至用师也。)

(按:"楚人亡弓"句,楼宇烈断作:"楚人亡弓,不能亡楚;爱国愈甚,益为它灾,是以同人不弘。刚健之爻,皆至用师也。"①)

【谋略第二十六】

行兵作战,要深悉兵要,明察地势,谨防敌军利用地利设伏。

同人九三爻辞曰:"九三,伏戎于莽,升其高陵,三岁不兴。"九三,把人马埋伏在林莽中,登上高地远眺,长期没能与敌决战。王夫之谓:"升陵谓五也。托处尊高,灼见其情形,而三之伏戎无所施,至于三岁必溃矣。"②三为伏戎,不敌九五,终必见溃。陈梦雷谓:"二与五为正应。三刚而不中,欲同于二,惧五见攻,伏于下以伺五之隙,有伏戎于莽之象。……三居下卦之上,下窥二之动,有升其高陵之象。……三欲同二,而二非正应,则理不直。五居尊位,势又不敌,故三年之久不敢动。"③三同为"伏戎于莽,升其高陵",费解。屈万里谓:"伏戎于莽,谓敌;升其高陵,谓己。"④是敌人强大,并作好了战争准备,我方不能胜。胡朴安谓:"率领同人以奋斗,而世道艰险,伏莽堪虞。当高瞻远瞩,守道待时。"⑤也把伏莽看成敌人方面。姜国柱谓:"把军队隐藏在深山密林草莽深处,使隐伏之兵不要被敌人发现;如果登上了高山丘陵之地,被敌人发现了,了解了虚实,就必然为敌人所算,结果招致失败,此一败而长期不能兴兵作战了。"⑥把伏莽看作己方。不论伏戎于莽是哪方,当时伏击战的思想已经成型。

孙子对伏击战术十分重视,多处阐述伏击战思想。《孙子兵法·行军》曰:"凡地有绝涧、天井、天牢、天罗、天陷、天隙,必亟去之,勿近也。吾远之,敌近之;吾迎之,敌背之。军旁有险阻、潢井、葭苇、山林、蘙荟者,必谨覆索之,此伏奸之所处也。"⑦"众草多障者,疑也;鸟起者,伏也。"⑧行军作战要细察地形地势,谨防敌军设伏。

---

① 楼宇烈:《周易注》,中华书局2011年版,第79页。
② 马振彪遗著,张善文整理:《周易学说》,第145页。
③ 陈梦雷:《周易浅述》,第62页。
④ 屈万里:《读易三种》,《屈万里全集》(1),第104页。
⑤ 蔡尚思主编:《十家论易》,第212页。
⑥ 姜国柱:《〈周易〉与兵法》,第31页。
⑦ 吴九龙主编:《孙子校释》,第152～153页。
⑧ 吴九龙主编:《孙子校释》,第155页。

【史鉴】

崤之战秦军丧师

晋秦崤之战为古代伏击战的典型。“僖三十年（前628年），晋、秦合兵围郑，秦私与郑盟，且遣将戍之，晋、秦间始发生裂痕。及晋文公卒，秦穆公乃图袭郑以启东道，为郑人所知，乃灭滑而还，至崤为晋及姜戎所覆败。”[①]“崤山高山绝谷，峻坂迂回，形势险要，自古以险峻闻名，是陕西关中至河南中原的天然屏障。崤山又是黄河与其支流洛河的分水岭。登崤山北眺，黄河谷深流急，蔚为壮观。古代将崤山与函谷关并称为‘崤函’之塞，是山峰险陡，深谷如函的形象表达。《读史方舆纪要》中记载：‘自新安以西，历渑池、硖石、陕州、灵宝、阌乡而至于潼关，凡四百八十里。其北皆河流，翼岸巍峰插天，绝谷深委。终日走硖中，无方轨列骑处。”[②]沿黄河南岸正是设伏的好地方。崤山中有石崤山，上有南北二陵。“南北二陵中崤山北陵侧临大道，为周文王所曾经历，也是《春秋》僖公三十三年秦军千里奔袭郑国，在中途全军覆没的地方。”[③]西汉末年，赤眉起义军东归，在崤底（崤山南陵附近）受到刘秀大将冯异重兵伏击，遭到惨败。

【谋略第二十七】

与敌作战，不要一味攻取，有时退下来调整自己的方策才是最合理的。

同人九四爻辞曰：“九四，乘其墉，弗克攻，吉。”登上敌人的城墙，不能攻取而退下来，吉。九四阳爻居阴位，有能退之象。退下来反思自己的战法，赢得大众，众志成城，才能最后取胜。李道平谓：“四在巽上，故‘乘其庸’者，欲攻初也。四与初皆阳，故敌应。初得位，四无攻初之义。……且乾刚在上，义不可攻。”[④]一般多解四攻二。马其昶谓：“四欲同二而不承五，故争。乘其墉，五踞其上也。……五乘四上，形格势禁，故四弗克攻。……李国松曰，化巽而顺，之正为反则。”[⑤]“之正”，九四动变成六四，与初正应，则吉。“闻一多《周易义证类纂》：‘案乘犹增也。《淮南子·氾论篇注》曰：‘乘，加也。’《广雅释诂二》曰：‘增，加也。’乘增声类同。诗七月‘亟其乘屋’，乘亦讯增，谓增加其屋之苫盖。……‘乘其墉（弗）克攻’，谓增高其城墉，使敌来不

---

① 童书业遗著：《春秋左传研究》，中华书局2006年版，第55页。

② 黄河水利委员会黄河志总编辑室编：《黄河人文志》，河南人民出版社1994年版，第326页。

③ 辛德勇：《古代交通与地理文献研究》，中华书局1996年版，第21页。

④ 李道平撰，潘雨廷点校：《周易集解纂疏》，中华书局1994年版，第185页。

⑤ 马振彪遗著，张善文整理：《周易学说》，第146页。

能攻,故为吉占。”[1]是说敌方乘其墉,弗克攻,己方吉。这样解释与《象传》“乘其墉,义弗克也;其吉,则困而反则也”难以协调,故不取。

孙子曰:“不知军之不可以进而谓之进,不知军之不可以退而谓之退,是谓縻军。”[2]不可以进而冒进,不可以退而退避,兵法所不取。反之,可以进而不进,可以退而不退,同样会给队伍带来祸败。

【史鉴】

蒙古军六攻西夏

1205年秋,成吉思汗首次进攻西夏,摧毁西夏边城后退军。1207年、1209年,成吉思汗第二次、第三次进攻西夏,包围其都城兴庆,西夏国主纳女求和。之后成吉思汗主要精力放在征服金朝。1218年、1224年又第四次、第五次对西夏开战。1226年第六次对西夏用兵,西夏王室投降。以蒙古强悍之兵对弱小的西夏二十年间开战六次之多,不是蒙古攻不下西夏,有时留下西夏反而对蒙古的天下战略更为有利。

十四、大有卦

【解题】

大有卦乾下离上,日照天下。《周易本义》云:“大有,所有之大也。离居乾上,火在天上,无所不照。又六五一爻居尊得中,而五阳应之,故为大有。”[3]大有卦六五居于尊位,上下五阳爻与之呼应,大为通顺。刘沅谓:“一阴虚中下贤,而众阳从之,盖居尊不自满足者。比,以九居五,而应之者五阴,则庶民之象。此应之者五阳,则贤人之象。贤人应之,所有孰大于是?故元亨。”[4]胡朴安谓:“《大有》之局与《同人》同,而较大。吾人处《大有》之局,一视同仁,无有远近亲疏之分。此《同人》所以亨,《大有》所以‘元亨’也。”[5]陈梦雷谓:“序卦:与人同者,物必归焉,故受之以大有。众物所归,所有乃大,大有所以次同人也。”[6]

---

① 屈万里:《读易三种》,《屈万里全集》(1),第500页。
② 吴九龙主编:《孙子校释》,第44页。
③ 朱熹撰,苏勇校注:《周易本义》,第22页。
④ 马振彪遗著,张善文整理:《周易学说》,第150页。
⑤ 蔡尚思主编:《十家论易》,第212页。
⑥ 陈梦雷:《周易浅述》,第64页。

【大有卦经传】

大有,元亨。(王注:不大通,何由得“大有”乎?大有,则必元亨矣。)

彖曰:大有,柔得尊位大中,而上下应之,曰大有。(王注:处尊以柔,居中以大,体无二阴以分其应,上下应之,靡所不纳,大有之义也。)其德刚健而文明,应乎天而时行,是以“元亨”。(王注:德应于天,则行不失时矣。刚健不滞,文明不犯,应天则大,时行无违,是以“元亨”。)

象曰:火在天上,大有。君子以遏恶扬善,顺天休命。(王注:大有,包容之象也。故遏恶扬善,成物之性,顺天休命,顺物之命。)

初九,无交害。匪咎,艰则无咎。(王注:以夫刚健为大有之始,不能履中,满而不溢;术斯以往,后害必至。其欲匪咎,艰则无咎也。)

象曰:大有初九,无交害也。

九二,大车以载,(王注:任重而不危。)有攸往,无咎。(王注:健不违中,为五所任;任重不危,致远不泥,故可以往而无咎也。

象曰:大车以载,积中不败也。

九三,公用亨于天子,小人弗克。(王注:处大有之时,居下体之极,乘刚健之上,而履得其位,与五同功,威权之盛,莫此过焉。公用斯位,乃得通乎天子之道也。小人不克,害可待也。)

象曰:“公用亨于天子”,小人害也。

九四,匪其彭,无咎。(王注:既失其位,而上近至尊之威,下比分权之臣,其为惧也,可谓危矣。唯夫有圣知者,乃能免斯咎也。三虽至盛,五不可舍,能辩斯数,专心承五,常匪其旁,则无咎矣。旁,谓三也。)

象曰:“匪其彭,无咎”,明辩晢也。(王注:明,犹才也。)

六五,厥孚交如,威如,吉。(王注:居尊以柔,处大以中,无私于物,上下应之,信以发志,故其孚交如也。夫不私于物,物亦公焉;不疑于物,物亦诚焉。既公且信,何难何备?不言而教行,何为而不威如?为大有之主而不以此道,吉可得乎?)

象曰:“厥孚交如”,信以发志也。“威如”之吉,易而无备也。

上九,自天佑之,吉无不利。(王注:“大有”,丰富之世也。处大有之上而不累于位,志尚乎贤者也。余爻皆乘刚,而己独乘柔,顺也。五为信德,而己履焉,履信之谓也。虽不能体柔,而以刚乘柔,思顺之义也。居丰有之世,而不以物累其心,高尚其志,尚贤者也。爻有三德,尽夫助道,故《系辞》具焉。)

象曰:大有上吉,自天佑也。

【谋略第二十八】

统兵者功高盖世，然须知自忌，尊崇上峰，方可上下相安无事。

大有卦九三爻辞曰："九三，公用亨于天子，小人弗克。"九三，公侯致贡于天子，小人则不能吉。王弼注："处大有之时，居下体之极，乘刚健之上，而履得其位，与五同功，威权之盛，莫此过焉。"九三威权已盛，然必进贡于天子，方可无事。李士钤谓："三，外公之位；天子指五。三居下卦之上，为一方之主，据其大有。然必献诸天子，不敢自私，此诸侯朝献天子之象。"[①]胡朴安谓："涵盖天地，以宽宏之怀，临大有之众，自然群众归之，奉以为主。此君子之所能，小人之所不能。"[②]功高震主，时宜谦退，多少功臣名将，不悟此理，遭致覆败。

孙子曰："故善战者之胜也，无奇胜，无智名，无勇功。"[③]善战者取胜于无形，从不为功和名而战，更不会醉心于功名而忘乎所以。

【史鉴】

年羹尧擅作威福

年羹尧镇抚西藏、青海，颇立边功，然不知功高自忌，落得身死囹圄。史载："羹尧才气凌厉，恃上眷遇，师出屡有功，骄纵。行文诸督抚，书官斥姓名。"[④]直接写官职姓名，即便对下级，也是很无礼的。"年羹尧……在官场往来中趾高气扬、气势凌人：赠送给属下官员物件，'令北向叩头谢恩'；发给总督、将军的文书，本属平行公文，却擅称'令谕'，把同官视为下属；甚至蒙古扎萨克郡王额附阿宝见他，也要行跪拜礼。对于朝廷派来的御前侍卫，理应优待，但年把他们留在身边当作'前后导引，执鞭坠镫'的奴仆使用。按照清代的制度，凡上谕到达地方，地方大员必须迎诏，行三跪九叩大礼，跪请圣安，但雍正的恩诏两次到西宁，年羹尧竟'不行宣读晓谕'。更有甚者，他曾向雍正进呈其出资刻印的《陆宣公奏议》，雍正打算亲自撰写序言，尚未写出，年羹尧自己竟拟出一篇，并要雍正帝认可。年羹尧在雍正面前也行止失仪，'御前箕坐，无人臣礼'。"[⑤]年羹尧对下级、对同僚、对皇上处处失礼，其已为他人眼中之钉，欲长久安享尊容，其可得乎？雍正三年(1725 年)四月，雍

① 李士钤：《周易注》卷上，至德周氏师古堂 1936 年刻本，第 48 页。

② 蔡尚思主编：《十家论易》，第 213 页。

③ 吴九龙主编：《孙子校释》，第 59 页。

④ 黄毅译注：《清史稿选译》，凤凰出版社 2011 年版，第 124 页。

⑤ [日]稻叶君山编著：《清朝全史》，三秦出版社 2012 年版，第 237 页。

正帝解除年羹尧川陕总督职务,降调杭州将军。五月十九日,雍正帝硃批:“如年羹尧这样禽兽不如之才,要他何用?……朕这样皇帝,尚被他如此欺隐蒙蔽,差遇少年不经事之君,这还了得!”[①]雍正帝又愤激又炫耀。年羹尧终背负92款大罪自裁于狱中。

十五、谦卦

【解题】

谦卦艮下坤上。郑玄曰:“山体高,今在地下,其于人道,高能下下,谦之象。”[②]谦是中华民族的传统美德,所谓谦谦君子即来自本卦初六爻辞:“谦谦君子,用涉大川,吉。”谦而又谦的君子,谨慎戒惧,可涉越大川,吉利。胡朴安谓:“处尊位而和下,居卑位而向上。此即待人以谦,持己以谦也。谦是德之柄,致恭以存位。”[③]谦是人生处世的重要美德。朱熹谓:“大抵《谦》自是用兵之道,只退处一步耳,所以‘利用侵伐’也。”[④]

【谦卦经传】

谦,亨。君子有终。

彖曰:谦亨,天道下济而光明,地道卑而上行。天道亏盈而益谦,地道变盈而流谦,鬼神害盈而福谦,人道恶盈而好谦。谦尊而光,卑而不可踰,君子之终也。

象曰:地中有山,谦。君子以裒多益寡,称物平施。(王注:多者用谦以为裒,少者用谦以为益,随物而与,施不失平也。)

初六,谦谦君子,用涉大川,吉。(王注:处谦之下,谦之谦者也。能体“谦谦”,其唯君子。用涉大难,物无害也。)

象曰:谦谦君子,卑以自牧也。(王注:牧,养也。)

六二,鸣谦,贞吉。(王注:鸣者,声名闻之谓也。得位居中,谦而正焉。)

象曰:“鸣谦贞吉”,中心得也。

九三,劳谦,君子有终,吉。(王注:处下体之极,履得其位。上下无阳以分其民,众阴所宗,尊莫先焉。居谦之世,何可安尊?上承下接,劳谦匪解,是以吉也。)

---

① 南炳文、白新良主编,乔治忠撰:《清史纪事本末》第四卷《雍正朝》,上海大学出版社2006年版,第1064页。

② 张文智:《〈周易集解〉导读》,第165页。

③ 蔡尚思主编:《十家论易》,第214页。

④ 陈戍国:《周易校注》,第38页。

象曰：劳谦君子，万民服也。

六四，无不利，谦。（王注：处三之上而用谦焉，则是自上下下之义也。承五而用谦顺，则是上行之道也。尽乎奉上下下之道，故“无不利”。指 皆谦，不违则也。）

象曰：“无不利， 谦”，不违则也。

六五，不富以其邻，利用侵伐，无不利。（王注：居于尊位，用谦与顺，故能不富而用其邻也。以谦顺而侵伐，所伐皆骄逆也。）

象曰：“利用侵伐”，征不服也。

上六，鸣谦，利用行师，征邑国。（王注：最处于外，不与内政，故有名而已，志功未得也。处外而履谦顺，可以征邑国而已。）

象曰：“鸣谦”，志未得也。可用行师，“征邑国”也。（王注：夫吉凶悔吝，生乎动者也。动之所起，兴于利者也。故“饮食必有讼”，“讼必有众起”。未有居众人之所恶，而为动者所害；处不竞之地，而为争者所夺。是以六爻虽有失位，无应乘刚，而皆无凶咎悔吝者，以谦为主也。“谦尊而光，卑而不可踰”，信矣哉！）

【谋略第二十九】

德不孤，必有邻。德乃立身之本、做事之基。有德者虽无财势必有群众相随，其征讨不服也是名正言顺的。

谦卦六五爻辞曰：“六五，不富以其邻，利用侵伐，无不利。”六五，不富裕而有跟随者，不服从的则征伐之，无有不利。朱熹云：“以柔居尊，在上而能谦者也，故为不富而能以其邻之象，盖从之者众矣。犹有未服者，则利以征之，而于他事亦无不利。”[①]六五极具谦德，从之者众，征伐不服者亦名正言顺矣。尚秉和谓：“《谦·六五》云：‘不富以其邻。’自汉以来皆相连为句。与《泰·六四》同。致经义愈晦，解索愈难。岂知《易林》每以坤为贫，贫即不富。六五坤体，坤虚，故曰不富，自为句也。以其邻，义与下属。邻者四、上。言五率四、上势众，三用以侵伐，则无不利也。”[②]跟随者指四、上，不服者指三，以躁进之九三伐颇得众心之六五，无能为矣。高亨谓：“因邻人盗劫而家贫，是人之不富以其邻也。因邻国寇掠其财物而国贫，是国之不富以其邻也。有邻如此，侵伐之，名正而言顺。”[③]邻人指四、上，解为盗窃者似不如解为追随者。姜国柱谓：“《谦·六五》说：‘不富以其邻，利用侵伐，无不利。’由

① 朱熹撰，苏勇校注：《周易本义》，第24页。

② 尚秉和著，常秉义批点：《焦氏易诂》，第53页。

③ 高亨：《周易古经今注》，《高亨著作集林》第1卷，第245页。

于邻人盗窃其财富而使家贫,由于邻国寇掠其财富而使国贫。对于这样的邻人、邻国,进行打击、侵伐,是名正言顺、有理有利的。"[①]亦如高亨言。丁四新云:"《左传》庄公二十九年:'凡师有钟鼓曰伐,无曰侵,轻曰袭。'孔颖达《正义》:'《释例》曰:侵伐袭者,师旅讨罪之名也。鸣钟鼓以声其过曰伐,寝钟鼓以入其竟曰侵,掩其不备曰袭,此所用别兴师用兵之状也。'宋翔凤《考异》按:'寝伐犹言寝兵,此廙所读,谓征不服者,宜先寝兵息战,然以前无不作侵。'可知'寝',王廙作如字训,误,经意非用此字。"[②]征讨不服,鸣钟鼓可,不鸣钟鼓亦可。

《孙子兵法》不言"德"却重"道":"道者,令民于上同意,可与之死,可与之生,而不诡也。"[③]主有道,民同生赴死而无犹疑。主无道,兵民愿意为之出生入死乎?夏桀、商纣之殷鉴不为远也。

【史鉴】

刘备以德服众

"刘备摔孩子——收买人心"这一歇后语可谓家喻户晓。不论刘备动机如何,摔孩子这一举动确实能收到邀买人心的效果。刘备的以德服人确也是于史有证、载诸典籍的。《三国志·蜀书·先主传》:"先主少孤,与母贩履织席为业。……少语言,善下人,喜怒不形于色。好交结豪侠,年少争附之。中山大商张世平、苏双等赀累千金,贩马周旋于涿郡,见而异之,乃多与之金财。"商人是爱钱的,也被刘备的贤德所感动。"(刘备)数有战功,试守平原令,后领平原相。郡民刘平素轻先主,耻为之下,使客刺之。客不忍刺,语之而去。其得人心如此。(魏书曰:刘平结客刺备,备不知而待客甚厚,客以状语之而去。是时人民饥馑,屯聚钞暴。备外御寇难,内丰财施,士之下者,必与同席而坐,同簋而食,无所简择。众多归焉)"[④]刘备折节下人,能使刺客回心,众人归心,其心已蓄有大志。曹操占荆州,追击刘备甚猛。"(刘备)比到当阳,众十余万,辎重数千两,日行十余里,别遣关羽乘船数百艘,使会江陵。或谓先主曰:'宜速行保江陵,今虽拥大众,被甲者少,若曹公兵至,何以拒之?'先主曰:'夫济大事必以人为本,今人归吾,吾何忍弃去!'(习凿齿曰:先主虽颠沛险难而信义愈明,势偪事危而言不失道。追景升之顾,则情感三

① 姜国柱:《〈周易〉与兵法》,第12页。
② 丁四新:《楚竹简与汉帛书〈周易〉校注》,第39页。
③ 吴九龙主编:《孙子校释》,第5页。
④ 陈寿:《三国志》卷三二《蜀书·先主传》,崇文书局2009年版,第394~398页。

军；恋赴义之士，则甘与同败。观其所以结物情者，岂徒投醪抚寒含蓼问疾而已哉！其终济大业，不亦宜乎！)”[①]东汉末年，豪杰并起，家世、实力、才智越过刘备者车载斗量，然刘备以一贩履织席之徒终能三分天下有其一，成就蜀汉帝业，其德应是其成功的首位因素。

【谋略第三十】

“有名而谦”，可利用征伐，但作战是靠实力的，不可一时昏了头脑，骄横蛮干。

谦卦上六爻辞曰：“上六，鸣谦，利用行师征邑国。”上六，谦德名声在外，可利用行师，征伐要量力而行，征讨大国则不可。朱熹谓：“谦极有闻，人之所与，故可用行师。然以其质柔而无位，故可以征己之邑国而已。”[②]以德闻于人，人心归附，可行师伐不服，但要量力而行。高亨谓：“鸣谦即名谦。……有名而谦，则四方向风，万民慕德，有东征西怨之思，箪食壶浆之迎。”[③]“有名而谦”，可利用征伐，但作战是靠实力的，不可一时昏了头脑。“《谦·上六》说：‘鸣谦，利用行师征邑国。’明智的人，在反击侵略者时，要‘利用侵伐’，‘利用行师’，打出国门之外，彻底征服入侵者。”[④]有谦德的人作战也会量力而行的。

孙子曰：“故知兵者，动而不迷，举而不穷。”[⑤]善于带兵的谋划行动会头脑清醒，量力而动，以智胜而不以力取。有德之人行兵作战，更要三思而后动，谋定而后动，以策万全。

【史鉴】

宋襄公力小图霸

齐桓公死后，中原霸主缺位。宋襄公一心恢复殷商之故业，欲乘机称霸中原。他联合诸侯平定齐国内乱拥立孝公，继之威服滕国，杀鄫子，伐曹国，这是宋国的国力所能做到的。面对齐楚两个大国，宋国欲称霸，实在是力不能胜，而宋襄公偏要为之。前638年(宋襄公十三年)，宋襄公伐郑，与救郑之楚军战于泓水(今河南柘城西北)。宋襄公秉承仁义精神，贵族风范十足，结

① 陈寿：《三国志》卷三二《蜀书·先主传》，第394～399页。
② 朱熹撰，苏勇校注：《周易本义》，第24页。
③ 高亨：《周易古经今注》，《高亨著作集林》第1卷，第245页。
④ 姜国柱：《〈周易〉与兵法》，第12页。
⑤ 吴九龙主编：《孙子校释》，第183页。

果大败亏输,次年死去。早在齐桓公去世不久,宋襄公便跃跃欲试,争当诸侯的盟主。“十二年(前639年)春,宋襄公为鹿上(今山东巨野县西南)之盟,以求诸侯于楚,楚人许之。公子目夷谏曰:‘小国争盟,祸也。’不听。”[①]宋襄公让楚国答应同意诸侯参加他所主持的盟会,楚人要了心眼,结果在盟会上把宋襄公扣押了起来。公子目夷说得对,实力不够,不要招引强敌,这样徒增祸患。

十六、豫卦

【解题】

豫卦坤下震上,顺而动,雷动而出地,奋发畅达,故为豫。豫卦唯九四爻为阳,其他五爻皆阴,刚柔相应,阳刚之志得行,宜于封侯行师。薛雪谓:“豫,和乐也……人心豫则何事不可为。故以豫建侯而万姓归心,以豫行师而三军用命。”[②]

【豫卦经传】

豫,利建侯行师。

彖曰:豫,刚应而志行,顺以动,豫。豫顺以动,故天地如之,而况“建侯行师”乎?天地以顺动,故日月不过而四时不忒。圣人以顺动,则刑罚清而民服。豫之时义大矣哉!

象曰:雷出地奋,豫;先王以作乐崇德,殷荐之上帝,以配祖考。

初六,鸣豫,凶。(王注:处豫之初,而特得志于上。乐过则淫,志穷则凶,豫何可鸣?)

象曰:初八“鸣豫”,志穷凶也。

六二,介于石,不终日,贞吉。(王注:处豫之时,得位履中,安夫贞正,不求苟豫者也。顺不苟从,豫不违中,是以上交不谄,下交不渎。明祸福之所生,故不苟说;辨必然之理,故不改其操。介如石焉,不终日明矣。)

象曰:“不终日贞吉”,以中正也。

六三,盱豫悔[③];迟有悔。(王注:居下体之极,处两卦之际,履非其位,承动豫之主。若其睢盱而豫,悔亦生焉。迟而不从,豫之所疾。位非所据,而以从豫,进退离悔,宜其然矣。)

象曰:“盱豫”有悔,位不当也。

---

① 司马迁:《史记》卷三八《宋微子世家》,第1626页。

② 薛雪:《周易粹义》卷一,乾隆十一年(1746年)序手稿本。

③ 盱:音xū,张目。

九四，由豫，大有得。勿疑，朋盍簪。（王注：处豫之时，居动之始，独体阳爻，众阴所从。莫不由之以得其豫，故曰“由豫，大有得”也。夫不信于物，物亦疑焉，故勿疑则朋合疾也。盍，合也。簪，疾也。）

象曰：“由豫，大有得”，志大行也。

六五，贞疾，恒不死。（王注：四以刚动，为豫之主。专权执制，非己所乘，故不敢与四争权，而又居中处尊，未可得亡，是以必常至于“贞疾，恒不死”而已。）

象曰：六五“贞疾”，乘刚也；“恒不死”，中未亡也。

上六，冥豫成。有渝，无咎[①]。（王注：处动豫之极，极豫尽乐，故至于“冥豫成”也。过豫不已，何可长乎，故必渝变，然后无咎。）

象曰：冥豫在上，何可长也。

【谋略第三十一】

国家安定，宜于设立屏藩以治内，出动军队以治边。

豫卦卦辞曰：“豫，利建侯行师。”是说豫，和乐，宜于封建诸侯、出动军队。彖曰：“豫，刚应而志行，顺以动，豫。豫顺以动，故天地如之，而况建侯、行师乎！”九四阳刚与初六正应。豫卦震在上为动，地在下为顺，顺而动是天地间的自然法则。卞斌谓：“一阳居四震，建公侯而得坤众，故利建侯。卦有师象，故利行师。”[②]九四爻为一卦之主脑，五阴爻应其而动。李道平谓：“震‘长子主器’，故有诸侯之象。‘坤为众’，说卦文。‘师者，众也’，故有‘师役之象’。”[③]长子统率众人之象。刘沅谓：“坤为众，震其帅也。坤为邦国，人爱戴则立君，大众同心，师出行而有功，故利建侯行师。”[④]震上坤下，帅师之象。李士鉁谓：“协和万邦，故利建侯。师克在和，故利行师。又建侯以治内，行师以攘外。内外平，则国泰而民乐矣。”[⑤]豫有和乐、协和意。陈鼓应谓：“从上下卦来看，下卦《坤》象众民，人众则宜建侯使司牧之；上卦《震》象动，故利于行师。”[⑥]李镜池曰：“建侯封国、行师打仗是两件大事，占筮的结果是利……说明这样的大事，应该详细考虑，周密计划。”[⑦]有众民，必建立秩序，必建章

---

① 潘雨廷断作：“冥豫。成有渝，无咎。”（李道平撰，潘雨廷点校：《周易集解纂疏》，中华书局1994年版，第208页）

② 卞斌述：《周易通解》卷一，道光十九年（1839年）吴兴丛书刻本。

③ 李道平撰，潘雨廷点校：《周易集解纂疏》，第200页。

④ 马振彪遗著，张善文整理：《周易学说》，第168页。

⑤ 李士鉁：《周易注》卷上，第53页。

⑥ 陈鼓应、赵建伟注译：《周易今注今译》，第160页。

⑦ 李镜池：《周易通义》，第35页。

立制,设立机构,制度建设也是应然之事。

孙子曰:"将军之事,静以幽,正以治。"[①]主持军事应当沉着冷静,举重若轻,泰山崩于前而面不改色,和平时期必以正道进行军队建设。豫卦九四爻以一阳御众阴,帅师之象,不论平时、战时都能整军经武,谋忠于国。

【史鉴】

封建屏藩之利弊

新朝初建,国家粗安,在制度上皆有一番更张。汉高祖六年,封建诸王。封异姓王国七:赵、淮南、楚、梁、韩、燕、长沙。不久多更以同姓:降韩信为淮阴侯,封弟刘交为楚王;封侄刘濞为吴王;封兄刘喜为代王;封子刘肥为齐王;封子刘如意为赵王;封子刘恢为梁王等。汉高祖在治理边患防御匈奴上多有动作。汉除实行分封外,还实行郡县制。分封制多带来严重的分裂后果,后世多慎用之,郡县制一直为后世所继承。"汉郡守权重,据数千里之地,官属皆自辟置,生杀亦自己出,故唐高祖易郡为州,置刺史,凡前日郡守之制皆不可用。至中叶置节度以统之,权反甚于郡守,五代其权尤重。及艺祖(宋太祖)尽收节度使归京师,授以虚名而赋厚禄,命朝臣出知知州事,前日节度之制亦不可用,复置转运、提刑为监司以督察之,其法暗合于唐而制御之术益善矣。"[②]宋朝制度有效地解除了地方割据,却带来了军力不振的危害。宋太宗北伐辽国,大败而还。宋真宗拒辽相攻,讲和澶渊。整整一个宋代,卧榻之侧之西夏而不能治。如何有效地设置屏藩,保障国家安全,值得后世思考。

十七、随卦

【解题】

随卦震下兑上,泽随雷而动。程颐谓:"为卦兑上震下,兑为说,震为动,说而动,动而说,皆随之义。女,随人者也。以少女随长男,随之义也。又震为雷,兑为泽,雷震于泽中,泽随而动,随之象也。又以卦变言之,乾之上来居坤之下,坤之初往居乾之上,阳来下于阴也。以阳下阴,阴必有随,为随之义。"[③]否卦之上爻九来居初,初六往居上爻,则成随卦。陈梦雷谓:"居上者宜为人所随。五君位为二所随,故贞吉。四臣位为三所随,故贞凶。初虽阳

---

① 吴九龙主编:《孙子校释》,第202页。

② 赵彦卫撰,傅根清点校:《云麓漫钞》卷四,中华书局1996年版,第69页。

③ 李光地编纂,刘大钧整理:《周易折中》,第79页。

爻而在下，故不言随言系，而言交。”[①]九五与六二正应而吉。“上六，拘系之，乃从维之，王用亨于西山。”李光地谓：“独此卦虽亦兑体，而卦以刚下柔为义，则九五、上六有相随之义，非不正也。……于上六则不曰‘系小子’，亦不曰‘系丈夫’而但曰‘拘系之’，下乃云‘王用亨于西山’，明乎其所系者王也。凡《易》爻言王用亨者三，皆谓王用如此爻者之人，以亨于山川上帝也，非谓其爻为王也。”[②]王谓九五。刘沅谓：“上六为兑说之主处随之极，无所随而远举，非拘系之则失贤矣。……初刚下于二柔，九五之刚亦下于上柔，故九五之孚嘉，随上六也。”[③]九五用上六主祭于西山。李镜池谓上六爻：“抓住俘虏之后，马上用说服或优待来使他们甘心当奴隶。也由个别俘虏被作为人牲，文王战后用来祭于岐山。”[④]姜国柱曰：“抓到俘虏之后，开始是用绳索捆绑起来、拘留起来，后来用说服教育和物质优待的方法，维系他们的心，而顺从地当奴隶。当然也由个别俘虏被当作人牲，被周文王用来到岐山去庆祝胜利而杀掉。”[⑤]此“孚”当俘解，似不妥。

【随卦经传】

随，元亨，利贞，无咎。

彖曰：随，刚来而下柔，动而说，随。大亨，贞，无咎，而天下随时。随时之义大矣哉！（王注：震刚而兑柔也，以刚下柔，动而之说，乃得随也。为随而不大通，逆于时也；相随而不为利正，灾之道也。故大通利贞，乃得无咎也。为随而令大通利贞，得于时也。得时则天下随之矣。随之所施，唯在于时也。时异而不随，否之道也，故“随时之义大矣哉”。）

象曰：泽中有雷，随。君子以向晦入宴息。（王注：泽中有雷，动说之象也。物皆说随，可以无为，不劳明鉴，故君子“向晦入宴息”也。）

初九，官有渝，贞吉。出门交有功。（王注：居随之始，上无其应，无所偏系，动能随时，意无所主者也。随不以欲，以欲随宜者也。故官有渝变，随不失正也。出门无违，何所失哉！）

象曰：“官有渝”，从正吉也；“出门交有功”，不失也。

六二，系小子，失丈夫。（王注：阴之为物，以处随世，不能独立，必有系也。居随之时，体分柔弱，而以乘夫刚动，岂能秉志？违于所近，随此失彼，

① 陈梦雷：《周易浅述》，第 74 页。
② 李光地编纂，刘大钧整理：《周易折中》，第 82 页。
③ 马振彪遗著，张善文整理：《周易学说》，第 184 页。
④ 李镜池：《周易通义》，第 38 页。
⑤ 姜国柱：《〈周易〉与兵法》，第 34 页。

弗能兼与。五处己上,初处己下,故曰“系小子,失丈夫”也。)

象曰:系小子,弗兼与也。

六三,系丈夫,失小子。随有求得,利居贞。(王注:阴之为物,以处随世,不能独立,必有系也。随体下卦,二已据初,将何所附?故舍初系四,志在丈夫。四俱无应,亦欲于己随之,则得其所求矣,故曰“随有求得”也。应非其正,以系于人,何可以妄,故“利居贞”也。初处己下,四处己上,故曰“系丈夫,失小子”也。)

象曰:系丈夫,志舍下也。(王注:“下”谓初也。)

九四,随有获,贞凶。有孚在道以明,何咎。(王注:处说之初,下据二阴,三求系己,不距则获,故曰“随有获”也。居于臣地,履非其位,以擅其民,失于臣道,违正者也,故曰“贞凶”。体刚居说,而得民心,能干其事,而成其功者也。虽违常义,志在济物,心存公诚,著信在道以明其功,何咎之有!)

象曰:随有获,其义凶也;有孚在道,明功也。

九五,孚于嘉,吉。(王注:履正居中,而处随世,尽随时之宜,得物之诚,故“嘉吉”也。)

象曰:“孚于嘉吉”,位正中也。

上六,拘系之,乃从维之,王用亨于西山。(王注:随之为体,阴顺阳者也。最处上极,不从者也。随道已成,而特不从,故“拘系之乃从”也。“率土之滨,莫非王臣”,而为不从,王之所讨也,故“维之,王用亨于西山”也。兑为西方;山者,途之险隔也。处西方而为不从,故王用通于西山。)

象曰:“拘系之”,上穷也。(王注:处于上极,故穷也。)

【谋略第三十二】

于上得宠爱,于下得拥戴,实已处于险地。唯有诚信无欺,心怀坦荡,方能释去他人之疑,得以长久安身。

随卦九四爻辞曰:“九四,随有获,贞凶。有孚在道以明,何咎。”九四,随五而大有收获,虽正而凶。取信于人,明哲保身,没有咎害。程颐谓:“为臣之道当使恩威一出于上,众心皆随于君。……是以下信而上不疑,位极而无逼上之嫌,势重而无专权之过,非圣人大贤则不能也。其次如唐之郭子仪,威震主而主不疑,亦由中有诚孚,而处无甚失也,非明哲能如是乎?”[①]九四位极人臣,声望日隆,但伴君如伴虎,稍有疏忽,则有身家之危。李士鉁谓:“四居臣位之极,得君有获。据下之巽以为富,承君之兑以为说,利重宠深,非大

① 李光地编纂,刘大钧整理:《周易折中》,第82页。

臣之福也,故正固而凶。然大坎有孚象……四外取信于人,内不失乎己,既明且哲,以保其身,故有孚在道以明。如此则上说下顺,虽官高禄厚,而疑谤不生,何咎之有?"[①]深得君上宠爱,而又疑谤不生,确乎难乎其难,唯有以诚信坦荡待之,方能使人信其无欺。

孙子曰:"故君之所以患于军者三:不知军之不可以进而谓之进,不知军之不可以退而谓之退,是谓縻军;不知三军之事而同三军之政,则军士惑矣;不知三军之权而同三军之任,则军士疑矣。三军既惑且疑,则诸侯之难至矣。"[②]君已命将而不放手,非不放手,是不放心也。将领无能,将领太能都是君主的一块心病。将在外而君命有所不受,谈何容易。

【史鉴】

有高位者多履险地

张舜徽《爱晚庐随笔》有"威名震主者多蒙奇祸"条:"洪氏《容斋五笔》卷一有《人臣震主》条云:'人臣立社稷大功,负海宇重望,久在君侧,为所敬畏,究其必至于招疑毁。'下即列举汉之韩信、霍光、周亚夫,晋之谢安,齐之高德政,隋之高颎,唐之郭子仪、李德裕,皆有功王室,威名甚重。或遭杀戮,或受贬黜……"[③]上述所列,唯郭子仪结局甚好。时郭子仪以司徒中书令领河中尹、灵州大都督、单于镇北大都护、关内河东副元帅、朔方节度使、关内度支、盐池六城水运大使等重要官职,为天下所仰望。郭氏之所以全身而退,与其过人的胆识和非凡的人格有关。"藩镇之乱,皆由宦官所促成,而朝廷之政乱,优宠宦官亦实为其大病之由。大历四年(769年)正月,郭子仪入朝,鱼朝恩邀之游章敬寺。宰相元载恐其相结,密使人告子仪曰:'朝恩谋不利于公。'子仪不听。将士请束甲以从。子仪曰:'吾国之大臣,彼无天子之命,安敢害我?若受命而来,汝曹欲何为?'乃从家僮数人而往。朝恩惊问其故。子仪以所闻告,且曰:'恐烦公经营耳。'朝恩抚膺流涕曰:'非公长者,能无疑乎?'是时朝廷与地方之乱,多由是类猜疑所导致也。君臣上下,文武将相,多生疑忌,欲国不乱,其可得乎!"[④]从这件事可见,郭子仪正大坦荡的胸怀,不是别人的毁誉所能左右的。

有学者谓:"而人臣有大功,是否必招疑毁?也不一定。刘秀封邓禹,刘

① 李士钤:《周易注》卷上,第57页。
② 吴九龙主编:《孙子校释》,第44页。
③ 张舜徽:《爱晚庐随笔》,华中师范大学出版社2005年版,第86页。
④ 台湾三军大学编著:《中国历代战争史》第9册,中信出版社2013年版,第187页。

备对诸葛亮,均不可说有何疑毁。"[①]刘备对诸葛亮是否一点疑忌都没有,不是一个简单明了的问题,可以详察考论。"先主病笃,托孤于丞相亮、尚书令李严为副。"[②]刘备安排李严为辅似别有一番用心。"《诸葛亮集》载先主遗诏敕后主:'……闻丞相为写申韩管子六韬一通已毕,未送道亡,可自更求闻达。'临终时呼鲁王与语:'吾亡之后,汝兄弟父事丞相,令卿与丞相共事而已。'"[③]刘备临终放不下的是几个弱子,要他们父事诸葛亮。刘备对诸葛亮的态度是复杂的。《三国志・诸葛亮传》记载:"章武三年春,先主与永安病笃,召亮于成都,属以后事。谓亮曰:'君才十倍曹丕,必能安国,终定大事。若嗣子可辅,辅之。如其不才,君可自取。'""《通鉴辑览》曰:'昭烈于亮平日以鱼水自喻,亮之忠贞岂不深知。受遗时何至作此猜疑语,三国人情以谲诈相尚,鄙哉。'"《通鉴辑览》系奉乾隆帝敕令而撰,乾隆帝每加批语,上引即乾隆所批。乾隆看到刘备此语的要害了,明显不够忠厚,也不是推心置腹。嗣子可辅不可辅,刘备心里应当有底。嗣子不可辅,他还真要诸葛亮取了他刘家天下不成?那样诸葛亮与篡汉的曹操有什么两样?刘备已充分算计了诸葛亮的性格、人品,他是拼上一死也不会答应的。但为什么他还要这么说呢?爱子心切,他要诸葛亮在他死前给他一个承诺。他的目的达到了:"亮涕泣曰:'臣敢竭股肱之力,效忠贞之节,继之以死。'"[④]诸葛亮没有多大的选择空间,一个是效死,一个是按刘备说的办,看刘禅不行即取而代之。刘备是有一定的把握掌控诸葛亮的,从心理上,从实际的控御上。刘备临死耍了一个多大的心眼啊!但这也是一步险棋。"孙盛曰:'苟所寄忠贤则不须若斯之诲。如非其人,不宜启篡逆之途……幸值刘禅暗弱,无猜险之性,诸葛威略足以检卫异端,故使异同之心无由自起耳。'"[⑤]诸葛亮实是悬在刘禅头上的一把刀,他要真把刘禅废了,别人真还说不出什么来。好在刘禅不与他争锋。《魏略》云:"及禅立,以亮为丞相,委以诸事。谓亮曰:'政由葛氏,祭则寡人。'亮亦以禅未闲于政,遂总内外。"[⑥]诸葛亮已走到他政治生涯的最高峰。我们不能怀疑诸葛亮"鞠躬尽瘁,死而后已"的忠心,我们更不能怀疑诸葛亮看清天下形势的智慧。"郝经议曰:'三王家天下,其子若孙与其族属传继绍复则统纪在焉。不幸而草窃间代,攘多叨据,终非其有。故羿浞割夏则

---

① 张元:《简析洪迈的历史知识》,姜锡东、李华瑞主编:《宋史研究论丛》第5辑,河北大学出版社2003年版,第205页。

② 陈寿:《三国志》卷三二《蜀书・先主传》,第395页。

③ 陈寿:《三国志》卷三二《蜀书・先主传》,第398页。

④ 陈寿:《三国志》卷三五《蜀书・诸葛亮传》,第410～420页。

⑤ 陈寿:《三国志》卷三五《蜀书・诸葛亮传》,第410～420页。

⑥ 陈寿:《三国志》卷三三《蜀书・后主传》,第404页。

少康兴，犬戎毙周则平王立……汉得天统，莽篡而在光武，操窃而在昭烈。……昭烈天资仁厚，宇量弘毅，岿然一世之雄，以兴复汉室为己任，崎岖百折偾而益坚，颠沛之际，信义逾明，故能终系景命，信大义于天下，任贤使能，洒落诚尽，使诸葛亮以死自效……”[①]刘备“以兴复汉室为己任”，“信大义于天下”。蜀汉政权一旦转自诸葛亮手中，他岂不成了与王莽、曹操一样的“千古罪人”？其号召力何在？以诸葛亮之德性是断断不会做的。以刘备、诸葛亮这样鱼水相知，还要演出这样难堪的一幕，有重位者岂不惧乎？

十八、蛊卦

【解题】

蛊卦巽下艮上，以长女下于少男，有缠绵蛊惑之象。“程传……《左氏传》云：风落山，女惑男。以长女下于少男，乱其情也。风遇山而回，物皆挠乱，是为有事之象，故云蛊者事也。既蛊而治之，亦事也。”[②]蛊有拨乱反正之意。“阳刚处上，阴柔处下，让歪风止息，这就叫拯弊端治乱。”[③]

【蛊卦经传】

蛊，元亨，利涉大川。先甲三日，后甲三日。

彖曰：蛊，刚上而柔下，（王注：上刚可以断制，下柔可以施令。）巽而止，蛊。（王注：既巽又止，不竞争也。有事而无竞争之患，故可以有为也。）蛊，元亨，而天下治也。（王注：有为而大亨，非天下治而何也？）“利涉大川”，往有事也。“先甲三日，后甲三日”，终则有始，天行也。（王注：蛊者，有事而待能之时也。可以有为，其在此时矣。物已说随，则待夫作制以定其事也。进德修业，往则亨矣，故“元亨，利涉大川”也。甲者，创制之令也。创制不可责之以旧，故先之三日，后之三日，使令[治]洽而后乃诛也。因事申令，终则复始，若天之行用四时也。）

象曰：山下有风，蛊。君子以振民育德。（王注：蛊者，有事而待能之时也，故君子以济民养德也。）

（按：《左传·昭公元年》：“在《周易》，女惑男、风落山谓之《蛊》。”[④]）

初六，干父之蛊，有子，考无咎，厉，终吉。（王注：处事之首，始见任者也。以柔巽之质，干父之事，能承先轨，堪其任者也，故曰“有子”也。任为事

① 陈寿：《三国志》卷三二《蜀书·后主传》，第398页。
② 李光地编撰，刘大钧整理：《周易折中》，第83页。
③ 唐明邦主编，黄钊等撰：《周易评注》，中华书局1995年版，第49页。
④ 陈雄根等编著：《先秦两汉典籍引〈周易〉〈论语〉〈孟子〉资料汇编》，第46页。

首,能堪其事,考乃无咎也,故曰"有子,考无咎"也。当事之首,是以危也,能堪其事,故"终吉"。)

象曰:干父之蛊,意承考也。(王注:干事之首,时有损益,不可尽承,故意承而已。)

九二,干母之蛊,不可贞。(王注:居于内中,宜干母事,故曰"干母之蛊"也。妇人之性,难可全正,宜屈己刚,既干且顺,故曰"不可贞"也。干不失中,得中道也。)

象曰:干母之蛊,得中道也。

九三,干父之蛊,小有悔,无大咎。(王注:以刚干事,而无其应,故有悔也。履得其位,以正干父,虽小有悔,终无大咎。)

象曰:干父之蛊,终无咎也。

六四,裕父之蛊,往见吝。(王注:体柔当位,干不以刚,而以柔和,能裕先事者也。然无其应,往必不合,故曰"往见吝"。)

象曰:"裕父之蛊",往未得也。

六五,干父之蛊,用誉。(王注:以柔处尊,用中而应,承先以斯,用誉之道也。)

象曰:"干父用誉",承以德也。(王注:以柔处中,不任威力也。)

上六,不事王侯,高尚其事。(王注:最处事上,而不累于位,不事王侯,高尚其事也。)

象曰:不事王侯,志可则也。

【谋略第第三十三】

世事不可为,己志不可遂时,能置身事外,抱道自守,也是高尚的行为。

蛊卦上六爻辞曰:"上六,不事王侯,高尚其事。"上六,不再从事服务于王侯,置身事外,高洁自守。《礼记·表记》云:"子曰:'事君,军旅不辟难,朝廷不辞贱。处其位而不履其事,则乱也。故君使其臣,得志则慎虑而从之,否则孰虑而从之,终事而退,臣之厚也。《易》曰:'不事王侯,高尚其事。''"[①]即人臣尽忠、在其位必谋其政、不在其位不谋其政之意。"程传:'以刚明之才,无应援而处无事之地,是贤人君子,不偶于时而高洁自守,不累于世务者也,故云不事王侯,高尚其事……士之自高尚,亦非一道:有怀抱道德,不偶于时,而高洁自守者;有知止足之道,退而自保者;有量能度分,安于不求知者;有清介自守,不屑天下之事,独洁其身者。'"[②]君子宜担当,宜有为,奈何

① 王梦鸥注译:《礼记今注今译》,新世界出版社 2011 年版,第 476 页。

② 李光地编纂,刘大钧整理:《周易折中》,第 86 页。

抱道忤时，必也高洁自守，而不与时俗合流。李士鉁曰："天下有治事之人，即不可无高隐之人。……上独不言蛊者，已有人治之，上不与知可也。不言父母而言王侯者，父子以天合，事无可诿；君臣以人合，为之则鞠躬尽瘁，不为则洁身自全。"[①]君臣曰际遇，相遇曰有缘，不遇则无何名分，一姓兴亡非关乎天下之兴亡。

孙子曰："将听吾计，用之必胜，留之；将不听吾计，用之必败，去之。"[②]计之不行，而聒噪不绝，祸亦不远耳。不见田丰之于袁绍乎！

【史鉴】

严立三狷介传千古

严立三系陈诚的伯乐。北伐之后，严将师长之职让于陈诚，自己退隐庐山太乙村，种菜读书。"（严）退为平民，度着清苦的生活，有人说他是个'怪人'，也有人恭维他为'严子陵第二'，他却自己承认是个'平凡人'。立三原名严重，后以字行。……十七八年间，被任为湖北省民政厅长。卸职后，洁身远引，隐居江西的庐山，以种菜为生，与世不相闻问。在他草庐门前，揭有'不收信，不会客，不受礼'字条，即是旧时朋辈念他生活清苦，或亲往存问，或函电慰候，或致赆馈赠，他一概婉谢，坚守他三'不'的主张。立三卸任后，真是两袖清风，迁住宣施后，曾在宣恩中学授课，有时帮他的太太在家磨包谷，生活清苦之极。三二年夏天，他终于患了肠胃病了。他拒绝到省立医院就诊，他自己没钱，也不愿花公家的钱。省立医院派内科医师到他家里治疗，病势稍减，他便告诉医师：'不要劳驾了，免得为了我耽误了其他病人。'其后病势转剧，才在半劝半迫的情形之下，送进医院，但太迟了，终于不治……年五十三岁。"[③]严立三其狷介清苦，洁身自好虽严子陵不遑让也，称为"近代严子陵"不为过誉，处今日之世，如严立三者有几人欤！

十九、临卦

【解题】

临卦兑下坤上，水聚于地中。"临"即君临天下、居高临下之临，有治理之意。临卦讲要根据不同的实际选择不同的治理方法。李士鉁谓："地中有泽临。水行于地中，其众可知，故为师；水聚于地中，其大可知，故为临。卦

---

① 马振彪遗著，张善文整理：《周易学说》，第196页。

② 吴九龙主编：《孙子校释》，第11页。

③ 高拜石：《古春风楼琐记》第八集，台湾新生报社1979年版，第287页。

画阳息至二,由复而临,阳气方长,出临四阴,势极盛大。”[①]阳爻九二与六五刚柔相应,君得贤臣,国得大治。陈鼓应谓:“《蛊》卦写齐家,《临》卦写治国。由齐家之事而扩大到治国之事,故《临》卦紧接《蛊》卦。”[②]

【临卦经传】

临,元亨,利贞;至于八月有凶。

彖曰:临,刚浸而长,说而顺,刚中而应,大亨以正,天之道也。(王注:阳转进长,阴道日消;君子日长,小人日忧,“大亨以正”之义。)“至于八月有凶”,消不久也。(王注:八月阳衰而阴长,小人道长,君子道消也,故曰“有凶”。)

象曰:泽上有地,临。君子以教思无穷,容保民无疆。(王注:相临之道,莫若说顺也。不恃威制,得物之诚,故物无违也。是以“君子教思无穷,容保民无疆”也)

初九,咸临,贞吉。(王注:“咸”,感也,感应也。有应于四,感以临者也。四履正位,而己应焉,志行正者也。以刚感顺,志行其正,以斯临物,正而获吉也。)

象曰:“咸临贞吉”,志行正也。

九二,咸临,吉,无不利。(王注:有应在五,感以临者也。刚胜则柔危,而五体柔,非能同斯志者也。若顺于五,则刚德不长,何由得“吉无不利”乎?全与相违,则失于感应。其得“咸临吉无不利”,必未顺命也。)

象曰:“咸临,吉,无不利”,未顺命也。

六三,甘临,无攸利;既忧之,无咎。(王注:甘者,佞邪说媚不正之名也。履非其位,居刚长之世,而以邪说临物,宜其“无攸利”也。若能尽忧其危,改修其道,刚不害正,故“咎不长”。)

象曰:“甘临”,位不当也。“既忧之”,咎不长也。

六四,至临,无咎。(王注:处顺应阳,不忌刚长,而乃应之,履得其位,尽其至者也。刚胜则柔危,柔不失正,乃得无咎也。)

象曰:“至临,无咎”,位当也。

六五,知临,大君之宜,吉。(王注:处于尊位,履得其中。能纳刚以礼,用建其正,不忌刚长,而能任之。委物以能,而不犯焉,则聪明者竭其视听,知力者尽其谋能,不为而成,不行而至矣。“大君之宜”,如此而已;故曰“知临,大君之宜,吉”也。)

---

① 李士钤:《周易注》卷上,第63页。

② 陈鼓应、赵建伟注译:《周易今注今译》,第185页。

象曰:"大君之宜",行中之谓也。

上六,敦临,吉,无咎。(王注:处坤之极,以敦而临者也。志在助贤,以敦为德,虽在刚长,刚不害厚,故"无咎"也。)

象曰:敦临之吉,志在内也。

【谋略第三十四】

明智的君主虚怀下士,充分发挥别人的聪明,为我所用。虚骄的君主自恃其才,嫉贤妒能,欲以一己之能包揽天下,结果将会功业荡然,身败名裂。

临卦六五爻辞曰:"六五,知临,大君之宜,吉。"六五,以大聪明、大智慧驾驭群下,有帝王的气概,吉利。王弼注谓:"处于尊位,履得其中。能纳刚以礼,用建其正,不忌刚长,而能任之。委物以能,而不犯焉,则聪明者竭其视听,知力者尽其谋能,不为而成,不行而至矣!"大君不见得要有小聪明,事事皆知,但一定要有大聪明,即能用聪明之人,牢笼天下之人才为我所用。李士鉁谓:"以阴居尊,而得中道,能下用九二之阳,虚怀忘势,顺而听之,人主惟不自用其聪明,故能兼天下之聪明。……书曰:'自用则小。'五不自用,所以为大。以阴爻而称大者,以阴而用阳,则阳为其所有也。"[①]聪明的君主不自恃其才,而用人之才。高亨谓:"知读为智。知临者,以智临民也。《礼记·中庸》:'惟天下至圣能聪明睿知,足以有临也。'即此意。以智临民,大君当如此。"[②]大君能使天下聪明为我所用,人尽其才,是为至圣。

孙子,吴土客也。假使吴宫教战之时,吴王一怒而摈孙子,伐楚五战五捷之事未必有也。

【史鉴】

刘邦成就汉初三杰

朱绍侯谓:"汉初三杰是时势造英雄和英雄造时势最典型的事例。没有秦末混乱的形势,萧何有可能当个小官,但绝对当不上丞相、相国;张良只能隐居终身,默默无闻;韩信则只能潦倒一生,无所作为。有了秦末战乱的历史平台,汉初三杰都有了用武之地,各显身手,建立了丰功伟业,成为传颂千古的大英雄。"[③]有了历史平台,三杰也不见得都能出人头地。韩信一辈子跟

① 李士鉁:《周易注》卷上,第63页。

② 高亨:《周易古经今注》,《高亨著作集林》第1卷,清华大学出版社2004年版,第260页。

③ 朱绍侯:《汉初三杰综论——兼论张良自全之道》,郏县李口乡党委、郏县李口乡政府编:《鹰城十大历史名人张良文化研讨会文集》,郏县李口乡党委、郏县李口乡政府2008年编印,第12页。

着项羽会怎样呢？韩信自己曾说:“臣事项王，官不过郎中，位不过执戟，言不听，画不用，故倍楚而归汉。汉王授我上将军印，予我数万众，解衣衣我，推食食我，言听计用，故吾得以至于此。”[①]这说明没有刘邦，三杰也成不了三杰。刘邦是不世出的一代豪雄。单论才能，三杰他哪个也比不上。如论驾驭群雄，三杰哪个也比不上他。高祖平定天下后置酒洛阳宫，问诸将:“吾所以有天下者何？项氏之所以失天下者何?”高起、王陵对曰:“陛下慢而侮人，项羽仁而爱人，然陛下使人攻城略地，所降下者，因以予之，与天下同利也。项羽妒贤疾能，有功者害之，贤者疑之，战胜而不予人功，得地而不与人利，此所以失天下也。”高祖曰:“公知其一，未知其二:夫运筹帷帐之中，决胜于千里之外，吾不如子房；镇国家，抚百姓，给馈饷，不绝粮道，吾不如萧何；连百万之军，战必胜，攻必取，吾不如韩信。此三人皆人杰也，吾能用之，此吾所以取天下也。项羽有一范增而不能用，此其所以为我禽也。”[②]项羽之失多在不能用人，自以为力可拔天，便认为天下莫余毒，其识见何其小哉！吕思勉谓:“陈平言:‘项王不能信人，其所任爱，非诸项，即妻之昆弟，虽有奇士不能用。’郦食其说齐王，亦言项羽非项氏莫得用事。盖项氏故楚世家，其用人犹沿封建之世卑不逾尊、疏不逾戚之旧，汉高起于氓庶，则不然也。然是时知勇之士，固不出于世禄之家，此其所以一多助、一寡助乎?”[③]项羽一恃其力，一狃于旧习，有奇才而不用；刘邦不拘一格，屠狗轻滑之徒皆为其所用。一胜一败，不亦宜乎！

二十、观卦

【解题】

观卦坤下巽上，风从地上吹过，喻周遍观察之意。程颐谓:“风行地上，遍触万类，周观之象也。二阳在上，四阴在下，阳刚居尊，为群下所仰观，观之义也。”[④]二阳堪为表率，下四阴观二阳而向化。喻江谓“六三，观我生，进退”:“意为观察了解我民众的意愿，并以此来决定战争中进与退。”[⑤]孔颖达谓此:“三居下体之极，是有可进之时。又居上体之下，复是可退之地，远则不为‘童观’，近则未为观国，居在进退之处，可以自观，时可则进，时不可则退，故曰‘观我生进退’也。”[⑥]审察时势以适时进退。刘沅谓:“当可进可退之

① 司马迁:《史记》卷九二《淮阴侯列传》，第 2622 页。
② 司马迁:《史记》卷八《高祖本纪》，第 381 页。
③ 吕思勉:《秦汉史》(上)，第 49 页。
④ 李光地编纂，刘大钧整理:《周易折中》，第 89 页。
⑤ 喻江:《〈孙子兵法〉的文化根柢》，《滨州学院学报》2007 年第 5 期，第 16 页。
⑥ 李光地编纂，刘大钧整理:《周易折中》，第 90 页。

时，返己自审，可不失道。上有已观光之大臣，下有观而化之小民，观我生以进退，岂失道哉？”[①]进退之际，当自审是否合道。

【观卦经传】

观，盥而不荐，有孚颙若。（王注：王道之可观者，莫盛乎宗庙。宗庙之可观者，莫盛于盥也。至荐，简略不足复观，故观盥而不观荐也。孔子曰："禘自既灌而往者，吾不欲观之矣！"尽夫观盛，则下观而化矣。故观至盥，则"有孚颙若"也。）

彖曰：大观在上，（王注：下贱而上贵也。）顺而巽，中正以观天下，观。"盥而不荐，有孚颙若"，下观而化也。观天之神道，而四时不忒；圣人以神道设教，而天下服矣。（王注：统说观之为道，不以刑制使物，而以观感化物者也。神则无形者也。不见天之使四时，"而四时不忒"；不见圣人使百姓，而百姓自服也。）

象曰：风行地上，观。先王以省方观民设教。

初六，童观，小人无咎，君子吝。（王注：处于观时，而最远朝美，体于阴柔，不能自进，无所鉴见，故曰"童观"。趣顺而已，无所能为，小人之道也，故曰"小人无咎"。君子处大观之时，而为童观，不亦鄙乎？）

象曰：童观小人，道也。

六二，窥观，利女贞。（王注：处在于内，寡所鉴见，体于柔弱，从顺而已。犹有应焉，不为全蒙，所见者狭，故曰"窥观"。居内得位，柔顺寡见，故曰"利女贞"，妇人之道也。处大观之时，居中得位，不能大观广鉴，窥观而已，诚"可丑"也。）

象曰："窥观，女贞"，亦可丑也。

六三，观我生，进退。（王注：居下体之极，处二卦之际，近不比尊，远不"童观"，观风者也。居此时也，可以"观我生，进退"也。）

象曰："观我生，进退"，未失道也。（王注：处进退之时，以观进退之几，"未失道也"。）

六四，观国之光，利用宾于王。（王注：居观之时，最近至尊，"观国之光"者也。居近得位，明习国仪者也，故曰"利用宾于王"也。）

象曰：观国之光，尚宾也。

九五，观我生，君子无咎。（王注：居于尊位，为观之主，宣弘大化，光于四表，观之极者也。上之化下，犹风之靡草，故观民之俗，以察己道。百姓有

① 马振彪遗著，张善文整理：《周易学说》，第212页。

罪,在予一人。君子风着,己乃"无咎"。上为《观》主,将欲自观乃观民也。)

象曰:"观我生",观民也。

上九,"观其生",君子无咎。(王注:"观我生",自观其道者也;"观其生",为民所观者也。不在于位,最处上极,高尚其志,为天下所观者也。处天下所观之地,可不慎乎?故君子德见,乃得"无咎"。"生",犹动出也。)

象曰:"观其生",志未平也。(王注:特处异地,为众所观,不为平易。和光流通,志未平也。)

【谋略第三十五】

观察国家的机运,要摆脱暗昧狭隘之见。国有患难,正是君子有为之时,要慷慨赴义,勤劳国事,庶几史上有光。

观卦六四爻辞曰:"六四,观国之光,利用宾于王。"六四,朝于王廷,观其光华,被其感召,认为可从事王事。王弼注谓:"(六四)居观之时,最近至尊,观国之光者也。"六四最近九五王位,适于观察国家的机运。程颐谓:"四虽阴柔,而巽体居正,切近于五,观见而能顺从者也。'利用宾于王',夫圣明在上,则怀抱才德之人,皆愿进于朝廷,辅戴之以匡济天下。四既观见人君之德,国家之治,光华盛美,所宜宾于王朝,上辅于君,以施泽天下,故云'利用宾于王'也。"[①]所谓贤臣择主而事也。李士鉁谓:"四大臣之位。大臣事君,首务进贤。贤人者邦家之光也。四承阳得君,不自喜其进,而以贤人进,为国求材,以扬盛典,故观国之光。……不言臣而言宾者,道义之士接以宾礼,且当初进,不欲屈以臣道。"[②]四以进贤人为务,李氏所解稍嫌曲折。高亨谓:"观国之光,谓朝于王国也。"[③]今从。陈鼓应谓:"'宾',从。'宾于王',即《易》之'或从王事'。"

孙子曰:"兵者,国之大事,死生之地,存亡之道,不可不察也。"[④]孙子是军事家,也是择主而事的贤者,要向君王说法,也要看一下对象是否合适。齐、吴远隔,孙子赴吴,恐不是为了江南好风景,也不是单纯为了避难,正为其雄才大略觅一一展怀抱之地。

【史鉴】

---

① 李光地编纂,刘大钧整理:《周易折中》,第 91 页。

② 李士鉁:《周易注》卷上,第 68 页。

③ 高亨:《周易古经今注》,《高亨著作集林》第 1 卷,第 262 页。

④ 吴九龙主编:《孙子校释》,第 2 页。

罗泽南慷慨赴义

罗泽南自幼苦读，尝曰："某自幼贫，不能读，先大父暨父母钟爱之，四岁命读书，十岁出就外傅。时大父年将七十矣，家业零落，四壁萧然，至不能具馇粥，一闻予读书声，则拈须自喜，饥寒俱忘。馆中饔飧不能继，恒典衣质物易食食之。大父一布袍亲持入典肆者六七次，皆为予读书也。得米无远近，必亲送之馆。尝曰：'吾之以汝读书者，欲汝明大义、识纲常，不坠先人清德耳。'"[①]"先生时读《左传》，每自命题，仿其篇法作传记，如战、守、攻、取之类。人知其胸所蕴蓄过人远矣。"[②]33岁成秀才。咸丰元年辛亥(1851年)，"时广西逆匪方炽。今节相曾公国藩方官礼部侍郎，应诏言事，有用人、行政、议礼、汰兵等疏，人争传之。先生致书曾公，盛称其言之切当，而尤冀其以正本清源为务。"[③]其心已思动矣。咸丰二年(1852年)七月，太平军犯长沙。"邑令朱公檄先生及王公鑫、刘公蓉，使练乡勇，以资防堵。先生仿戚氏法部署其众，教之击刺，勖以忠义，纪律肃然。"[④]一乡间秀才察于时变，激于大义，遂投笔从戎，以湘军名将成名天地间。咸丰六年卒于军，临终言："武汉未克，江西复危，不能两顾。死何足惜，事未了耳！其(胡林翼)与李续宾好为撑持。"[⑤]清廷照巡抚阵亡例赐恤，并于湖南本籍及湖北、江西地方建立专祠祭祀。罗泽南不出山赴戎，老死乡间一秀才耳。值国运奇变，秀才操刀，成就一番大事业，亦其人之幸欤！

二十一、噬嗑卦

【解题】

噬嗑卦震下离上，离明震动，有雷电之象，由明而动推衍到治狱刑罚。"程传：凡天下至于一国一家，至于万事，所以不和合者，皆由有间也，无间则合矣。……噬嗑者，治天下之大用也。去天地之间，在任刑罚，故卦取用刑为义。在二体明照而威震，乃用刑之象也。"[⑥]李舜臣曰："噬嗑以去颐中之梗，雷电以去天地之梗，刑狱以去天下之梗。"[⑦]噬嗑卦外刚中虚，九四爻为口

---

① 郭嵩焘：《罗忠节公年谱》，熊治祁编：《湖南人物年谱》，湖南人民出版社2013年版，第579页。

② 郭嵩焘：《罗忠节公年谱》，熊治祁编：《湖南人物年谱》，第580页。

③ 郭嵩焘：《罗忠节公年谱》，熊治祁编：《湖南人物年谱》，第587页。

④ 郭嵩焘：《罗忠公节年谱》，熊治祁编：《湖南人物年谱》，第587页。

⑤ 郭嵩焘：《罗忠公节年谱》，熊治祁编：《湖南人物年谱》，第614页。

⑥ 李光地编纂，刘大钧整理：《周易折中》，第92页。

⑦ 马振彪遗著，张善文整理：《周易学说》，第218页。

中有物之象,喻为作梗之罪人,当以刑罚去之。

【噬嗑卦经传】

噬嗑,亨,利用狱。(王注:噬,啮也。嗑,合也。凡物之不亲,由有间也。物之不齐,由有过也。有间与过,啮而合之,所以通也。刑克以通,狱之利也。)

彖曰:颐中有物曰"噬嗑"。(王注:颐中有物,啮而合之,"噬嗑"之义也。)"噬嗑"而"亨",(王注:有物有间,不啮不合,无由"亨"也。)刚柔分,动而明,雷电合而章。(王注:刚柔分动,不溷乃明。雷电并合,不乱乃章,皆"利用狱"之义。)柔得中而上行,虽不当位,"利用狱"也。(王注:谓五也。能为啮合而通,必有其主,五则是也。"上行",谓所之在进也。凡言上行,皆所之在贵也。虽不当位,不害用狱也。)

象曰:"雷电","噬嗑"。先王以明罚敕法。

初九,屦校灭趾,无咎。(王注:居无位之地,以处刑初,受刑而非治刑者也。凡过之所始,必始于微,而后至于著。罚之所始,必始于薄,而后至于诛。过轻戮薄,故"屦校灭趾",桎其行也,足惩而已,故不重也。过而不改,乃谓之过。小惩大诫,乃得其福,故"无咎"也。"校"者,以木绞校者也,即械也。校者取其通名也。)

象曰:"屦校灭趾",不行也。(王注:过止于此。)

六二,噬肤灭鼻,无咎。(王注:噬,啮也。啮者,刑克之谓也。处中得位,所刑者当,故曰"噬肤"也。乘刚而刑,未尽顺道,噬过其分,故"灭鼻"也。刑得所疾,故虽"灭鼻"而"无咎"也。肤者,柔脆之物也。)

象曰:"噬肤灭鼻",乘刚也。

六三,噬腊肉,遇毒,小吝,无咎。(王注:处下体之极,而履非其位,以斯食物,其物必坚。岂唯坚乎?将遇其毒。"噬",以喻刑人;"腊",以喻不服;"毒",以喻怨生。然承于四,而不乘刚,虽失其正,刑不侵顺,故虽"遇毒","小吝,无咎"。)

象曰:"遇毒",位不当也。

九四,噬干胏,得金矢,利艰贞,吉。(王注:虽体阳爻,为阴之主,履不获中,而居其非位;以斯噬物,物亦不服,故曰"噬干胏"也。"金",刚也;"矢",直也。"噬干胏"而得刚直,可以利于艰贞之吉,未足以尽通理之道也。)

象曰:"利艰贞吉",未光也。

六五,噬干肉,得黄金,贞厉,无咎。(王注:"干肉",坚也;"黄",中也;"金",刚也。以阴处阳,以柔乘刚,以噬于物,物亦不服,故曰"噬干肉"也。

然处得尊位，以柔乘刚，而居于中，能行其戮者也；履不正而能行其戮，刚胜者也。噬虽不服，得中而胜，故曰“噬干肉，得黄金”也。己虽不正，而刑戮得当，故虽“贞厉”而“无咎”也。）

象曰：“贞厉无咎”，得当也。

上九，何校灭耳，凶。（王注：处罚之极，恶积不改者也。罪非所惩，故刑及其首，至于“灭耳”。及首非诫，灭耳非惩，凶莫甚焉。）

象曰：“何校灭耳”，聪不明也。（王注：“聪不明”故不虑，恶积至于不可解也。）

【谋略第三十六】

治兵者须严明军法，既要赏罚分明，又要宽猛相济。

噬嗑卦卦辞曰：“噬嗑，亨，利用狱。”象曰：“雷电，噬嗑。先王以明罚敕法。”噬嗑，咬而合之，可去口中之物，亨通，利于刑罚。六五明察，明威并用，治狱必能刚柔并济，宽严得宜。“《潜夫论·三式篇》：‘《噬嗑》之卦，下动上明。其象曰：‘先王以明罚饬法。’夫积怠之俗，赏不隆则善不劝，罚不重则恶不惩。’”[①]赏罚分明还要赏罚得宜。张洪之曰：“罚者法之用，法者罚之体，明敕而预防，使民知所畏而不敢犯，先王忠厚之意见矣。”[②]可见周初立法已经很明确，使民知何者可行，何者禁行。曾松友看到刑狱的社会性质：“那时候战争的频繁，所以时捉获俘虏，所谓狱讼最初的产生，便是‘利以用刑’，他方面也是阶级分化的结果，因为囚狱是压制叛徒最上的工具。”[③]

孙子谓：“卒未亲附而罚之，则不服，不服则难用。卒已亲附而罚不行，则不可用。故合之以文，齐之以武，是谓必取。令素行以教其民，则民服；令素不行以教其民，则民不服。”[④]孙子是强调严明军法的，军纪必济之于恩泽，恩威兼施，士卒才能归心而令行禁止。

---

① 杨树达：《周易古义/老子古义》，吉林人民出版社2012年，第46页。

② 马振彪遗著，张善文整理：《周易学说》，第219页。

③ 曾松友：《周易时代之社会制度与思想》，《厦大月刊》1932年第25期，第3页。

④ 吴九龙主编：《孙子校释》，第164页。

【史鉴】

诸葛亮严惩李严

成都武侯祠诸葛亮殿前有副赵藩撰写的楹联:“能攻心则反侧自消,从古知兵非好战;不审势即宽严皆误,后来治蜀要深思。”[①]诸葛亮治蜀是以严著名的,从处分李严可见一斑。“章武二年,刘备败退永安,又患重病时,开始着手安排后事。从他托孤时所对诸葛亮、刘禅说的话来看,他对刘禅今后的地位甚为担心。他开始着手上层人事调整。他直接下诏,令李严到永安宫,拜为尚书令,直接留在身边,管理大小政事。……刘备这举动,不仅含有要培植李严力量,要他与诸葛亮分权之味,也是当时蜀汉朝廷中重大人事变动的信号,对诸葛亮的震动、威胁很大。”[②]诸葛亮对李严当有所忌,不让其参与中枢。“建兴五年,诸葛亮北伐前,在著名的《出师表》中,对朝中大事做了周密安排与布置,提到了众多大臣,唯独没谈到作为托孤之副的李严。他出军前,又将‘知后事’的重任交与了蒋琬等。李严的梦想彻底破灭。”[③]建兴九年,李严到汉中接替魏延,“督汉中”。这年春,诸葛亮率军出祁山,令李严负责军粮等运输事务。李严在现实中成为运粮官。运粮官也做得不好,不能按时运达前线。李严惧诸葛亮之严纠,假传刘禅谕旨令诸葛亮退军。真相大白后,曾与诸葛亮并肩的托孤大臣落得失职废为民,徙梓潼郡闲居,直到病死。以李严之身份,惧怕诸葛亮到如此程度,诸葛之严刑峻法不是闹着玩的。然蜀民畏诸葛亮之法而怀其德,后世德性才具不如诸葛亮者能不深思乎?

二十二、贲卦

【解题】

贲卦离下艮上,火照其上,有贲饰之象。朱熹谓:“贲,饰也。卦自《损》来者,柔自三来而文二,刚自二上而文三。自《既济》而来者,柔自上来而文五,刚自五上而文上。又内离而外艮,有文明而各得其分之象,故为贲。”[④]损卦九二、六三相交换,既济卦九五、上六相交换,都可成贲卦。李士鉁谓:“贲,饰也。山者草木百物之所生,下有火,则照见其上。草木品汇,皆被光彩,有

① 王明达选注:《历代白族作家丛书·赵藩卷》,民族出版社2006年版,第412页。

② 罗开玉、谢辉:《成都通史》卷二,四川人民出版社2011年版,第164页。

③ 罗开玉、谢辉:《成都通史》卷二,第166页。

④ 李光地编纂,刘大钧整理:《周易折中》,第95页。

文饰之象。"[1]陈鼓应谓："《贲》卦写太阳落山、黄昏娶妇之事。婚娶必有彩饰物、必有彩礼，故初爻饰其服，二爻饰其荣，三爻饰其车，四爻饰其马，五爻饰其园，上爻则饰极返朴。"[2]

【贲卦经传】

贲，亨。小利有攸往。

彖曰：贲"亨"，柔来而文刚，故"亨"。分刚上而文柔，故"小利有攸往"。（王注：刚柔不分，文何由生？故坤之上六来居二位，"柔来文刚"之义也。柔来文刚，居位得中，是以"亨"。乾之九二，分居上位，"分刚上而文柔"之义也。刚上文柔，不得中位，不若柔来文刚，故"小利有攸往"。）（按：贲卦从泰卦卦变而来。坤之上六与乾之九二相交换，得贲卦。）刚柔交错，天文也。（王注：刚柔交错而成文焉，天之文也。）文明以止，人文也。（王注：止物不以威武，而以文明，人之文也。）观乎天文，以察时变；观乎人文，以化成天下。（王注：观天之文，则时变可知也；观人之文，则化成可为也。）

象曰：山下有火，贲。君子以明庶政，无敢折狱。（王注：处贲之时，止物以文明，不可以威刑，故"君子以明庶政"，而"无敢折狱"。）

初九，贲其趾，舍车而徒。（王注：在贲之始，以刚处下，居于无位，弃于不义，安夫徒步以从其志者也，故饰其趾，"舍车而徒"，"义弗乘"之谓也。）

象曰："舍车而徒"，义弗乘也。（按：《说苑·立节》："义者轩冕在前，非义弗乘。"[3]）

六二，贲其须。（王注：得其位而无应，三亦无应，俱无应而比焉，近而相得者也。"须"之为物，上附者也。循其所履，以附于上，故曰"贲其须"也。）

象曰："贲其须"，与上兴也。

九三，贲如濡如，永贞吉。（王注：处下体之极，居得其位，与二相比，俱履其正，和合相润以成其文者也。既得其饰，又得其润，故曰"贲如濡如"也。永保其贞，物莫之陵，故曰"永贞吉"也。）

象曰："永贞"之"吉"，终莫之陵也。

六四，贲如皤如，白马翰如，匪寇婚媾。（王注：有应在初，而阂于三，为己寇难，二志相感，不获通亨。欲静则疑初之应，欲进则惧三之难，故或饰或素，内怀疑惧也。鲜洁其马，"翰如"以待，虽履正位，未敢果其志也。三为刚猛，未可轻犯，匪寇乃婚，"终无尤也"。）（按：楼宇烈本："有应在初，而阂于三

---

① 李士钤：《周易注》卷上，第73页。

② 陈鼓应、赵建伟注译：《周易今注今译》，第216页。

③ 陈雄根等编著：《先秦两汉典籍引〈周易〉〈论语〉〈孟子〉资料汇编》，第49页。

为已寇,虽二志相感,不获通亨。”[①])

象曰:六四当位,疑也。“匪寇婚媾”,终无尤也。

六五,贲于丘园,束帛戋戋。吝,终吉。(王注:处得尊位,为饰之主,饰之盛者也。施饰于物,其道害也。施饰丘园,盛莫大焉,故贲于束帛,丘园乃落。贲于丘园,帛乃戋戋。用莫过俭,泰而能约,故必“吝”焉,乃得“终吉”也。)

象曰:六五之吉,有喜也。

上九,白贲,无咎。(王注:处饰之终,饰终反素,故任其质素,不劳文饰,而“无咎”也。以白为饰,而无患忧,得志者也。)

象曰:“白贲无咎”,上得志也。

【谋略第三十七】

在上者有好贤之心,应排除碍贤者的阻隔。在下者公正坦荡,处事光明,终能赢得上心,成其上下相合之志。

贲卦六四爻辞曰:“六四,贲如皤如,白马翰如,匪寇婚媾。”六四,装饰得盛美无匹,白马强悍飞奔,这不是敌寇来侵,而是来结婚姻。六四与初九正应,虽有九三相阻碍,四与初九终能结成婚姻。王弼注:“有应在初,而阂于三为已寇;虽二志相感,不获通亨。欲静则疑初之应,欲进则惧三之难,故或饰或素,内怀疑惧也。鲜洁其马,翰如以待,虽履正位,未敢果其志也。三为刚猛,未可轻犯。匪寇乃婚,终无尤也。”是说九三为寇,初九为婚媾于四。陈梦雷谓:“四与初以相应为贲。乃为三所隔,心虽合而迹睽,不得所贲,为皤如之象。然本正应,不肯他从,往求之心如飞翰之疾,有白马翰如之象。九三刚正,非为寇者也,乃求婚媾耳。然位虽近三,心实在初。守正不与,理直义胜,三不得而尤之也。”[②]谓匪寇婚媾是说九三。李士鉁谓:“六四阴柔,从初则畏惧险远,乘三则有不安,故礼饰已成,犹徐徐不进也。坎为寇,初正应四为婚媾。虽碍于三而不遽进,然阴阳相合,实匪寇而婚媾也。……婚姻夫妇之礼,聘贤君臣之礼,皆贲之大者。物不可以苟合,故饰。夫妇君臣,尤惧苟合也。”[③]匪寇婚媾是说六四与初之间的关系。唐明邦《周易评注》谓:“六四虽处位适当,但下有阳刚相逼,难免心有疑虑。弄清娶亲意图后,才如释重负,再无怨尤。”[④]九三为寇为婚媾。曹元弼谓:“四正当应初之位,有好

① 王弼撰,楼宇烈校释:《周易注》,第122页。

② 陈梦雷撰:《周易浅述》,第95页。

③ 李士鉁:《周易注》卷上,第74页。

④ 唐明邦主编,黄钊等撰:《周易评注》,第59页。

贤之志，而为附势内交畏难避嫌之见所惑，则其志分而其行不果，殆已不足于有为，故初舍其车而弗乘，避之若寇。然四虽处疑地，而志终应初。则四非初寇，乃婚姻也。……三阳德正……有与人为善之公，无比党攘美之私。四乘坎马，非有险难，则三非四寇，乃所以成其为婚媾，故象曰终无尤也。”[①]是说初曾以六四为寇，六四到底与初相应，乃婚姻也而非敌寇。说三不阳之反有与人为善之美，以九三得正立论，匪夷所思。

孙子曰：“故知胜有五：知可以战与不可以战者胜，识众寡之用者胜，上下同欲者胜，以虞待不虞者胜，将能而君不御者胜。”[②]“上下同欲”的前提是上下相知。上下相猜焉能做到“上下同欲”，其胜败亦可期了。

【史鉴】

曹锟重用顾维钧

曹锟当上贿选总统，顾维钧仍做他的外交总长。俗话说：“秀才遇见兵，有理说不清。”二者之间是如何共事的呢？顾维钧在其回忆录里对曹佩服有加：“保定派的三个领袖陆军总长陆锦将军、交通总长吴毓麟先生和高凌蔚先生曾一起及分别对我劝说，极力要求我任命黄荣良为驻伦敦公使。黄曾任过驻澳大利亚和纽约的领事及驻奥国公使，他是个职业外交官，同时也是我的朋友。我告诉他们黄是个有经验的职业外交官，但任命他为驻英国公使还需要慎重考虑，因为当时的任何国家都认为伦敦是个最重要的外交岗位。第二天他们又来找我，两天后他们继续催促……一天，总统在他的办公室召开内阁会议，研究一些其他问题……吴毓麟先生隔着会议桌对总统说：他和陆锦、高凌霨都对外交总长谈过关于黄良荣的任命问题，希望总统再亲自和顾总长谈一谈。曹总统听了吴毓麟的话立刻沉下脸来，对他说：‘老弟，你什么时候开始学的外交？因为我不懂外交，才请顾先生来当外交总长。顾先生办外交有经验，我把这摊工作完全委托给他，你们为什么要出来干预？这件事应该完全由顾总长决定。’”[③]这里的曹锟跟我们想象的完全不同。顾维钧说：“我对曹锟作为一个领袖给予很高的评价，他虽然受教育不多，却具有领袖的品格。”[④]曹锟能做到总统，必然具有不一般的品格。其部下吴佩孚能做到毕生服膺曹氏，则曹氏在能结众心方面必有过人之处。

---

① 曹元弼：《周易集解补释》卷五，第80页。

② 吴九龙主编：《孙子校释》，第47页。

③ 中国社会科学院近代史研究所译：《顾维钧回忆录》第1册，中华书局2013年版，第254页。

④ 中国社会科学院近代史研究所译：《顾维钧回忆录》第1册，第254页。

二十三、剥卦

【解题】

剥卦上艮下坤,山突出于地,必见剥落。朱熹谓:"'剥',落也。五阴在下而方生,一阳在上而将尽,阴盛长而阳消落,九月之卦也。阴盛阳衰,小人壮而君子病。又内坤外艮,有顺时而止之象。"[①]处"剥卦"之时,不宜进宜退。陈梦雷谓:"六爻以上九为主,故于上爻幸一阳之存。而下五爻,凡有与于阳者吉,无与于阳者凶。五以承阳故无不利,三以应阳故无咎,初、二远阳而剥未尽,故皆蔑贞凶。独六四以迫于阳而剥极,故直言凶也。"[②]

【剥卦经传】

剥,不利有攸往。

彖曰:剥,剥也,柔变刚也。"不利有攸往",小人长也。顺而止之,观象也。君子尚消息盈虚,天行也。(王注:坤顺而艮止也,所以"顺而止之"。不敢以刚止者,以观其形象也。强亢激拂,触忤以陨身。身既倾焉,功又不就,非君子之所尚也。)

象曰:山附于地,剥。上以厚下安宅。(王注:"厚下"者,床不见剥也。"安宅"者,物不失处也。"厚下安宅",治剥之道也。)

初六,剥床以足,蔑贞凶。(王注:床者,人之所以安也。"剥床以足",犹云削床之足也。"蔑",犹削也。剥床之足,灭下之道也。下道始灭,刚陨柔长,则正削而凶来也。)

象曰:"剥床以足",以灭下也。

六二,剥床以辨,蔑贞凶。(王注:"蔑",犹甚极之辞也。"辨"者,足之上也。剥道浸长,故剥其辨也。稍近于床,转欲灭物之所处,长柔而削正,以斯为德,物所弃也。)

象曰:"剥床以辨",未有与也。

六三,剥之,无咎。(王注:与上为应,群阴剥阳,我独协焉,虽处于剥,可以"无咎"。)

象曰:"剥之无咎",失上下也。(王注:三上下各有二阴,而三独应于阳,则失上下也。)(按:刘玉建本:"三上下各有二阴,而二独应于阳,则失上下也。"[③]失之。)

---

① 李光地编纂,刘大钧整理:《周易折中》,第100页。

② 陈梦雷:《周易浅述》,第96页。

③ 刘玉建:《〈周易正义〉导读》,第212页。

六四，剥床以肤，凶。（王注：初、二剥床，民所以安，未剥其身也。至四，剥道浸长，床既剥尽，以及人身，小人遂盛；物将失身，岂唯削正？靡所不凶。）

象曰："剥床以肤"，切近灾也。

六五，贯鱼以宫人宠，无不利。（王注：处剥之时，居得尊位，为剥之主者也。剥之为害，小人得宠，以消君子者也。若能施宠小人，于宫人而已，不害于正，则所宠虽众，终无尤也。"贯鱼"，谓此众阴也。骈头相次，似贯鱼也。）

象曰："以宫人宠"，终无尤也。

上九，硕果不食，君子得舆，小人剥庐。（王注：处卦之终，独全不落，故果至于硕而不见食也。君子居之，则为民覆荫；小人用之，则剥下所庇也。）

象曰："君子得舆"，民所载也。"小人剥庐"，终不可用也。

【谋略第三十八】

处剥之时，敌方势大，当退而处之，静观时变，以待转机。

剥卦卦辞曰："剥，不利有攸往。"处剥之时，不利于前进，利于退处。剥卦是五阴并进，阳道退缩，小人势力极盛，君子势力极弱。君子应退而处之，静观时变，以待阳气回复之机。象曰："剥，剥也，柔变刚也。不利有攸往，小人长也。顺而止之，观象也。君子尚消息盈虚，天行也。"剥卦是五柔敌一刚，刚阳退缩，小人势盛。王弼注："坤顺而艮止也，所以顺而止之，不敢以刚止者，以观其形象也。强亢激拂，触忤以陨身。"处剥之时，当顺以静处，不要刚暴力敌。

孙子曰："故用兵之法，十则围之，五则攻之，倍则战之，敌则能分之，少则能逃之，不若则能避之。故小敌之坚，大敌之擒也。"[①]敌强我弱，敌方势盛，我须逃之、避之，以待转机。

【史鉴】

荣德生处剥观变

1944年，值荣德生七十寿辰。荣氏散发了他在此前写下的《乐农自订行年纪事》。无锡钱基厚为该书写了序。钱先生在序文结尾引用周易"剥卦"和"复卦"。他说："余谓中国今日，于《易》卦当为《剥》，在《剥》之'上九'，其象为'硕果不食'。"[②]钱氏所说的时代，正值抗战时期，整个说来，敌强我弱，难以力敌，正我民族处"剥"之时。此时我民族自不能与日寇死打硬拼，须与

① 吴九龙主编：《孙子校释》，第42页。

② 荣敬本、荣勉韧等：《梁溪荣氏家族史》，中央编译出版社1995年版，第216页。

日寇相与周旋,等待时局转变,将强盗赶出中国。就个体来说,敌寇环逼,当退之避之,寻找时机,歼灭敌人。抗战爆发,荣德生积极支持企业内迁,1937年11月,荣德生避敌武汉。1938年6月,荣德生从香港回到上海,苦心维持在上海的企业。“在此前后,日军提出要‘合作经营’无锡申新三厂和茂新二厂或签订租约租用这两家工厂,日商丰田纱厂则企图强行收买上海申新一厂和八厂,但这些都被荣德生严词拒绝了。他说:‘我是中国人,决不把中国的产业卖给外国人。’为了讨好日本侵略者,大汉奸褚民谊专门在上海国际饭店设宴招待荣德生,企图迫使他让步。荣德生没有赴宴,明确表示:‘宁为玉碎,不欲瓦全!’在荣德生的影响下,荣家企业中没一个厂同日伪‘合作’,亲属子侄中没有一个人向日伪屈服。”①宵小势胜,君子自当退避观变,不宜有为。

二十四、复卦

【解题】

复卦震下坤上,雷动于下,阳复生于下也。刘沅谓:“复,阳复生于下也。自五月一阴生,至于十月为纯坤之卦。阴阳本相循环,阴极而阳复生,十一月之卦也。……天地气化以阳为主,出而长养,入而归藏,动静无端,阴阳无始者,一元之理气周流主宰而不息也。”②即阳过而阴随,阳来而阴去,非阳被消剥,阳自身周流循环也。剥卦是五阴剥落一阳,阳将被剥尽。然而,否极必泰,剥极必复。阳刚复反于初,从低位重新积蓄力量,从而又开始剥阴的过程。

【复卦经传】

复,亨。出入无疾,朋来无咎。反复其道,七日来复。利有攸往。

彖曰:复亨,刚反动而以顺行,是以“出入无疾”,(王注:入则为反,出则刚长,故“无疾”。疾,犹病也。)“朋来无咎”,(王注:“朋”,谓阳也。)“反复其道,七日来复”,(王注:阳气始剥尽,至来复时,凡七日。)天行也。(王注:以天之行,反复不过七日,复之不可远也。)“利有攸往”,刚长也。(王注:往则小人道消也。)复,其见天地之心乎?(王注:复者,反本之谓也。天地以本为心者也。凡动息则静,静非对动者也;语息则默,默非对语者也。然则天地虽大,富有万物,雷动风行,运化万变,寂然至无,是其本矣。故动息地中,乃天地之心见也。若其以有为心,则异类未获具存矣。)

象曰:雷在地中,复。先王以至日闭关,商旅不行,后不省方。(王注:

① 陈文源:《抗日战争时期的荣德生》,黄胜平、郑晓奇主编:《江南文史钩沉》,甘肃人民出版社2003年版,第418页。

② 马振彪遗著,张善文整理:《周易学说》,第243页。

“方”,事也。冬至,阴之复也;夏至,阳之复也。故为复,则至于寂然大静。先王则天地而行者也,动复则静,行复则止,事复则无事也。)

初九,不远复,无祇悔,元吉。(王注:最处复初,始复者也。复之不速,遂至迷凶。不远而复,几悔而反,以此修身,患难远矣。错之于事,其殆庶几乎?故“元吉”也。)

象曰:不远之复,以修身也。

六二,休复,吉。(王注:得位处中,最比于初。上无阳爻以疑其亲。阳为仁行,在初之上而附顺之,下仁之谓也。既处中位,亲仁善邻,复之休也。)

象曰:“休复”之吉,以下仁也。

六三,频复,厉,无咎。(王注:“频”,频蹙之貌也。处下体之终,虽愈于上六之迷,已失复远矣,是以蹙也。蹙而求复,未至于迷,故虽危无咎也。复道宜速,蹙而乃复,义虽无咎,它来难保。)

象曰:“频复”之“厉”,义无咎也。

六四,中行独复。(王注:四,上下各有二阴,而处厥中,履得其位,而应于初,独得所复。顺道而反,物莫之犯,故曰“中行独复”也。)

象曰:“中行独复”,以从道也。

六五,敦复,无悔。(王注:居厚而履中,居厚则无怨,履中则可以自考。虽不足以及休复之吉,守厚以复,悔可免也。)

象曰:“敦复无悔”,中以自考也。

上六,迷复,凶,有灾眚。用行师,终有大败。以其国君凶,至于十年不克征。(王注:最处复后,是迷者也。以迷求复,故曰“迷复”也。用之行师,难用有克也,终必大败。用之于国,则反乎君道也。大败乃复,量斯势也,虽复十年修之,犹未能征也。)

象曰:“迷复”之凶,反君道也。

【谋略第三十九】

统兵者迷信武力,迷途不返,不修德政而妄肆动兵,必给自己和国家带来巨大的灾难。

复卦上六爻辞曰:“上六,迷复,凶,有灾眚。用行师,终有大败。以其国君凶,至于十年不克征。”上六,因行远而迷失,往而不复,有凶祸。复之时,应静养待机,行军作战,必有大败。给其国君造成的凶祸,十年都不能恢复元气。上六远于初九,故迷失难复。“张氏紫岩曰:远性故迷,迷则失德,而获罪于天人。德失于内,兵动于外,理必然也。秦皇、汉武之事可考矣。《谦》六五曰:利用侵伐;上六曰:利用行师。圣人用《谦》,道德必充,仁义必修,人才必得,政事必举,是以有征伐行师之利也。迷复则失其常性,好大喜功,其动必败,迷复而行师可乎哉?"[①]执迷不悟,迷途不返,兴兵必败。马其昶曰:"初阳为本觉光明,阴之君也,气之帅也,阴不从阳,先迷失道,故曰反君道。"[②]上六离初九太远而迷失道路。马振彪谓:"复性有功,保其几希而弗失者也。上则驰骋于外,戕贼其性,而喜称兵,欲以阴谋取胜,此月令所谓变天之道、绝地之理、乱人之纪者。驯至十年犹不克征,则民命国脉俱伤,一蹶而不可复振。"[③]上六不能保其真性,迷乱不复,以至躁动兴兵,不可收拾。陈鼓应谓:"'复'谓回复、恢复、复生。当《剥》、《坤》阴之盛极,阳德顺时回复,退而居下;若只进不退、只往不复,则谓之'迷','迷'则'凶'。"[④]上六背阳德而行,行师必败。姜国柱谓:"迷失道路是危险的……迷路而不识归路,则会造成凶祸。对于行军打仗来说……都为敌人造成可乘之机,招致大败,以至全军覆没,如果国君、主帅在军中,则会被俘或受伤,大伤元气。惨败之后,十年之内,不能恢复,不可出征。"[⑤]牛鸿恩等解作:"迷失道路必然有凶,国君不遵正道而轻易作战,则师败国凶,十年也不能恢复元气。"[⑥]强调统治者的治国道德关乎胜败存亡,不义或不道德的战争必然失败。

孙子谓:"主不可以怒而兴军,将不可以愠而致战。合于利而动,不合于利而止。怒可复喜,愠可复悦,亡国不可以复存,死者不可以复生。故明主慎之,良将警之。此安国全军之道也。"[⑦]言兴兵作战之慎重。如张预注所说:"君常慎于用兵,则国可以安;将常戒于轻战,则可以全军。"[⑧]

【史鉴】

楚灵王穷兵黩武

马振彪谓:"楚灵王之受祸,吴夫差之灭国,皆求逞于外而不复者也。复之上六即坤之上六,龙血玄黄,其祸皆由反君道而来也。"[⑨]楚康王去世后,郏敖即位。令尹王子围是康王的弟弟,他见郏敖懦弱无用,便树党营私,把政

---

① 欧阳厚均撰,方红姣校点:《欧阳厚均集》,岳麓书社 2013 年版,第 437 页。
② 马振彪遗著,张善文整理:《周易学说》,第 251 页。
③ 马振彪遗著,张善文整理:《周易学说》,第 252 页。
④ 陈鼓应、赵建伟注译:《周易今注今译》,第 234 页。
⑤ 姜国柱:《〈周易〉与兵法》,第 19 页。
⑥ 牛鸿恩、邱少华编著:《先秦经史军事论译注》,第 1 页。
⑦ 吴九龙主编:《孙子校释》,第 232 页。
⑧ 吴九龙主编:《孙子校释》,第 233 页。
⑨ 马振彪遗著,张善文整理:《周易学说》,第 253 页。

权握在自己手里，并僭用王礼。鲁昭公元年（前541年），王子围聘郑，与诸侯在虢地相会。各国大夫看见他所陈的仪卫，都知道他有篡位之心。他回国以后，便在国内秘密安排，自己假装再聘郑国。他听得郏敖有病，借进宫问病之机，把郏敖缢死，自己即位，是为楚灵王。灵王得国不正，不思补救以挽回人心，反而骄奢淫逸，穷兵黩武。他在会合诸侯之时，扣留了顺从吴国的徐子，并起兵伐吴，攻破吴邑朱方。他还联合诸侯攻灭赖国，把赖民迁往鄢地。吴人伐楚报仇，攻人棘、栎、麻三邑。楚灵王又联合诸侯伐吴。灵王亲率大军渡过罗水，直到汝清地方。不久，楚人又伐徐，吴人来救，楚令尹子荡率兵攻吴，被吴人击败。这时陈国发生内乱，楚灵王把陈灭掉，把许人迁到陈邑城父（约在今安徽亳州），把城父的人迁到陈都。不久他又诱杀了蔡君，灭掉蔡国；在陈、蔡、不羹（约在今河南西南境）几处地方筑了大城，以逼北方。鲁昭公十二年（前530年），楚灵王在州来（在今安徽凤台）狩猎阅军，派兵围徐，借以威胁吴国，灵王亲自驻在乾谿（在今安徽亳州）以为援应。明年，楚国贵族和在楚的许人、蔡人引导越兵作乱，召来了灵王篡位时所赶走的公子比（子干）和公子黑肱（子皙），又耸动了陈、蔡、不羹、许、叶诸邑的军队，攻入楚都，杀死灵王的大子禄等，奉公子比为王，公子黑肱为令尹，公子弃疾（共王子蔡公）为司马。灵王这时方在乾谿，闻警回国，在半路上手下军队一齐溃散，逼得灵王孤零零地自己吊死。[①] 楚国的国势很多年也没有恢复过来。楚灵王得国不正，又不思修德，反而连年动武，国无宁日，最后天怒人怨，自己落得投缳而死，岂不哀哉。

二十五、无妄卦

【解题】

无妄卦震下乾上，雷动于天为无妄。“程传……复者，反于道也。既复于道，则合正理而无妄。”[②]人合于道则行事无妄。高亨谓：“《广雅·释诂》：‘妄，乱也。’凡言不当谓之妄言，行不当谓之妄行，则‘无妄’者谓其当然者也。”[③]无妄即行为不妄、正当之意。朱熹谓：“无妄，实理自然之谓，《史记》作无望，谓无所期望而有得焉者，其义亦通。为卦自《讼》而变，九自二来而居于初，又为震主，动而不妄者也，故为无妄。又二体震动能乾健，九五刚中而应六二，故其占大亨，而利于正。”[④]讼卦九二爻与初六爻相交换，得天雷无妄

① 童书业著，童教英校订：《春秋史》，中华书局2012年版，第271页。

② 李光地撰，刘大钧整理：《周易折中》，第89页。

③ 高亨：《周易古经今注》，《高亨著作集林》第1卷，第276页。

④ 李光地编纂，刘大钧整理：《周易折中》，第105页。

卦。陈梦雷谓:“复者,反于道也。既复于道,合于正理而无妄矣。无妄所以次复也。全象大亨而利于正,不正则所往不利。盖正则合于无妄,不正则妄矣。”①既然回复正道,必行为正当合理,即无妄言妄行矣。

【无妄卦经传】

无妄,元亨,利贞。其匪正有眚。不利有攸往。

彖曰:无妄,刚自外来,而为主于内。(王注:谓震也。)动而健,(王注:震动而乾健也。)刚中而应,(王注:谓五也。)大亨以正,天之命也。(王注:刚自外来而为主于内,动而愈健。“刚中而应”,威刚方正,私欲不行,何可以妄?使有妄之道灭,无妄之道成,非大亨利贞而何?刚自外来,而为主于内,则柔邪之道消矣;动而愈健,则刚直之道通矣。刚中而应,则齐明之德著矣,故“大亨以正”也。天之教命,何可犯乎?何可妄乎?是以“匪正”则“有眚”,而“不利有攸往”也。)

“其匪正有眚,不利有攸往”,无妄之往,何之矣?天命不佑,行矣哉!(王注:匪正有眚,不求改以从正,而欲有所往。居不可以妄之时,而欲以不正有所往,将欲何之?天命之所不佑,竟矣哉!)

象曰:天下雷行,物与无妄。(王注:与,辞也,犹皆也。“天下雷行”,物皆不可以妄也。)先王以茂对时育万物。(王注:“茂”,盛也。物皆不敢妄,然后万物乃得各全其性,“对时”育物,莫盛于斯也。)

初九,无妄,往吉。(王注:体刚处下,以贵下贱,行不犯妄,故往得其志。)(按:楼宇烈本曰:“无妄往,吉。”②)

象曰:“无妄”之往,得志也。

六二,不耕获,不菑畬,则利有攸往。(王注:不耕而获,不菑而畬,代终已成而不造也。不擅其美,乃尽臣道,故“利有攸往”。)

象曰:“不耕获”,未富也。

六三,无妄之灾,或系之牛。行人之得,邑人之灾。(王注:以阴居阳,行违谦顺,是无妄之所以为灾也。牛者,稼穑之资也。二以不耕而获,利有攸往。而三为不顺之行,故或系之牛。是有司之所以为获,彼人之所以为灾也,故曰“行人之得,邑人之灾也。”)

象曰:行人得牛,邑人灾也。

九四,可贞,无咎。(王注:处无妄之时,以阳居阴,以刚乘柔,履于谦顺,比近至尊,故可以任正,固有所守而“无咎”也。)

---

① 陈梦雷:《周易浅述》,第102页。

② 王弼注,楼宇烈校释:《周易注》,第139页。

象曰："可贞，无咎"，固有之也。

九五，无妄之疾，勿药有喜。（王注：居得尊位，为无妄之主者也。下皆无妄，害非所致而取药焉，疾之甚也。非妄之灾，勿治自复；非妄而药之则凶，故曰"勿药有喜"。）

象曰：无妄之药，不可试也。（王注：药攻有妄者也，而反攻无妄，故不可试也。）

上九，无妄，行有眚，无攸利。（王注：处不可妄之极，唯宜静保其身而已，故不可以行也。）

象曰：无妄之行，穷之灾也。

【谋略第四十】

当力量养成之时，守道直行，刚正无偏，必能得乎天时地利，结果自然亨通。

无妄卦彖辞曰："动而健，刚中而应。大亨以正，天之命也。"震动而乾健，九五阳刚居中得正，正应六二。动而顺应天时自然，行天下正道，大为亨通。王弼注："刚自外来而为主于内，动而愈健。刚中而应，威刚方正，私欲不行，何可以妄？使有妄之道灭，无妄之道成，非大亨利贞而何？刚自外来，而为主于内，则柔邪之道消矣；动而愈健，则刚直之道通矣。刚中而应，则齐明之德著矣，故'大亨以正'也。"自复卦而后，阳道呈上升之势，内蓄刚中，外有应援，顺道而行，大为亨通。陈梦雷谓："动健以下，一正一反。能如本卦之德动健，刚中而应，则以正合乎天命矣。若其不以正，则私意妄动，必不可行也。"[①]行以正道，必能合乎自然，顺乎天命，结果自然亨通。

孙子曰："将军之事，静以幽，正以治。"[②]处置军事，要镇静持定，光明坦荡，一守正道，才能使士卒亲附，号令素行。

【史鉴】

朱元璋成就帝业

朱元璋出身卑，寄人篱下，看不到有什么翻身的希望。然而他经过实践的打拼，最终统一了天下，成为一代雄主。在力量弱小之时，朱元璋能隐忍待时，广结奥援，积蓄力量。1355 年，朱元璋接替郭子兴成为一方义军首领，开始大展身手。1356 年，攻占集庆这一全国财赋之区，采"避实击虚"的原

① 陈梦雷：《周易浅述》，第 103 页。

② 吴九龙主编：《孙子校释》，第 202 页。

则,顺利攻取了江南地区。征战的实践造就了朱元璋,他也善于吸收知识分子的意见,终能顺应历史潮流,拟定正确的战略方策,“驱除鞑虏,恢复中华,立纲陈纪,救济斯民”[①]。1367年,朱元璋命将出师,终于收拾了故元天下,开创了明朝三百年帝业。

二十六、大畜卦

【解题】

大畜卦乾下艮上,艮畜聚乾而成大畜。刘沅曰:“畜之大者有三义:天在山中,畜聚;艮止乾,畜止;刚上尚贤,畜养也。……实而不虚,乃可积畜,故次无妄。”[②]大畜卦,艮上乾下,艮山蓄止乾体之刚健,譬喻人才之蓄养。“大畜,利贞。不家食吉。利涉大川。”天被山所包容,乾为艮所止蓄,有蓄养贤人之意。贤人君子应出而匡正天下,解国家之大艰大难,结果是吉利的。

【大畜卦经传】

大畜,利贞。不家食吉。利涉大川。

彖曰:大畜,刚健笃实,辉光日新其德,(王注:凡物既厌而退者,弱也;既荣而陨者,薄也。夫能“辉光日新其德”者,唯刚健笃实也。)(按:《释文》:“大畜刚健,绝句。煇音辉。光决句。日新其德,郑[玄]以日新绝句,其德连下句。”[③])刚上而尚贤。(王注:谓上九也。处上而大通,刚来而不距,“尚贤”之谓也。)能止健,大正也。(王注:健莫过乾,而能止之,非夫“大正”,未之能也。)“不家食吉”,养贤也。“利涉大川”,应乎天也。(王注:有大畜之实,以之养贤,令贤者不家食,乃吉也。尚贤制健,大正应天,不忧险难,故“利涉大川”也。)

象曰:天在山中,大畜。君子以多识前言往行,以畜其德。(王注:物之可畜于怀,令德不散,尽于此也。)

初九,有厉,利已。(王注:四乃畜己,未可犯也。故进则有厉,已则利也。)

象曰:“有厉利已”,不犯灾也。(王注:处健之始,未果其健者,故能利已。)

九二,舆说輹。(王注:五处畜盛,未可犯也,遇斯而进,故“舆说輹”也。居得其中,能以其中不为冯河,死而无悔;遇难能止,故“无尤”也。)

象曰:“舆说輹”,中无尤也。

---

① 胡广等撰,中央研究院历史语言研究所校勘:《明太祖实录》卷二六,第402页。

② 马振彪遗著,张善文整理:《周易学说》,第263页。

③ 孙星衍:《周易集解》,第229页。

九三，良马逐，利艰贞；日闲舆卫，利有攸往。（王注：凡物极则反，故畜极则通。初二之进，值于畜盛，故不可以升。至于九三，升于上九，而上九处天衢之亨，涂径大通，进无违距，可以驰骋，故曰"良马逐"也。履当其位，进得其时，在乎通路，不忧险厄，故"利艰贞"也。"闲"，阂也。"卫"，护也。进得其时，虽涉艰难而无患也，舆虽遇闲而故卫也。与上合志，故"利有攸往"也。）

象曰："利有攸往"，上合志也。

六四，童牛之牿，元吉。（王注：处艮之始，履得其位，能止健初。距不以角，柔以止刚，刚不敢犯，抑锐之始。以息强争，岂唯独利，乃将有喜也。）

象曰；六四"元吉"，有喜也。

六五，豮豕之牙，吉。（王注：豕牙横猾，刚暴难制之物，谓二也。五处得尊位，为畜之主。二刚而进，能豮其牙，柔能制健，禁暴抑盛，岂唯能固其位，乃将"有庆"也。）

象曰：六五之吉，有庆也。

上九，何天之衢，亨。（王注：处畜之极，畜极则通，大畜以至于大亨之时。"何"，辞也。犹云：何畜乃天之衢亨也。）

象曰：何天之衢，道大行也。

【谋略第四十一】

统兵者能与上合志，锐意前进，但也要临事谨慎，时时勤习操练，庶可无误。

大畜卦九三爻辞曰："九三，良马逐，利艰贞；日闲舆卫，利有攸往。"九三，象良马奔驰，应坚贞守正；经常演练驾车与战斗技术，利于前进。九三与上九不相应，不为上九所止蓄，能象良马一样奔驰前进。"然九三过刚锐进，故诫以宜艰难其事，严守贞正之道，并每日闲习车舆、防卫之术，乃能利有所往。"[①]虞翻谓："坎为闲习，坤为车舆，乾人在上，震为警卫，讲武闲兵，故曰日闲舆卫也。"[②]用互体解爻辞。九三与六四、六二（九二变）成参坎。大畜旁通萃，萃下卦坤为车舆。九三与六四、六五成参震。尚秉和谓："兹以《易林》阴阳相遇则吉之义推之，三临二阴，故利往。上谓四、五，非上九也。《易》凡在前者皆曰'上'"[③]尚先生见地独到。屈万里谓："艰……指侵伐之事。"[④]"利艰贞"为利于作战守正。曹元弼谓："讲武闲兵，莫先节制。防闲正闲习之事。九三言大畜成既济。良马逐，言德已成，贤已萃。乃及时济众，健行并进也。

① 朱高正：《周易六十四卦通解》，华东师范大学出版社 1999 年版，第 87 页。

② 曹元弼：《周易集解补释》卷六，第 44 页。

③ 尚秉和著，常秉义批点：《焦氏易诂》，第 52 页。

④ 屈万里：《读易三种》，《屈万里全集》，第 518 页。

利艰贞,临事而惧也。日闲舆卫,无日不讨军实而申儆之也。”[①]金景芳谓:“至良马逐,贤路渐开,虽仍有坎坷,但日闲舆卫,则贤者可进矣。”[②]李镜池谓:“逐:交配。……艰:旱。”[③]李氏解卦不太考虑诸爻间的关系。姜国柱谓:“《大畜·九三》说:‘良马逐,利艰贞,日闲舆卫,利有攸往。’这里共占问了四件事:一占良马交配,繁殖马匹,因马匹与农战紧密相关;二占旱灾吉凶,而得吉兆,说明危害不大;三占每日练车战防卫之事,应付敌人,保卫庄稼;四占商旅之事,不是主要项目。由此可见战争防卫与农业生产在周人生活中是十分重要的事项。”[④]解九三爻辞系化解李镜池说而来。

孙子曰:“夫战胜攻取而不修其功者,凶,命曰‘费留’。故曰:明主虑之,良将慎之,非利不动,非得不用,非危不战。”[⑤]攻城略地而达不到战略目的,不战可也。每一开战,须慎之又慎。

【史鉴】

诸葛一生唯谨慎

诸葛亮在《前出师表》中说:“先帝知臣谨慎,故临崩寄臣以大事也。受命以来夙夜忧叹,恐托付不效,以伤先帝之明。”诸葛亮与刘备君臣相得是出了名的,诸葛亮的谨慎也是颇为后人称道的。贤才能得到上司的进用,也要临事谨慎,兢兢业业,克己奉公。当然,诸葛亮的谨慎从另一方面来说也未尝不是他的不足。柏杨曰:“诸葛亮的政治才能,是第一流的,无懈可击,张裔和陈寿的评论,已塑出一个万人膜拜的典范。然而,司马光引用陈寿的评论时,似乎故意删去一段,那段话是:‘诸葛亮长于治理军事,短于奇谋诡计,政治能力优于作战能力,所以连年劳师动众,不能克敌制胜。从前,萧何推荐韩信,管仲推荐王子城父,都是因为知道自己的缺点,不可能十全十美。诸葛亮手下却没有韩信、城父,所以功业堕坏。’这是最公正的评估。事实上马谡就是张良,魏延就是韩信、城父;问题不是没有名将,而是没有伟大的统帅。诸葛亮身兼将相,而过分谨慎的性格,跟军事上必须有的冒险精神,互相冲突。他培养的接班人,都是保守有余,进取不足,使我们徘徊扼腕,无限痛惜。”[⑥]说马谡就是张良,魏延就是韩信、城父,我看还有不少的差距。但汉

---

① 曹元弼:《周易集解补释》卷六,第45页。

② 金景芳、吕绍刚:《周易全解》,第212页。

③ 李镜池:《周易通义》,第52页。

④ 姜国柱:《〈周易〉与兵法》,第11页。

⑤ 吴九龙主编:《孙子校释》,第230页。

⑥ 柏杨:《柏杨曰》(上),人民文学出版社2013年版,第324页。

高祖能用张良、韩信，诸葛亮未能使马谡、魏延人尽其才、物尽其用，却是人间的憾事了。

二十七、颐卦

【解题】

颐卦震下艮上，下动上止，一般把“颐”释作养。郑康成曰：“震动于下，艮止于上，口车动，而上因辅嚼物以养人，故谓之颐。”[①]来知德谓：“阳实阴虚，实者养人，虚者求人之养。”[②]初、上为阳、为实，养人者也。中间四爻为虚，求人养者也。陈梦雷谓：“六爻下震动，多言求人之养。求养者多不正，故多凶。上艮止，多言养人。养人者多得正，故多吉。”[③]《彖传》谓：“天地养万物，圣人养贤以及万民。”由人之口腹之养推及天地之养、圣人待贤之养，使颐养具备了哲学、社会、政治的含义。

【颐卦经传】

颐，贞吉。观颐，自求口实。

彖曰：颐“贞吉”，养正则吉也。“观颐”，观其所养也；“自求口实”，观其自养也。天地养万物，圣人养贤，以及万民。颐之时大矣哉！

象曰：山下有雷，颐。君子以慎言语，节饮食。（王注：言语饮食，犹慎而节之，而况其余乎？）（按：《吕氏春秋·孝行》：“节饮食，养体之道也。”[④]）

初九，舍尔灵龟，观我朵颐，凶。（王注：“朵颐”者，嚼也。以阳处下，而为动始，不能令物由己养，动而求养者也。夫安身莫若不竞，修己莫若自保。守道则福至，求禄则辱来。居养贤之世，不能贞其所履，以全其德，而舍其灵龟之明兆，羡我朵颐而躁求，离其致养之至道，窥我宠禄而竞进，凶莫甚焉。）（按：来知德谓：“‘尔’者，四也。‘我’者，初也。‘灵龟’以静止为养，‘朵颐’以震动为养，故尔四而我初。……初九阳刚，乃养人者也。但其位卑下不能养人及民，又乃动体，当颐养之初，正上止下动之时，惟知有口体之欲，舍六四而不养，故有‘舍尔灵龟，观我朵颐’之象。”[⑤]是说初九阳刚能如灵龟自养，今舍灵龟故凶。“尔”应为初九，“我”应为六四。陈梦雷谓：“离体中虚为龟，全卦有灵龟象。我指四也。上三爻主养人者。初与四正应，宜待养于四，不

① 马振彪遗著，张善文整理：《周易学说》，第 271 页。

② 来知德撰，张万彬点校：《周易集注》，第 348 页。

③ 陈梦雷：《周易浅述》，第 108 页。

④ 陈雄根等编著：《先秦两汉典籍引〈周易〉〈论语〉〈孟子〉资料汇编》，第 53 页。

⑤ 来知德撰，张万彬点校：《周易集注》，第 349 页。

宜凶者。然阴则待养,阳宜养人。初九阳刚在下,不能养人,犹当善于自养。乃以震体而上应六四之阴,有舍灵龟,观于四而朵其颐,欲有所食之象。”[①]初九不只自养,且有养人之阳刚之资,亦不能待养于四,四为阴爻,还要求养于初九。马其昶谓:“初阳在下,当自养,上九位在上,当养人,其四阴爻,则皆待养于人者也。……今初居震体,妄动失位,不自养而求养于人,故凶。”[②]初九举动失宜,故凶。)

象曰:观我朵颐,亦不足贵也。

六二,颠颐,拂经于丘。颐,征凶。(王注:养下曰颠。拂,违也。经,犹义也。丘,所履之常也。处下体之中,无应于上,反而养初居下,不奉上而反养下,故曰“颠颐,拂经于丘”也。以此而养,未见其福也。以此而行,未见有与,故曰“颐,征凶”。)

象曰:六二征凶,行失类也。(王注:类皆上养,而二处下养初。)

六三,拂颐,贞凶。十年勿用,无攸利。(王注:履夫不正,以养于上,纳上以谄者也。拂养正之义,故曰“拂颐,贞凶”也。处颐而为此行,十年见弃者也。立行于斯,无施而利。)

象曰:“十年勿用”,道大悖也。

六四,颠颐,吉。虎视眈眈,其欲逐逐,无咎。(王注:体属上体,居得其位,而应于初。以上养下,得颐之义,故曰“颠颐,吉”也。下交不可以渎,故虎视眈眈。威而不猛,不恶而严。养德施贤,何可有利?故其欲逐逐,尚敦实也。修此二者,然后乃得全其吉而无咎。观其自养则履正,察其所养则养阳,颐爻之贵,斯为盛矣。)

象曰:“颠颐”之吉,上施光也。

六五,拂经,居贞吉。不可涉大川。(王注:以阴居阳,拂颐之义也,行则失类,故宜居贞也。无应于下,而比于上,故可守贞从上,得颐之吉。虽得居贞之吉,处颐违谦,难未可涉也。)

象曰:“居贞”之吉,顺以从上也。

上九,由颐,厉吉,利涉大川。(王注:以阳处上,而履四阴,阴不能独为主,必宗于阳也。故莫不由之以得其养,故曰“由颐”。为众阴之主,不可渎也,故厉乃吉。有似“悔厉”之义,贵而无位,是以厉也;高而有民,是以吉也。为养之主,物莫之违,故“利涉大川”也。)

象曰:“由颐,厉吉”,大有庆也。

---

① 陈梦雷:《周易浅述》,第109页。

② 马振彪遗著,张善文整理:《周易学说》,第274页。

【谋略第四十二】

居有尊位而乏辅弼之才者，应求贤若渴如虎之眈眈视物。贤才为我用，则如虎添双翼，必能成济世利民之功。

颐卦六四爻辞曰："六四，颠颐，吉。虎视眈眈，其欲逐逐，无咎。"六四，以上求养于下，吉利。六四求养之心如虎视眈眈专一不转，其欲必能得遂，没有咎害。王弼注："体属上体，居得其位，而应于初。以上养下，得颐之义，故曰'颠颐，吉'也。下交不可以渎，故虎视眈眈。威而不猛，不恶而严。养德施贤，何可有利？故其欲逐逐，尚敦实也。修此二者，然后乃得全其吉而无咎。"谓六四养初九。非，六四阴体，凡阴在颐卦皆求养于人。惠栋谓："四得位而养于上，故颠颐和。"[①]李士鉁曰："六四居阴则静，得位则正，体艮则止。与初为应，初不能养，故颠颐以求养与上。大离为视，坤为虎，艮为山，四在山内，有虎相。"[②]这也就是说，六四求养于初九而不能遂，六四虎视眈眈，而求养于上。非，六四与初九正应，正能养之义。朱熹谓："柔居上而得正，所应又正，而赖其养以施于下，故虽颠而吉。"[③]六四得正，赖初九之养而成其辅佐之才。高亨谓："虎其视眈，其欲远，将求食以填颐也。以虎之雄威，自可得其大欲，故曰'虎视眈眈，其欲逐逐，无咎。"[④]虎必下视，所求在初。金景芳谓："六四求养于初九，像老虎攫食那样，盯住一物则专一不二，继续而不歇，非达到目的不可，这是六四居上而求德又求养于下的正道。……自养于内，不食而长寿，龟是最好的代表，所以初九取龟为象。求养于外，不专不恒则事不济，最好的代表是虎，所以六四取虎为象。"[⑤]初九舍灵龟而观别人朵颐，故凶。刘沅曰："眈眈，视近而志专也。四与上同体，求养于上故吉。连下卦震动而来故逐逐。上有养我之心而后求之，故授其光而吉。"[⑥]是说四所求养于上而非初九。非是。由口腹之养推及养贤之养，居上位缺乏济养之才者须求才以养己进而养天下。

孙子曰："故经之以五，校之以计而索其情。一曰道，二曰天，三曰地，四曰将，五曰法。"[⑦]主有道，还要将有能，莫要如崇祯帝所说："朕非亡国之君，诸臣皆亡国之臣。"[⑧]

---

① 惠栋撰，郑万耕点校：《周易述》，中华书局2007年版，第80页。

② 马振彪遗著，张善文整理：《周易学说》，第277页。

③ 朱熹著，苏勇校注：《周易本义》，北京大学出版社1992年版，第39页。

④ 高亨：《周易古经今注》，《高亨著作集林》第1卷，第284页。

⑤ 金景芳、吕绍刚：《周易全解》，吉林大学出版社1989年版，第215页。

⑥ 马振彪遗著，张善文整理：《周易学说》，第277页。

⑦ 吴九龙主编：《孙子校释》，第3页。

⑧ 龚炜：《巢林笔谈》卷下，顾之京、高献红整理：《中国古典文心：顾随讲坛实录》，北京大学出版社2014年版，第248页。

【史鉴】

婆楼、李威荐王猛

王猛(325～375 年),字景略,北海人,少时家里很穷,曾以卖簸箕为生。但他十分好学,好读兵书,隐居华阴。东晋权臣桓温率军北伐到关中,王猛披着破麻衣来见,“扪虱而京谈当世之务,旁若无人”[①]。苻坚夺取帝位之前,曾与尚书吕婆楼密谈,希望他将来辅佐自己,吕婆楼于是向苻坚推荐王猛。苻坚遂召见王猛,对他十分信任,“自谓如刘玄德之遇诸葛孔明也”[②]。“(李)威知王猛之贤,常劝坚以国事任之;坚谓猛曰:‘李公知君,犹鲍叔牙之知管仲也。’”[③]王猛像对待亲哥哥一样对待李威。359 年,王猛更受到重用,一年多次升迁官职,被任命为侍中、中书令,兼领京兆尹。史载:“猛为相,坚端拱于上,百官总己于下,军国内外之事,无不由之。猛刚明清肃,善恶著白,放黜尸素,显拔幽滞,劝课农桑,练习军旅,官必当才,刑必当罪。由是国富兵强,战无不克,秦国大治。坚敕太子宏及长乐公丕等曰:‘汝事王公,如事我也。’”[④]遗憾的是王猛死在苻坚的前面。如王猛在世,苻坚必无淝水之败,南北朝的历史必将另是一番景象。吕婆楼、李威身居高位,知王猛之才而不忌才,纷纷向苻坚推荐。前秦的一番兴旺局面,是苻坚、王猛励精图治的结果。吕婆楼、李威的荐贤之功也是值得称道的。

二十八、大过卦

【解题】

大过卦巽下兑上,四阳相聚居中而盛,阳大过于阴。“程传:为卦上兑下巽,泽在木上,灭木也。泽者润养于木,乃至灭没于木,为大过之义。大过者,阳过也,故为大者过,过之大与大事过也。”[⑤]巽为风,为木。李士钤谓:“有非常之事,然后有非常之功。豪杰乘时以立功名,任愈重则才愈出,事愈难则功愈大。苟大过之世,无以图大过之功,畏难苟安,天下事将谁属乎?”[⑥]大过之功即非常之功,如尧舜禅让、汤武革命等。金景芳谓:“大过卦由于阳已经过了,若再以阳居阳,则更加过了,所以大过诸爻以阳居阴者皆吉,以阳居阳者皆凶。”[⑦]

---

① 司马光:《资治通鉴·晋纪》,第 3441 页。
② 司马光:《资治通鉴·晋纪》,第 3465 页。
③ 司马光:《资治通鉴·晋纪》,第 3468 页。
④ 司马光:《资治通鉴·晋纪》,第 3570 页。
⑤ 李光地编纂,刘大钧整理:《周易折中》,第 116 页。
⑥ 马振彪遗著,张善文整理:《周易学说》,第 281 页。
⑦ 金景芳、吕绍刚:《周易全解》,第 222 页。

【大过卦经传】

大过，栋桡，利有攸往，亨。

彖曰：大过，（王注：音相过之过。）大者过也。（王注：大者乃能过也。）“栋桡”，本末弱也。（王注：初为本而上为末也。）刚过而中，（王注：谓二也。居阴，“过”也；处二，“中”也。拯弱兴衰，不失其中也。）巽而说行，（王注：“巽而说行”，以此救难，难乃济也。）“利有攸往”，乃亨。（王注：危而弗持，则将安用？故往乃亨。）大过之时大矣哉！（王注：是君子有为之时也。）

象曰：泽灭木，大过。君子以独立不惧，遁世无闷。（王注：此所以为大过，非凡所及也。）

初六，藉用白茅，无咎。（王注：以柔处下，过而可以“无咎”，其唯慎乎？）

象曰：“藉用白茅”，柔在下也。

九二，枯杨生稊，老夫得其女妻，无不利。（王注：“稊”者，杨之秀也。以阳处阴，能过其本而救其弱者也。上无其应，心无持吝，处过以此，无衰不济也。故能令枯杨更生稊，老夫更得少妻。拯弱兴衰，莫盛斯爻，故无不利也。老过则枯，少过则稚。以老分少，则稚者长；以稚分老，则枯者荣，过以相与之谓也。大过至衰，而己至壮，以至壮辅至衰，应斯义也。）

象曰：老夫女妻，过以相与也。

九三，栋桡，凶。（王注：居大过之时，处下体之极，不能救危拯弱，以隆其栋，而以阳处阳，自守所居，又应于上，系心在一，宜其淹弱而凶衰也。）

象曰：栋桡之凶，不可以有辅也。

九四，栋隆，吉。有它吝。（王注：体属上体，以阳处阴，能拯其弱，不为下所桡者也，故“栋隆，吉”也。而应在初，用心不弘，故“有它吝”也。）

象曰：栋隆之吉，不桡乎下也。

九五，枯杨生华，老妇得其士夫，无咎无誉。（王注：处得尊位，而以阳处阳，未能拯危。处得尊位，亦未有桡，故能生华，不能生稊；能得夫，不能得妻。处栋桡之世，而为无咎无誉，何可长哉！故生华不可久，士夫诚可丑也。）

象曰：“枯杨生华”，何可久也。老妇士夫，亦可丑也。

上六，过涉灭顶，凶，无咎。（王注：处大过之极，过之甚也。涉难过甚，故至于“灭顶，凶”。志在救时，姑不可咎也。）

象曰：过涉之凶，不可咎也。（王注：虽凶无咎，不害义也。）

【谋略第四十三】

大势已去，覆水难收，志士仁人必以全力为最后之一搏。虽有灭顶之灾而不辞，舍生取义，光耀古今。

大过卦上六爻辞曰:"上六,过涉灭顶,凶,无咎。"上六,势如覆水,无挽回之力,有灭顶之灾,凶多吉少,成仁取义,可以无咎害。王弼注:"处大过之极,过之甚也。涉难过甚,故至于灭顶,凶。志在救时,姑不可咎也。"知其不可而为之,有舍生取义之意。李道平谓:"上乘四刚,当有咎。以六居上,阴得其位,故'无咎'。"[①]得位而正,能行正道虽凶亦在所不辞。李士钤曰:"时不可为,祸无可避,甘罹其凶,此杀身成仁之事,不可咎也。"[②]马振彪谓:"至不幸而占灭顶之凶,迹似过乎寻常,而志则光乎日月。……念我先世从容就义,若临深渊,虽明知其灭顶而不可以不涉,恪守经训躬蹈之矣。"[③]虽败犹荣,精神不死者视此。

孙子曰:"凡兵有走者、有驰者、有陷者、有崩者、有乱者、有北者。凡此六者,非天地之灾,将之过也。"[④]然亦不可全以成败论英雄。有值大厦将倾之际、因时势推上政治前台者,一柱擎天,知其不可而为之,纵然以失败终,亦为后世留下千古芳名。

【史鉴】

崖山为士大夫增色

元侵南宋,守将望风迎降。"元世祖忽必烈灭宋成功以后,召宋降将问道:'你们投降,为什么这样容易?'答说:'贾似道当权,优待文士,轻视武臣,臣等心怀不平,因此望风送款。'忽必烈看这班人太不堪,懒再说话,教侍臣董文忠传旨道:'似道轻看你们,也只是似道一人的过失,宋主却没有亏待你们。照你们所说,怪不得给似道看不起。'"[⑤]南宋存亡之际,士大夫跑的跑,降的降,朝廷几乎开不起张来。能给士大夫增色的是三个闪亮的名字:文天祥、张世杰、陆秀夫。在势无可为之际,文天祥、张世杰起兵抗元。文天祥被俘,元将张弘范让文氏写书劝降张世杰。文天祥写下"人生自古谁无死,留取丹心照汗青"的千古名句。崖山一战,陆秀夫背负宋帝蹈海而死。张世杰突出重围,又遇飓风。张世杰拒绝登岸,溺水而死。三杰的死于南宋无补,三杰的精神光照千秋。存亡绝续之际,三杰能经受生与死的考验,为人生、为民族抹上一层亮色,可谓虽死犹生。

---

① 李道平撰,潘雨廷点校:《周易集解纂疏》,第 295 页。
② 马振彪遗著,张善文整理:《周易学说》,第 287 页。
③ 马振彪遗著,张善文整理:《周易学说》,第 288 页。
④ 吴九龙主编:《孙子校释》,第 175 页。
⑤ 范文澜:《大丈夫:范文澜说英雄》,华东师范大学出版社 2013 版,第 106 页。

二十九、习坎卦

【解题】

习坎由坎卦单卦相叠，一阳居二阴之中，有坎陷入险意。习坎，两坎相叠，重重坎险意。胡瑗解释为何称“习坎”：“此卦上下皆险，以是为险难重叠之际。君子之人，必当预积习之，然后可以济其险阻，故圣人特加习字者此也。”[①]寓有备无患之意。

【习坎卦经传】

习坎，（王注：“坎”，险陷之名也。“习”，谓便习之。）有孚，维心亨，（王注：刚正在内，“有孚”者也；阳不外发而在乎内，“心亨”者也。）行有尚。（王注：内亨外暗，内刚外顺，以此行险，行有尚也。）

彖曰：“习坎”，重险也，（王注：坎以险为用，故特名曰“重险”。言“习坎”者，习乎重险也。）水流而不盈，行险而不失其信。（王注：险峭之极，故水流而不能盈也。处至险而不失刚中，“行险而不失其信”者，习坎之谓也。）“维心亨”，乃以刚中也。“行有尚”，往有功也。（王注：便习于坎而之坎地，尽坎之宜，故往必有功也。）天险不可升也，（王注：不可得升，故得保其威尊。）地险山川丘陵也，（王注：有山川丘陵，故物得以保全也。）王公设险以守其国。（王注：国之为卫，恃于险也。言自天地以下，莫不须险也。）险之时用大矣哉！（王注：非用之常，用有时也。）

象曰：水洊至，习坎。（王注：重险悬绝，故“水洊至”也。不以坎为隔绝，相仍而至，习乎坎也。）君子以常德行，习教事。（王注：至险未夷，教不可废，故以常德行而习教事也。习于坎，然后乃能不以险难为困，而德行不失常也。故则夫习坎，以常德行而习教事也。）

初六，习坎，入于坎窞，凶。（王注：“习坎”者，习为险难之事也。最处《坎》底，入坎窞者也。处重险而复入坎底，其道凶也。行险而不能自济，“习坎”而入坎窞，失道而穷在坎底，上无应援可以自济，是以“凶”也。）

象曰：“习坎”入坎，失道凶也。

九二，坎有险，求小得。（王注：履失其位，故曰“坎”。上无应援，故曰“有险”。坎而有险，未能出险之中也。处中而与初、三相得，故可以“求小得”也。初三未足以为援，故曰“小得”也。）

象曰：“求小得”，未出中也。

---

① 李光地编纂，刘大钧整理：《周易折中》，第120页。

六三,来之坎坎,险且枕,入于坎窞,勿用。(王注:既履非其位,而又处两坎之间,出则之坎,居则亦坎,故曰"来之坎坎"也。"枕"者,枕枝而不安之谓也。出则无之,处则无安,故曰"险且枕"也。来之皆坎,无所用之,徒劳而已。)(按:刘玉建作:"'枕'者,枝而不安之谓也。"[①])

象曰:来之坎坎,终无功也。

六四,樽酒、簋贰、用缶,纳约自牖,终无咎。(王注:处重险而履正,以柔居柔,履得其位,以承于五。五亦得位,刚柔各得其所,不相犯位,皆无余应,以相承比,明信显著,不存外饰。处坎以斯,虽复一樽之酒,二簋之食,瓦缶之器,纳此至约,自进于牖,乃可羞之于王公,荐之于宗庙,故"终无咎"也。)(按:姜国柱释作:"把俘虏关在地窖里,从窗户给他们送进酒饭,宽待软化他们,最终使俘虏顺服了,而当了奴隶,故'终无咎'。"[②]来知德谓:"六四柔顺得正,当国家险难之时,近九五刚中之君,刚柔相济,其势易合,故有简约相见之象。……五思出险而下求,四思出险而上交,此其情易合,而礼薄亦可以自通也。"[③]可通。)

象曰:"樽酒簋贰",刚柔际也。(王注:刚柔相比而相亲焉,际之谓也。)

九五,坎不盈,祇既平,无咎。(王注:为坎之主,而无应辅可以自佐,未能盈坎者也。坎之不盈,则险不尽矣。祇,辞也。为坎之主,尽平乃无咎,故曰"祇既平,无咎"也。说既平乃无咎,明九五未免于咎也。)

象曰:"坎不盈",中未大也。

上六,系用徽纆,寘于丛棘,三岁不得,凶。(王注:险峭之极,不可升也;严法峻整,难可犯也。宜其囚执,寘于思过之地。三岁,险道之夷也。险终乃反,故"三岁不得"。自修三岁,乃可以求复,故曰"三岁不得,凶"也。)(按:刘玉建作:"险终乃反,故三岁不得自修,三岁乃可以求复"[④]。)

象曰:上六失道,凶三岁也。

【谋略第四十四】

天险、地险皆可用,险不可弃,亦不可恃。

习坎卦彖辞曰:"天险不可升也,地险山川丘陵也,王公设险以守其国。"天险高不可腾越,山川丘陵为地之险,王公首领设险守御以保卫自己的国家。王弼注:"国之为卫,恃于险也。言自天地以下,莫不须险也。"险有险之

---

① 刘玉建:《〈周易正义〉导读》,第 234 页。
② 姜国柱:《〈周易〉与兵法》,第 34 页。
③ 来知德撰,张万彬点校:《周易集注》,第 364 页。
④ 刘玉建:《〈周易正义〉导读》,第 235 页。

时用。孔颖达谓:“王公法象天地,固其城池,严其法令,以保其国。”[1]程传云:“高不可升者,天之险也。山川丘陵,地之险也。王公,君人者,观坎之象,知险之不可陵也,故设为城郭沟池之险,以守其国,保其民人……山河城池,设险之大端也。”[2]曹元弼谓:“天地皆有险象。圣人法天地自然之险以济天下之险,使内顺治外无敌,故用大。乾五之坤成上坎,五天位。二至上有屯难象。震为足,艮为止,故天险不可升。”[3]习坎卦二、三、四爻互震,成水雷屯卦。金景芳谓:“从‘王公设险以守其国’来看,这一设想肯定不是《周易》固有的,因为《周易》成书于殷周之际,那时候还没有‘王公设险以守其国’的事情。例如武王伐纣,队伍从今日西安出发,很顺利就到了河南,一路上并没有设险阻碍它。到了春秋时代,秦穆公派兵向动扩展,袭郑回军在崤山遭遇晋军截击,结果全军覆没,匹马只轮不返。这主要是桃林之塞帮了晋军的忙。春秋之前不闻有设险守国的事情。”[4]此或说明彖辞之晚出。白居易《策林》有《议守险》篇:“问:《易》曰:‘王公设险,以守其国。’《记》曰:‘在德不在险。’然则用之则乖在德之训,弃之则违守国之诫。二义相反,其旨何从?又问:以山河为宝者,万夫不能当也;以道德为藩者,四夷为之守也。何则?苗恃洞庭,负险而亡;汉都大府,用险而昌;又何故也?今欲鉴昌亡,审用舍,复何如哉?臣闻:《易》曰:‘王公设险,以守其国。’又秦得百二,以吞天下;齐得十二,而霸诸侯:盖恃险之论,兴于此矣。《史记》曰:‘在德不在险。’《传》曰:‘九州之险,是不一姓。’盖弃险之议,生于此矣。臣以为险之为用,用舍有时,恃既失之,弃亦未为得也。何者?夫险之为利大矣,为害亦大矣。故天地闭否,守之则为利;天地交泰,用之则为害。盖天地有常险,而圣人无常用也。然则以道德为藩,以仁义为屏,以忠信为甲胄,以礼法为干橹者:教之险,政之守也。以城池为固,以金革为备,以江河为襟带,以丘陵为咽喉者:地之险,人之守也。王者之兴也,必兼而用之。……莒子恃其僻陋,不修城郭,浃辰之间,丧其三都者,是怠弃其险也。由斯而观之,山河之阻,沟墉之固,可用而不可恃也,可诫而不可弃也。智以险昌,愚以险亡。”[5]将险之可用、不可恃、不可弃发挥尽致,并延伸至道德、理法同具设险守国之功用。

孙子谓:“天者,阴阳、寒暑、时制也。地者,高下、远近、险易、广狭、死生也。”[6]“天”、“地”与“道”、“将”、“法”并列为用兵五事,天之时,地之险是用兵

① 马振彪遗著,张善文整理:《周易学说》,第 291 页。

② 梁韦弦:《程氏易传导读》,齐鲁书社 2003 年版,第 188 页。

③ 曹元弼:《周易集解补释》卷六,第 91 页。

④ 金景芳、吕绍刚:《周易全解》,第 224 页。

⑤ 白居易:《策林》,顾学颉校:《白居易集》,中华书局 1979 年版,第 1347 页。

⑥ 吴九龙主编:《孙子校释》,第 7 页。

必须精究细察的,故孙子谓:“知天知地,胜乃可全。”[①]孙子在多个篇章中论述了知险、用险的重要性:“不知山林、险阻、沮泽之形者,不能行军。”[②]“敌近而静者,恃其险也。”[③]“地形有通者、有挂者、有支者、有隘者、有险者、有远者。”“险形者,我先居之,必居高阳以待敌;若敌先居之,引而去之,勿从也。”[④]“聚三军之众,投之于险,此谓将军之事也。”[⑤]“夫地形者,兵之助也。料敌制胜,计险隘远近,上将之道也。”[⑥]孙子对地形险要的论述在用兵五事之中应居首位,十三篇中特用《地形》、《九地》论述“知地”的重要性。孙子扩展了《周易》坎险之义的范围,增进了对坎险之道的认识,将知险、用险的水平作为衡量将领是否知兵、是否合格的指针。

【史鉴】

讲武守险国之大事

春秋、战国时期,天下险要之地已成兵家之要地。“王氏应麟曰:‘下阳举而虢亡[⑦],虎牢城而郑惧[⑧],西河失而魏蹙,大岘度而燕危[⑨],故曰设险以守其国。’”[⑩]晋献公曾两次伐虢国,第一次借道虞国占领虢国战略要地下阳。下阳位于山西南部的北虢,北面有中条山为之门户,易守难攻。晋国要想进攻虢国,必须向西绕道转进。晋国另辟蹊径,借道虢国北面的虞国从中条山隘口进兵,攻占了下阳,中条山之险已成虚设。三年后晋国第二次借道灭了虢国。晋襄公在虎牢筑城终逼使郑人求和。公元前340年,商鞅占领魏国西

---

① 吴九龙主编:《孙子校释》,第184页。

② 吴九龙主编:《孙子校释》,第116页。

③ 吴九龙主编:《孙子校释》,第154页。

④ 吴九龙主编:《孙子校释》,第174页。

⑤ 吴九龙主编:《孙子校释》,第204页。

⑥ 吴九龙主编:《孙子校释》,第178页。

⑦ 下阳:一作夏阳,春秋虢邑。在今山西平陆县。《春秋·僖公二年》(前658):“虞师、晋师灭下阳。”《公羊传》《穀梁传》作“夏阳”。杜注:“下阳,虢邑,在河东大阳县。”《续汉书·郡国志》大阳县有下阳城。(郑天挺、谭其骧主编:《中国历史大辞典》(一),上海辞书出版社2010年版,第102页)

⑧ 虎牢:春秋时期郑国地,位于今荥阳市汜水镇虎牢关村西北黄河道中。以邑在西周穆王圈虎之地,故名。此地地势险要,为交通要塞。《春秋·襄公二年》(前571年):“遂城虎牢。”《左传·襄公二年》:“孟献子曰:请城虎牢以逼郑”,“遂城虎牢,郑人乃成”均指此地。秦时置虎牢关。(郑州市地方史志编纂委员会编:《郑州市志》第1分册,第199页)

⑨ 大岘山,在今山东临朐县东南。上有穆陵关,崖坂峭曲,石径幽危。《魏书·刁雍传》:“大岘已南,处处狭隘,不得方轨。”东晋义熙五年(409),刘裕伐南燕经此。(郑天挺、谭其骧主编:《中国历史大辞典》,第120页)

⑩ 曹元弼:《周易学》,无求备斋影印本,第390页。

河之地，魏惠文王不得不自安邑迁都大梁避之。近人王焕镳作《〈春秋〉攘夷说》谓："是故为国者，不惧敌国外患之来侵，而惧城郭兵甲之不修。不惧城郭兵甲之不修，而忧内政民事之失所。何也？夫王公设险以守其国，大《易》之训也。城郭沟池以为固，亦君子之所谨也。凿斯池，筑斯城与民同守，孟子之所以语滕君也。故修武备以待一旦非常之警，乃有国者之常务，不可得而变者。邾人以须句故[①]，出师侵鲁，僖公卑邾，不设备而御之。臧文仲曰：'国无小，不可易也。无备，虽众，不可恃也。君其无谓邾小，蜂虿有毒，而况国乎！'弗听。战于井陉，鲁师败绩。……晋侯使申公巫臣如吴，假道于莒，与渠丘公(莒国国君)立于池上，曰：'城已恶。'莒子曰：'辟陋在夷，其孰以我为虞？'对曰：'夫狡焉思启封疆以利社稷者，何国蔑有？唯然，固多大国矣，唯或思或纵也。勇夫重闭，况国乎！'渠丘公不听，其后楚伐莒，浃辰之间[②]，克其三都，无备故也。"[③]王氏此文发表于《思想与时代》月刊 1942 年第 14 期，意在劝勉国民政府动用国力全面抗击日寇的侵略，具有强烈的现实意义。

三十、离卦

【解题】

陈梦雷谓："离卦，一阴丽于上下之阳，有附丽之义。中虚有光明之义。离，丽也、明也。于象为火，体虚丽物而明者也。又为日，亦丽天而明者也。故卦名离。离卦次坎。按序卦：坎者，陷也。陷必有所丽，故受之以离。离者，丽也。陷于险难之中，必有所附丽。理之自然，离所以次坎也。"[④]丽，附丽、附着意。茹敦如认为，"离有征伐象，明夷之九三曰南狩得其大首，既济九三曰伐鬼方，未济九四亦曰伐鬼方，皆离上也；而离上亦曰王用出征，晋上亦曰维用伐邑。按离，马、甲胄、戈兵，故为征伐"[⑤]。故上九有"王用出征"。李镜池谓："这是个军事专卦。六爻分三部分，前部说对敌警戒，中部说敌人侵袭，后部说对敌反击。第三爻承上，第四爻启下，连环式结构。"[⑥]姜国柱承接李氏之说："《离·初九》说：'履错然，敬之，无咎。'听到了错杂的脚步声，

① 须句，周小国，风姓。子爵。在今山东东平县西北。《左传·僖公二十一年》(前 639 年)，"邾人灭须句，须句子来奔"。二十二年，鲁"伐邾，取须句"，复其国。后覆灭于邾。文公七年(前 620 年)："取须句"，遂为鲁地。(《中国历史大辞典·历史地理卷》，上海辞书出版社 1996 版，第 670 页)

② 古代以干支纪日，称自子至亥一周十二日为浃辰。

③ 王焕镳：《因巢轩诗文录存》，上海古籍出版社 2005 年版，第 80 页。

④ 陈梦雷：《周易浅述》，第 118 页。

⑤ 尚秉和撰，常秉义点校：《易说评议 易学群书评议》，第 71 页。

⑥ 李镜池：《周易通义》，第 62 页。

原来是发现了敌人来侵犯,大家提高了警惕,作好了迎战的准备,终于制止了灾祸的发生……”①

【离卦经传】

离,利贞,亨。(王注:离之为卦,以柔为正,故必贞而后乃亨,故曰“利贞,亨”也。)畜牝牛,吉。(王注:柔处于内,而履正中,牝之善也。外强而内顺,牛之善也。离之为体,以柔顺为主者也,故不可以畜刚猛之物,而吉于“畜牝牛”也。)

彖曰:离,丽也。(王注:丽,犹着也,各得所着之宜。)日月丽乎天,百谷草木丽乎土。重明以丽乎正,乃化成天下。柔丽乎中正,故亨。是以“畜牝牛,吉”也。(王注:柔着于中正,乃得通也。柔通之吉,极于“畜牝牛”,不能及刚猛也。)

象曰:明两作,离。大人以继明照于四方。(王注:“继”,谓不绝也。明照相继,不绝旷也。)

初九,履错然,敬之,无咎。(王注:“错然”者,警慎之貌也。处离之始,将进而盛,未在《既济》,故宜慎其所履,以敬为务,辟其咎也。)

象曰:“履错”之敬,以辟咎也。

六二,黄离,元吉。(王注:居中得位,以柔处柔,履文明之盛而得其中,故曰“黄离,元吉”也。)

象曰:“黄离元吉”,得中道也。

九三,日昃之离,不鼓缶而歌,则大耋之嗟,凶。(王注:嗟,忧叹之辞也。处下离之终,明在将没,故曰“日昃之离”也。明在将终,若不委之于人,养志无为,则至于耋老有嗟,凶矣,故曰“不鼓缶而歌,则大耋之嗟,凶”也。)

象曰:“日昃之离”,何可久也。

九四,突如其来如,焚如,死如,弃如。(王注:处于明道始变之际,昏而始晓,没而始出,故曰“突如其来如”。其明始进,其炎始盛,故曰“焚如”。逼近至尊,履非其位,欲进其盛,以炎其上,命必不终,故曰“死如”。违“离”之义,无应无承,众所不容,故曰“弃如”也。)

象曰:“突如其来如”,无所容也。

六五,出涕沱若,戚嗟若,吉。(王注:履非其位,不胜所履。以柔乘刚,不能制下,下刚而进,将来害己,忧伤之深,至于沱嗟也。然所丽在尊,四为逆首,忧伤至深,众之所助,故乃沱嗟而获吉也。)

---

① 姜国柱:《〈周易〉与兵法》,第10页。

象曰：六五之吉，离王公也。

上九，王用出征，有嘉折首，获匪其丑，无咎。（王注："离"，丽也。各得安其所丽谓之离。处《离》之极，离道已成，则除其非类，以去民害，"王用出征"之时也。故必"有嘉折首，获匪其丑"，乃得"无咎"也。）

象曰："王用出征"，以正邦也。

【谋略第四十五】

奉上令以讨伐不服者，当擒贼擒王，其余众自然归顺。

离卦上九爻辞曰："上九，王用出征，有嘉折首，获匪其丑，无咎。"上九，君王用他征伐不服者，斩获敌方首领，罪不及其徒众，无有咎害。王弼注："离，丽也。各得安其所丽，谓之离。处离之极，离道已成，则除其非类，以去民害，王用出征之时也。复必有嘉折首，获匪其丑，乃得无咎也。"不服者即为非类，出师征服之。尚秉和谓："盖一阳突出兑说之上，而兑为斧钺，离为甲兵，故曰王用出征。兑为毁折，乾为首，先儒皆谓坎折坤，则离亦折乾也，故离有杀象。既济云东邻杀牛是也。折首谓杀敌。"[①]折首，"《虢季子白盘》：'折首五百'。"[②]陈梦家谓："折首即折馘，故《左传·宣公二年》'俘二百五十人，馘百人'，宣公十二年'折馘执俘而还'，僖公二十八年'献俘授馘'，俘与馘即执讯与折首。"[③]离卦之"折首"不能作"折馘"解，如尚秉和所说，离折乾，杀其首领也。"《汉书·陈汤传》刘向上疏云：'《易》曰：有嘉折首，获匪其丑，言美诛首恶之人，而诸不顺者皆来从也。'"[④]陈梦雷谓："离为甲胄戈兵，故有出征之象。上九为五所丽，有王用之之象。有嘉，言有嘉美之功。"[⑤]李士钐曰："日在上则明及远，火势高则人畏而不敢犯，故王用此刚爻以征不服，有嘉美之功。……禽贼禽王，所获者非其丑类，乃其魁也。"[⑥]擒贼能擒王之意。高亨谓："此殆古代故事，盖有王者出征，斩首甚多，且敌类之外更有所获，故记其事而断其占曰'王用出征，有嘉折首，获匪其丑，无咎'。"[⑦]李镜池谓："在王的带领下反击敌人，把有嘉国的国君斩首，抓到了许多俘虏。经周人的这次反击，有嘉国当是灭亡了。"[⑧]宋祚胤谓："先秦典籍，尚未发现有所谓'有嘉

---

① 尚秉和：《周易尚氏学》，中华书局1979年版，第151页。

② 王文耀编著：《简明金文词典》，第157页。

③ 陈梦家：《西周铜器断代》，中华书局2004年版，第329页。

④ 杨树达：《周易古义·老子古义》，吉林人民出版社2012年，第54页。

⑤ 陈梦雷：《周易浅述》，第120页。

⑥ 马振彪遗著，张善文整理：《周易学说》，第306页。

⑦ 高亨：《周易古经今注》，《高亨著作集林》第1卷，第297页。

⑧ 李镜池：《周易通义》，第62页。

国',故不可从。"[①]宋说是。

孙子曰:"故上兵伐谋,其次伐交,其次伐兵,其下攻城。攻城之法,为不得已。"[②]擒贼擒王亦为避免发兵、攻城之一策。

【史鉴】

王阳明江西平叛

正德十四年六月,王阳明惊闻宁王朱宸濠谋叛,立即奏闻朝廷。阳明用谋迟滞朱宸濠带兵北进,并调集军队,妥筹应对,以围魏救赵之计攻取南昌。朱宸濠回援,王阳明以先声夺人之计主动出击。鄱阳湖一战,力擒朱宸濠及世子以下数百人,叛乱遂定。

三十一、咸卦

【解题】

咸卦上兑下艮,兑为少女,艮为少男,少男求悦少女,男女相感而生情。"崔憬曰:'山高而降,泽下而升。山泽通气,咸之象也。"[③]郑玄曰:"咸,感也。艮为山,兑为泽。山气下,泽气上。二气通而相应以生万物,故曰咸也。"[④]陈梦雷谓:"兑,少女,艮,少男也。男女相感之深,莫如少者。又艮体笃实,兑体和说。男以笃实下交,女心说而上应,感之至也,故名为咸。"[⑤]"《说卦传》:'艮,止也。兑,说(悦)也。'从男女感应之理说,止而不悦则不能感,悦而不止则放荡,唯喜悦又能止其所当止,其相感之情必专一而笃实。"[⑥]

【咸卦经传】

咸,亨,利贞。取女吉。

彖曰:咸,感也。柔上而刚下,二气感应以相与。(王注:是以亨也。)止而说,(王注:故"利贞"也。)男下女,(王注:"取女吉"也。)(按:《荀子·大略》:"《易》之《咸》,见夫妇。……咸,感也,以高下下,以男下女,柔上而刚下。"[⑦])

---

① 宋祚胤:《周易译注与考辨》,湖南人民出版社1987年版,第162页。

② 吴九龙主编:《孙子校释》,第37页。

③ 曹元弼:《周易集解补释》卷七,第4页。

④ 曹元弼:《周易集解补释》卷七,第2页。

⑤ 陈梦雷:《周易浅述》,第121页。

⑥ 徐志锐:《周易大传新注》,齐鲁书社1986年版,第201页。

⑦ 陈雄根等编著:《先秦两汉典籍引〈周易〉〈论语〉〈孟子〉资料汇编》,第57页。

是以“亨，利贞，取女吉”也。天地感而万物化生，(王注：二气相与，乃“化生”也。)圣人感人心而天下和平。观其所感，而天地万物之情可见矣！(王注：天地万物之情，见于所感也。凡感之为道，不能感非类者也，故引取女以明同类之义也。同类而不相感应，以其各亢所处也。故女虽应男之物，必下之而后取女乃吉也。)

象曰：山上有泽，咸。君子以虚受人。(王注：以虚受人，物乃感应。)(按：《韩诗外传》卷二：“君子盛德而卑，虚已以受人。”[①])

初六，咸其拇。(王注：处咸之初，为感之始，所感在末，故有志而已。如其本实，未至伤静。)

象曰：“咸其拇”，志在外也。(王注：四属外也。)

六二，咸其腓，凶。居吉。(王注：咸道转进，离拇升腓，腓体动躁者也。感物以躁，凶之道也。由躁故凶，居则吉矣。处不乘刚，故可以居而获吉。)

象曰：虽凶，居吉，顺不害也。(王注：阴而为居，顺之道也。不躁而居，顺不害也。)

九三，咸其股，执其随，往吝。(王注：股之为物，随足者也。进不能制动，退不能静处，所感在股，“志在随人”者也。志在随人，所执亦以贱矣，用斯以往，吝其宜也。)

象曰：“咸其股”，亦不处也。志在随人，所执下也。

九四，贞吉，悔亡。憧憧往来，朋从尔思。(王注：处上卦之初，应下卦之始，居体之中，在股之上，二体始相交感，以通其志，心神始感者也。凡物始感而不以之于正，则至于害，故必贞然后乃吉，吉然后乃得亡其悔也。始在于感，未尽感极，不能至于无思，以得其党，故有“憧憧往来”，然后“朋从其思”也。)

象曰：“贞吉，悔亡”，未感害也。(王注：未感于害，故可正之，得“悔亡”也。)“憧憧往来”，未光大也。

九五，咸其脢，无悔。(王注：“脢”者，心之上，口之下，进不能大感，退亦不为无志，其志浅末，故“无悔”而已。)

象曰：“咸其脢”，志末也。

上六：咸其辅、颊、舌。(王注：咸道转末，故在口舌言语而已。)

象曰：“咸其辅、颊、舌”，滕口说也。(王注：“辅、颊、舌”者，所以为语之具也。“咸其辅、颊、舌”，则“滕口说”也。“憧憧往来”，犹未光大，况在滕口，薄可知也。)

---

① 陈雄根等编著：《先秦两汉典籍引〈周易〉〈论语〉〈孟子〉资料汇编》，第57页。

【谋略第四十六】

效法圣贤之人以至德、至诚感动天下,天下人必悦而归附而获得和平安宁。

咸卦彖辞曰:"天地感而万物化生,圣人感人心而天下和平。"天地阴阳二气相感应而万物化生,圣人以至诚感动天下人心而招致和平安宁。曹元弼谓:"天地交感,山泽通气,则云行雨施,品物流行。"①金景芳谓:"因为圣人感天下人之心,所以天下人之心才和平安宁。"②高亨谓:"天地以阴阳二气相感,因而万物化生。圣人以其德感人心,因而天下和平。"③

孙子曰:"将者,智、信、仁、勇、严也。"④不仁不义,带兵作战,士卒能为之效死乎?

【史鉴】

文王圣德感天下

古往今来以圣德著称的数得上周文王了,这也是周人成功宣传的结果。在《诗经》里即大力宣扬文王的圣德:"文王有声,遹骏有声。遹求厥宁,遹观厥成。"程俊英译作:"文王已有好名望,大名鼎鼎四海扬。力求人民得安宁,终见成功国富强。"⑤《吕氏春秋·孟冬纪·异用》讲了这样一个故事:"周文王使人抇池,得死人之骸,吏以闻于文王,文王曰:'更葬之。'吏曰:'此无主矣。'文王曰:'有天下者,天下之主也;有一国者,一国之主也。今我非其主也?'遂令吏以衣棺更葬之。天下闻之曰:'文王贤矣,泽及髊骨,又况于人乎?'"⑥文王之得天下,先得天下人之心。

三十二、恒卦

【解题】

恒卦巽下震上,风雷相薄为恒。陈鼓应谓:"就本卦卦象而言,'雷'在天上,'风'在地上,此种现象即为'恒'……推及人事,《震》刚长男在上,《巽》柔长女在下,尊在上而卑在下,如此之类,亦为'恒'。"⑦恒卦反映了古代天上地

---

① 曹元弼:《周易集解补释》卷七,第 4 页。
② 金景芳、吕绍刚:《周易全解》,第 237 页。
③ 高亨:《周易大传今注》,《高亨著作集林》第 2 卷,第 310 页。
④ 吴九龙主编:《孙子校释》,第 8 页。
⑤ 程俊英、蒋见元译:《白话诗经》,岳麓书社 1997 年版,第 419 页
⑥ 张双棣等译注:《吕氏春秋译注》,北京大学出版社 2011 年版,第 242 页。
⑦ 陈鼓应、赵建伟注译:《周易今注今译》,第 295 页。

下、男尊女卑的观念。徐志锐谓:"咸卦是'柔上而刚下'为'男下女',取少男少女交感为义,打破了男尊女卑的恒常关系。恒卦为长男长女成夫妇,夫妇之道是恒久不变的,其所以能恒久不变就在于男尊女卑,男外女内,'刚上而柔下'各得其序。……以'刚上而柔下'夫妇之道说明人事关系相和而守常。"①

【恒卦经传】

恒,亨,无咎,利贞。(王注:恒而亨,以济三事也。恒之为道,亨乃"无咎"也。恒通无咎,乃利正也。)利有攸往。(王注:各得所恒,修其常道,终则有始,往而无违,故利有攸往也。)

彖曰:恒,久也。刚上而柔下,(王注:刚尊柔卑,得其序也。)雷风相与,(王注:长阳长阴,能相成也。)巽而动,(王注:动无违也。)刚柔皆应,(王注:不孤媲也。)恒。(王注:皆可久之道。)"恒,亨,无咎,利贞",久于其道也。(王注:道得所久,则常通无咎,而利正也。)天地之道,恒久而不已也。(王注:得其所久,故不已也。)利有攸往,终则有始也。(王注:得其常道,故终则复始,往无穷极。)日月得天而能久照,四时变化而能久成,圣人久于其道,而天下化成。(王注:言各得其所恒,故皆能长久。)观其所恒,而天地万物之情可见矣。(王注:天地万物之情,见于所恒也。)

象曰:雷风,恒。(王注:长阳长阴,合而相与,可久之道也。)君子以立不易方。(王注:得其所久,故不易也。)

初六,浚恒,贞凶,无攸利。(王注:处恒之初,最处卦底,始求深者也。求深穷底,令物无余缊,渐以至此,物犹不堪,而况始求深者乎?以此为恒,凶正害德,无施而利也。)

象曰:"浚恒"之凶,始求深也。

九二,悔亡。(王注:虽失其位,恒位于中,可以消悔也。)

象曰:九二"悔亡",能久中也。

九三,不恒其德,或承之羞,贞吝。(王注:处三阳之中,居下体之上,处上体之下。上不至尊,下不至卑,中不在体,体在乎恒,而分无所定,无恒者也。德行无恒,自相违错,不可致诘,故"或承之羞"也。施德于斯,物莫之纳,鄙贱甚矣,故曰"贞吝"也。)(按:"上不至尊,下不至卑",孙星衍作:"上不全尊,下不全卑"②。)

象曰:"不恒其德",无所容也。(按:《盐铁论·遵道》引易:"小人处盛

① 徐志锐:《周易大传新注》,第208页。
② 孙星衍:《周易集解》,第281页。

位，虽高必崩。不盈其道，不恒其德，而能以善终身，未之有也。是以初登于天，后入于地。”[①])

九四，田无禽。(王注:恒于非位，虽劳无获也。)

象曰:久非其位，安得禽也。

六五，恒其德，贞。妇人吉，夫子凶。(王注:居得尊位，为《恒》之主，不能“制义”，而系应在二，用心专贞，从唱而已。妇人之吉，夫子之凶也。)

象曰:妇人贞吉，从一而终也。夫子制义，从妇凶也。

上六，振恒，凶。(王注:夫静为躁君，安为动主。故安者，上之所处也；静者，可久之道也。处卦之上，居动之极，以此为恒，无施而得也。)

象曰:“振恒”在上，大无功也。

【谋略第四十七】

统兵者不审时度势，轻躁冒进，很少有不失败的。

恒卦初六曰:“初六，浚恒，贞凶，无攸利。”初六，上求九四过于急切，虽正亦凶。王弼注:“处恒之初，最处卦底，始求深者也。求深穷底，令物无余组，渐以至此，物犹不堪，而况始求深者乎?”求深不为错，错在事之初即求其深。陈梦雷谓:“初与四为正应，理之常也。然在下，未可深有所求。四震体，阳性动而不下，又为二三所隔，应初之意异乎常矣。初之柔暗不能度势，巽性善入，故深以常理求之，为‘浚恒’之象。如是则虽贞亦凶，而无所利矣。”[②]化解朱熹《周易本义》解释而来，说初六深求恒久之道过于急切。李士鉁曰:“巽为入。初又在巽下，深入之象。阴柔居初，但务深入，有入而无出，有经而无权，以此为恒，失之远矣。……一说凡事由浅以入深，恒之初而务求深，犹方有事遽望成功……盖凡事渐则能久，不渐则不能久矣。”[③]寓欲速则不达之意。徐志锐谓:“事物往往欲速则不达，由于相知并不深而相求又太急，这就违背了一般的常理，反而不能得恒久之道。……初六……以柔居阳不当位，质柔而志刚则容易急躁冒进。”[④]初六上求九四，急切冒进，终不能得恒久之道。

孙子曰:“兵非多益，惟无武进，足以并力、料敌、取人而已。”[⑤]不明形势，急躁冒进，必然导致失败。

---

① 陈雄根等编著:《先秦两汉典籍引〈周易〉〈论语〉〈孟子〉资料汇编》，第 58 页。

② 陈梦雷:《周易浅述》，第 126 页。

③ 李士鉁:《周易注》卷下，第 5 页。

④ 徐志锐:《周易大传新注》，第 211 页。

⑤ 吴九龙主编:《孙子校释》，第 163 页。

【史鉴】

桓温冒进丢淮北

太和四年(369 年)四月,桓温率步骑五万从姑孰(安徽当涂)北伐,自兖州沿淮泝北进。七月占枋头(河南浚县西南)。枋头距邺城仅 200 余里,前燕准备迁都避之,唯有吴王慕容垂力主抵抗。燕主乃以慕容垂为南讨大都督,与征南将军慕容德,率兵拒之。燕主又遣使于秦求救,前秦发兵出函谷,直趋许昌,以断桓温归路。慕容垂令慕容德死守石门,又令豫州刺史李邽断桓温粮道。桓温在枋头数战不利,粮运不继,桓温不得已于九月从枋头撤兵。撤兵途中,连战皆败,淮北之地亦丧失。这次北伐用兵前后仅只半年的时间,直入前燕根本重地,后援、供给皆不能保障。一旦敌方断其后路,势成孤军,不得不仓皇退军,损兵失地,得不偿失。

三十三、遁卦

【解题】

遁卦艮下乾上,天下有山,山高而天退避。下阴渐长,小人势盛,君子退避。尚秉和谓:"遁者,退也,避也。当阴盛之时,势须退避。否则其祸有不可胜言者矣,故曰遁亨。盖以行止论,洁身退隐,否所谓俭德避难也,无所谓亨。而以祸福论,防微虑远,不事王侯,高尚其事,优游事外,亨莫亨于是矣。"[①]李士鈖谓:"一阴生于下,有必长之势,故见几而作。若待阴消阳尽,虽欲遁而不及遁矣!知进知退,遁之所以能亨也。"[②]遁必知时、适时。马振彪谓:"阴渐长必将害阳,阳能见之于先而遁,不至受阴之害,是遁即所以行权也。"[③]君子处遁之时,当谨小慎微,静处敛退,避小人炎炎之势。

【遁卦经传】

遁,亨,小利贞。

彖曰:"遁亨",遁而亨也。(王注:遁之为义,遁乃通也。)刚当位而应,与时行也。(王注:谓五也。"刚当位而应",非否亢也;遁不否亢,能"与时行"也。)"小利贞",浸而长也。(王注:阴道欲浸而长,正道亦未全灭,故"小利贞"也。)遁之时义大矣哉!

---

① 尚秉和:《周易尚氏学》,第 160 页。

② 马振彪遗著,张善文整理:《周易学说》,第 327 页。

③ 马振彪遗著,张善文整理:《周易学说》,第 328 页。

象曰:天下有山,遁。(王注:天下有山,阴长之象。)君子以远小人,不恶而严。

初六,遁尾,厉,勿用有攸往。(王注:"遁"之为义,辟内而之外者也。尾之为物,最在体后者也。处遁之时,不往何灾,而为遁尾,祸所及也。危至而后行,难可免乎?厉,则"勿用有攸往"也。)

象曰:遁尾之厉,不往何灾也。

六二,执之,用黄牛之革,莫之胜说。(王注:居内处中,为遁之主。物皆遁己,何以固之?若能执乎理中厚顺之道以固之也,则莫之胜解。)

象曰:执用黄牛,固志也。

九三,系遁,有疾厉,畜臣妾,吉。(王注:在内近二,以阳附阴,宜遁而系,故曰"系遁"。遁之为义,宜远小人,以阳附阴,系于所在,不能远害,亦已惫矣,宜其屈辱而危厉也。系于所在,"畜臣妾"可也。施于大事,凶之道也。)

象曰:"系遁"之厉,有疾惫也。"畜臣妾,吉",不可大事也。

九四,好遁,君子吉,小人否。(王注:处于外而有应于内,君子"好遁",故能舍之。小人系恋,是以"否"也。)

象曰:君子"好遁",小人"否"也。(王注:音臧否之否。)

九五,嘉遁,贞吉。(王注:遁而得正,反制于内,小人应命,率正其志,不恶而严,得正之吉,遁之嘉也。)

象曰:"嘉遁,贞吉",以正志也。

上九,肥遁,无不利。(王注:最处外极,无应于内,超然绝志,心无疑顾,忧患不能累,矰缴不能及,是以"肥遁,无不利"也。)

象曰:"肥遁,无不利",无所疑也。

【谋略第四十八】

势已不能在位,果断遁去者可得好结果;若有所系恋而不能退去者难保好结局。

遁卦九四爻辞曰:"九四,好遁,君子吉,小人否。"九四,能以刚德遁避,君子无所牵系,自然获吉。小人贪恋而悻悻然,有凶害。侯果曰:"不处其位而遁于外,好遁者也。然有应在初,情未能弃。君子刚断,故能舍之;小人系恋,必不能矣。故君子吉,小人否。"[①]君子断然能遁,小人则贪恋而不能遁。王弼注:"处于外而有应于内,君子好遁,故能舍之。小人系恋,是以否也。"处遁之时,有能遁,有不能遁,不能遁者必受祸。陈梦雷谓:"下应初六,有情

① 孙星衍:《周易集解》卷五,第288页。

好之象。而乾体刚健，能绝之以遁之象。惟以义制欲、刚克之君子能之，小人不能。”[①]乾喻君子。李士鉁曰：“四出内卦至外卦，变艮止为乾行，能遁者也。此大臣致仕之象，成功年老则退。若小人贪荣恋位，未有不遭贬谪而去者，故否。”[②]四居外卦，有能遁之象，虽与初正应，但刚能断之。

孙子曰：“故进不求名，退不避罪，唯民是保。”[③]孙子也是讲求出处进退的。伐楚之役以后，孙子不闻，其急流勇退乎？

三十四、大壮卦

【解题】

大壮卦乾下震上，四刚在下升进，二柔在上退缩，为阳刚盛壮之象，喻君子道盛，小人退缩。李士鉁曰：“阳长之卦，至于二而阴阳均，故泰；泰至于四则阳盛矣，故大壮。”[④]

【大壮卦经传】

大壮，利贞。

彖曰：“大壮”，大者壮也。（王注：大者，谓阳爻。小道将灭，大者获正，故“利贞’也。）刚以动，故壮。“大壮，利贞”，大者正也，正大而天地之情可见矣。（王注：天地之情，正大而已。弘正极大，则天地之情可见矣。）

象曰：雷在天上，大壮。（王注：刚以动也。）君子以非礼弗履。（王注：壮而违礼则凶，凶则失壮也，故君子以“大壮”而顺礼也。）

初九，壮于趾，征凶，有孚。（王注：夫得大壮也，必能自终成也。未有陵犯于物，而得终其壮者。在下而壮，故曰“壮于趾”也。居下而用刚壮，以斯而进，穷凶可必也，故曰“征凶，有孚”。）

象曰：“壮于趾”，其孚穷也。（王注：言其信穷。）

九二，贞吉。（王注：居得中位，以阳居阴，履谦不亢，是以“贞吉”。）

象曰：九二“贞吉”，以中也。

九三，小人用壮，君子用罔。贞厉，羝羊触藩，羸其角。（王注：处健之极，以阳处阳，用其壮者也。故小人用之以为壮，君子用之以为罗己者也。贞厉以壮，虽复羝羊，以之触藩，能无羸乎！）

象曰：小人用壮，君子罔也。

---

① 陈梦雷：《周易浅述》，第129页。

② 马振彪遗著，张善文整理：《周易学说》，第332页。

③ 吴九龙主编：《孙子校释》，第180页。

④ 马振彪遗著，张善文整理：《周易学说》，第335页。

九四,贞吉,悔亡。藩决不羸,壮于大舆之輹。(王注:下刚而进,将有忧虞。而以阳处阴,行不违谦,不失其壮,故得“贞吉”而“悔亡”也。已得其壮,而上阴不罔己路,故“藩决不羸”也。“壮于大舆之輹”,无有能说其輹者,可以“往”也。)

象曰:“藩决不羸”,尚往也。

六五,丧羊于易,无悔。(王注:居于大壮,以阳处阳,犹不免咎,而况以阴处阳,以柔乘刚者乎?羊,壮也。必丧其羊,失其所居也。能丧壮于易,不于险难,故得“无悔”。二履贞吉,能干其任,而已委焉,则得“无悔”。委之则难不至,居之则敌寇来,故曰“丧羊于易”。)

象曰:“丧羊于易”,位不当也。

上六,羝羊触藩,不能退,不能遂,无攸利。艰则吉。(王注:有应于三,故“不能退”;惧于刚长,故“不能遂”。持疑犹豫,志无所定,以斯决事,未见所利。虽处刚长,刚不害正。苟定其分,固志在一,以斯自处,则忧患消亡,故曰“艰则吉”也。)

象曰:“不能退,不能遂”,不详也。“艰则吉”,咎不长也。

【谋略第四十九】

领兵者位卑力小,却争胜力进,必然失败。

大壮卦初九爻辞曰:“初九,壮于趾,征凶,有孚。”初九,在下而用刚务进,出征必凶,当诚信自守。王弼注:“夫得大壮也,必能自终成也。未有陵犯于物,而得终其壮者。在下而壮,故曰‘壮于趾’也。居下而用刚壮,以斯而进,穷凶可必也,故曰‘征凶,有孚’。”初九阳位,躁进必凶。龚原曰:“壮于趾,以刚健而行乎下也。征凶,以位不足有为而上无应也。”[1]陈梦雷谓:“初阳在下,当壮时而急于进,有壮于趾之象。征凶有孚,言进必取凶也。此以刚居刚,刚之过者也。”[2]以刚居刚,必不能持重慎行。高亨谓:“‘壮于趾’,不可以行,出征必败,兵败则将士有罚,故曰‘壮于趾,征凶,有孚。”[3]即:“脚趾伤了,不可以行动,出兵征伐,必然失败。”[4]

孙子曰:“故小敌之坚,大敌之擒也。”[5]力量弱小,争胜使强,必然为敌所败。

---

① 马振彪遗著,张善文整理:《周易学说》,第 337 页。

② 陈梦雷:《周易浅述》,第 131 页。

③ 高亨:《周易古经今注》,《高亨著作集林》第 1 卷,第 308 页。

④ 姜国柱:《〈周易〉与兵法》,第 19 页。

⑤ 吴九龙主编:《孙子校释》,第 43 页。

【史鉴】

太平偏师北伐败绩

太平天国李开芳、林凤祥北伐以失败告终。林、李北伐当时即有异见："当秀全始下金陵，议图河北，即招丞相林凤祥、李开芳等间道疾趋燕都……罗大纲以悬军深入为不然，且谓秀全不应安居金陵，委诸军犯难而不顾。"① 北伐系太平天国的头等大事，就像朱元璋命徐达北伐那样，洪秀全应派元勋级的人物领军出征，却派偏将偏师出征。"林凤祥、李开芳这两员太平天国历史上的猛将，不论在太平天国的建国初期，还是在从广西到金陵的进军途中，以及后来的北伐战争，都显示出他们猛打猛冲的军事才能。在太平天国进军阶段，林凤祥、李开芳和罗大纲三人是最能打仗的，李秀成称他们是带兵的将领，地位仅在诸王及秦日纲、胡以晃之下。"②猛将不一定是帅才，但要有统筹北伐全局的方略。"李开芳于咸丰元年八月金田起义后，据大宣莫村时，封戊一监军。翌年七月在湖南郴州，升金一总制……十二月克武昌后，升地官正丞相，咸丰三年正月率军东下，首至江宁，攻聚宝门。定都天京后，于二月下旬与林凤祥攻克扬州。至是奉东王军令，统军北伐，封定胡侯。林凤祥于咸丰二年在永安州时，封御林侍卫。在长沙升土官正将军，在岳州升殿左一指挥，率军首克武昌，升天官副丞相，攻金陵时，先发仪凤门而进。旋与李开芳攻克扬州，至是奉命北伐，封靖胡侯。"③"林、李基本上是带兵打仗的，战争的部署和运筹是由萧朝贵和石达开担负的。也正因为这样，这两员战将勇猛顽强特点，分外突出，却看不出他们在作战中的谋略。"④"这支军队的素质和将领的指挥才能都是好的，但缺乏统筹大局的战略设想，如果对华北清军以及清京设防都有一个通盘估计，并对'疾趋燕都'后可能造成的后果预先作出判断，就不致孤军深入到清统治中心的眼帘之下，并在那边驻扎待援。"⑤如果是杨秀清统军北伐，派林、李为先锋，北伐必是另一番景象，清廷是否撑持得住，还真不好说。林、李位卑力弱，寄以北伐重任， 军跃出，直指清廷京师重地，但也只使清廷虚惊一场，不免自身全军覆没之悲剧。

① 孟森：《清史讲义》，北京联合出版公司 2014 年版，第 394 页。

② 苏双碧：《苏双碧选集》，华星出版社 1993 年版，第 448 页。

③ 台湾三军大学编：《中国历代战争史》第 18 册，中信出版社 2013 年版，第 100 页。

④ 苏双碧：《苏双碧选集》，第 449 页。

⑤ 苏双碧：《苏双碧选集》，第 452 页。

三十五、晋卦

【解题】

晋卦坤下离上，明出地上，升而益明。李士鉁谓:“五为君位，阴爻居之，代天子治百姓，诸侯之象。日初出地，光及近而不及远，犹诸侯治一国，不能遍临天下也。……离日在上为昼，三阴在下，故言三接。……一日至于三接，宠至礼备，文明之盛也。……晋，诸侯朝王象。”[①]李镜池认为，晋卦是战争专卦:“晋:进，指战争的进攻。这是军事专卦，从内容及多见词标题。”[②]李氏并谓:“这与《师》、《同人》、《离》都是军事专卦。爻辞分三部分:前部主要讲战术;中部讲士卒质素;后部讲战略。表明作者对于军事思想是有相当修养的。”[③]姜国柱:“该卦是讲军事的专卦，并从各个侧面说明的进攻的问题。《晋·初六》说:‘晋如、摧如，贞吉。罔孚裕，无咎。’进攻，摧毁了敌人，是好事。虽然没有抓到俘虏，也没有掠夺更多的财物，但也不是什么坏事。这说明对失败了的敌人，不能掠之过甚，过甚则物极必反。《晋·六三》说:‘众允，悔亡。’俘虏了敌人，做了奴隶，用奴隶进攻，结果失败了。由胜利转化为失败。《晋·六五》说:‘悔亡，失得勿恤。往，击。无不利。’战败了，没有取得战争的胜利，但不要紧，不要垂头丧气。只要鼓舞斗志，再接再厉，就会打胜仗，而无往不胜。”[④]

许多学者对晋卦的卦辞“晋，康侯用锡马蕃庶，昼日三接”作了历史意味的解释。顾颉刚认为康侯是康侯封。王树民谓:“康侯名封，周文王之子，武王之弟，原封于康，武王灭商后又封于卫。‘锡马蕃庶，昼日三接(同捷)’，指康侯在一次战争中一日三胜，俘获马匹甚多，献之于王。”[⑤]李平心认为此处的康侯是武王之子唐叔虞:“据我看来，《晋》卦的康侯不是别人，实是晋的开国祖唐叔。……大叔虞为武王后邑姜所生，因封于唐，也就是传说的实沈之虚，故称唐叔。唐与康均从庚声，古音同属溪母阳部，所以大叔或虞叔在《易林》又称康侯，他正是《周易·晋卦》的康侯无疑。”[⑥]关于“用赐马蕃庶，昼日三接”，李平心认为:“这个简略的卦辞，包含一件重要史事，这就是唐叔虞曾在成王领导下参与了灭唐之役。……古文锡但作易，卜辞金文可证，而易古与狄相通(例证甚多)，赐马当然就是狄马。……叔虞必然征用了狄马，组织

---

① 马振彪遗著，张善文整理:《周易学说》，第343页。

② 李镜池:《周易通义》，第69页。

③ 李镜池:《周易通义》，第71页。

④ 姜国柱:《〈周易〉与兵法》，第22页。

⑤ 王树民:《周易中的古史资料》，黄寿祺、张善文编:《周易研究论文集》第4辑，第76页。

⑥ 平心:《周易史事索隐》，黄寿祺、张善文编:《周易研究论文集》第4辑，第47页。

了骑兵作为征唐的主力。……如果我的考释不错，可以认为唐叔虞实是战国赵武灵王胡服骑射的先驱。……今按蕃即番，为古民族名。《潜夫论·志氏姓》云：'御姓：署、番、汤'。……唐叔虞显然组织了番族的人民征伐唐人。《易》称番庶，犹《书》称殷庶，番庶与锡（易、狄）马对文。……接当读捷，《春秋》捷菑（《公羊传》与经同），《左传》、《穀梁传》均作接菑。《庄子·则阳》作接子，《汉书·古今人表》作捷子，是二字相通之确证。古三字有多数的意思，所谓'昼日三接（捷）'，正如《诗·采薇》云'一月三捷'，是极言征战胜利之多而速。征唐之役，在历史上仅次于两次克殷之战，是古史上一件大事。主持战争的是成王。"[①]历史解释恐越具体越显得证据不足。

"九四，晋如鼫鼠，贞厉。"关于"鼫鼠"："《荀子》：'鼯鼠五技而穷。'《本草》、《广雅》皆谓蝼蛄一名鼫鼠。《易》晋如鼫鼠，孔颖达等正义引蔡邕《劝学篇》云：'鼫鼠五能，不成一技。'《荀子》云云，并为蝼蛄也。"[②]蔡邕谓："鼯鼠五能，不成一技。五技者：能飞不能上屋，能缘不能穷木，能泅不能渡渎，能走不能绝人，能藏不能覆身是也。（《尔雅·释兽·释文》引蔡伯喈《劝学篇》。案：此《劝学篇》本注也，注盖即邕作。古人引书注多直言某书，或别言注，无定例。）"[③]屈万里谓，"四为进退，故称鼠，鼠性畏缩，行又止也。"[④]牛鸿恩、邱少华释该爻为："进攻敌人而将士对军事技艺一无所精，贞卜的结果只能是危险。"[⑤]李镜池从军事方面解释："进攻而胆小如鼠，当然就要失败。所以占问的结果是危险。"[⑥]

"六五，悔亡，失得勿恤：往，吉，无不利。"李镜池认为："战败了，没有取得胜利也不要紧，不应气馁。因为战败乃兵家常事。只要再接再厉，就会打胜，无往而不利。"[⑦]

【晋卦经传】

晋，康侯用锡马蕃庶，昼日三接。

彖曰：晋，进也。明出地上，顺而丽乎大明，柔进而上行。（王注：凡言"上行"者，所之在贵也。）

是以"康侯用锡马蕃庶，昼日三接"也。（王注：康，美之名也。顺以著

---

① 平心：《周易史事索隐》，黄寿祺、张善文编：《周易研究论文集》第4辑，第52页。

② 王士禛著，文益人校点：《池北偶谈》，齐鲁书社2007年版，第375页。

③ 蔡邕：《劝学篇》，严可均辑：《全后汉文》下册，商务印书馆1999年版，第795页。

④ 屈万里：《学易三种》，屈万里全集(1)，第219页。

⑤ 牛鸿恩、邱少华编著：《先秦经史军事论译注》，第6页。

⑥ 李镜池：《周易通义》，第70页。

⑦ 李镜池：《周易通义》，第70页。

明,臣之道也;"柔进而上行",物所与也,故得锡马而蕃庶。以"讼受服",则"终朝三褫";柔进受宠,则一昼三接也。)

象曰:"明出地上",晋。君子以自昭明德。(王注:以顺著明,自显之道。)

初六,晋如、摧如,贞吉。罔孚,裕,无咎。(王注:处顺之初,应明其始,明顺之德,于斯将隆。进明退顺,不失其正,故曰"晋如、摧如,贞吉"也。处卦之始,功业未著,物未之信,故曰"罔孚"。方践卦始,未至履位,以此为足,自丧其长者也。故必裕之,然后"无咎"。)(按:高亨《周易古经今注》:"晋如,谓进侵敌国也。摧如,谓摧折敌兵也。……孚即俘字,虏得敌方之人员财物谓之俘。罔孚,未有此事也。……虽无所俘,但裕而无咎也。"①)

象曰:"晋如、摧如",独行正也。"裕,无咎",未受命也。(王注:未得履位,"未受命也"。)

六二,晋如、愁如,贞吉。受兹介福于其王母。(王注:进而无应,其德不昭,故曰"晋如、愁如"。居中得位,履顺而正,不以无应而回其志,处晦能致其诚者也。修德以斯,闻乎幽昧,得正之吉也,故曰"贞吉"。"母"者,处内而成德者也。"鸣鹤在阴",则"其子和之",立诚于暗,暗亦应之,故其初"愁如"。履贞不回,则乃受兹大福于其王母也。)(按:高亨《周易古经今注》:"愁如即遒如,谓以兵胁迫敌国使之屈服也。……盖康叔帅师,进侵敌国,迫之使降,实得吉占,大妊嘉其功劳,命文王或武王赐之爵禄。"②)

象曰:"受兹介福",以中正也。

六三,众允,悔亡。(王注:处非其位,悔也。志在上行,与众同信,顺而丽明,故得"悔亡"也。)(按:此爻或与重视民众的思想有关。"如果能得到众人的信任,取得战争的胜利便没有困难了。"③)

象曰:众允之,志上行也。

九四,晋如鼫鼠,贞厉。(王注:履非其位,上承于五,下据三阴,履非其位。又"负且乘",无业可安,志无所据,以斯为进,正之危也。进如鼫鼠,无所守也。)(按:李光地谓:"盖卦义所主在柔,则刚正与时义相反。当晋时,居高位,而失静正之道,乖退让之节,贪而畏人,则非鼫鼠而何?"④四刚躁动、犹疑。高亨《周易古经今注》:"鼫鼠之食稼,乘人不备,出没无常,而往往被猫或人所获。进兵侵伐敌国,如乘其不备而袭之,出没无常,正似鼫鼠之食稼,

---

① 高亨:《周易古经今注》,《高亨著作集林》第1卷,第313页。

② 高亨:《周易古经今注》,《高亨著作集林》第1卷,第314页。

③ 高锐主编:《中国军事史略》(上),第78页。

④ 李光地编纂,刘大钧整理:《周易折中》,第142页。

即所谓‘晋如鼫鼠’也。用兵如此，亦有易败之虞。”[①]用兵“出没无常”不应和“易败”联系起来。）

象曰：鼫鼠贞厉，位不当也。

六五，悔亡，失得勿恤。往，吉，无不利。（王注：柔得尊位，阴为明主，能不用察，不代下任也。故虽不当位，能消其悔。“失得勿恤”，各有其司，术斯以往，“无不利”也。）

象曰：“失得勿恤”，往有庆也。

上九，晋其角，维用伐邑。厉吉，无咎，贞吝。（王注：处进之极，过明之中，明将夷焉。已在乎角，而犹进之，非亢如何？失夫道化无为之事，必须攻伐，然后服邑，危乃得吉，吉乃无咎。用斯为正，亦以贱矣。）（按：《周易古经今注》：“角之坚，犹兵之坚也。角之不锐，犹兵之不锐也。以坚而不锐之兵，攻伐邑国，以其坚也，必无溃败，虽危亦吉，且无咎，以其不锐也，难于克敌，故曰：‘晋其角，维用伐邑。厉吉，无咎；贞吝。’”[②]过度利用了“角”的外形特征。）

象曰：“维用伐邑”，道未光也。

【谋略第五十】

位居最上，人臣已极，处高危之地，以立武功来固位自全，大明将衰，很是危险。若一味黩武，必将陷于不利局面。

晋卦上九爻辞曰：“上九，晋其角，维用伐邑。厉吉，无咎；贞吝。”上九，亢进不知退，进其角，只可用来伐邑国，虽危但无咎害，有憾于贞正之道。刘沅曰：“刚在上，角象。坤邑，离戈兵，伐邑象。”[③]离折坤，讨伐象。龚焕谓：“晋卦诸爻，皆以进为义。初二三五，柔之进。四与上，刚之进也。四阴二阳，阴多吉而阳多厉者，晋以柔顺为善，刚强则躁矣，故《彖传》曰‘顺而丽乎大明，柔进而上行。’”[④]上九刚躁急进，故“晋其角”。马其昶谓：“维邦国至用伐邑，古重臣际危疑之地，欲立武功以自全者，皆道未光也。”[⑤]用武功立威而非用人格操守立德，难以久长。李镜池：“角：较量。《孙子兵法·虚实》曰：‘角之而知有余不足之处。’维：考虑。进攻必须较量敌我双方的力量，考虑是否要攻城伐邑。‘厉，吉；无咎，贞吝。’吉凶相反的几个贞兆辞并列，借以

① 高亨：《周易古经今注》，《高亨著作集林》第1卷，314页。

② 高亨：《周易古经今注》，《高亨著作集林》第1卷，315页。

③ 马振彪遗著，张善文整理：《周易学说》，第348页。

④ 李光地编纂，刘大钧整理：《周易折中》，第144页。

⑤ 马振彪遗著，张善文整理：《周易学说》，第348页。

说明作战要考虑各方面复杂情况,有坏的和有利的方面,有比较好的和相当困难的方面。”[①]角显是名词义。

孙子曰:“故曰:知彼知己,百战不殆;不知彼而知己,一胜一负;不知彼不知己,每战必败。”[②]知彼知己方知可以战与不可以战。敌我情昧,喜功浪战,必至失败。

【史鉴】

韩侂胄开衅亡身

南宋外戚韩侂胄立宁宗有定策功,职位居丞相之上。有人建议伐金立盖世军功。1206 年,韩侂胄策动朝廷下诏伐金。“金章宗起初听得的宋人要和他开衅,还不相信,把入告的人给了个杖戍之罪。所以这一次的兵衅,实在其曲在宋。到边境屡次被掠,才命平章政事仆散揆,于汴京设立行省,调集河南诸路的兵,听其便宜行事。到宋人下诏伐金,金人也就举兵南下。这时候,金人的兵力,确已不济;然而宋朝的兵,无用更甚。屡战皆败,襄阳淮东西多陷(其间吴曦又以四川叛降金,宋朝更为吃紧。幸而金朝接应的兵,还没有到,就为转运使安丙所诛)。于是韩侂胄又想议和。派邱崈督视两淮军马,叫他暗中遗书金人。金人覆书,要得韩侂胄的头。侂胄大怒,和议又绝。然而宁宗的皇后杨氏,又和韩侂胄有隙。于是趁此机会,叫他的哥哥杨次山和礼部侍郎史弥远合谋,把韩侂胄杀掉,函首以畀金,和议乃成。”[③]韩侂胄之失败,在于不明时势,虽金已势衰,南宋则衰颓更甚于金。无良将、良策,徒以立功固位陡兴大兵,履兵凶战危之险,一旦失着,身命且不保,其军功安在哉,徒使后人哀耳。

三十六、明夷卦

【解题】

明夷卦离下坤上,地上火下,光明隐于地中,有被伤之义。内怀文明、智慧,外以柔顺处之,利于在艰难中守持正道。刘沅曰:“日入地中,非有伤也,为其光为地掩,圣人借以明有德见蔽害之象。……明夷为暗君在上,明者见伤之时。下五爻皆明者,上六乃夷明之人。”[④]君子此时不应有为。

---

① 李镜池:《周易通义》,第 71 页。

② 吴九龙主编:《孙子校释》,第 48 页。

③ 吕思勉:《吕思勉中国史》,当代中国出版社 2013 年版,第 289 页。

④ 马振彪遗著,张善文整理:《周易学说》,第 350 页。

【明夷卦经传】

明夷，利艰贞。

彖曰：明入地中，明夷。内文明而外柔顺，以蒙大难，文王以之。“利艰贞”，晦其明也。内难而能正其志，箕子以之。

象曰：“明入地中，明夷”，君子以莅众，（王注：莅众显明，蔽伪百姓者也。故以蒙养正，以明夷莅众。）用晦而明。（王注：藏明于内，乃得明也。显明于外，巧所辟也。）

初九，明夷于飞，垂其翼。君子于行，三日不食。有攸往，主人有言。（王注：明夷之主，在于上六，上六为至暗者也。初处卦之始，最远于难也。远难过甚，明夷远遁，绝迹匿形，不由轨路，故曰“明夷于飞”。怀惧而行，行不敢显，故曰“垂其翼”也。尚义而行，故曰“君子于行”也。志急于行，饥不遑食，故曰“三日不食”也。殊类过甚，以斯适人，人必疑之，故曰：“有攸往，主人有言”。）

象曰：“君子于行”，义不食也。

六二，明夷，夷于左股。用拯马壮，吉。（王注：“夷于左股”，是行不能壮也。以柔居中，用夷其明，进不殊类，退不近难，不见疑惮，“顺以则”也，故可“用拯马”而壮吉也。不垂其翼，然后乃免也。）

象曰：六二之吉，顺以则也。（王注：顺之以则，故不见疑。）

九三，明夷于南狩，得其大首。不可疾，贞。（王注：处下体之上，居文明之极，上为至晦，入地之物也。故夷其明以获南狩，得大首也。“南狩”者，发其明也。既诛其主，将正其民。民之迷也，其日固已久矣，化宜以渐，不可速正，故曰“不可疾贞”。）

象曰：“南狩”之志，乃得大也。（王注：去暗主也。）

六四，入于左腹，获明夷之心，于出门庭。（王注：左者，取其顺也。入于左腹，得其心意，故虽近不危。随时辟难，门庭而已，能不逆忤也。）

象曰：“入于左腹”，获心意也。

六五，箕子之明夷，利贞。（王注：最近于晦，与难为比，险莫如兹。而在斯中，犹暗不能没，明不可息，正不忧危，故“利贞”也。）

象曰：箕子之贞，明不可息也。

上六，不明晦。初登于天，后入于地。（王注：处明夷之极，是至晦者也。本其初也，在乎光照，转至于晦，遂入于地。）

象曰：“初登于天”，照四国也。“后入于地”，失则也。

【谋略第五十一】

君主昏暗,贤明见伤,刚健有为之士奋起一搏,为天下讨除昏暗。然不要操之过急,正道而行,有备而来,必能成功。

明夷卦九三爻辞曰:"九三,明夷于南狩,得其大首。不可疾,贞。"九三,于光明见伤之时征伐元凶,得其昏暗之主。不可求成过急,应守持正道。王弼注:"处下体之上,居文明之极,上为至晦,入地之物也。故夷其明以获南狩,得大首也。南狩者,发其明也。既诛其主,将正其民。民之迷也,其日固已久矣,化宜以渐,不可速正,故曰'不可疾,贞'。"南方为离,明。"程传云:狩,去害之事。大首,上六也。三与上正相应,为至明克至闇之象。"[①]上六为夷明之人,九三能克之。陈鼓应谓:"三爻强健,为大任斯人,怀除晦济明之志,当有所获,然不欲求成过速。"[②]

孙子曰:"利而诱之,乱而取之,实而备之,强而避之,怒而挠之,卑而骄之,佚而劳之,亲而离之,攻其无备,出其不意。"[③]乱世出英雄。天下大乱正为有为之士提供了出头机会。只有能够把握住机会的人才能走到历史的前台,脱颖而出。

【史鉴】

李渊乘乱占关中

李渊鉴于隋炀帝无道昏聩,已具反隋之心,于是北和突厥,稳定后方,网罗人才,增强实力。大业十三年(617 年)七月,李渊经过充分准备,率军三万,直趋关中。十一月,李渊占领长安,立代王侑为皇帝,遥尊隋炀帝为太上皇。李渊以尚书令、大丞相的身份掌握大权,以天子号令廓清天下。隋炀帝一死,李渊遂于 618 年夏登上宝座,开基唐朝 300 年天下。隋末,群雄并起,为什么李渊取得成功呢?关键是战略选择正确。当各股义军与隋军互相厮杀之时,李渊独辟蹊径,一举占领关中,挟天子威势号令天下,将各路豪强一一剪除,得以成功。

三十七、家人卦

【解题】

家人卦离下巽上,上风下火,风自火出,一家之事关乎社会之风化,良风

---

① 马振彪遗著,张善文整理:《周易学说》,第 355 页。

② 陈鼓应、赵建伟注译:《周易今注今译》,第 332 页。

③ 吴九龙主编:《孙子校释》,第 13 页。

美俗必自一家始。来知德谓:“八卦正位,巽在四,离在二,此卦巽以长女而位四,离以中女而位二,二四皆得八卦正位。又九五、六二内外各得其正,皆家人之义也。”[①]家人卦,阐发如何治家、齐家的道理。居家虽小,小节亦不能不慎。

【家人卦经传】

家人,利女贞。(王注:家人之义,各自修一家之道,不能知家外他人之事也。统而论之,非元亨利君子之贞,故“利女贞”。其正在家内而已。)

彖曰:家人,女正位乎内,(王注:谓二也。)男正位乎外,(王注:谓五也。家人之义,以内为本,故先说女也。)男女正,天地之大义也。家人有严君焉,父母之谓也。父父、子子、兄兄、弟弟、夫夫、妇妇而家道正。正家而天下定矣。

象曰:风自火出,家人。(王注:由内以相成炽也。)君子以言有物,而行有恒。(王注:家人之道,修于近小而不妄也。故君子以言必有物而口无择言,行必有恒而身无择行。)

初九,闲有家,悔亡。(王注:凡教在初,而法在始。家渎而后严之,志变而后治之,则悔矣。处家人之初,为家人之始,故宜必以“闲有家”,然后悔亡也。)

象曰:“闲有家”,志未变也。

六二,无攸遂,在中馈,贞吉。(王注:居内处中,履得其位,以阴应阳,尽妇人之正,义无所必遂,职乎“中馈”,巽顺而已,是以“贞吉”也。)

象曰:六二之吉,顺以巽也。

九三,家人嗃嗃,悔厉,吉。妇子嘻嘻,终吝。(王注:以阳处阳,刚严者也。处下体之极,为一家之长者也。行与其慢,宁过乎恭;家与其渎,宁过乎严。是以家人虽“嗃嗃,悔厉”,犹得其道;“妇子嘻嘻”,乃失其节也。)

象曰:“家人嗃嗃”,未失也。“妇子嘻嘻”,失家节也。

六四,富家,大吉。(王注:能以其富顺而处位,故“大吉”也。若但能富其家,何足为大吉?体柔居巽,履得其位,明于家道,以近至尊,能富其家也。)

象曰:“富家,大吉”,顺在位也。

九五,王假有家,勿恤。吉。(王注:假,至也。履正而应,处尊体巽,王至斯道,以有其家者也。居于尊位,而明于家道,则下莫不化矣。父父,子

① 来知德撰,张万彬点校:《周易集注》,第417页。

子,兄兄,弟弟,夫夫,妇妇,六亲和睦,交相爱乐,而家道正。"正家而天下定矣"。故"王假有家",则"勿恤"而吉。)

象曰:"王假有家",交相爱也。

上九,有孚,威如,终吉。(王注:处家人之终,居家道之成,"刑于寡妻",以著于外者也,故曰"有孚"。凡物以猛为本者,则患在寡恩;以爱为本者,则患在寡威,故家人之道,尚威严也。家道可终,唯信与威。身得威敬,人亦如之。反之于身,则知施于人也。)

象曰:"威如"之吉,反身之谓也。

【谋略第五十二】

治兵必慎于始,乘其质朴之气未改,严格法度,一旦油滑气成,再勒令整改,事情就难办了。

家人卦初九爻辞曰:"初九,闲有家,悔亡。"初九,一开始就以刚德谨严门风,无有后悔。"马融曰:闲,阑也,防也。郑康成曰:闲,习也。……防范闲习其家以礼,及其志未变而正之,故悔无。"[①]"教妇初来,教儿婴孩"[②]之意。王弼注:"凡教在初,而法在始。家渎而后严之,志变而后治之,则悔矣。处家人之初,为家人之始,故宜必以闲有家,然后悔亡也。"马振彪谓:"闲之于初,本心未变,犹易为力。若志变而后闲之,悔无及矣!"[③]初九以阳刚居离之明,能以刚断严明治家。

孙子曰:"将弱不严,教道不明,吏卒无常,陈兵纵横,曰乱。"[④](《孙子兵法·地形篇》)将不严,教不明,士卒不听号令,其胜也难。

【史鉴】

戚继光从严治兵

戚继光抗倭之所以成功,是因为有一支能征善战的"戚家军"队伍,而这与戚继光的练兵思想是分不开的。明嘉靖三十六年(1557年),戚继光在浙江义乌等地招募了矿工等三千人,严加训练,又根据南方多水田薮泽、不利驰逐的特点,创造了鸳鸯阵法。依靠这支严格训练的队伍,戚继光和其他抗倭将领联合作战,终于将东南倭患一举肃清。隆庆二年(1568年),戚继光被

---

① 曹元弼:《周易集解补释》卷八,第5页。
② 颜之推:《颜氏家训》,中国画报出版社2013年版,第6页。
③ 马振彪遗著,张善文整理:《周易学说》,第362页。
④ 吴九龙主编:《孙子校释》,第176页。

朝廷调到北方守边，负责训练戍守蓟州、昌平、保定三镇的边兵。针对北方的环境、地形、条件，戚继光认真地进行了调查研究，结合边地实际又总结出了新的练兵方法和阵法。他首先从整顿军纪入手，建章立制，谨严法度。戚继光特地调来浙江兵三千人作骨干力量。有一次，大雨从早到晚下个不停。三千士兵等候戚继光检阅，冒雨列队于郊外，竟无一人乱动。北方边兵见到这种情景，很受震动。从此，在戚继光的督练下，军纪严明，军威盛壮，边境晏然。

三十八、睽卦

【解题】

睽卦泽下离上，离为中女，兑为少女，二女不同志，有相违之象。睽有睽违、乖离、违离的意思。孔颖达《周易正义》云："今火在上而炎上，泽居下而润下，无相成之道，所以为乖。中少二女共居一家，理应同志。各自出适，志不同行，所以为异也。"[①]上下相违，无有交感，遂视同陌路。

【睽卦经传】

睽，小事吉。

彖曰：睽，火动而上，泽动而下。二女同居，其志不同行。说而丽乎明，柔进而上行，得中而应乎刚，是以"小事吉"。（王注：事皆相违，害之道也。何由得"小事吉"，以有此三德也。）天地睽而其事同也，男女睽而其志通也，万物睽而其事类也。睽之时用大矣哉！（王注：睽离之时，非小人之所能用也。）

象曰：上火下泽，睽。君子以同而异。（王注：同于通理，异于职事。）

初九，悔亡。丧马，勿逐自复。见恶人，无咎。（王注：处睽之初，居下体之下，无应独立，悔也。与四合志，故得"悔亡"。马者，必显之物。处物之始，乖而丧其马，物莫能同，其私必相显也，故"勿逐"而"自复"也。时方乖离，而位乎穷下，上无应可援，下无权可恃，显德自异，为恶所害，故"见恶人"乃得免咎也。）

象曰："见恶人"，以辟咎也。

九二，遇主于巷，无咎。（王注：处睽失位，将无所安。然五亦失位，俱求其党，出门同趣，不期而遇，故曰"遇主于巷"也。处睽得援，虽失其位，未失道也。）

---

① 王弼等注，孔颖达等正义：《周易正义》卷四，第29页。

象曰:“遇主于巷”,未失道也。

六三,见舆曳,其牛掣。其人天且劓。无初有终。(王注:凡物近而不相得则凶。处睽之时,履非其位,以阴居阳,以柔乘刚,志在于上,而不和于四,二应于五,则近而不相比,故“见舆曳”。“舆曳”者,履非其位,失所载也。“其牛掣”者,滞隔所在,不获进也。“其人天且劓”者,四从上取,二从下取,而应在上九,执志不回,初虽受困,终获刚助。)

象曰:见舆曳,位不当也。无初有终,遇刚也。

九四,睽孤,遇元夫。交孚,厉,无咎。(王注:无应独处,五自应二,三与己睽,故曰“睽孤”也。初亦无应特立。处睽之时,俱在独立,同处体下,同志者也。而己失位,比于三五,皆与己乖,处无所安,故求其畴类而自托焉,故曰“遇元夫”也。同志相得而无疑焉,故曰“交孚”也。虽在乖隔,志故得行,故虽危无咎。)

象曰:“交孚”“无咎”,志行也。

六五,悔亡。厥宗噬肤,往,何咎?(王注:非位,悔也,有应故亡。“厥宗”,谓二也。“噬肤”者,啮柔也。三虽比二,二之所噬,非妨己应者也。以斯而往,何咎之有?往必合也。)

象曰:“厥宗噬肤”,往有庆也。

上九,睽孤。见豕负涂,载鬼一车,先张之弧,后说之弧。匪寇,婚媾。往,遇雨则吉。(王注:处睽之极,睽道未通,故曰“睽孤”。己居炎极,三居泽盛,睽之极也。以文明之极,而观至秽之物,睽之甚也。豕而负涂,秽莫过焉。至睽将合,至殊将通,恢诡谲怪,道将为一。未至于洽,先见殊怪,故“见豕负涂”,甚可秽也。见鬼盈车,吁可怪也。“先张之弧”,将攻害也;“后说之弧”,睽怪通也。四黥其应,故为寇也。睽志将通,“匪寇婚媾”,往不失时,睽疑亡也。贵于遇雨,和阴阳也。阴阳既和,“群疑亡”也。)(按:《汉书·诸侯王表》:“小者淫荒越法,大者睽孤横逆,以害身丧果。”颜师古《注》引《易·睽卦》九四爻辞:“睽孤,见豕负途。”[①]刘沅谓:“上九之孤,自孤也,因猜疑而孤也。见者,上九自见为然而疑之也。上九刚极而过于用明,猜疑益甚,所见愈奇。……所以然者,因上疑三为寇也。其实三与上应,本非寇而婚媾。疑消则明生而说应,吉也。”[②]上九与六三正应,初困终吉。)

象曰:遇雨之吉,群疑亡也。

---

① 陈雄根等编著:《先秦两汉典籍引〈周易〉〈论语〉〈孟子〉资料汇编》,第 62 页。

② 马振彪遗著,张善文整理:《周易学说》,第 377 页。

【谋略第五十三】

睽之时，世多患难，上下不能正常相会。刚健之部下具佐治天下之雄心，多方谋与上级和合，以成其兼济天下之功。

睽卦九二爻辞曰："九二，遇主于巷，无咎。"世道乖离，九二不能在朝堂而是在在小巷遇六五之主，没什么过错。王弼注："处睽失位，将无所安。然五亦失位，俱求其党，出门同趣，不期而遇，故曰'遇主于巷'也。处睽得援，虽失其位，未失道也。"陈梦雷谓："二五正应，遇之之象。二五本正应也，以当睽之时，多所乖隔。二以刚中之才，具和悦之性，委曲相求，以得遇主而成济睽之功，故无咎。"[①]二有济世之心，不计毁誉而图功；五有失位之忧，图谋振作而难成。二五相合，君臣相济，事有可为。李士鉁谓："九二以六五为所主之人。二往归五，五已来交于二，故不期而遇于巷。虽两皆失位，而两皆得中，原非苟合。此犹睽隔之世，君择臣，臣亦择君，幸而相遇，固无咎也。……不言君而言主者，睽之世君臣之分未定也。"[②]君与臣有惺惺相惜、患难与共之意。金景芳谓："九二要与六五相见相合的愿望十分迫切，以至于'遇主于巷'。"[③]朱高正谓："九二上应六五，喻柔中之明君与刚中贤臣，其志相合，然迫于世道乖离，君臣不能以宾主之礼相会，九二只得'遇主于巷'，委曲以求与六五相遇。"[④]

孙子曰："故知兵之将，民之司命，国家安危之主也。"[⑤]国家动乱之时，安邦定国之才更为珍稀。汉之周亚夫、唐之郭子仪有以是也。

【史鉴】

郑成功移孝作忠

南明隆武帝即位之初，朝廷大权尽在镇守福建等处并浙江金温地方总兵官、太子太师南安伯郑芝龙手中。郑氏飞扬跋扈，权倾朝野，隆武帝非常不安。为了笼络郑芝龙，"没有子嗣的隆武，甚至象征性地收芝龙长子、一表人才的郑森为义子"[⑥]。1645 年阴历八月十七日，郑芝龙领儿子郑森进宫拜见隆武帝，隆武帝见郑森年少英武，一表人材，心中颇为喜爱。郑森在与隆武帝的对答中，就天下大势提出自己的见解，隆武帝很是赏识，感叹说自己

① 陈梦雷：《周易浅述》，第 144 页。
② 李士鉁：《周易注》卷下，第 23 页。
③ 金景芳、吕绍刚：《周易全解》，第 275 页。
④ 朱高正：《周易六十四卦通解》，第 128 页。
⑤ 吴九龙主编：《孙子校释》，第 32 页。
⑥ [美]司徒琳著，李荣庆等译：《南明史》，上海古籍出版社 1992 年版，第 73 页。

没有女儿可以嫁给他。为了表示对郑森的宠爱,隆武帝赐郑森姓朱,改名成功。黄宗羲《赐姓本末》谓:“隆武皇帝即位,(成功)年才二十一,入朝,上奇之,赐今姓名,俾统禁旅,以驸马体统行事。封忠孝伯。”[1]从此郑成功获得“国姓爷”的尊称。隆武帝从各方面尽力维系与郑芝龙的君臣关系,郑芝龙却只想着自己的商业利益,拥兵自重,不愿北上抗清。隆武帝于屯难睽违之时与郑成功君臣际遇,期望于郑成功者甚多。郑成功少年时代受儒家忠孝思想的教育,受赐姓后又深感隆武帝的知遇之恩,立志尽忠明室,报答知遇。郑芝龙后来降清并代清廷招降郑成功,郑成功移孝作忠,与父亲划清界限,誓死忠于大明,成为千古民族英雄。

三十九、蹇卦

【解题】

蹇卦艮下坎上,坎险在前,遇难而止。来知德谓:“‘蹇’,难也。为卦艮下坎上,坎险艮止,险在前,见险而止,不能前进,蹇之义也。”[2]刘沅曰:“蹇有艰难之义,坎险在前不可进,故难也。见险难而能止为知,而济险必以能往为功。”[3]

【蹇卦经传】

蹇,利西南,不利东北。(王注:西南,地也;东北,山也。以难之平则难解,以难之山则道穷。)利见大人。(王注:往则济也。)贞吉。(王注:爻皆当位,各履其正,居难履正,正邦之道也。正道未否,难由正济,故“贞吉”也。遇难失正,吉可得乎?)

彖曰:蹇,难也,险在前也。见险而能止,知矣哉!蹇“利西南”,往得中也;“不利东北”,其道穷也。“利见大人”,往有功也。当位“贞吉”,以正邦也。蹇之时用大矣哉!(王注:蹇难之时,非小人之所能用也。)

象曰:山上有水,蹇。(王注:山上有水,蹇难之象。)君子以身修德。(王注:除难莫若反身修德。)

初六,往蹇,来誉。(王注:处难之始,居止之初,独见前识,睹险而止,以待其时,知矣哉!故往则遇蹇,来则得誉。)

象曰:“往蹇,来誉”,宜待也。

六二,王臣蹇蹇,匪躬之故。(王注:处难之时,履当其位,居不失中,以

---

① 黄宗羲:《赐姓始末》,陈力主编:《中国野史集粹》(2),巴蜀书社2000年版,第713页。

② 来知德撰,张万彬点校:《周易集注》卷八,第430页。

③ 马振彪遗著,张善文整理:《周易学说》,第379页。

应于五。不以五在难中，私身远害，执心不回，志匡王室者也，故曰“王臣蹇蹇，非躬之故”。履中行义，以存其上，处蹇以比，未见其尤也。）

象曰：“王臣蹇蹇”，终无尤也。

九三，往蹇，来反。（王注：进则入险，来则得位，故曰“往蹇，来反”。为下卦之主，是内之所恃也。）

象曰：“往蹇，来反”，内喜之也。

六四，往蹇，来连。（王注：往则无应，来则乘刚，往来皆难，故曰“往蹇，来连”。得位履正，当其本实，虽遇于难，非妄所招也。）

象曰：“往蹇，来连”，当位实也。

九五，大蹇，朋来。（王注：处难之时，独在险中，难之大者也，故曰“大蹇”。然居不失正，履不失中，执德之长，不改其节，如此则同志者集而至矣，故曰“朋来”也。）

象曰：“大蹇，朋来”，以中节也。

上六，往蹇，来硕，吉。利见大人。（王注：往则长难，来则难终，难终则众难皆济，志大得矣，故曰“往蹇，来硕，吉”。险夷难解，大道可兴，故曰“利见大人”也。）

象曰：“往蹇来硕”，志在内也。“利见大人”，以从贵也。（王注：有应在内，往则失之，来则志获，志在内也。）

【谋略第五十四】

世道艰难，君忧臣辱。臣子一片丹心，拯救天下，谋忠于国，成败利钝，非所虑也。

蹇卦六二爻辞曰：“六二，王臣蹇蹇，匪躬之故。”六二，君主与臣下俱在险中，臣下上应君主，志在匡扶天下，虽身处艰难，非所避也。来知德谓：“‘王’者，五也。‘臣’者，二也。外卦之坎，王之‘蹇’也。中爻之坎，臣之‘蹇’也。因二五在两坎之中，故以两‘蹇’字言之。……言王臣皆在坎陷之中，蹇而又蹇，不能济其蹇。”①六二本不在坎，但二、三、四互坎，亦在蹇中。虞翻谓：“坎为蹇……二五俱坎，故王臣蹇蹇。”②李士钤曰：“王指九五，二为臣位，以阴应阳，以下事上，君臣分定。当蹇之时，膺蹇之任，故称蹇蹇。上卦坎险，蹇而又蹇之象。重蹇不避，鞠躬尽瘁，不为身谋。……为君国不为己身，故曰匪躬之故。”③强调臣之济蹇，鞠躬尽瘁，死而后已。尚秉和谓：“二

① 来知德撰，张万彬点校：《周易集注》，第432页。

② 惠栋撰，郑万耕点校：《周易述》，中华书局2007年版，第110页。

③ 李士钤：《周易注》卷下，第26页。

临重坎,故曰王臣蹇蹇。……艮臣象。损上九云:得臣无家;小过六三云:遇其臣;遁六三云:畜臣妾吉。皆以艮为臣也。”[①]二上有两坎,而救主之心百折不回,鞠躬尽瘁死而后已。

孙子曰:“胜可知,而不可为。”[②]胜可知,败亦可知。艰难时世,胜败已定,做臣子的应当怎样行动呢?要么逃避,要么知其不可而为之。而选择后者舍生取义者,硬是赢得了后人多少同情之泪。

【史鉴】

黄道周精忠为国

黄道周(1585～1646年),福建漳浦人。年轻时闭户读书,无学不通,尤精于《易》理。年三十八,登熹宗天启二年(1622年)进士第。因魏忠贤乱政归家。崇祯时,因耿直感言,触怒崇祯帝,下狱受惨刑。崇祯十七年(1644年)七月,拥立唐王朱聿键,道周受任宰相。时郑芝龙专权,隆武帝受制无为,偏安于福建一隅。道周愤激,以一文人募兵一千余人,自往江西,以图恢复。兵溃被俘,绝食半月,于太祖孝陵旁坦然就刑。范文澜谓:“道周德行高洁,连孔子都说没有见过(吾未见好德如好色者也),无怪乎要被崇祯朝九审四拷,被郑芝龙憎恶驱逐,被黄树卖师求荣,被洪承畴捉获斩首了。”[③]黄道周一生,颠沛坎坷,忠朝廷之心不改,为君为国,不计其身,“王臣蹇蹇,匪躬之故”,其斯人之谓欤!

四十、解卦

【解题】

解卦坎下震上,震雷动而出险。刘沅谓:“解,散也。动出乎险,为患难解散之象。”[④]来知德谓:“居险能动则出于险之外矣,解之象也。又雷雨交作,阴阳和畅,百物解散,亦解之象也。”[⑤]蹇卦是险在前,动而入险。解卦是险在后,动而出险。

---

① 尚秉和:《周易尚氏学》,第185页。

② 吴九龙主编:《孙子校释》,第55页。

③ 范文澜:《大丈夫:范文澜说英雄》,第174页。

④ 马振彪遗著,张善文整理:《周易学说》,第385页。

⑤ 来知德撰,张万彬点校:《周易集注》,第437页。

【解卦经传】

解,利西南。(王注:西南,众也。解难济险,利施于众。遇难不困于东北,故不言不利东北也。)无所往,其来复吉。有攸往,夙吉。(王注:未有善于解难而迷于处安也。《解》之为义,解难而济厄者也。无难可往,以解来复,则不失中;有难而往,则以速为吉者。无难则能复其中,有难则能济其厄也。)

彖曰:解,险以动,动而免乎险,解。(王注:动乎险外,故谓之"免"。免险则解,故谓之"解"。)"解,利西南",往得众也。"其来复吉",乃得中也。"有攸往,夙吉",往有功也。天地解,而雷雨作,雷雨作,而百果草木皆甲坼。(王注:天地否结,则雷雨不作;交通感散,雷雨乃作也。雷雨之作,则险厄者亨,否结之散,故"百果草木皆甲坼"也。)解之时大矣哉!(王注:无坼而不释也。难解之时,非治难时,故不言用。体尽于解之名,无有幽隐,故不曰"义"。)

象曰:雷雨作,解。君子以赦过宥罪。

初六,无咎。(王注:"解"者,解也。屯难盘结,于是乎解也。处蹇难始解之初,在刚柔始散之际,将赦罪厄,以夷其险。处此之时,不烦于位而"无咎"也。)

象曰:刚柔之际,义无咎也。(王注:或有过咎,非其理也。"义",犹理也。)

九二,田获三狐,得黄矢,贞吉。(王注:狐者,隐伏之物也。刚中而应,为五所任,处于险中,知险之情,以斯解物,能获隐伏也,故曰"田获三狐"也。"黄",理中之称也。"矢",直也。田而获三狐,得乎理中之道,不失枉直之实,能全其正者也,故曰"田获三狐,得黄矢,贞吉"也。)

象曰:九二"贞吉",得中道也。

六三,负且乘,致寇至,贞吝。(王注:处非其位,履非其正,以附于四,用夫柔邪以自媚者也。乘二负四,以容其身。寇之来也,自己所致,虽幸而免,正之所贱也。)(按:《周易古经今注》:"盖车既可载人,亦可载物,今乘车而负物,则其物之宝贵,人尽知之矣。盗思夺之矣,其患难由此生矣。"[1])

象曰:"负且乘",亦可丑也。自我致戎,又谁咎也。

九四,解而拇,朋至斯孚。(王注:失位不正,而比于三,故三得附之为其拇也。三为之拇,则失初之应,故"解其拇",然后朋至而信矣。)

象曰:"解而拇",未当位也。

六五,君子维有解,吉。有孚于小人。(王注:居尊履中,而应乎刚,可以

① 高亨:《周易古经今注》,《高亨著作集林》第1卷,第331页。

有解而获吉矣。以君子之道解难释险,小人虽暗,犹知服之而无怨矣,故曰"有孚于小人"也。)

象曰:君子有解,小人退也。

上六,公用射隼于高墉之上,获之,无不利。(王注:初为四应,二为五应,三不应上,失位负乘。处下体之上,故曰"高墉"。墉非隼之所处,高非三之所履,上六居动之上,为《解》之极,将解荒悖而除秽乱者也,故用射之。极而后动,成而后举,故必"获之"而"无不利"也。)

象曰:公用射隼,以解悖也。

【谋略第五十五】

大政不修,小人当道,贤人去野,寇盗必兴,天下必乱,为政者岂不慎哉!

解卦六三爻辞曰:"六三,负且乘,致寇至,贞吝。"六三,小人在位,力不胜任,不能服众,人思夺之,虽悔而改正亦无济于事。王弼注:"处非其位,履非其正,以附于四,用夫柔邪以自媚者也。乘二负四,以容其身。寇之来也,自己所致,虽幸而免,正之所贱也。"六三不中不正,阴柔媚上。刘沅曰:"坎为舆为盗,兼有乘寇象。六三阴柔无德,欲据高位以为荣,取非其有,力不胜重,有如负焉。据非其地,以高陵人,有如乘焉。人将夺之,故致寇至。"[①]六三居下卦之上,以高陵下。曹元弼谓:"上慢君政,下暴蔑贤人。小人在位,必启戒心。"[②]六三阴柔不中不正,是为小人。金景芳谓:"国家或君上慢藏其名器,不辩贤否,使小人得居君子之位,必招致寇戎来伐。"[③]

孙子曰:"故经之以五,校之以计,而索其情。一曰道,二曰天,三曰地,四曰将,五曰法。道者,令民于上同意,可与之死,可与之生,而不畏危也。"[④]主上有道,则政治清明,百姓乐业,兵民愿以身赴死。主上无道,则奸邪横行,贤人远避,百姓望生无望,唯有铤而走险之一途耳。

【史鉴】

奸臣当道,逼上梁山

宋徽宗时期,奸臣当道,陈东上书直指蔡京、童贯、梁师成、王黼、李彦、朱勔为"六贼":"贯之所恃有梁师成,实联婚姻,以相救援。师成之恶,抑不

---

① 马振彪遗著,张善文整理:《周易学说》,第389页。

② 曹元弼:《周易集解补释》卷八,第35页。

③ 金景芳、吕绍刚:《周易全解》,吉林大学出版社1989年版,第287页。

④ 吴九龙主编:《孙子校释》,第3页。

可言。外示恭谨，中存险诈，假忠行佞，藉贤济奸，盗我儒名，高自标榜……王黼之进，实赖师成。师成与黼，如贯与京，内外相应，捷若影响。黼为相臣，专秉国政，奉行师成之意而已，不闻天子之命也。……去年京东、河北正以租钱，及燕山免夫之征，剥克太甚，盗贼四起，正如两浙曩时青溪之寇，实由朱勔父子渔夺东南之民，怨结数路，方腊一呼，四境响应，屠割州县数十，杀戮吏民，动亿万计，天下骚然，弥岁不已，皆勔父子所致，生灵何辜？……况今日之事，蔡京坏乱于前，梁师成阴败于内，李彦结怨于西北，朱勔结怨于东南，王黼、童贯又从而结怨于远裔，败祖宗之盟，失中国之信，创开边隙，使天下势危如丝发。此六贼者，异名同罪。"①奸臣当道，才有林冲逼上梁山，才有梁山泊替天行道之举。

四十一、损卦

【解题】

损卦兑下艮上，山下有泽，损。金景芳谓："按照卦变的规律，此卦内卦可以看成乾，外卦可以看成坤，乾的第三爻上去放到坤的第三爻的位置上，坤的第三爻下来放到乾的第三爻的位置上……便形成了损卦。损与益相反，损是损下益上，益是损上益下。……何以损下益上曰损而损上益下曰益？从政治上说，下边老百姓血汗被剥损、搜刮到上边统治者那里去，看来是损下益上了，而实际上上边也受损了。因为民为邦本，本固邦宁，百姓受损无异于统治的根基受损。"②内乾外坤即泰卦。损下即损九三益上六。曹元弼谓："损自泰来。初之上或三之上，皆失位。泰极将反否，衰之始也。名卦之义，损下益上，百姓不足，君孰与足，故曰损。"③泰卦三阳在内，全损而往外，则成否卦。陆贽很好地说明了损与益的关系："上约己而裕于人，人必悦而奉上矣，岂不谓之益乎？上蔑人而肆诸己，人必怨而叛上矣，岂不谓之损乎？自损者人益，自益者人损。"④上损下益上为损，上损上益下为益，为国者知之否？

【损卦经传】

损，有孚，元吉，无咎，可贞，利有攸往。曷之用？二簋可用享。

彖曰：损，损下益上，其道上行。（王注：艮为阳，兑为阴，凡阴顺于阳者

---

① 杨仲良：《皇宋通鉴长编纪事本末》第4册，黑龙江人民出版社2006年版，第2480～2481页。

② 金景芳、吕绍刚：《周易全解》，第290页。

③ 曹元弼：《周易集解补释》卷八，第36页。

④ 曹元弼：《周易集解补释》卷八，第39页。

也。阳止于上,阴说而顺,损下益上,上行之义也。)(按:《论衡·答佞》:"损下益上,佞人之义也。"[1])损而有孚,元吉,无咎,可贞,利有攸往。(王注:《损》之为道,"损下益上",损刚益柔也。损下益上,非补不足也;损刚益柔,非长君子之道也。为损而可以获吉,其唯有孚乎!损而有孚,则"元吉,无咎"而可正,"利有攸往"矣。损刚益柔,不以消刚;损下益上,不以盈上。损刚而不为邪,益上而不为谄,则何咎而可正?虽不能拯济大难,以斯有往,物无距也。)曷之用?(王注:曷,辞也。"曷之用",言何以丰为也。)"二簋可用享"。(王注:二簋,质薄之器也。行损以信,虽二簋而可用享。)(按:"二簋可用享",楼宇烈本作:"二簋可用亨",误。)二簋应有时,(王注:至约之道,不可常也。)损刚益柔有时。(王注:下不敢刚,贵于上行,"损刚益柔"之谓也。刚为德长,损之不可以为常也。)损益盈虚,与时偕行。(王注:自然之质,各定其分,短者不为不足,长者不为有余,损益将何加焉?非道之常,故必"与时偕行"也。)

象曰:山下有泽,损。(王注:山下有泽,《损》之象也。)君子以惩忿窒欲。(王注:可损之善,莫善忿、欲也。)

初九,已事遄往,无咎,酌损之。(王注:《损》之为道,"损下益上",损刚益柔,以应其时者也。居于下极,损刚奉柔,则不可以逸;处损之始,则不可以盈。事已则往,不敢宴安,乃获"无咎"也。刚以奉柔,虽免乎咎,犹未亲也。故既获无咎,复自"酌损",乃得"合志"也。遄,速也。)

象曰:"已事遄往",尚合吉也。(王注:尚合于志,故速往也。)

九二,利贞,征凶。弗损益之。(王注:柔不可全益,刚不可全削,下不可以无正。初九已损刚以顺柔,九二履中,而复损已以益柔,则剥道成焉,故不可遄往而"利贞"也。进之于柔则凶矣,故曰"征凶"也。故九二不损而务益,以中为志也。)

(按:《周易古经今注》:"筮遇此爻,举事有利,实为利占,但出师征伐则凶,于事物宜勿损益之,故曰'利贞,征凶,弗损益之。'"[2])

象曰:九二"利贞",中以为志也。

六三,三人行,则损一人;一人行,则得其友。(王注:"损"之为道,"损下益上",其道上行。三人,谓自六三已上三阴也。三阴并行,以承于上,则上失其友,内无其主,名之曰"益",其实乃"损"。故天地相应,乃得化醇;男女匹配,乃得化生。阴阳不对,生可得乎?故六三独行,乃得其友。二阴俱行,则必疑矣。)

---

① 陈雄根等编著:《先秦两汉典籍引〈周易〉〈论语〉〈孟子〉资料汇编》,第64页。

② 高亨:《周易古经今注》,《高亨著作集林》第1卷,第334页。

象曰："一人行"，三则疑也。

六四，损其疾，使遄有喜，无咎。（王注：履得其位，以柔纳刚，能损其疾也。疾何可久，故速乃有喜。损疾以离其咎，有喜乃免，故使速乃"有喜"，有喜乃"无咎"也。）

象曰："损其疾"，亦可喜也。

六五，或益之十朋之龟，弗克违，元吉。（王注：以柔居尊，而为损道，江海处下，百谷归之。履尊以损，则或益之矣。"朋"，党也。"龟"者，决疑之物也。阴非先唱，柔非自任，尊以自居，损以守之。故人用其力，事竭其功，智者虑能，明者虑策，弗能违也，则众才之用尽矣。获益而得"十朋之龟"，足以尽天人之助也。）（按："事竭其功"，刘玉建作："事顺其功"①。）

象曰：六五"元吉"，自上佑也。

上九，弗损益之，无咎，贞吉，利有攸往；得臣无家。（王注：处《损》之终，上无所奉，损终反益。刚德不损，乃反益之，而不忧于咎。用正而吉，不制于柔，刚德遂长，故曰"弗损益之，无咎，贞吉，利有攸往"也。居上乘柔，处《损》之极，尚夫刚德，为物所归，故曰"得臣"。得臣则天下为一，故"无家"也。）

象曰：弗损益之，大得志也。

【谋略第五十六】

执事者中道守正，恪尽职守，不逢迎媚上，就是对上最大的助益。

损卦九二爻辞曰："九二，利贞，征凶。弗损益之。"九二，利于守中持静，征进则凶。不减损自己就等于增益了君上。尚秉和谓："夫贞我悔彼。泰三阳三阴，而阳全在我，此所以为泰也。损我一阳以益外，已非善征。若损之不已，则成否矣。否天地闭，贤人隐，故于二爻著以为戒。曰利贞，曰征凶。旧解惟王弼能识二之不宜往五，谓刚全上则剥道成。"②三阳全益上在外则为否卦。王弼注："柔不可全益，刚不可全削，下不可以无正。初九已损刚以顺柔，九二履中，而复损已以益柔，则剥道成焉，故不可遄往，而利贞也。进之于柔，则凶矣，故曰'征凶'也。故九二不损而务益，以中为志也。""初九已损刚以顺柔"，乾卦初九往外，坤卦六四来内，则成雷风恒卦。陈梦雷谓："二以刚居柔，已得其中，又为说体，若过损以益上，是屈已以取媚，非贞者矣。故弗损者，不变其所守也。然以阳刚与六五相应，刚柔相济，五已受其益，是弗损而有以益之也。"③九二与六五正应，处损下益上之时，极易前往益六五。

① 刘玉建：《周易正义导读》，第277页。

② 尚秉和：《周易尚氏学》，第194页。

③ 陈梦雷：《周易浅述》，第153页。

但九二前往反不利六五,贞守中道,维持安定,就是对六五最大的益。“盖九二以刚居阴,刚非有余,而六五以柔居阳,刚非不足。”[①]再益刚即多事了。李士铃谓:“九二臣位,与五正应,两中相合,能以正道事上,所以益上也,故利贞。若恃刚征进,失人臣正静之义,则凶。臣之益君,以道不以物,尽其道以益君,非亏其道以益君也,故弗损益之,谓非有所损而益之也。统观损益二卦,中爻皆不损,可知损之道,损过以就中,偏则损,中则不可损也。”[②]臣之益君,不在亏己奉君,而在尽职尽道。

孙子曰:“军有所不击,城有所不攻,地有所不争,君命有所不受。”[③]君命让你进攻你不攻,有两种动机,一出于私,一出于公。出于私者拥兵自重,寻求自身利益最大化。出于公者,寻机度势,适时进退,而不拘泥于上级的一纸命令。看似违抗了军令,实则实现了国家最大的利益。

【史鉴】

周亚夫不假辞色

周亚夫以治军严整驰名。《史记·绛侯周勃世家》记载:“上自劳军,至灞上及棘门军,直驰入,将以下骑送迎。已而之细柳军,军士吏被甲,锐兵刃,彀弓弩持满。天子先驱至,不得入。先驱曰:‘天子且至军门。’都尉曰:‘将军令曰:军中闻将军令,不闻天子之诏。’居无何,上至,又不得入。于是,上乃使使持节诏将军:‘吾欲入劳军。’亚夫乃传言开壁门。壁门士吏谓从属车骑曰:‘将军约,军中不得驰驱。’于是,天子乃按辔徐行。至营,将军亚夫持兵揖曰:‘介胄之士不拜,请以军礼见。’天子为动,改容式车,使人称谢:‘皇帝敬劳将军。’成礼而去。既出军门,群臣皆惊。文帝曰:‘嗟乎!此真将军矣!曩者灞上、棘门军,若儿戏耳!其将固可袭而虏也。至于亚夫,可得而犯邪?’称善者久之。”[④]皇帝最不缺乏的就是逢迎之臣,逢君之恶是多少大臣的常态,讨得皇帝一时的高兴,赢得一身的荣宠,败掉的却是皇帝百年的基业。周亚夫何幸遇到文帝这样的君主,识得真将军和真佞臣,又何不幸遇到景帝这样的君主,一言之逆耳,即视为喉中之鲠,亟欲去之而后快,而不计其谋国之忠,终落得系狱而死。

---

① 朱高正:《六十四卦通解》,第139页。

② 李士铃:《周易注》卷下,第32页。

③ 吴九龙主编:《孙子校释》,第134页。

④ 司马迁:《史记》卷五七《绛侯周勃世家》,程馀庆:《历代名家评注史记集说》,三秦出版社2011年版,第782页。

四十二、益卦

【解题】

益卦震下巽上，自否卦卦变而来，否之九四来至初六，初六往外至四，即成益卦，阳来益下。尚秉和谓："贞我悔彼。以彼之阳，下来益我，故曰益也。"[①]内卦为贞，外卦为悔。巽卦之阳爻下来到下卦震卦处，是为益下。范仲淹曰："益上则损下，损下则伤其本也。损上则益下，益下则固其本也。"[②]益上非真益上实乃损上，益下不只益下且乃益上。马振彪谓："鹿台之财，巨桥之粟，为损下益上者所得。散之发之，是能损上而益下。一转移间，损下者亡，益下者兴，得民说而益道大光。"[③]益卦讲的是如何得民心、顺民意的道理，取民多则民心怨，惠民多则民心归。"九五，有孚惠心，勿问元吉。有孚惠我德。"姜国柱解："在这里说明对待俘虏，既要好言安抚，使之心服，'惠心勿问'，又要给以物质优待，使之感化。"[④]"上九，莫益之，或击之，立心勿恒，凶。""吴草庐曰：上九当下益六三，而不能益之，故曰莫益之。击者，虐害之也。……此爻之自外来，谓上九自外而来，内以击六三也。"[⑤]若上九益六三，则成水火既济矣，奈何刚极而立心勿恒。李士鉁谓："益之穷则不益而损矣。刚亢之极，无可再益，故莫益之。……太高则坠，过满则倾，疑若有击之者，故称或也。风雷有恒象，居卦之极而将变，故勿恒。……损终则益，益终则损，所谓祸福迭相倚伏也。"[⑥]

【益卦经传】

益，利有攸往，利涉大川。

彖曰：益，损上益下，民说无疆，（王注：震，阳也。巽，阴也。巽非违震者也，处上而巽，不违于下，"损上益下"之谓也。）自上下下，其道大光。"利有攸往"，中正有庆。（王注：五处中正，"自上下下"，故"有庆"也。以中正有庆之德，有攸往也，何适而不利哉。）利涉大川，木道乃行。（王注：木者，以涉大川为常而不溺者也。以益涉难，同乎木也。）益动而巽，日进无疆。天施地生，其益无方。（王注：损上益下。）凡益之道，与时偕行。（王注：益之为用，施未足也；满而益之，害之道也。故"凡益之道，与时偕行"也。）

---

① 尚秉和：《周易尚氏学》，第196页。

② 马振彪遗著，张善文整理：《周易学说》，第404页。

③ 马振彪遗著，张善文整理：《周易学说》，第404页。

④ 姜国柱：《〈周易〉与兵法》，第35页。

⑤ 丁寿昌：《读易会通》，商务印书馆1935年版，第492页。

⑥ 李士鉁：《周易注》卷下，第38页。

象曰:风雷,益。君子以见善则迁,有过则改。(王注:迁善改过,益莫大焉。)

初九,利用为大作,元吉,无咎。(王注:处《益》之初,居动之始,体夫刚德,以莅其事而之乎巽,以斯大作,必获大功。夫居下非"厚事"之地,在卑非任重之处,大作非小功所济,故"元吉",乃得"无咎"也。)

象曰:"元吉,无咎",下不厚事也。(王注:时可以大作,而下不可以厚事,得其时而无其处,故元吉,乃得无咎也。)

六二,或益之十朋之龟,弗克违,永贞吉。王用享于帝,吉。(王注:以柔居中,而得其位;处内履中,居《益》以冲。益自外来,不召自至,不先不为,则朋龟献策,同于损卦六五之位,位不当尊,故吉在"永贞"也。"帝"者,生物之主,兴益之宗,出震而齐巽者也。六二居《益》之中,体柔当位,而应于巽,享帝之美,在此时也。)

象曰:"或益之",自外来也。

六三,益之用凶事,无咎。有孚,中行,告公用圭。(王注:以阴居阳,求益者也,故曰"益之"。益不外来,己自为之,物所不与,故在谦则戮,救凶则免。以阴居阳,处下卦之上,壮之甚也,用救衰危,物所恃也,故"用凶事",乃得"无咎"也。若能益不为私,志在救难,壮不至亢,不失中行,以此告公,国主所任也。用圭之礼,备此道矣。故曰"有孚,中行,告公用圭"也。"公"者,臣之极也。凡事足以施天下,则称王;次天下之大者,则称公。六三之才,不足以告王,足以告公,而得用圭也,故曰"中行,告公用圭"也。)

象曰:益用凶事,固有之也。(王注:用施凶事,乃得固有之也。)

六四,中行,告公从,利用为依迁国。(王注:居《益》之时,处巽之始,体柔当位,在上应下。卑不穷下,高不处亢,位虽不中,用"中行"者也。以斯告公,何有不从?以斯"依迁",谁有不纳也?)

象曰:"告公从",以益志也。(王注:志得益也。)

九五,有孚惠心,勿问,元吉,有孚,惠我德。(王注:得位履尊,为《益》之主者也。为益之大,莫大于信;为惠之大,莫大于心。因民所利而利之焉,惠而不费,惠心者也。信以惠心,尽物之愿,固不待问而"元吉,有孚,惠我德"也。以诚惠物,物亦应之,故曰"有孚,惠我德"也。)

象曰:"有孚惠心",勿问之矣。"惠我德",大得志也。

上九,莫益之,或击之,立心勿恒,凶。(王注:处《益》之极,过盈者也。求益无已,心无恒者也。无厌之求,人弗与也。独唱莫和,是"偏辞"也。人道恶盈,怨者非一,故曰"或击之"也。)(按:高亨《周易古经今注》:"此言人之处事,既无人襄助辅益之,且有人攻击破坏之,若立心不恒,守志不坚,因而改其故行，辍其宿业，食其旧德，渝其大节，则事败功亏，身陨名裂，是凶矣。”[①]纯从文字训诂方面释易。）

象曰：“莫益之”，偏辞也。“或击之”，自外来也。

【谋略第五十七】

治事者能以诚信待人，坚守正道，一旦兵灾、凶荒发生，是会及时得到他人的应援支持的。

益卦六三爻辞曰：“六三，益之用凶事，无咎。有孚，中行，告公用圭。”六三，有凶害而上六益之，没有咎害。诚信对人，行以中道，对上交接以礼。凶事，李士钤认为是“丧葬、饥荒、兵革之类”。李氏并谓：“三处上下之间，虽不中不正，而虚怀柔顺，有孚于人而以中行。诚信相通，可以受益于上矣。……有丧葬则告讣于王，有饥荒则告灾于王，有兵革则告变于王。”[②]平时诚信待人，难时他方相帮。曹元弼谓：“凶事，张、申、虞以为丧事。姚酌取乾义以为征伐之事。吊死恤孤以厚民德，除暴取残以救民生，皆凶事之益。上用此道以益三，何凶不益。……若以征伐言，则诸侯咸来宾从，随三公奉圭朝王……此盖文工率叛国事纣之象。周之衰也，桓文虽假仁，犹用其义。”[③]《周易》多一爻一议，上九不能益，此说能益。丁寿昌谓：“凶事盖军旅之事。老子曰：君子居则贵左，用兵则贵右。兵者不祥之器。吉事尚左，凶事尚右。赵奢曰：兵，凶器也。战，危事也。是古有此语。行军命时，则凿凶门而出。乱定功成，则用圭朝见也。”[④]姜国柱把“孚”解作“俘”：“周武王东征时，准备用人牲祭祀，开始没有抓到俘虏，中途抓到了俘虏，报告周公，举行了祭祀。”[⑤]周武王与周公的关系不对。

孙子曰：“夫吴人与越人相恶也，当其同舟而济，其相救也如左右手。”[⑥]吴越相恶，皆愿对方死，而不愿同死。同舟共济，是同一运命，是一条绳上的蚂蚱，必也一同出死。假如吴越交好，诚信相接，一方有难，另一方必然会诚心应援。

① 高亨：《周易古经今注》，《高亨著作集林》第 1 卷，第 338 页。
② 李士钤：《周易注》卷下，第 36 页。
③ 曹元弼：《周易集解补释》卷八，第 62 页。
④ 丁寿昌：《读易会通》，商务印书馆 1935 年版，第 489 页。
⑤ 姜国柱：《〈周易〉与兵法》，第 33 页。
⑥ 吴九龙主编：《孙子校释》，第 200 页。

【史鉴】

韦叡出手救义之

梁朝昌义之忠信正直,待士兵厚,以敢战称。梁天监五年(506年)冬,昌义之据守的钟离遭魏军数十万来攻。“时城中众才三千人,义之督帅,随方抗御。……(元)英与(杨)大眼躬自督战,昼夜苦攻,分番相代,坠而复升,莫有退者。又设飞楼及冲车撞之,所值城土辄颓落。义之乃以泥补缺,冲车虽入而不能坏。”①钟离之势岌岌可危。“高祖诏叡(韦叡)率豫州之众会焉……师人畏魏军盛,多劝叡缓行。叡曰:‘钟离今凿穴而处(住在地洞里),负户而汲(顶着门板取水),车驰卒奔,犹恐其后,而况缓乎!魏人已堕吾腹中,卿曹勿忧也。’旬日而至邵阳。……睿装大舰,使梁郡太守冯道根、庐江太守裴邃、秦郡太守李文钊等为水军。值淮水暴长,叡即遣之,斗舰竞发,皆临敌垒,以小船载草,灌之以膏,从而焚其桥。……魏人大溃……叡遣报昌义之,义之且悲且喜,不暇答语,但叫曰:‘更生!更生!’”②昌义之以三千众抗数十万兵,其势危如累卵。无韦叡出手相救,钟离不能归梁朝矣。韦叡救援若缓慢迟滞,昌义之部众亦不能复生于世矣。义之大叫“又活了一次”,有感叹,有感激,有感奋。假设昌义之平时不能得人,韦叡之救援有如此之速乎?

四十三、夬卦

【解题】

夬卦乾下兑上,五阳击去最外一阴,小人失势,君子大行其道。来知德谓:“‘夬’者决也。阳决阴也。……其卦乾下兑上,以二体论,水在天上,势必及下,决之象也。以爻论,五阳长盛,一阴将消,亦决之象也。”③六爻皆从上爻一阴取义。陈梦雷为:“一柔在上,终不可久,必为五阳所决也。全卦于君子去小人之道,言之最为委曲详尽。”④夬卦讲到“不利即戎”、“莫夜有戎”等,军事意涵是明显的。卦辞:“告自邑,不利即戎。”李镜池谓:“在王庭中跳武舞,是快乐事。举例说明夬有快乐之义。人们在呼叫:‘有敌人来侵犯啦!’从邑里传来命令:出击不利,要严阵以待。”⑤上六爻辞:“上六无号,终有凶。”李镜池谓:“这是讲敌人来袭击,没有发现,当然就没有报警,所以终于

---

① 姚思廉:《梁书》卷一八《昌义之传》,中华书局2000年版,第199页。
② 姚思廉:《梁书》卷一二《韦叡传》,第151页。
③ 来知德撰,张万彬点校:《周易集注》,第457页。
④ 陈梦雷:《周易浅述》,第160页。
⑤ 李镜池:《周易通义》,第85页。

遭殃了。""卦爻辞多象占,有占行旅、商旅的。但主要讲防敌,说明有备无患,失去警惕就会遭殃。"①

【夬卦经传】

夬,扬于王庭,孚号有厉。告自邑,不利即戎。利有攸往。(王注:《夬》与《剥》反者也。《剥》以柔变刚,至于刚几尽;《夬》以刚决柔,如《剥》之消刚。刚陨,则君子道消;柔消,则小人道陨。君子道消,则刚正之德不可得直道而用,刑罚之威不可得坦然而行。"扬于王庭",其道公也。)

彖曰:夬,决也,刚决柔也。健而说,决而和。(王注:"健而说",则"决而和"矣。)"扬于王庭",柔乘五刚也。(王注:刚德齐长,一柔为逆,众所同诛而无忌者也,故可"扬于王庭"。)"孚号有厉",其危乃光也。(王注:刚正明信以宣其令,则柔邪者危,故曰"其危乃光"也。)"告自邑,不利即戎",所尚乃穷也。(王注:以刚断制,告令可也。"告自邑",谓行令于邑也。用刚即戎,尚力取胜也。尚力取胜,物所同疾也。)"利有攸往",刚长乃终也。(王注:刚德愈长,柔邪愈消,故"利有攸往",道乃成也。)

象曰:泽上于天,夬。君子以施禄及下,居德则忌。(王注:"泽上于天",夬之象也。泽上于天,必来下润,"施禄及下"之义也。《夬》者,明法而决断之象也。忌,禁也。法明断严,不可以慢,故"居德"以明禁也。施而能严,严而能施,健而能说,决而能和,美之道也。)

初九,壮于前趾,往不胜,为咎。(王注:居健之初,为决之始,宜审其策,以行其事。壮其前趾,往而不胜,宜其咎也。)

象曰:不胜而往,咎也。(王注:不胜之理,在往前也。)

九二,惕号,莫夜有戎,勿恤。(王注:居健履中,以斯决事,能审己度而不疑者也。故虽有惕惧号呼,莫夜有戎,不忧不惑,故"勿恤"也。)

象曰:"有戎无恤",得中道也。

九三,壮于頄,有凶。君子夬夬,独行,遇雨若濡,有愠,无咎。(王注:頄,面权也,谓上六也。最处体上,故曰权也。《剥》之六三,以应阳为善。夫刚长则君子道兴,阴盛则小人道长。然则处阴长而助阳则善,处刚长而助柔则凶矣。《夬》为刚长,而三独应上六,助于小人,是以凶也。君子处之,必能弃夫情累,决之不疑,故曰"夬夬"也。若不与众阳为群,而独行殊志,应于小人,则受其困焉,"遇雨若濡",有恨而无所咎也。)

象曰:"君子夬夬",终无咎也。

① 李镜池:《周易通义》,第87页。

九四,臀无肤,其行次且。牵羊悔亡,闻言不信。(王注:下刚而进,非己所据,必见侵伤,失其所安,故"臀无肤,其行次且"也。羊者,抵狠难移之物,谓五也。五为《夬》主,非下所侵,若牵于五,则可得"悔亡"而已。刚亢不能纳言,自任所处,闻言不信,以斯而行,凶可知矣。)

象曰:"其行次且",位不当也。"闻言不信",聪不明也。(王注:同于《噬嗑》"灭耳"之凶。)

九五,苋陆夬夬,中行无咎。(王注:苋陆,草之柔脆者也,决之至易,故曰"夬夬"也。《夬》之为义,以刚决柔,以君子除小人者也。而五处尊位,最比小人,躬自决者也。以至尊而敌至贱,虽其克胜,未足多也。处中而行,足以免咎而已,未足光也。)

象曰:"中行无咎",中未光也。

上六,无号,终有凶。(王注:处《夬》之极,小人在上,君子道长,众所共弃,故非号咷所能延也。)

象曰:"无号"之凶,终不可长也。

【谋略第五十八】

我方整齐戒备,严阵以待,即使变生于不测,亦可有备无患。

夬卦九二爻辞曰:"九二,惕号,莫夜有戎,勿恤。"九二,警惕号呼,加强戒备,暮夜敌人来侵,我已严阵以待,无有忧虑。来知德谓:"九二当夬之时,以刚居柔,又得中道,故能忧惕号呼以自戒备。思虑周而党与众,是以莫夜有戎,变出于不测,亦可以无患矣。"[①]九二胆大心细,戒备无虞。李士鉁谓:"二得中则不过乎刚,居阴则不恃其壮。位虽远于上,而豫防其侵,时未至于夬而豫忧其溃,故惕惧警呼以防意外之变。有戎者,未即戎而虑其有戎也。书曰:有备无患。先事而戒惧,临事反得以从容,虽有戎可以无恤。孙子曰:无恃其不来,恃我有以待之。无恃其不攻,恃吾有所不可攻。此二之所以无尤也。二在下位,距阴尚远,故不决人而防人也。"[②]李氏引孙子语解九二爻辞,恰当无比。高亨对此解作:"惕惧焉,哭号焉,暮夜之中有寇兵至焉,其祸似将不测,然而勿忧焉,将不足为患也。"[③]寇兵已来而哭号,不似九二阳刚所为。金景芳谓:"心怀警惕而外乎号同志,戒备严密,处无事若有事,虽有小人阴谋,必无所伺隙。……小人乘夜晚举兵来袭,亦不足忧虑。君子欲决小

① 来知德撰,张万彬点校:《周易集注》,第460页。
② 李士鉁:《周易注》卷下,第41页。
③ 高亨:《周易古经今注》,《高亨著作集林》第1卷,第340页。

人，必戒备小人，有了戒备方可无患。”[1]李镜池：“人们在惊呼，因为敌人来犯，晚上要打仗。但不用担心。言下之意是早有准备了。”[2]整个九二爻辞是在说明有备无患之意。

孙子曰：“无恃其不来，恃我有以待也。无恃其不攻，恃吾有所不可攻也。”[3]“以虞待不虞者胜。”[4]实寓“有备无患”之义。《尚书·说命》：“惟事事乃其有备，有备无患。”[5]诸葛亮谓：“夫国之大务，莫先于戒备。若夫失之毫厘，则差若千里，覆军杀将，势不逾患，可不惧哉！故有患难，君臣旰食而谋之，择贤而任之。若乃居安而不思危，寇至不知惧，此谓燕巢于幕，鱼游于鼎，亡不俟夕矣！”[6]明君良将，莫不居安思危，常思戒备。

【史鉴】

永乐帝五出阴山

永乐七年(1409年)，鞑靼部阿鲁台杀死明朝来使给事中郭骥。明朝派宿将邱福率十万精骑往讨，在胪朐河为阿鲁台所败，邱福等五员大将送了命，部众覆没。永乐八年(1410年)五月，永乐帝在阔滦海子(今胡伦湖)附近征讨阿鲁台。“六月甲辰，阿鲁台伪降，命诸将严阵以待，果悉众来犯。帝自将精骑迎击，大败之，追北百余里。”[7]永乐帝五出阴山，巡边击敌，加强边塞防御，着意修复长城，一度有效地保持了北境的安定。“明王朝以北京为基地，屡屡远出漠北，横扫蒙古各部，从而造成北京在永乐、仁、宣三朝，三十多年的发展和繁荣时期。”[8]英宗时，宦官王振用事，边政废弛，瓦剌时常寇边入侵。“边报日数十至，王振劝帝亲征，兵部尚书邝埜、侍郎于谦力言六师不宜轻出。不听。吏部尚书王直率百官力谏，亦不纳……车驾即发京师，振及英国公张辅、诸公侯伯尚书侍郎以下官军私属五十余万人从行，仓卒就道……军中常夜惊，过居庸关，群臣请驻跸，不允。……八月戊申朔，帝至大同，王振尚欲北行，郭敬密止之，始班师。”[9]终有英宗被俘、全军覆没之土木之变。

---

① 金景芳、吕绍刚：《周易全解》，第308页。

② 李镜池：《周易通义》，第86页。

③ 吴九龙主编：《孙子校释》，第139页。

④ 吴九龙主编：《孙子校释》，第47页。

⑤ 王弼等注，孔颖达等正义：《尚书正义》，李学勤主编《十三经注疏》本，第298页。

⑥ 孔干：《诸葛亮兵法详解》，新华出版社2012年版，第111页。

⑦ 张廷玉等：《明史》卷六《成祖本纪》，中华书局2000年版，第59页。

⑧ 曹子西主编，贺树德撰：《北京通史》第6卷，北京燕山出版社2012年版，第119页。

⑨ 孟森：《孟森明史讲义》，吉林人民出版社2013年版，第132页。

英宗哪像永乐帝的子孙，信用宦官，糊里糊涂，边政不修，还前呼后拥地去“北征”，稀里糊涂地做了俘虏。防备松弛，居安忘危，平居忘战，有朝一日终会吞下苦果的。

四十四、姤卦

【解题】

姤卦巽下乾上，有风行天下之象。一阴兴于五阳之下，如不期而遇五阳。姤者，遇也。刘沅曰：“一阴生在内为主，阳反为客，其势自壮。小人道长，由君子假之以权。”[①]小人得借势伸展。

【姤卦经传】

姤，女壮，勿用取女。

彖曰：姤，遇也，柔遇刚也。（王注：施之于人，即女遇男也。一女而遇五男，为壮至甚，故不可取也。）勿用取女，不可与长也。天地相遇，品物咸章也。（王注：正乃功成也。）刚遇中正，天下大行也。（王注：化乃大行也。）姤之时义大矣哉！（王注：凡言义者，不尽于所见，中有意谓者也。）

象曰：天下有风，姤。后以施命诰四方。

初六，系于金柅，贞吉。有攸往，见凶。羸豕孚蹢躅。（王注：金者，坚刚之物；柅者，制动之主，谓九四也。初六处遇之始，以一柔而承五刚，体夫躁质，得遇而通，散而无主，自纵者也。柔之为物，不可以不牵；臣妾之道，不可以不贞，故必系于正应，乃得“贞吉”也。若不牵于一，而有攸往行，则唯凶是见矣。羸豕，谓牝豕也；群豕之中，豭强而牝弱，故谓之“羸豕”也。孚，犹务躁也。夫阴质而躁恣者，羸豕特甚焉，言以不贞之阴，失其所牵，其为淫丑，若羸豕之孚务蹢躅也。）

象曰：“系于金柅”，柔道牵也。

九二，包有鱼，无咎。不利宾。（王注：初阴而穷下，故称“鱼”。不正之阴，处遇之始，不能逆近者也。初自乐来应己之厨，非为犯夺，故“无咎”也。擅人之物，以为己惠，义所不为，故“不利宾”也。）

象曰：“包有鱼”，义不及宾也。

九三，臀无肤，其行次且。厉，无大咎。（王注：处下体之极，而二据于初，不为己乘。居不获安，行无其应，不能牵据，以固所处，故曰“臀无肤，其行次且”也。然履得其位，非为妄处；不遇其时，故使危厉；灾非己招，是以

---

① 马振彪遗著，张善文整理：《周易学说》，第424页。

"无大咎"也。)

象曰:"其行次且",行未牵也。

九四,包无鱼,起凶。(王注:二有其鱼,故失之也。无民而动,失应而作,是以凶也。)

象曰:"无鱼"之凶,远民也。

九五,以杞包瓜,含章,有陨自天。(王注:杞之为物,生于肥地者也。包瓜为物,系而不食者也。九五履得尊位,而不遇其应,得地而不食,含章而未发,不遇其应,命未流行。然处得其所,体刚居中,志不舍命,不可倾陨,故曰"有陨自天"也。)

象曰:九五"含章",中正也。"有陨自天",志不舍命也。

上九,姤其角,吝,无咎。(王注:进之于极,无所复遇,遇角而已,故曰"姤其角"也。进而无遇,独恨而已;不与物争,其道不害,故无凶咎也。)

象曰:姤其角,上穷吝也。

【谋略第五十九】

在上者失德,则在下者离心而归附他人,是为渊驱鱼、为丛驱雀者也。

姤卦九四爻辞曰:"九四,包无鱼,起凶。"九四,无鱼可以拥有,行动必凶。"鱼"指初六。王弼注:"二有其鱼,故失之也。无民而动,失应而作,是以凶也。"初六承九二,为九二所包。九四无鱼即无民应援。"程传曰:"四当姤遇到之时,居上位而失其下,下之离由己之失德也。四之失者,不中不正也。以不中不正而失其民,所以凶也。为上而下离,必有凶变。……民心既离,难将作矣。"[①]九四不中不正,己身有亏而民远之。来知德谓:"初六不中不正……所以舍正应而从二。……九四才虽刚而位则柔,据正应之理,起而与二相争,亦犹三国之争荆州,干戈无宁日也,岂不凶?"[②]九四不正,所应又不正,岂能相得。张承绪曰:"四与初应,当制阴之任也。然四失位,过刚少容,原无德以伏阴,惟知承上以讦其短。此初所以先发制人,而祸延于民也。"[③]九四失德,初六离心他附。

孙子曰:"谆谆翕翕,徐言入入者,失众也;数赏者,窘也;数罚者,困也;先暴而后畏其众者,不精之至也。"[④]敌方统领"失众""窘""困""不精",众叛亲离,正我方胜敌图功之良机。

---

① 丁寿昌:《读易会通》,第509页。

② 来知德撰,张万彬点校:《周易集注》,第469页。

③ 张承绪撰:《周易象理证》,天津古籍书店1989年版,第130页。

④ 吴九龙主编:《孙子校释》,第161页。

【史鉴】

失人心者失天下

孟子曰:“桀、纣之失天下也,失其民也;失其民者,失其心也。得天下有道:得其民,斯得天下矣。得其民有道:得其心,斯得民矣。得其心有道:所欲,与之、聚之;所恶,勿施尔也。民之归仁也,犹水之就下、兽之走圹(旷野)也。故为渊驱鱼者,獭也;为丛驱爵(同雀)者,鹯也;为汤、武驱民者,桀与纣也。”[①]为深水驱来鱼的,是水獭;为丛林赶来鸟雀的,是猛禽;为商汤、武王驱赶来百姓的,是夏桀和商纣。己之失正是他人之得。失天下人之心正为他人得天下人之心提供了绝好的时机。人是被自己打败的。假如在上者德弘行修,勤政爱民,深谙载舟覆舟之理,己所不欲,勿施于民,民心所归,如影随形,谁能会想见他的失败呢?

四十五、萃卦

【解题】

萃卦坤下兑上,泽水萃聚于地。“彖曰:萃,聚也。顺以说,刚中而应,故聚也。”泽地萃,兑泽为悦,坤为顺。“荀爽曰:谓五以刚居中,群阴顺说(悦)而从之,故能聚众也。”[②]九五能得到四阴爻的爱戴。李士鉁曰:“兑为泽,水之聚也。坤为地为众,土之聚也。泽上于地,止而不散,萃之象。”水萃聚于土,筑堤蓄水之象。“初六,有孚不终,乃乱乃萃。若号,一握为笑。”姜国柱从军事方面对该卦爻辞进行了解释:“抓到了俘虏,没有结果,后来逃跑了,引起了所有人的混乱和忧虑,于是人们一面喊叫一面追捕,终于又追回来了。于是人们都高兴了,并哈哈大笑。”[③]“《萃·六二》说:‘孚乃利用禴。’……‘禴’为祭祀之名。……就是说,抓到了俘虏,以作春祭之用。”[④]

【萃卦经传】

萃,亨。(王注:聚乃通也。)王假有庙。(王注:假,至也。王以聚至有庙也。)利见大人,亨,利贞。(王注:聚得大人,乃得通而利正也。)用大牲,吉。(王注:全乎聚道,“用大牲”乃吉也。聚道不全而用大牲,神不福也。)利有攸往。

---

① 孙聚友注释:《中国古代哲学卷·孟子》,山东大学出版社1997年版,第63页。

② 曹元弼:《周易集解补释》卷九,第27页。

③ 姜国柱:《〈周易〉与兵法》,第33页。

④ 姜国柱:《〈周易〉与兵法》,第33页。

彖曰：萃，聚也。顺以说，刚中而应，故聚也。（王注：但“顺而说”，则邪佞之道也；刚而违于中应，则强亢之德也。何由得聚？顺说而以刚为主，主刚而履中，履中以应，故得聚也。）“王假有庙”，致孝享也。（王注：全聚，乃得致孝之享也。）“利见大人，亨”，聚以正也。（王注：大人，体中正者也。通众以正，聚乃得全也。）“用大牲，吉”，利有攸往，顺天命也。（王注：顺以说而不损刚，“顺天命者”也。天德刚而不违中，顺天则说，而以刚为主也。）观其所聚，而天地万物之情可见矣。（王注：方以类聚，物以群分。情同而后乃聚，气合而后乃群。）

象曰：泽上于地，萃。君子以除戎器，戒不虞。（王注：聚而无防，则众心生。）

初六，有孚不终，乃乱乃萃。若号，一握为笑。勿恤，往无咎。（王注：有应在四，而三承之，心怀嫌疑，故“有孚不终”也。不能守道，以结至好，迷务竞争，故“乃乱乃萃”也。一握者，小之貌也。为笑者，懦劣之貌也。己为正配，三以近宠，若安夫卑退，谦以自牧，则“勿恤”而“往无咎”也。）

象曰：“乃乱乃萃”，其志乱也。

六二，引吉，无咎，孚乃利用禴。（王注：居《萃》之时，体柔当位，处坤之中。己独处正，与众相殊，异操而聚，民之多僻，独正者危。未能变体以远于害，故必见引，然后乃“吉”而“无咎”也。禴，殷春祭名也，四时祭之省者也。居聚之时，处于中正，而行以忠信致之，以省薄荐于鬼神也。）

象曰：“引吉，无咎”，中未变也。

六三，萃如，嗟如，无攸利。往无咎，小吝。（王注：履非其位，以比于四，四亦失位。不正相聚，相聚不正，患所生也。干人之应，害所起也，故“萃如，嗟如，无攸利”也。上六亦无应而独立，处极而忧危，思援而求朋，巽以待物者也。与其萃于不正，不若之于同志，故可以往而无咎也。二阴相合，犹不若一阴一阳之应，故有“小吝”也。）

象曰：“往无咎”，上巽也。

九四，大吉，无咎。（王注：履非其位，而下据三阴，得其所据，失其所处。处聚之时，不正而据，故必“大吉”，立夫大功，然后“无咎”也。）

象曰：“大吉无咎”，位不当也。

九五，萃有位，无咎，匪孚。元永贞，悔亡。（王注：处聚之时，最得盛位，故曰“萃有位”也。四专而据，己德不行，自守而已，故曰“无咎，匪孚”。夫修仁守正，久必悔消，故曰“元永贞，悔亡”。）

象曰：“萃有位”，志未光也。

上六，赍咨涕洟，无咎。（王注：处聚之时，居于上极，五非所乘，内无应援。处上独立,近远无助,危莫甚焉。赍咨,嗟叹之辞也。若能知危之至,惧祸之深,忧病之甚,至于涕洟,不敢自安,亦众所不害,故得"无咎"也。)

象曰:"赍咨涕洟",未安上也。

【谋略第六十】

财富不能长聚而不散,国势不能长盛而不衰。于至顺之时,预为之备,防患于未然,消祸于无形,斯可延国祚于不败。

萃卦大象曰:"泽上于地,萃。君子以除戎器,戒不虞。"泽位居地上,萃聚的意思。君子思索萃聚之义,从而修治兵器,以防不测之患。君子观萃之象,应想到聚众之场合或有不测事件,要做好充分准备,以防不测。"'不虞'指的是意料之外的事,典籍常见'戒不虞'语,如《诗·大雅·抑》:'谨尔侯度,用戒不虞。'……'戒'字有防备、警备之义。……《叔夷钟》中王赐予叔夷马车戎兵及莱仆,使其能以之'戒戎'。"[①]陈鼓应谓:"泽潦积久则有泛滥之虞,故须完缮堤防以防不测;人众聚久则有纷争之患,故须修治军械以防不虞,所以君子观《萃》卦泽上于地,应知除戎器以戒不虞。"[②]刘沅曰:"水聚则决,必有以防之,水乃潴;人聚则争,必有以制之,乱乃定。……戎器久则必敝,除而修之,非右武也,以戒不虞而已。天下之患,多生于所不虞,故戒之。"[③]"说苑:司马法曰,国虽大,好战必亡;天下虽安,忘战必危。夫兵不可玩,玩则无威;兵不可废,废则无寇。易曰:君子以除戎器,戒不虞。"[④]无事常思有事时,平居忘战国恒危,戒不虞之义大矣哉!

孙子曰:"故知胜有五:知可以战与不可以战者胜……以虞待不虞者胜……"[⑤]深得易之"除戎器,戒不虞"之义。孙子并谓:"兵之情主速,乘人之不及,由不虞之道,攻其所不戒也。"[⑥]敌之所不虞,正我方寻机胜敌之天赐良机。

【史鉴】

李隆基淫乐忘战

开元盛世,国用丰足,唐玄宗志得意满。"上以国用丰衍,故视金帛如粪

---

① 庄蕙如:《两周金文军事动词研究》,第145页。
② 陈鼓应、赵建伟注译:《周易今注今译》,第408页。
③ 马振彪遗著,张善文整理:《周易学说》,第436页。
④ 马振彪遗著,张善文整理:《周易学说》,第435页。
⑤ 吴九龙主编:《孙子校释》,第47页。
⑥ 吴九龙主编:《孙子校释》,第192页。

壤，赏赐贵宠之家，无有限极。”[①]当时边将劳役戍边府兵，“利其死而没其财。由是应为府兵者皆逃匿，至是无兵可交”[②]。“其彍骑之法，天宝以后，稍亦变废，应募者皆市井负贩、无赖子弟，未尝习兵。时承平日久，议者多谓中国兵可销，于是民间挟兵器者有禁；子弟为武官，父兄摈不齿。猛将精卒，皆聚于西北，中国无武备矣。”[③]朝廷懈怠，而边疆不逞之谋生矣。李隆基耽于淫乐，一旦“渔阳鼙鼓动地来”，朝廷无招架之力，只有落荒西蜀之一途。马嵬惨变之时，李隆基曾不悔死。为平治之时不修武备、不治戎器者作一镜鉴也。

四十六、升卦

【解题】

升卦巽下坤上，木生于地上，有升之象。郑康成曰：“升，上也。坤地巽木，木生地中，日长而上……升，进益之象也。”[④]陈梦雷谓：“全象内巽外顺，九二刚中而六五虚中以应，君子进用之象。故可以见大人而利于前进。六爻六五为升之主。下四爻皆有可进之象。唯上当升之极，而犹升不已则冥升而已。”[⑤]卦辞所讲“南征吉”，一般认为指周昭王南征之事：“昭王之时，王道微缺。昭王南巡狩不返，卒于江上。”[⑥]“昭王南征荆楚似与掠夺铜矿资源有关。”[⑦]

【升卦经传】

升，元亨，用见大人，勿恤。（王注：巽顺可以升，阳爻不当尊位，无严刚之正，则未免于忧，故用见大人，乃“勿恤”也。）南征吉。（王注：以柔之南，则丽乎大明也。）

彖曰：柔以时升，（王注：柔以其时，乃得升也。）巽而顺，刚中而应，是以大亨。（王注：纯柔则不能自升，刚亢则物不从。既以时升，又“巽而顺，刚中而应”，以此而升，故得“大亨”。）“用见大人，勿恤”，有庆也。“南征吉”，志行也。（王注：巽顺以升，至于大明，“志行”之谓也。）

象曰：地中生木，升。君子以顺德，积小以高大。

初六，允升，大吉。（王注：允，当也。巽卦三爻皆升者也。虽无其应，处

---

① 司马光：《资治通鉴・唐纪》，第 7584 页。
② 司马光：《资治通鉴・唐纪》，第 7585 页。
③ 司马光：《资治通鉴・唐纪》，第 7585 页。
④ 孙星衍：《周易集解》，第 379 页。
⑤ 陈梦雷：《周易浅述》，第 170 页。
⑥ 司马迁：《史记》卷四《周本纪》，第 134 页。
⑦ 商艳涛：《西周军事铭文研究》，第 248 页。

《升》之初,与九二、九三合志俱升。当升之时,升必大得,是以"大吉"也。)

象曰:"允升大吉",上合志也。

九二,孚乃利用禴,无咎。(王注:与五为应,往必见任。体夫刚德,进不求宠,闲邪存诚,志在大业,故乃利用纳约于神明矣。)

象曰:九二之孚,有喜也。

九三,升虚邑。(王注:履得其位,以阳升阴,以斯而举,莫之违距,故若"升虚邑"也。)

象曰:"升虚邑",无所疑也。(王注:往必得邑。)

六四,王用亨于岐山,吉,无咎。(王注:处《升》之际,下升而进,可纳而不可距也。距下之进,攘来自专,则殊咎至焉。若能不距而纳,顺物之情,以通庶志,则得"吉"而"无咎"矣。岐山之会,顺事之情,无不纳也。)

象曰:"王用亨于岐山",顺事也。

六五,贞吉,升阶。(王注:升得尊位,体柔而应,纳而不距,任而不专,故得"贞吉,升阶"而尊也。)

象曰:"贞吉,升阶",大得志也。

上六,冥升,利于不息之贞。(王注:处《升》之极,进而不息者也。进而不息,故虽冥犹升也。故施于不息之正则可,用于为物之主则丧矣。终于不息,消之道也。)

象曰:冥升在上,消不富也。(王注:劳不可久也。)

【谋略第六十一】

以刚事柔、以强事弱者,必推诚相接,方不生嫌隙,而得以维持长久。

升卦九二爻辞曰:"九二,孚乃利用禴,无咎。"九二,推诚以待六五,犹如禴祭节俭质朴,神灵照祥赐福,没有咎害。王弼注:"与五为应,往必见任。体夫刚德,进不求宠,闲邪存诚,志在大业。"九二刚中,往应六五,君臣和合。程颐《易传》云:"二阳刚而在下,五阴柔而居上。夫以刚而事柔,以阳而从阴,虽有时而然,非顺道也。……自古刚强之臣,事柔弱之君,未有不为矫饰者也。'禴',祭之简质者也。云'孚乃',谓既孚乃宜不用文饰,专以其诚感通于上也,如是则得无咎。"[①]九二能推诚事柔弱之君,故无咎。陈梦雷谓:"以刚中之臣,应柔中之主。至诚相感,可以不事文饰。犹禴祭之简质,可达于神也。如是,则可以无咎矣。"[②]李光地谓:"升晋之时,以柔为善。二刚而

① 梁韦弦:《程氏易传导读》,齐鲁书社2003年版,第274页。

② 陈梦雷:《周易浅述》,第171页。

亦利者，以其中也。……二言‘无咎’，以君子进身之道言也。”[①]君子进身必守持正道，以诚待人。

奈何《孙子兵法》无“诚”字。孙子讲信，“修道而保法”，“诚”字亦在其中乎？孙子多讲敌我间的博弈，同僚间、上下级之间的磨合、配合没有多讲。孙子太专注他的唯一的目标，对社会资本的经营没有给予太多的关注，这也许局限了他不能在实践上取得更大的军事成就。

【史鉴】

吴佩孚推诚事曹锟

曹锟为北洋第三师师长时，吴佩孚归其属下。“王士珍……贻书于曹，盛称吴子玉可用。而靳翼青(靳云鹏)亦举吴于曹前。曹遂调之为营长。后曹为直督兼四省经略，乃以师长一席畀佩孚云。”[②]不想吴佩孚“一战安湘，再战败皖，三战定鄂、四战克奉”[③]，为当世第一名能征敢战之将帅。吴氏以“不住租界，不积私财，不举外债”之“三不主义”驰誉天下[④]，曹锟相形见绌矣。然吴氏一生尊崇曹锟，极力维护之，颇得以刚事柔、以强事弱之理。吴佩孚其深于易哉！

四十七、困卦

【解题】

困卦坎下兑上，水在泽下而泽中乏水，困乏之象。上六在九四、九五二阳之上，初六、六三夹陷九二，君子为小人所困。李士钤谓：“困，穷也。坎一阳陷于二阴，有困象。兑一阴掩二阳，亦有困象。坎在兑下，是一阳既陷于阴，而外又受兑阴之掩蔽，所以困也。……在险而能说(悦)，处困之道也。”[⑤]

【困卦经传】

困，亨。(王注：穷必通也，处困而不能自通者，小人也。)贞，大人吉，无咎。(王注：处困而得“无咎”，吉乃免也。)有言不信。

彖曰：困，刚揜也。(王注：刚见揜于柔也。)险以说，困而不失其所亨。(王注：处险而不改其说，“困而不失其所亨”也。)其唯君子乎？“贞大人吉”，

---

① 李光地编纂，刘大钧整理：《周易折中》，第182页。

② 东鲁逸民：《吴佩孚历史》，光华社1920年版，第5页。

③ 章君榖：《吴佩孚传》，传记文学出版社1986年版，前言。

④ 蓬莱市历史文化研究会主编，张咏强著：《蓬莱金石录》，黄河出版社2007年版，第366页。

⑤ 李士钤：《周易注》卷下，第52页。

以刚中也。(王注:处困而用刚,不失其中,履正而能体大者也。能正而不能大博,未能济困者也,故曰"贞大人吉"也。)有言不信,尚口乃穷也。(王注:处困而言,不见信之时也。非行言之时,而欲用言以免,必穷者也。其吉在于"贞大人",口何为乎?)

象曰:泽无水,困。君子以致命遂志。(王注:泽无水,则水在泽下;水在泽下,困之象也。处困而屈其志者,小人也。"君子固穷",道可忘乎!)

初六,臀困于株木,入于幽谷,三岁不觌。(王注:最处底下,沉滞卑困,居无所安,故曰"臀困于株木"也。欲之其应,二隔其路;居则困于株木,进不获拯,必隐遁者也,故曰"入于幽谷"也。困之为道,不过数岁者也。以困而藏,困解乃出,故曰"三岁不觌"也。)

象曰:"入于幽谷",幽不明也。(王注:言幽者,不明之辞也。入于不明,以自藏也。)

九二,困于酒食,朱绂方来,利用享祀。征凶,无咎。(王注:以阳居阴,尚谦者也。居困之时,处得其中,体夫刚质,而用中履谦,应不在一,心无所私,盛莫先焉。夫谦以待物,物之所归;刚以处险,难之所济;履中则不失其宜,无应则心无私恃;以斯处困,物莫不至,不胜丰衍,故曰"困于酒食",美之至矣。坎,北方之卦也;朱绂,南方之物也;处困以斯,能招异方者也,故曰"朱绂方来"也。丰衍盈盛,故曰"利用享祀"。盈而又进,倾之道也;以此而征,凶谁咎乎,故曰"征凶,无咎。")

象曰:"困于酒食",中有庆也。

六三,困于石,据于蒺藜;入于其宫,不见其妻,凶。(王注:石之为物,坚而不纳者也,谓四也。三以阴居阳,志武者也。四自纳初,不受己者。二非所据,刚非所乘,上比困石,下据蒺藜,无应而入,焉得配偶?在困处斯,凶其宜也。)

象曰:"据于蒺藜",乘刚也。"入于其宫,不见其妻",不祥也。

九四,来徐徐,困于金车。吝,有终。(王注:金车,谓二也。二刚以载者也,故谓之金车。徐徐者,疑惧之辞也。志在于初,而隔于二,履不当位,威命不行。弃之则不能,欲往则畏二,故曰"来徐徐,困于金车"也。有应而不能济之,故曰"吝"也。然以阳居阴,履谦之道,量力而处,不与二争,虽不当位,物终与之,故曰"有终"也。)

象曰:"来徐徐",志在下也。虽不当也,有与也。(王注:下,谓初也。)

九五,劓刖,困于赤绂,乃徐有说。利用祭祀。(王注:以阳居阳,任其壮者也。不能以谦致物,物则不附。忿物不附而用其壮,猛行其威刑,异方愈乖,遐迩愈叛,刑之欲以得,乃益所以失也,故曰"劓刖,困于赤绂"也。二以谦得之，五以刚失之，体在中直，能不遂迷困而后能用其道者也。致物之功，不在于暴，故曰徐也。困而后乃徐，徐则有说矣，故曰“困于赤绂，乃徐有说”也。祭祀，所以受福也。履夫尊位，困而能改，不遂其迷，以斯祭祀，必得福焉，故曰“利用祭祀”也。）

象曰：“劓刖”，志未得也。“乃徐有说”，以中直也。“利用祭祀”，受福也。

上六，困于葛藟，于臲卼；曰动悔、有悔，征吉。（王注：居《困》之极，而乘于刚，下无其应，行则愈绕者也。行则缠绕，居不获安，故曰“困于葛藟，于臲卼”也。下句无困，因于上也。处困之极，行无通路，居无所安，困之至也。凡物，穷则思变，困则谋通，处至困之地，用谋之时也。“曰”者，思谋之辞也。谋之所行，有隙则获，言将何以通至困乎？“曰动悔”，令生有悔，以征则济矣，故曰“动悔有悔，征吉”也。）

象曰：“困于葛藟”，未当也。（王注：所处未当，故致此困也。）动悔、有悔，吉行也。

【谋略第六十二】

君子为穷乏、禄位所困，仍应坚守正道，砥砺操守。若妄行进取，必有危害。

困卦九二爻辞曰：“九二，困于酒食，朱绂方来，利用享祀。征凶，无咎。”九二，为酒食所困，将受服而为大夫，守持中德，止而待时，祭祀神灵则可。如一意征进，则凶。“郑康成曰：此二为大夫有地之象……困于酒食者，采地薄，不足己用也。”说九二因贫而困。李士鉁谓：“坎为酒，大坎亦为酒，故困于酒食。九二刚中之德，群阴所奉，故有饮食之乐。然君子忧道不忧贫，道既不通，则醉饱餍饫，徒增苦恼耳。……二处困中，岂愿受服而位为大夫。命服方来，不能却也。夫富贵之困人甚于贫贱……然二有中正之德，穷于人不穷于大，故利用享祀。……若以之征进，则凶。”[1]郑康成谓九二困于贫，李士鉁谓困于富贵，李义更当。九二守中都能脱困。丁寿昌谓：“乾凿度引孔子曰：夫困之九二，有中和，居乱世，交于小人，困于酒食者，困于禄也。郑注曰：困于禄者，禄少薄也。……九二阳刚，以征则凶，惟其得中，所以无咎而有庆。”[2]禄少困，禄多亦能困人。“焦里堂《易通释》卷十：循按：绂，说文作‘市，韠也。上古衣蔽前而已，市以象之。天子朱市，诸侯赤市。’玉藻作赤韨，

① 李士鉁：《周易注》卷下，第54页。
② 丁寿昌：《读易会通》，第530页。

小雅作赤芾,皆于绂同,取义于蔽。”[①]屈万里谓:“‘征凶无咎’四字,盖倒装句,谓占得此爻者无咎,如征行则凶也。”[②]尚秉和谓:“五不应故征凶,得中亦无咎。”[③]

孙子曰:“故进不求名,退不避罪,唯民是保,而利合于主,国之宝也。”[④]孙子是无我的人,其进其退,皆唯民是保,急国之所急,想主之所想。若孙子处于艰难时世,必不会为了一己禄位上下腾挪。

【史鉴】

吴佩孚坚不出山

孟子谓:“威武不能屈,贫贱不能移,富贵不能淫,此之谓大丈夫。”[⑤]吴佩孚自四川、自甘肃,直至局促北京,怎一个困字了得,但志节不改。“自二十一年至二十五年,吴在北平过的生活都是苦闷的生活,其生活费均由北平军事委员会分会支给。”“其时所谓‘华北自治运动’高唱入云,有人想把这尊偶像抬出来做佛兰哥将军第二……他情愿关起房门做大帅,不肯闭着眼睛做傀儡。”[⑥]日寇骚扰,宵小环逼,吴大帅痴心不改,困守穷城,遽逝京华,为旧人物画上一个闪亮的句号。

四十八、井卦

【解题】

井卦巽下坎上,木入于水,井象。陈梦雷谓:“井卦,下巽上坎。巽入于水,汲而上之,井之象。又以卦画论之,初柔象泉源,三、二则象泉,四柔井之中,五刚泉之上出,上柔井口,有全井之象。故名井。”[⑦]李士钤谓:“木下汲则水上升,升降往来,循环不已,故往来井井。水不自出,因物而出。道不自行,待人而行。”[⑧]井,有养人之道。

---

① 屈万里:《读易札记》,《屈万里全集》(1),第552页。
② 屈万里:《周易初稿》,《屈万里全集》(1),第287页。
③ 尚秉和:《周易尚氏学》,第217页。
④ 吴九龙主编:《孙子校释》,第180页。
⑤ 杨伯峻译注:《孟子译注》,第128页。
⑥ 陶菊隐:《吴佩孚将军传》,中华书局1941年版,第202页。
⑦ 陈梦雷:《周易浅述》,第176页。
⑧ 马振彪遗著,张善文整理:《周易学说》,第461页。

【井卦经传】

井，改邑不改井，（王注：井，以不变为德者也。）无丧无得，（王注：德有常也。）往来井井。（王注：不渝变也。）汔至，亦未繘井，（王注：已来至而未出井也。）羸其瓶，凶。（王注：井道以已出为功也。几至而覆，与未汲同也。）

彖曰：巽乎水而上水，井。（王注：音举上之上。）井养而不穷也。“改邑不改井”，乃以刚中也。（王注：以刚处中，故能定居其所而不变也。）“汔至亦未繘井”，未有功也。（王注：井以已成为功。）“羸其瓶”，是以凶也。

象曰：木上有水，井。君子以劳民劝相。（王注：“木上有水”，井之象也。上水以养，养而不穷者也。相，犹助也。可以劳民劝助，莫若养而不穷也。）

初六，井泥不食，旧井无禽。（王注：最在井底，上又无应，沈滞滓秽，故曰“井泥不食”也。井泥而不可食，则是久井不见渫治者也。久井不见渫治，禽所不向，而况人乎？一时所共弃舍也。井者，不变之物，居德之地。恒德至贱，物无取也。）

象曰：“井泥不食”，下也。“旧井无禽”，时舍也。

九二，井谷射鲋，瓮敝漏。（王注：溪谷出水，从上注下，水常射焉。井之为道，以下给上者也。而无应于上，反下与初，故曰“井谷射鲋”。鲋，谓初也。失井之道，水不上出而反下注，故曰“瓮敝漏”也。夫处上宜下，处下宜上。井已下矣而复下注，其道不交，则莫之与也。）

象曰：“井谷射鲋”，无与也。

九三，井渫不食，为我心恻。可用汲，王明，并受其福。（王注：渫，不停污之谓也。处下卦之上，履得其位，而应于上，得井之义也。当井之义，而不见食，修己全洁，而不见用，故“为我心恻”也。为，犹使也。不下注而应上，故“可用汲”也。王明，则见照明。既嘉其行，又钦其用，故曰“王明，并受其福”也。）

象曰：“井渫不食”，行恻也。求王明，受福也。（王注：行感于诚，故曰恻也。）

六四，井甃，无咎。（王注：得位而无应，自守而不能给上，可以修井之坏，补过而已。）

象曰：“井甃，无咎”，修井也。

九五，井洌寒泉，食。（王注：洌，洁也。居中得正，体刚不桡，不食不义，中正高洁，故“井洌寒泉”，然后乃食也。）

象曰：寒泉之食，中正也。

上六，井收，勿幕，有孚，元吉。（王注：处井上极，水已出井，井功大成，在此爻矣，故曰“井收”也。群下仰之以济，渊泉由之以通者也。幕，犹覆也。

不擅其有,不私其利,则物归之,往无穷矣,故曰“勿幕,有孚元吉”也。)

象曰:元吉在上,大成也。

【谋略第六十三】

明主可遇不可求,打造自身是根本。

井卦九三爻辞曰:“九三,井渫不食,为我心恻。可用汲,王明,并受其福。”九三,井已浚洁而无人食用,行道之人为我心寒。有明智之王者汲而用之,天下之人并受其福。王弼注:“渫,不停污之谓也。处下卦之上,履得其位,而应于上,得井之义也。当井之义,而不见食,修己全洁,而不见用,故‘为我心恻’也。”九三得正,阳刚有才,无人汲引而见弃于世。陈梦雷谓:“渫,渫去泥也。渫则清而可食矣。不食者,人不食也。九三以阳居阳,上虽正应,柔而无位。修己全洁,未为时用。……言如是则虽行道无与之人亦为之恻然矣。然三之洁清,实有可用汲之泉,特无王明耳。使王之明汲之,则井养之功可成,岂独三之遇哉。泽可大行,天下并受其福矣。”[①]时有英雄,恨无伯乐。诸葛亮不遇刘备,老死南阳一农夫耳。刘沅谓:“王明谓九五。三阳刚居下之上,不为人用,然清泉可食者自在于我,信其可用以汲。王者明智则必求之,而养人与养于人皆受其福。”[②]

无伍子胥孙子不能见吴王,无吴王孙子不能成将军。伍子胥不引荐别人,吴王不官他人,是孙子较他人胸中多一段兵法也。

【史鉴】

姜尚怀才得遇文王

古往今来士子才人朝思暮想的就是功成名就,就像元人杂剧《庞涓夜走马陵道》“楔子”里所写的那样:“学成文武艺,货与帝王家。”可是也要自己有才、明主识货才好呢!李士鉁谓:“世无汤文,伊尹、太公不过耕夫钓叟耳,可不惜哉!”[③]世有汤文,你却不是伊尹、太公,纵遇上十次又有何用!《战国策·秦策》记有姜太公未遇前的种种窘迫境况。最后他在棘津失了业,没有人肯用他去做活。屈原《离骚》《天问》也提到姜太公卖肉遇文王的事。“师望在肆,昌何志?(《章句》:师望,谓太公也。昌,文王名也。言太公在市肆而屠,文王何以识知之乎?)……鼓刀扬声,后何喜?(《章句》:后,谓文王也。

① 陈梦雷:《周易浅述》,第177页。

② 马振彪遗著,张善文整理:《周易学说》,第465页。

③ 马振彪遗著,张善文整理:《周易学说》,第465页。

言吕望鼓刀在列肆，文王亲往问之。吕望对曰：'下屠屠牛，上屠屠国。'文王喜，载与俱归也)"[①]流传最广的还是吕尚垂钓渭水得遇文王。袁珂谓："渭水钓鱼，也无非是他穷困生涯的表现。《史记》说他'以渔钓奸(干)周西伯'，却未必然，他不会吃饱了饭没事做长时期装模作样地在那里钓鱼等候周西伯这个'明王'的来到的。"[②]太公遇文王终成为千古佳会。假如吕尚无才，即便遇到文王一千次也无济于事，也改变不了自己的前程，也成就不了盖世奇勋。明王在前，还要自己有货才行。

四十九、革卦

【解题】

革卦离下兑上，泽中有火，革。"革"是变革的意思。陈梦雷谓："革卦，下离上兑。火燃则水涸，水决则火灭。又二女同居，志不相得，有变革之义，故为革。"[③]李士鉁谓："王者革命，有中正诚信之德，以合天人，用德不用威，好生不好杀，革所当革，彰信兆民，故咸信其有吊民伐罪之心，而无利天下之志。"[④]王者指九五。中正诚信指六二、九五。刘沅谓："二为离主……文明中正，有能革之德；上应九五，有能革之权，所谓革而信之者也。"[⑤]陈戍国谓："《周易》在本质上是推动变易、鼓吹革命的，《革》卦是最好的例证。"[⑥]彖辞云："天地革而四时成，汤武革命，顺乎天而应乎人，革之时大矣哉！""革命"一词在古代典籍里第一次出现就在革卦。金景芳谓："孔子第一次提出了革命的概念，指出成汤放桀、武王伐纣是顺天应人即合乎规律，合乎时宜的革命行为。孔子研究革卦能够想到革命的问题，赞美革命的行为，看到社会历史发展到一定的时候要发生变革，发生革命，实在是很伟大的。"[⑦]可以说孔子有革命思想，在一定条件下即天命已改的情况下是赞成革命的。对孔子保守的形象需要作新的分析。有学者从军事方面解释革卦。李镜池认为："本卦内容主要讲战争，涉及战俘，因用俘虏作人牲，又联系祭祀。以战争为例，贯串变的思想主线。"[⑧]"《革·六二》说：'巳日乃革之。征，吉。无咎。'由于战争是大事，当然祭祀之日要服从出兵之时了。所以选择了吉日出战，才

---

① 王闿运撰，吴广平校点：《楚辞释》，岳麓书社 2013 年版，第 72 页。

② 袁珂辑注：《中国神话选》，人民文学出版社 2005 年版，第 228 页。

③ 陈梦雷：《周易浅述》，第 178 页。

④ 马振彪遗著，张善文整理：《周易学说》，第 472 页。

⑤ 马振彪遗著，张善文整理：《周易学说》，第 474 页。

⑥ 陈戍国：《周易校注》，第 123 页。

⑦ 金景芳、吕绍刚：《周易全解》，第 345 页。

⑧ 李镜池：《周易通义》，第 99 页。

能吉利、无殃。"[①]"九四,悔亡,有孚,改命吉。"李镜池谓:"悔亡,指筮日不吉而不战。后来捉到俘虏,有了舌头,了解敌情,改变命令,还是战,结果胜利了。"[②]想象太丰富。"上六,君子豹变,小人革面。"李镜池释:"革面:变脸,指对长官不服甚至反抗的神色。征凶:战争失败。这是说长官发火,引起士兵的不满,甚至倒戈,结果导致战争的失败。"[③]单从军事上解释革卦,有失狭隘。

【革卦经传】

革,己日乃孚。元亨,利贞,悔亡。(王注:夫民可与习常,难与适变;可与乐成,难与虑始。故革之为道,即日不孚,"己日乃孚"也。孚,然后乃得"元亨,利贞,悔亡"也。已日而不孚,革不当也。悔吝之所生,生乎变动者也。革而当,其悔乃亡也。)

彖曰:革,水火相息,二女同居,其志不相得,曰"革"。(王注:凡不合,然后乃变生,变之所生,生于不合者也。故取不合之象以为革也。"息"者,生变之谓也。火欲上而泽欲下,水火相战,而后生变者也。"二女"同居,而有水火之性,近而不相得也。)"己日乃孚",革而信之。文明以说,大亨以正,革而当,其悔乃亡。(王注:夫所以得革而信者,"文明以说"也。文明以说,履正而行,以斯为革,应天顺民,大亨以正者也。革而大亨以正,非当如何。)天地革而四时成,汤武革命,顺乎天而应乎人,革之时大矣哉!

象曰:泽中有火,革。君子以治历明时。(王注:历数时会,存乎变也。)

初九,巩用黄牛之革。(王注:在《革之》始,革道未成,固夫常中,未能应变者也。此可以守成,不可以有为也。巩,固也。黄,中也。牛之革,坚仞不可变也。固之所用,常中坚仞,不肯变也。)

象曰:"巩用黄牛",不可以有为也。

六二,已日乃革之,征吉,无咎。(王注:阴之为物,不能先唱,顺从者也。不能自革,革已乃能从之,故曰"已日乃革之"也。二与五虽有水火殊体之异,同处厥中,阴阳相应,往必合志,不忧咎也,是以征吉而无咎。)(按:"己日乃革之",楼宇烈作"已日乃革之"[④];刘玉建作"巳日乃革之"[⑤]。)

象曰:"己日革之",行有嘉也。

---

① 姜国柱:《〈周易〉与兵法》,第16页。

② 李镜池:《周易通义》,第98页。

③ 李镜池:《周易通义》,第99页。

④ 王弼注,楼宇烈校释:《周易注》,第267页。

⑤ 刘玉建:《周易正义导读》,第307页。

九三,征凶,贞厉。革言三就,有孚。(王注:己处火极,上卦三爻,虽体水性,皆从革者也。自四至上,从命而变,不敢有违,故曰"革言三就"。其言实诚,故曰"有孚"。"革言三就,有孚"而犹征之,凶其宜也。)

象曰:"革言三就",又何之矣。

九四,悔亡,有孚改命,吉。(王注:初九处下卦之下,九四处上卦之下,故能变也。无应,悔也。与水火相比,能变者也,是以"悔亡"。处水火之际,居会变之始,能不固吝,不疑于下,信志改命,不失时愿,是以"吉"也。有孚则见信矣,见信以改命,则物安而无违,故曰"悔亡,有孚改命,吉"也。处上体之下,始宣命也。)

象曰:"改命"之吉,信志也。(王注:信志而行。)

九五,大人虎变,未占有孚。(王注:"未占而孚",合时心也。)

象曰:"大人虎变",其文炳也。

上六,君子豹变,小人革面。(王注:居变之终,变道已成。君子处之,能成其文。小人乐成,则变面以顺上也。)

征凶,居贞吉。(王注:改命创制,变道已成。功成则事损,事损则无为。故居则得正而吉,征则躁扰而凶也。)

象曰:"君子豹变",其文蔚也。"小人革面",顺以从君也。

【谋略第六十四】

新的统治者当位,必当大刀阔斧,鼎新去故,一新天下人之耳目。

革卦九五爻辞曰:"九五,大人虎变,未占有孚。"九五,成了新的统治者,大刀阔斧,鼎新去故,瞻视一新,不用占卜必能获得民众的信服。陈梦雷谓:"乾以纯阳为龙,以刚健亦为虎。五互乾有虎象。九五阳刚中正,当革之时而居尊位。汤武之顺天应人者也,故有大人虎变之象。"[①]革卦三四五爻互乾。刘沅谓:"九五才德位兼全,当革之时,为革之事,尧舜汤武而外,有革之事无革之德者,不足当之。应离故曰文。以人事言,变礼易乐,新天下之耳目,而不失其中正,如虎之斑文炳著也。"[②]九五阳刚有革之才,得中有革之德,居阳位有革之位,非雄才大略之君主不能行革之事。尚秉和谓:"大人虎变者,喻大人履九五之尊,威德诞敷,崇高巍焕,改易旧观,故曰虎变。下有应,故未占而有孚也。"[③]九五与二正应。金景芳谓:"大人之变,文明可见,事理炳著,没有阴谋可疑之事,天下人看得清清楚楚,知道大人之变顺天应人,

① 陈梦雷:《周易浅述》,第180页。
② 马振彪遗著,张善文整理:《周易学说》,第477页。
③ 尚秉和:《周易尚氏学》,第227页。

大公至正。"[①]李镜池:"虎变:变脸如虎,发威发怒的样子。……《孙子》说:'兵者,诡道也。……怒而挠之。'杜牧注:'大将刚戾者,可激之令怒,则逞志快意,志气挠乱,不顾本谋也。'可见指挥官易怒,正好为敌方所利用;如果是对自己的士兵作威作福,就更会使士兵离心,很难取得什么战果。"[②]非九五爻原意。

【史鉴】

孙中山革故鼎新

李士钫谓:"大人定鼎,天下之耳目一新,实则定鼎之前,其德早有以系天下之望矣。"[③]辛亥成功,孙中山众望所归,成为中华民国第一任临时大总统。孙中山对政治、经济、文化等各方面进行了全面改革,除政体变革外,其社会改革尤为引人注目,如断发、放足、易服饰、改称谓、新节庆等,使民国以崭新的风貌展现在世人面前。

五十、鼎卦

【解题】

鼎卦,巽下离上,木生火烹鼎中之食,有鼎养之意。刘沅谓:"卦有鼎象,初为足,二三四为腹,五为耳,上为铉。序卦:革物者莫若鼎,故受之以鼎。变腥为熟,易坚为柔,水火同处,相为用而不相害,能革物也。"[④]鼎有熔旧立新之意。鼎又有养贤意。"述义云……体离之明,使下情得以上达,又虚中任贤,以成致养之功,则元道亨于天下,而鼎之用乃全。"[⑤]六五虚中而以诚明养贤。

【鼎卦经传】

鼎,元吉,亨。(王注:革去故而鼎取新。取新而当其人,易故而法制齐明。吉然后乃亨,故先"元吉"而后"亨"也。鼎者,成变之卦也。革既变矣,则制器立法以成之焉。变而无制,乱可待也;法制应时,然后乃吉。贤愚有别,尊卑有序,然后乃亨,故先"元吉"而后乃"亨"。)

---

① 金景芳、吕绍刚:《周易全解》,第 348 页。

② 李镜池:《周易通义》,第 98 页。

③ 马振彪遗著,张善文整理:《周易学说》,第 478 页。

④ 马振彪遗著,张善文整理:《周易学说》,第 481 页。

⑤ 马振彪遗著,张善文整理:《周易学说》,第 481 页。

彖曰：鼎，象也。（王注：法象也。）以木巽火，亨饪也。（王注：亨饪，鼎之用也。）圣人亨，以享上帝，而大亨以养圣贤。（王注：亨者，鼎之所为也。革去故而鼎成新，故为亨饪调和之器也。去故取新，圣贤不可失也。饪，熟也。天下莫不用之，而圣人用之，乃上以享上帝，而下以大亨养圣贤也。）巽而耳目聪明，（王注：圣贤获养，则已不为而成矣，故"巽而耳目聪明"也。）柔进而上行，得中而应乎刚，是以元亨。（王注：谓五也。有斯二德，故能成新而获"大亨"也。）

象曰：木上有火，鼎。君子以正位凝命。（王注：凝者，严整之貌也。鼎者，取新成变者也，革去故而鼎成新。正位者，明尊卑之序也。凝命者，以成教命之严也。）

初六，鼎颠趾，利出否。得妾以其子，无咎。（王注：凡阳为实而阴为虚。鼎之为物，下实而上虚，而今阴在下，则是为覆鼎也，鼎覆则趾倒矣。否，谓不善之物也。取妾以为室主，亦"颠趾"之义也。处鼎之初，将在纳新，施颠以出秽，得妾以为子，故"无咎"也。）

象曰："鼎颠趾"，未悖也。（王注：倒以写否，故未悖也。）

"利出否"，以从贵也。（王注：弃秽以纳新也。）

九二，鼎有实。我仇有疾，不能我即，吉。（王注：以阳之质，处鼎之中，有实者也。有实之物，不可复加，益之则溢，反伤其实。"我仇"，谓五也。困于乘刚之疾，不能就我，则我不溢，得全其吉也。）

象曰："鼎有实"，慎所之也。（王注：有实之鼎，不可复有所取，才任已极，不可复有所加。）

"我仇有疾"，终无尤也。

九三，鼎耳革，其行塞，雉膏不食。方雨亏，悔，终吉。（王注：鼎之为义，虚中以待物者也。而三处下体之上，以阳居阳，守实无应，无所纳受，耳宜空以待铉，而反全其实塞，故曰"鼎耳革，其行塞"，虽有雉膏，而终不能食也。雨者，阴阳交和，不偏亢者也。虽体阳爻，而统属阴卦。若不全任刚亢，务在和通，方雨则悔亏，终则吉也。）

象曰："鼎耳革"，失其义也。

九四，鼎折足，覆公餗，其形渥，凶。（王注：处上体之下，而又应初，既承且施，非己所堪，故曰"鼎折足"也。初已出否，至四所盛，则已洁矣，故曰"覆公"也。渥，沾濡之貌也。既覆公餗，体为渥沾，知小谋大，不堪其任，受其至辱，灾及其身，故曰"其形渥，凶"也。）

象曰："覆公餗"，信如何也。（王注：不量其力，果致凶灾，信之如何！）

六五，鼎黄耳金铉，利贞。（王注：居中以柔，能以通理，纳乎刚正，故曰

“黄耳金铉,利贞”也。耳黄,则能纳刚正以自举也。)

象曰:“鼎黄耳”,中以为实也。(王注:以中为实,所受不妄也。)

上九,鼎玉铉,大吉,无不利。(王注:处《鼎》之终,鼎道之成也。居鼎之成,体刚履柔,用劲施铉,以斯处上,高不诚亢,得夫刚柔之节,能举其任者也。应不在一,则靡所不举,故曰“大吉,无不利”也。)

象曰:玉铉在上,刚柔节也。

【谋略第六十五】

用事者受国家付托之重却才力不足,任用匪人,终至一朝败坏,覆水难收,后来治事者鉴诸。

鼎卦九四爻辞曰:“九四,鼎折足,覆公餗,其形渥,凶。”九四,鼎足折毁了,鼎中之食倾覆了,粥饭粘连于地,弄得一身都是,凶。王弼注:“处上体之下,而又应初,既承且施,非己所堪,故曰‘鼎折足’也。初已出否,至四所盛,则已洁矣,故曰‘覆公餗’也。渥,沾濡之貌也。既覆公餗,体为渥沾,知小谋大,不堪其任,受其至辱,灾及其身,故曰‘其形渥,凶’也。”过满则溢,过重则不堪,不量力则受辱。李光地谓:“盖三阳为实,而四适当其盈也,盈则有倾覆之象矣。又应初为无辅,故有‘折足’覆餗之象。”[①]“应初为无辅”,本应有辅,但信任之人无助于九四,无辅也。陈梦雷谓:“九四居上任重,有实之鼎也。而下应初六之阴,大臣信任匪人,败坏国事,倾覆天禄,享上帝养圣贤之用皆废矣。……才不胜任,无以自信,亦失君上信任之意矣。”[②]才不胜,所信用之人又不能胜,国事一塌糊涂矣。李士钤曰:“四应在初,信任小人,大事未有不败者。初败则四败,四败则全鼎因之以败。此宋臣所谓大臣误陛下,而大臣之所用者误大臣也。”[③]以刘挚反对王安石变法之上疏为例证。[④] 张承绪谓:“鼎以养贤,贤以定国。不贤而在高位,动致鼎覆,足招污辱,覆餗形渥所不免也。系传所谓德薄位尊,知小谋大,不能胜其任者如此。”[⑤]金景芳谓:“九四以阳刚之才,居上体之下又反应于初六,即承于君又施于下,是它力所不能及的。况且九四应于初六,初六已颠趾,岂有不折足覆餗之理!……在易爻中,凡九四应于初六,一般都有损而无助。”[⑥]

孙子曰:“故经之以五,校之以计而索其情。曰:主孰有道?将孰有能?

---

① 李光地编纂,刘大钧整理:《周易折中》,第197页。

② 陈梦雷:《周易浅述》,第183页。

③ 马振彪遗著,张善文整理:《周易学说》,第488页。

④ 刘挚撰,裴汝诚、陈晓平点校:《忠肃集》,中华书局2002年版,第651页。

⑤ 张承绪撰:《周易象理证》,第142页。

⑥ 金景芳、吕绍刚:《周易全解》,第356页。

天地孰得？法令孰行？兵众孰强？士卒孰练？赏罚孰明？吾以此知胜负矣。”[①]将能则法令行，兵众强，士卒练，赏罚明。将无能则措置无方，一塌糊涂。败国偾事，必此物类。

【史鉴】

严嵩纳贿用私人

嘉靖帝醉心道教，首辅严嵩得以把持朝政，招权纳贿，任用私人。嘉靖二十九年(1550年)六月，俺答汗率部进犯大同，宣大总兵仇鸾因贿赂严世蕃而得职，无甚才能，只好用重金贿赂俺答，让其攻打别处。俺答于八月间一举攻占蓟镇，兵锋直达通州，京师大恐。兵部尚书丁汝夔报告深居西内一心炼丹的明世宗。世宗任命仇鸾为平虏大将军，仇鸾畏战不前。徐阶献缓兵议和之计。俺答回师在路上遇仇鸾军，大败之，然后出古北口而去，明朝北疆迭遭蹂躏，颜面尽失。

五十一、震卦

【解题】

震卦一阳生于二阴之下，震动之象。震为长子，方位在东，主器之位。李士鉁谓：“震惊则恐惧，是以修身修德而能致福，终有笑言之喜。”[②]马振彪谓：“此卦以恐惧修省为训。……人当颠沛造次之时，如履薄临深之可惧；国际风云漂摇之会，有内忧外患之交乘，其危乃光。惩前毖后，必如此卦之爻象，始终戒惧，乃可免祸而致福。”陈梦雷谓：“六爻以初为震主，与彖同占。四陷二阴之间，则失所以震矣。四阴皆受震者。二乘初刚而厉，三稍远则无眚矣。五乘四刚以居中不至有丧，上远四则不于其躬矣。”[③]

【震卦经传】

震，亨。（王注：惧以成，则是以亨。）震来虩虩，笑言哑哑。（王注：震之为义，威至而后乃惧也，故曰“震来虩虩”，恐惧之貌也。震者，惊骇怠惰，以肃解慢者也。故“震来虩虩，恐致福也；笑言哑哑，后有则也”。）震惊百里，不丧匕鬯。（王注：威震惊乎百里，则是可以不丧匕鬯矣。匕，所以载鼎实。鬯，香酒，奉宗庙之盛也。）

---

① 吴九龙主编：《孙子校释》，第3页。

② 李士鉁：《周易注》卷下，第69页。

③ 陈梦雷：《周易浅述》，第184页。

彖曰:震,亨。“震来虩虩”,恐致福也。“笑言哑哑”,后有则也。震惊百里,惊远而惧迩也。(王注:威震惊乎百里,则惰者惧于近也。)出可以守宗庙社稷,以为祭主也。(王注:明所以堪长子之义也。“不丧匕鬯”,则已“出可以守宗庙”。)

象曰:洊雷,震。君子以恐惧修省。

初九,“震来虩虩”,后“笑言哑哑”,吉。(王注:体夫刚德,为卦之先,能以恐惧修其德也。)

象曰:“震来虩虩”,恐致福也。“笑言哑哑”,后有则也。

六二,震来厉,亿丧贝,跻于九陵。勿逐,七日得。(王注:震之为义,威骇怠懈,肃整惰慢者也。初干其任,而二乘之,震来则危,丧其资货,亡其所处矣,故曰“震来厉,亿丧贝”。亿,辞也。贝,资货、粮用之属也。犯逆受戮,无应而行,行无所舍。威严大行,物莫之纳,无粮而走。虽复超越陵险,必困于穷匮,不过七日,故曰“勿逐,七日得”也。)

象曰:“震来厉”,乘刚也。

六三,震苏苏,震行无眚。(王注:不当其位,位非所处,故惧“苏苏”也。而无乘刚之逆,故可以惧行而“无眚”也。)

象曰:“震苏苏”,位不当也。

九四,震遂泥。(王注:处四阴之中,居恐惧之时,为众阴之主,宜勇其身以安于众。若其震也,遂困难矣。履夫不正,不能除恐,使物安己,德未光也。)

象曰:震遂泥,未光也。

六五,震往来,厉。亿无丧,有事。(王注:往则无应,来则乘刚,恐而往来,不免于危。夫处震之时,而得尊位,斯乃有事之机也。而惧往来,将丧其事,故曰“亿无丧,有事”也。)

象曰:“震往来厉”,危行也。其事在中,大无丧也。(王注:大则无丧,往来乃危也。)

上六,震索索,视矍矍,征凶。震不于其躬,于其邻,无咎。婚媾有言。(王注:处震之极,极震者也。居震之极,求中未得,故惧而“索索”,视而“矍矍”,无所安亲也。已处动极而复征焉,凶其宜也。若恐非已造,彼动故惧,惧邻而戒,合于备豫,故“无咎”也。极惧相疑,故虽“婚媾”而“有言”也。)(按:姜国柱释“震索索,视矍矍,征凶”为:“进攻敌人时,不是以压倒敌人的气势勇往直前,而是胆小如鼠,内心恐惧,外表懦怯,肯定是要失败的。”[1])

---

① 姜国柱:《〈周易〉与兵法》,第28页。

象曰："震索索"，未得中也。"虽凶无咎"，畏邻戒也。

【谋略第六十六】

于事之初，处心积虑，谨慎从事，妥筹规划，必能有备无患，享事之成。

震卦初九爻辞曰："初九，震来虩虩（音 xì），后笑言哑哑（音 è），吉。"初九，震雷之发，万物恐惧，因惧而惕，然后笑逐颜开，吉利。尚秉和谓："阳来居初，故曰震来。雷之发也，万物震恐，故震来虩虩。阳遇阴则通，故笑言哑哑。"[①]尚氏主阴阳为朋意。范仲淹曰："君子之惧于心也，思虑必慎其始，则百志弗违于道；惧于身也，进退不履于危，则百行弗罹于祸。故初九震来而致福，慎于始也。"[②]震来则惧怕，小心谨慎，终得福。刘沅谓："初震之初，惧之能先，先有虩虩之戒惧，然后有笑言哑哑之安舒，谋成而后整暇，备豫而后和缓，故吉。"[③]能预先筹划，小心应对，终吉。李士鉁谓："当震之始来，虩虩恐惧，则始于忧勤者，必终于安乐。故后则笑言哑哑。"[④]

孙子曰："夫未战而庙算胜者，得算多也；未战而庙算不胜者，得算少也。多算胜，少算不胜，而况于无算乎！吾以此观之，胜负见矣。"[⑤]未战而谋先动，事前周密筹划，谨慎对待，事来一一拆解，从容应对，事必济矣。

【史鉴】

曾侯一生唯谨慎

曾国藩持身、做事、做官以谨慎称，也时时告诫别人要谨言慎行。曾国藩曾致书刘铭传谓："古来人才，有成有不成，所争每在'疏密'二字。"[⑥]极主用心之细密。同治九年（1870 年）正月，曾国藩写书训诫国华之子纪寿："自古无终身安乐而克成伟人者，历尽多少艰苦不如意之事，乃可磨炼出大材来。又须从敬慎二字上用功。'敬'者，内则专静纯一，外则整齐严肃……'慎'者，凡事不苟，尤以谨言为先。……一习艰苦，一学敬慎，是随时之切实工夫也。"[⑦]曾国藩一生之成功与"慎"是分不开的。剿灭太平天国，其功已至

① 尚秉和：《周易尚氏学》，第 232 页。

② 马振彪遗著，张善文整理：《周易学说》，第 495 页。

③ 马振彪遗著，张善文整理：《周易学说》，第 495 页。

④ 李士鉁：《周易注》卷下，第 69 页。

⑤ 吴九龙主编：《孙子校释》，第 15 页。

⑥ 曾国藩：《批铭字营刘军门铭传禀追剿捻逆获胜情形》，曾国藩：《曾国藩全集》第 13 卷，岳麓书社 2011 年版，第 200 页。

⑦ 王澧华：《曾国藩诗文系年》，广西师范大学出版社 1993 年版，第 153 页。

极点,清廷对其的疑忌也达到顶点。曾国藩稍有不慎,大祸必不免矣。看他裁撤湘军,自贬身份,输诚朝廷之手段非有大修养、大智慧做不来。曾氏之得之于“慎”字亦多矣。

五十二、艮卦

【解题】

艮为山,有止之意。孔颖达谓:“‘艮,止也’,静止之义,此是象山之卦,其以‘艮’为名,施之于人,则是止物之情,防其动欲,故谓之止。……施止得所,则其道易成。施止不得其所则其功难成。”[①]陈梦雷谓:“趾腓下体,取象于行。辅在上,取象于言。而全卦取象于背。言行得其所止,可无咎悔之忧。”[②]金景芳谓:“止于止是止,止于行也是止。我们坚持不懈地干一件事情,就是止于行的止。……坚持干什么,是止于行;坚持不干什么,是止于止。两种止实行起来,都要看场合,要止在恰当的场合。”[③]他还说:“艮卦所讲,实际上是人的自我控制能力的问题。止就是坚持,坚持的最为重要的问题是有始有终。……坚持干什么或坚持不干什么,主要是自我修养,反躬修己的问题。止我不止物,当止而止,灵活进退,才是正确的。”[④]艮背法亦是修道之人重要的气功功法。

【艮卦经传】

艮其背,(王注:目无患也。)不获其身;(王注:所止在后,故不得其身也。)行其庭,不见其人,(王注:相背故也。)无咎。(王注:凡物对面而不相通,否之道也。艮者,止而不相交通之卦也。各止而不相与,何得无咎?唯不相见乃可也。施止于背,不隔物欲,得其所止也。背者,无见之物也。无见则自然静止,静止而无见,则“不获其身”矣。相背者,虽近而不相见,故“行其庭,不见其人”也。夫施止不于无见,令物自然而止,而强止之,则奸邪并兴。近而不相得,则凶。其得“无咎”,“艮其背不获其身,行其庭不见其人”故也。)

彖曰:艮,止也。时止则止,时行则行,动静不失其时,其道光明。(王注:止道不可常用,必施于不可以行;适于其时,道乃光明也。)(按:《论衡·

---

① 王弼等注,孔颖达等正义:《周易正义》卷五,第 44 页。

② 陈梦雷:《周易浅述》,第 189 页。

③ 金景芳、吕绍刚:《周易全解》,第 367 页。

④ 金景芳、吕绍刚:《周易全集》,第 373 页。

定贤》："时行则行，时止则止，铨可否之宜，以制清浊之行。"①艮其止，止其所也。（王注：易背曰止，以明背即止也。施止不可于面，施背乃可也。施止于止，不施止于行，得其所矣，故曰"艮其止，止其所"也。）上下敌应，不相与也。是以"不获其身，行其庭不见其人，无咎"也。

象曰：兼山，艮。君子以思不出其位。（王注：各止其所，不侵官也。）

初六，艮其趾，无咎，利永贞。（王注：处止之初，行无所之，故止其趾乃得"无咎"。至静而定，故"利永贞"。）

象曰："艮其趾"，未失正也。

六二，艮其腓，不拯其随，其心不快。（王注：随谓趾也。止其腓，故其趾不拯也。腓体躁而处止，而不得拯其随，又不能退听安静，故"其心不快"也。）

象曰："不拯其随'，未退听也。

九三，艮其限，列其夤，厉熏心。（王注：限，身之中也。三当两象之中，故曰"艮其限"。夤，当中脊之肉也。止加其身，中体而分，故'列其夤"而忧危熏心也。艮之为义，各止于其所，上下不相与，至中则列矣。列加其夤，危莫甚焉；危亡之忧，乃熏灼其心也。施止体中，其体分焉，体分两主，大器丧矣。）

象曰："艮其限"，危熏心也。

六四，艮其身，无咎。（王注：中上称身，履得其位，止求诸身，得其所处，故不陷于咎也。）

象曰："艮其身"，止诸躬也。（王注：自止其躬，不分全体。）

六五：艮其辅，言有序，悔亡。（王注：施止于辅，以处于中，故口无择言，能亡其悔也。）

象曰："艮其辅"，以中正也。（王注：能用中正，故"言有序"也。）

上九，敦艮，吉。（王注：居止之极，极止者也。敦重在上，不陷非妄，宜其"吉"也。）

象曰："敦艮"之吉，以厚终也。

【谋略第六十七】

世相纷乱无已，我心清澈澄明，初心不改，持之以恒，坚持到底，必有云开见日之时。

艮卦上九爻辞曰："上九，敦艮，吉。"上九，敦厚坚持到底，止于至善，吉

① 陈雄根等编著：《先秦两汉典籍引〈周易〉〈论语〉〈孟子〉资料汇编》，第73页。

利。“程传云:人之止难于久终,故节或移于晚,守或失于终,事或废于久。上能敦厚于终,止道之至善。”[①]人贵能善始善终,晚节不移。金景芳谓:“艮卦强调善始,更强调善终。犹如一个人止于善重要而难能,一辈子到死都止于善,更其重要而难能。”[②]刘沅谓:“不言所艮者,无所不艮也。止于其所,久而不迁,万事万理,一以贯之。土弥厚而基弥固,德愈厚而止愈安,故大吉。”[③]

马振彪谓:“曾文正言,日对三军,我虑则一,彼纷不纷;罗忠节言,用兵得力处,全在知止而后有定一节,皆明乎艮止。”[④]曾、罗二氏以书生出而掌军,全靠着平时养成的气节、功夫,咬定敌手,不屈不挠,不到最后一刻,绝不松手,终能竟其功。李士钤谓:“大学曰,知止而后有定,定而后能静,静而后能安,安而后能虑,虑而后能得。止之终则得矣。”[⑤]曾、罗二氏之事业盖从学问、修养中来。

【史鉴】

曾国藩静定有恒

曾国藩之修身功夫颇为后人盛称。其《主静箴》云:“神定不慑,谁敢余侮?……日对三军。我虑则一,彼纷不纷。”[⑥]其泰山崩于前而不变色的定力多赖于平日之修养。其《有恒箴》谓:“二十有八载,则无一知。曩之所忻,阅时而鄙。故者既抛,新者旋徙。德业之不常,日为物牵。……黍黍之增,久乃盈斗。”[⑦]警醒自己要有恒信恒念,要有咬定青山不放松的精神。曾国藩的一生功业颇从其修身中得来。被蒋介石誉为“当代完人”的陈布雷以曾国藩作为自己立身做事的榜样。《陈布雷自述》一书谓:“1939 年,陈布雷在日记中恭恭敬敬用非常美的毛笔字写下了《五箴》,这是他有关修养的五条体会,开首还有一个序,《五箴》并序:‘少不自立,荏苒遂洎今兹盖古人学成之年,而吾碌碌尚如斯也,不甚戚矣。继是以往,人事日纷,德慧日损,下流之赴,抑又可知。未(夫)疗疾所以益智,逸豫所以亡身。仆以中才而履安顺,将欲

---

① 马振彪遗著,张善文整理:《周易学说》,第 510 页。
② 金景芳、吕绍刚:《周易全解》,第 371 页。
③ 马振彪遗著,张善文整理:《周易学说》,第 510 页。
④ 马振彪遗著,张善文整理:《周易学说》,第 503 页。
⑤ 马振彪遗著,张善文整理:《周易学说》,第 510 页。
⑥ 曾国藩:《曾国藩全集》,岳麓书社 2011 年版,第 73 页。
⑦ 曾国藩:《曾国藩全集》,第 73 页。

刻苦而自振拔,谅哉,其难之欤!作《五箴》以自创云。'"[①]

五十三、渐卦

【解题】

渐卦艮下巽上,木渐长而高,渐之象。来知德谓:"'渐'者,渐进也。为卦艮下巽上,有不遽进之义,渐之义也。木在山上,以渐而高,渐之象也。"[②]木因山而渐高。陈梦雷谓:"六爻取象于鸿,皆自下而上,皆以论士进之义。故唯二五以正应而吉。初在下无应故厉。三过刚无应故凶。四之无咎,以顺巽也。上羽仪之吉,超乎世外者也。"[③]六四顺承九五,故无咎。上九外乘巽风,则羽毛不乱。上九已去位,故不用其身,而用其所遗留之羽毛。"犹老臣去位,而仪型犹在。其进退之道,足为法于后人而善风俗也。"[④]

【渐卦经传】

渐,女归吉,利贞。(王注:"渐"者,渐进之卦也。止而巽,以斯适进,渐进者也。以止巽为进,故"女归吉"也。进而用正,故"利贞"也。)

彖曰:渐,之进也。(王注:之于进也。)"女归吉"也。进得位,往有功也。进以正,可以正邦也。其位,刚得中也。(王注:以渐进得位也。)止而巽,动不穷也。

象曰:山上有木,渐。君子以居贤德善俗。(王注:贤德以止巽则居,风俗以止巽乃善。)

初六,鸿渐于干。小子厉,有言,无咎。(王注:鸿,水鸟也。适进之义,始于下而升者也,故以鸿为喻。六爻皆以进而履之为义焉。始进而位乎穷下,又无其应,若履于干,危不可以安也。始进而未得其位,则困于小子,穷于谤言,故曰"小子厉,有言"也。困于小子谗谀之言,未伤君子之义,故曰"无咎"也。)

象曰:小子之厉,义无咎也。

六二,鸿渐于磐。饮食衎衎,吉。(王注:磐,山石之安者也。进而得位,居中而应,本无禄养,进而得之,其为欢乐,愿莫先焉。)

象曰:"饮食衎衎",不素饱也。

九三,鸿渐于陆。夫征不复,妇孕不育,凶。利御寇。(王注:陆,高之顶

---

① 陈布雷著,博瀚整理:《陈布雷自述》,华文出版社2013年版,第264页。

② 来知德撰,张万彬点校:《周易集注》,第521页。

③ 陈梦雷:《周易浅述》,第188页。

④ 马振彪遗著,张善文整理:《周易学说》,第520页。

也。进而之陆,与四相得,不能复反者也。“夫征不复”,乐于邪配,则妇亦不能执贞矣。非夫而孕,故“不育”也。三本艮体,而弃乎群丑,与四相得,遂乃不反,至使妇孕不育。见利忘义,贪进忘旧,凶之道也。异体合好,顺而相保,物莫能间,故“利御寇”也。)

象曰:“夫征不复”,离群丑也。“妇孕不育”,失其道也。“利用御寇”,顺相保也。

六四,鸿渐于木。或得其桷,无咎。(王注:鸟而之木,得其宜也。“或得其桷”,遇安栖也。虽乘于刚,志相得也。)

象曰:“或得其桷”,顺以巽也。

九五,鸿渐于陵。妇三岁不孕,终莫之胜,吉。(王注:陵,次陆者也。进得中位,而隔乎三四,不得与其应合,故“妇三岁不孕”也。各履正而居中,三四不能久塞其涂者也。不过三岁,必得所愿矣。进以正邦,三年有成,成则道济,故不过三岁也。)

象曰:“终莫之胜,吉”,得所愿也。

上九,鸿渐于陆,其羽可用为仪,吉。(王注:进处高洁,不累于位,无物可以屈其心而乱其志。峨峨清远,仪可贵也,故曰“其羽可用为仪,吉”。)(按:《汉书·公孙弘卜式倪宽传赞》:“公孙弘、卜式、倪宽皆以鸿渐之翼困于燕爵。”[①])

象曰:“其羽可用为仪,吉”,不可乱也。

【谋略第六十八】

当外无应援之时,不宜轻进,宜守正自持,防御敌寇。

渐卦九三爻辞曰:“九三,鸿渐于陆,夫征不复,妇孕不育,凶。利御寇。”九三,安居平陆,守正待时则吉。妄自征进则不能回还,六四怀孕也不能生产。利于守正抵御外寇。刘沅云:“夫指上九,上在卦外,不与三应,为夫征不复。……位当坎险,上承巽顺,如御寇者不轻进而自保。”[②]夫应指九三,二三四爻互坎,坎为险。金景芳谓:“夫指九三自身,妇指六四。……九三与六四乃阴阳相比相亲相求,最容易苟合。”[③]朱高正谓:“九三上无应援,犹鸿鸟既已进至平陆,宜守正俟时,乃得渐之道。唯九三以刚居阳,过刚不中,急于上往……则九三以过刚之资,知进而不知返,乃不顾其家也,故曰‘夫征不复’。……九三之利,唯在御寇而已,九三如能守正以防邪谄,则可救其过刚

① 陈雄根等编著:《先秦两汉典籍引〈周易〉〈论语〉〈孟子〉资料汇编》,第74页。

② 马振彪遗著,张善文整理:《周易学说》,第517页。

③ 金景芳、吕绍刚:《周易全解》,第378页。

之失。"[①]李镜池谓:"水鸟到了高平地。丈夫出征没有回来,妇人怀孕而流产。凶险。这都是由于有敌人侵略破坏了家庭的和平生活。所以随之提出'利御寇',主张保家卫国,保卫和平。"[②]李氏解易,复原史事居多,难以解释经文为什么这样说。

孙子谓:"兵非多益,惟无武进,足以并力、料敌、取人而已。夫惟无虑而易敌者,必擒于人。"[③]兵非多了就能成功,考虑不周,轻举妄动,必为敌所败。外无应援,孤军深入,将面临失败的风险。

五十四、归妹卦

【解题】

归妹卦兑下震上,雷动而震泽,悦而相从之象。程颐谓:"《归妹》为卦泽上有雷,雷震而泽动,从之象也。物之随动莫如水,男动于上而女从之,嫁归从男之象。震长男,兑少女,少女从长男,以说而动,动而相说也。"[④]长男动而少女从之,有不正之意。金景芳谓:"从卦象来看,归妹兑下震上,'说而动'。……归妹六爻之二、三、四、五这四爻都不正。初与上虽然位正,但阳在阴下,其位也不为正。除位不正以外,归妹卦义也不正。归妹卦下体是兑,兑为少女;上体是震,震为长男。……少女从长男,其情以说(悦)而动。这样的婚嫁,男女之情胜过夫妇之义,按照古人的观念,是不正的,所以卦辞曰'征凶,无攸利'。不能动,动则凶。"[⑤]

【归妹卦经传】

归妹,征凶,无攸利。(王注:妹者,少女之称也。兑为少阴,震为长阳,少阴而承长阳,说以动,嫁妹之象也。)

彖曰:归妹,天地之大义也。天地不交,而万物不兴。归妹,人之终始也。(王注:阴阳既合,长少又交,"天地之大义",人伦之终始。)说以动,所归妹也。(王注:少女而与长男交,少女所不乐也;而今"说以动",所归必妹也。虽与长男交,嫁而系娣,是以"说"也。)征凶,位不当也。(王注:履于不正,说动以进,妖邪之道也。)"无攸利",柔乘刚也。(王注:以征,则有不正之凶;以处,则有乘刚之逆。)

---

① 朱高正:《周易六十四卦通解》,第184页。
② 李镜池:《周易通义》,第106页。
③ 吴九龙主编:《孙子校释》,第163页。
④ 李光地编纂,刘大钧整理:《周易折中》,第210页。
⑤ 金景芳、吕绍刚:《周易全解》,第382页。

象曰:泽上有雷,归妹。君子以永终知敝。(王注:《归妹》,相终始之道也,故"以永终知敝"。)

初九,归妹以娣,跛能履,征吉。(王注:少女而与长男为耦,非敌之谓,是娣从之义也。妹,少女之称也。少女之行,善莫若娣。夫承嗣以君之子,虽幼而不妄行,少女以娣,虽"跛能履",斯乃恒久之义,吉而相承之道也。以斯而进,吉其义也。)

象曰:"归妹以娣",以恒也。"跛能履",吉相承也。

九二,眇能视,利幽人之贞。(王注:虽失其位,而居内处中,眇犹能视,足以保常也。在内履中,而能守其常,故"利幽人之贞"也。)

象曰:"利幽人之贞",未变常也。

六三,归妹以须,反归以娣。(王注:室主犹存,而求进焉。进未值时,故有须也。不可以进,故"反归"待时,以娣乃行也。)

象曰:"归妹以须",未当也。

九四,归妹愆期,迟归有时。(王注:夫以不正无应而适人也,必须彼道穷尽无所与交,然后乃可以往,故"愆期迟归",以待时也。)

象曰:"愆期"之志,有待而行也。

六五,帝乙归妹,其君之袂,不如其娣之袂良。月几望,吉。(王注:归妹之中,独处贵位,故谓之"帝乙归妹"也。袂,衣袖,所以为礼容者也。"其君之袂",谓帝乙所宠也,即五也。为帝乙所崇饰,故谓之"其君之袂"也。配在九二,兑少震长,以长从少,不若以少从长之为美也,故曰"不若其娣之袂良"也。位在乎中,以贵而行,极阴之盛;以斯适配,虽不若少,往亦必合,故曰"月几望,吉"也。)

象曰:"帝乙归妹",不如其娣之袂良也。其位在中,以贵行也。

上六,女承筐无实,士刲(音 kuī)羊无血,无攸利。(王注:羊谓三也。处卦之穷,仰无所承,下又无应,为女而承命,则筐虚而莫之与。为士而下命,则"刲羊"而"无血"。刲羊而无血,不应所命也。进退莫与,故曰"无攸利"也。)

象曰:上六无实,承虚筐也。

【谋略第六十九】

阴阳长幼失序,势头凌驾于长官之上,不调整自己而一味前行,必定失败。

归妹卦卦辞曰:"归妹,征凶,无攸利。"归妹卦,前行有凶险,不会获利。陈梦雷谓:"男女相从以正则吉。今上动下悦,以说而动,恣情纵欲者也。自二至五皆不得正，三、五又以柔乘刚，初上得位，亦柔上而刚下，皆非室家之宜，故征则必凶。凡占得此皆无所利。……诸爻皆不当位，所处不正，故动必凶。”[①]柔乘刚，有妇制其夫之象，男从女之义。李士鉁谓：“兑，少女，为震之妹。少女在内，长男动而送之，归妹之象。……归妹，阴乘阳，故凶。”[②]李氏认为，非如陈梦雷所说震与兑相悦，而是震长兄主持归妹事宜。马其昶曰：“归妹本泰也，三四往来而成兑震，位皆不当，三又乘刚，是不得所也，故征凶无攸利。”[③]泰卦九三之四位，六四之三位，则成归妹卦。曹元弼谓：“征凶，无攸利。因三四失位乘刚而设戒耳。”[④]六三乘凌二阳，九四为五、上所乘，阳皆受气。朱高正谓：“归妹一卦，以说(悦)而动，动则失礼，故‘征凶’。以柔乘刚，以妇制夫，何利之有，故曰‘无攸利’。”[⑤]李大用谓：“为了遏制周的势力，就在文丁十一年，‘文丁杀季历’，从此周与殷商结下了世仇。……为了报杀父之仇，姬昌不顾国力，在帝乙二年曾急急忙忙出兵伐商，结果被商王朝打得大败；而帝乙对周却没有乘机大事杀伐。……‘归妹。征凶，无攸利。’‘攸’，《尔雅·释言》曰：‘攸，所也。’卦辞意为帝乙归妹，对我有利；伐商已败，再征无利。”[⑥]帝乙，商纣王之父。“帝乙，殷之贤君。《尚书》所谓自成汤至于帝乙，‘罔不明德慎罚’是也。《史记》云：帝乙时，殷道益衰。”[⑦]高亨谓：“卦辞云‘征凶’者，因本国与所征伐之国相比，本国所处之地位不利，战则必败也。盖归妹之中间四爻，九二为阳爻居阴位，六三为阴爻居阳位，九四为阳爻居阴位，六五为阴爻居阳位，均为位不当，象人行事之进程中间各主要阶段皆处于不适当之地位，即皆处于不利之地位。卦辞云‘无攸利’者，谓征伐无所利也。因本国与所征伐之国相比，本国之力弱，彼国之力强，征伐之，是以弱凌强，以柔乘刚也。盖归妹之下卦是一阴爻(六三)在两阳爻(九二、初九)之上，上卦是两阴爻(上六、六五)在一阳爻(九四)之上，皆是柔乘刚，象弱者侵凌强者。”[⑧]这是高亨先生少有的以爻位释卦爻辞的一卦。

【史鉴】

---

① 陈梦雷：《周易浅述》，第193页。

② 马振彪遗著，张善文整理：《周易学说》，第521页。

③ 马振彪遗著，张善文整理：《周易学说》，第523页。

④ 曹元弼：《周易集解补释》卷十一，第16页。

⑤ 朱高正：《周易六十四卦通解》，华东师范大学出版社1999年版，第186页。

⑥ 李大用：《从易经探索殷周关系》，黄寿祺、张善文编：《周易研究论文集》，第85页。

⑦ 李贽著，张建业注：《李贽全集注》第16册《读升庵集注》，社会科学文献出版社2010年版，第203页。

⑧ 高亨：《周易大传今注》，《高亨著作集林》第2卷，第470页。

钱江恃才杀身

近代史负才使气少有过于钱江者。“钱江,字东平,浙之乌程人。家世读书。江少任侠,负奇气。六岁工属对,出语惊其长老。年十二应童子试,补博士弟子,不复事帖括。留心经世之学,旁及风角壬遁,靡所不通。自谓天下将大乱,以澄清为已任。闻者目笑之,而江迥然不顾也。”[①]赴扬州,名望与太谷教周太谷等。入京师,才学为黄爵滋所激赏。居林则徐幕府,言谈指画中其意。酒肆中与冯云山订交,参与洪杨密谋。后归雷以諴幕府,钱江倡议收厘金,清廷军饷得以济事。如此有才一个钱江,放言无忌,目空无人。“江功多才大,醉即让以諴曰:‘某事误行,某人误用,某言误听,何不一谋乃公。’以諴积不堪……乃邀江饮,即座上杀之,以谋不轨入奏。”[②]你是人家入幕之宾,人家敬你,你就当人家是阿斗,自己是诸葛亮了。杀头之时,悔之晚矣。

五十五、丰卦

【解题】

丰卦离下震上,日动而上行,丰大之象。徐志锐谓:“就卦体而论,丰卦下离上震,离为日、为明,震,动也。离明在下震动而上行,这象征太阳升至高空。”[③]沈该曰:“丰,六月卦。雷奋而亨,火盛而炽之时,故为丰。……雷动于上,电照于下,风雨晦明之时也。以爻言之,初九之阳,二阴乘之;三四之阳,五、上重阴覆之,阴掩阳之象也。以理言之,时方盛则芽孽生焉,是以戒其过。”[④]丰大之时,已伏衰机,有可忧之处。李士钤曰:“盛之至者衰之始,满之极者亏之渐,此常人所不忧,而圣人有忧焉。日之方中,幽隐毕照,不为阴暗小人所蒙蔽,则无忧矣。”[⑤]可忧在己之不明盛衰之理,可忧在趋炎附势之小人猖獗横行,拨乱是非。

【丰卦经传】

丰,亨,王假之。(王注:大而亨者,王之所至。)勿忧,宜日中。(王注:《丰》之为义,阐弘微细,通夫隐滞者也。为天下之主,而令微隐者不亨,忧未已也,故至“丰亨”,乃得勿忧也。用夫丰亨不忧之德,宜处天中以遍照者也,

---

① 大哀:《钱东平别传》,柯愈春编纂:《说海》,人民日报出版社 1997 年版,第 2060 页。

② 俞寰澄:《长兴奇士钱江传》,《浙江省通志馆馆刊》1945 年第 3 期,第 82 页。

③ 徐志锐:《周易大传新注》,第 345 页。

④ 马振彪遗著,张善文整理:《周易学说》,第 535 页。

⑤ 马振彪遗著,张善文整理:《周易学说》,第 534 页。

故曰“宜日中”也。）

彖曰：丰，大也。（王注：音阐大之大也。）明以动，故丰。王假之，尚大也。（王注：大者，王之所尚，故至之也。）“勿忧，宜日中”，宜照天下也。（王注：以勿忧之德，故宜照天下也。）日中则昃，月盈则食，天地盈虚，与时消息，而况于人乎？况于鬼神乎？（王注：《丰》之为用，困于昃食者也。施于未足则尚丰，施于已盈则方溢，不可以为常，故具陈消息之道者也。）（按：《京氏易传·剥》：“君子俟时，不可苟变，存身避害，与时消息。”①）

象曰：雷电皆至，丰。君子以折狱致刑。（王注：文明以动，不失情理也。）

初九，遇其配主，虽旬无咎，往有尚。（王注：处《丰》之初，其配在四，以阳适阳，以明之动，能相光大者也。旬，均也。虽均无咎，“往有尚”也。初、四俱阳爻，故曰“均”也。）

象曰：“虽旬无咎”，过旬灾也。（王注：过均则争，交斯叛也。）

六二，丰其蔀（音 pǒu），日中见斗。往得疑疾，有孚发若，吉。（王注：蔀，覆暖，鄣光明之物也。处明动之时，不能自丰以光大之德，既处乎内，而又以阴居阴，所丰在蔀，幽而无睹者也，故曰“丰其蔀，日中见斗”也。日中者，明之盛也；斗见者，暗之极也。处盛明而丰其蔀，故曰“日中见斗”。不能自发，故“往得疑疾”。然履中当位，处暗不邪，“有孚”者也。若，辞也。有孚可以发其志，不困于暗，故获“吉”也。）

象曰：“有孚发若”，信以发志也。

九三：丰其沛，日中见沫。折其右肱，无咎。（王注：沛，幡幔，所以御盛光也。沫，微昧之明也。应在上六，志在乎阴，虽愈乎以阴处阴，亦未足以免于暗也，所丰在沛，日中见沫之谓也。施明，则见沫而已；施用，则折其右肱。故可以自守而已，未足用也。）

象曰：“丰其沛”，不可大事也。（王注：明不足也。）“折其右肱”，终不可用也。（王注：虽有左在，不足用也。）

九四，丰其蔀，日中见斗。遇其夷主，吉。（王注：以阳居阴，“丰其蔀”也。得初以发，夷主吉也。）

象曰：“丰其蔀”，位不当也。“日中见斗”，幽不明也。“遇其夷主”，吉行也。

六五，来章，有庆誉，吉。（王注：以阴之质，来适尊阳之位，能自光大，章显其德，获庆誉也。）

---

① 陈雄根等编著：《先秦两汉典籍引〈周易〉〈论语〉〈孟子〉资料汇编》，第 76 页。

象曰:六五之吉,有庆也。

上六,丰其屋,蔀其家,窥其户,阒其无人,三岁不觌,凶。(王注:屋,藏荫之物。以阴处极而最在外,不履于位,深自幽隐,绝迹深藏者也。既"丰其屋",又"蔀其家",屋厚家覆,暗之甚也。虽"窥其户,阒其无人",弃其所处而自深藏也。处于明动尚大之时,而深自幽隐以高其行,大道既济而犹不见,隐不为贤,更为反道,凶其宜也。三年,丰道之成。治道未济,隐犹可也;既济而隐,是以治为乱者也。)(按:《蔡中郎集·释诲》:"欲丰其屋,乃蔀其家。是故天地否闭,圣哲潜形。"①)

象曰:"丰其屋",天际翔也。(王注:翳光最盛者也。)

"窥其户,阒其无人",自藏也。(王注:可以出而不出,自藏之谓也,非有为而藏。不出户庭,失时致凶,况自藏乎?凶其宜也。)

【谋略第七十】

盛之至者衰之始,如日中天之时须防日薄西天之衰。持盈守泰须在乎敬慎于事,不可过中。

丰卦卦辞曰:"丰,亨,王假之。勿忧,宜日中。"丰,亨通,王效法丰之理以明德昭示天下。勿忧,如日在中天不可过于丰大。只有君王的事业可称盛大。欲守持其盛大,须知持盈保泰之理,即不可过中。刘沅云:"君子丰其德以承天,忧勤于未丰之时,而敬慎于既丰之际,非欲富贵福泽,长保其丰之事,欲长存乎丰之理,历荣枯而自全。"②未丰、既丰都不可掉以轻心,须明盛满则衰之理而时刻警之。

【史鉴】

曾国藩功高思退

刘裕有大功,欲登大位,言不由衷,说了一番话:"桓玄篡位,鼎命已移。我唱义兴复,平定四海,功成业著,遂荷九锡。今年将衰墓,崇极如此。物忌盛满,非可久安。今欲奉还爵位,归老京师。"③还爵位是假,入京师是真。不久,临朝称帝,废晋恭帝为零陵王。曾国藩有中兴之功,却时刻警醒。其谓:"自金陵克复,人以为渐入佳境,而不知乃日处愁城。"④"金陵克复,贱兄弟忝

---

① 陈雄根等编著:《先秦两汉典籍引〈周易〉〈论语〉〈孟子〉资料汇编》,第77页。

② 马振彪遗著,张善文整理:《周易学说》,第533页。

③ 吴乘权等辑,施意周点校:《纲鉴易知录》,中华书局1960年版,第904页。

④ 李翰章编:《曾文正公全集》,吉林人民出版社1995年版,第2512页。

穷异数，至优极渥……日夕惴惴，念此阴阳交争之会，未识消长之机，竟复何如……但求……波恬浪静，从容蝉蜕，养拙息机，则幸甚也……昔年于儿孙不甚厝意，近则老态日增，颇以抱孙为望。”[①]曾氏于消长盛衰之理体会颇深，时刻注意回头。其谓：“七十老翁身外之荣，本无所求，但求致仕时内无严谴，外无闲言，即足差慰众意！”[②]曾氏在与朋友书信中言其谦退之意，料无多少做作。有大功勋又有此大智慧者自古及今有几人欤！

五十六、旅卦

【解题】

旅卦艮下离上，艮止于下，火蔓延于上，又离在外，有附丽于外之象，故曰旅。陈梦雷谓：“六爻则旅之道以得中为善。卑则取辱，高则召祸。初卑，故有琐琐之灾。三居下之上，焚次丧仆。上居上之上，焚巢丧牛。皆高之过也。四虽无太高太卑之失而未得中，故心亦不快。唯二以得中而怀资得仆，五以得中而誉命。然五不当位，犹不免於矢亡。然则居旅之善，唯六二乎？”[③]六二居下卦，不自为高，居中而得正得中，能守正道，故得无忧。

【旅卦经传】

旅，小亨，旅贞吉。（王注：不足全夫贞吉之道，唯足以为旅之贞吉，故特重曰“旅，贞吉”也。）

彖曰：“旅，小亨”，柔得中乎外而顺乎刚，止而丽乎明，是以“小亨，旅贞吉”也。（王注：夫物失其主则散，柔乘于刚则乖，既乖且散，物皆羁旅，何由得“小亨”而“贞吉”乎？夫阳为物长，而阴皆顺阳，唯六五乘刚而复得中乎外，以承于上。阴各顺阳，不为乖逆，止而丽明，动不履妄，虽不及刚得尊位，恢弘大通，是以“小亨”。令附旅者不失其正，得其所安也。）旅之时义大矣哉！（王注：旅者大散。物皆失其所居之时也。咸失其居，物愿所附，岂非知者有为之时？）

象曰：山上有火，旅。君子以明慎用刑而不留狱。（王注：止以明之，刑戮详也。）

初六，旅琐琐，斯其所取灾。（王注：最处下极，寄旅不得所安，而为斯贱之役，所取致灾，志穷且困。）

象曰：“旅琐琐”，志穷灾也。

---

① 李翰章编：《曾文正公全集》，第 2507 页。

② 李翰章编：《曾文正公全集》，第 2507 页。

③ 陈梦雷撰：《周易浅述》，第 199 页。

六二,旅即次,怀其资,得童仆贞。(王注:次者,可以安行旅之地也。怀,来也。得位居中,体柔奉上,以此寄旅,必获次舍。怀来资货,得童仆之所正也。旅不可以处盛,故其美尽于童仆之正也,过斯以往,则见害矣。童仆之正,义足而已。)

象曰:“得童仆贞”,终无尤也。

九三,旅焚其次,丧其童仆,贞厉。(王注:居下体之上,与二相得。以寄旅之身,而为施下之道,与萌侵权,主之所疑也,故次焚、仆丧而身危也。)

象曰:“旅焚其次”,亦以伤矣。以旅与下,其义丧也。

九四,旅于处,得其资斧,我心不快。(王注:斧,所以斫除荆棘,以安其舍者也。虽处上体之下,不先于物,然而不得其位,不获平坦之地,客于所处,不得其次,而得其资斧之地,故其心不快也。)

象曰:“旅于处”,未得位也。“得其资斧”,心未快也。

六五,射雉一矢,亡。终以誉命。

(王注:射雉以一矢,而复亡之,明虽有雉,终不可得矣。寄旅而进,虽处于文明之中,居于贵位,此位终不可有也。以其能知祸福之萌,不安其处以乘其下,而上承于上,故终以誉而见命也。)

象曰:终以誉命,上逮也。

上九,鸟焚其巢,旅人先笑后号咷。丧牛于易,凶。(王注:居高危而以为宅,巢之谓也。客旅得上位,故“先笑”也。以旅而处于上极,众之所嫉也。以不亲之身,而当嫉害之地,必凶之道也,故曰“后号咷”。牛者,稼穑之资。以旅处上,众所同嫉,故“丧牛于易”。不在于难,物莫之与,危而不扶,丧牛于易,终莫之闻。莫之闻,则伤之者至矣。)

象曰:以旅在上,其义焚也。“丧牛于易”,终莫之闻也。

【谋略第七十一】

力量强大而反客为主,谨防触犯众怒而被人算计。

旅卦上九爻辞曰:“上九,鸟焚其巢,旅人先笑后号咷。丧牛于易,凶。”上九阳刚,高居主人之上,其居所被焚。原本趾高气扬而今号咷暴跳,轻易地丧失了自己的柔性品格,凶。陈梦雷谓:“全卦当旅之时,不宜用刚,故阳爻三皆不利。”[①]金景芳谓:“(上九)栖高处亢,正当危地,有鸟巢之象。它又在离体,离为火,有焚象,故曰‘鸟焚其巢’。先笑,谓上九初以居他人之上而自喜;后号咷,谓上九终因巢焚而悲。牛,顺物。丧牛,上九丧失至顺之德,

---

① 陈梦雷:《周易浅述》,第201页。

刚亢止于极点，故凶。”[①]顾颉刚对此爻的“丧牛于易”作了历史的解释：“这里所说的‘丧羊’和‘丧牛’……也即是‘有易杀王亥取仆牛’。这里所说的‘鸟焚其巢，旅人先笑后号咷’……也即是‘殷王子亥宾于有易而淫焉，有易之君绵臣杀而放之’。想来他初到有易的时候曾经过着很安乐的日子，后来家破人亡，一齐失掉了，所以爻辞中有‘先笑后号咷’的话。”[②]李镜池解作周人之事：“易：通狄。这是写周人历史上的一件大事。说大王被狄人侵迫，从邠迁于岐山周原。狄人侵犯时，烧杀抢掠，周人象鸟被烧了巢一样，无家可归，全族迁徙，成了旅人。他们原先生活过得很快乐，后来就够悲惨了，呼号哭泣，不但家园被毁坏，连牛羊等牲畜也给狄人抢了去。这真是一次大灾难。”[③]顾、李两解都说的通，但都缺乏足够的证据。

【史鉴】

李克用遭难上源驿

唐广明元年（880 年）十二月，黄巢率军占长安。中和三年（883 年）四月，李克用攻入长安。李得官同中书门下平章事、陇西郡公，“时年二十八，于诸将最少，而破黄巢，复长安，功第一，兵势最强，诸将皆畏之”[④]。中和四年（884 年）五月，李克用追黄巢军至山东，粮尽退兵。李途经汴州（治所在今河南开封西北）时，宣武节度使朱全忠在城内上源驿宴请李克用。“甲戌，李克用至汴州，营于城外，朱全忠固请入城，馆于上源驿。全忠就置酒、声乐，馔具皆精丰，礼貌甚恭。克用乘酒使气，语颇侵之，全忠不平……发兵围驿而攻之，呼声动地。……克用登尉氏门，缒城得出，监军陈景思等三百余人，皆为汴人所杀。”[⑤]从此李克用和朱全忠征战不断。李克用在人家家门口，口不择言，使气骂座，宜乎其遭难。朱全忠岂是省油的灯，李克用捡得一条命已是不幸中的大幸了。

五十七、巽卦

【解题】

巽卦，初、四两阴爻皆处于二阳爻之下，有巽顺之象。来知德谓：“巽，入

① 金景芳、吕绍刚：《周易全解》，第 400 页。

② 顾颉刚：《周易卦爻辞中的故事》，《燕京学报》1929 年第 6 期，第 973 页。

③ 李镜池：《周易通义》，第 113 页。

④ 司马光：《资治通鉴·唐纪》，第 9107 页。

⑤ 司马光：《资治通鉴·唐纪》，第 9120 页。

也,二阴伏于四阳之下,能巽顺乎阳,故名为巽。"[①]李士鉁谓:"一阴入于二阳之下,阳能容之,卑伏于内,故巽。阴入阳内,顺以承阳,故亦训顺。坤为顺,巽亦顺者,以六子言之,巽一索而得女。巽为长女,得坤初体。长女肖母也。于象为风,阳极生风,无所不入,巽之象也。亦为木。木性条达,风之类也。"[②]

【巽卦经传】

巽,小亨。(王注:全以巽为德,是以"小亨"也。上下皆巽,不违其令,命乃行也。故申命行事之时,上下不可以不巽也。)利有攸往。(王注:巽悌以行,物无距也。)利见大人。(王注:大人用之,道愈隆。)

彖曰:重巽以申命。(王注:命乃行也。未有不巽而命行也。)刚巽乎中正而志行。(王注:以刚而能用巽,处乎中正,物所与也。)柔皆顺乎刚,(王注:明无违逆,故得小亨。)是以"小亨,利有攸往,利见大人"。

象曰:随风,巽。君子以申命行事。

初六,进退,利武人之贞。(王注:处令之初,未能服令者也,故"进退"也。成命齐邪,莫善武人,故"利武人之贞"以整之。)

象曰:"进退",志疑也。(王注:巽顺之志,进退疑惧。)"利武人之贞",志治也。

九二,巽在床下,用史巫纷若,吉,无咎。(王注:处《巽》之中,既在下位,而复以阳居阴,卑巽之甚,故曰"巽在床下"也。卑甚失正,则入于咎过矣。能以居中而施至卑于神祇,而不用之于威势,则乃至于纷若之吉,而亡其过矣。故曰"用史巫纷若,吉,无咎"也。)

象曰:纷若之吉,得中也。

九三,频巽,吝。(王注:频,频蹙,不乐而穷,不得已之谓也。以其刚正而为四所乘,志穷而巽,是以"吝"也。)

象曰:"频巽"之"吝",志穷也。

六四,悔亡,田获三品。(王注:乘刚,悔也。然得位承五,卑得所奉,虽以柔御刚,而依尊履正,以斯行命,必能获强暴,远不仁者也。获而有益,莫善三品,故曰"悔亡,田获三品"。一曰干豆,二曰宾客,三曰充君之庖。)

象曰:"田获三品",有功也。

九五,贞吉,悔亡,无不利。无初有终。先庚三日,后庚三日,吉。(王注:以阳居阳,损于谦巽,然秉乎中正以宣其令,物莫之违,故曰"贞吉,悔亡,无不利"也。化不以渐,卒以刚直用加于物,故初皆不说也。终于中正,邪道以消,故"有终"也。申命令谓之庚。夫以正齐物,不可卒也。民迷固久,直

---

① 来知德撰,张万彬点校:《周易集注》,第556页。

② 李士鉁:《周易注》卷下,第88页。

不可肆也。故先申三日，令著之后，复申三日，然后诛而无咎怨矣。“甲”、“庚”，皆申命之谓也。）

象曰：九五之吉，位正中也。

上九，巽在床下，丧其资斧，贞凶。（王注：处《巽》之极，极巽过甚，故曰“巽在床下”也。斧，所以断者也。过巽失正，丧所以断，故曰“丧其资斧，贞凶”也。）

象曰：“巽在床下”，上穷也。“丧其资斧”，正乎凶也。

【谋略第七十二】

谋事之初，要勇于果断刚决，因循拖延，必至误事。

巽卦初六爻辞曰：“初六，进退，利武人之贞。”初六，处下犹疑，进退不决，利于以武人之果断刚决行事。俞琰谓：“《巽》，‘申命行事’之卦也。令出则务在必行，岂宜或进或退。初六卑巽而不中，柔懦而不武，故或进或退而不能自决也。若以武人处之，则‘贞固足以干事’矣，故曰‘利武人之贞’。”[①]震巽相反复，巽错震，震为武人。陈梦雷谓：“（初六）以柔居刚，为巽之主。若临事以武人之贞处之，则有以济其不及而得利矣。此与履六三皆以阴居阳，变纯乾，有武人之象。……巽不果，初又居下之下，故以武人勉之。”[②]李士鉁谓：“巽为进退。风之初起，盘伏不定。事之初谋，审慎不决，故进退。然巽究为躁卦，互兑又为决，故利武人之贞。武者勇决之义。当巽之初，申命行事，当果敢勇决，断以正道，不可以因循失之，所谓能谋必资于能断也。”[③]巽究为震，震为躁动。朱高正谓：“巽乃申命行事之卦，贵在令出必行，初六承九二刚爻之助，若能辅以武人之正固刚决，则为有利。”[④]张承绪谓：“巽懦废事，震起有功，故初不利于退而利于进也。曰利武人之贞，精神奋发，足以有为矣。”[⑤]

孙子曰：“兵之情主速，乘人之不及，由不虞之道，攻其所不戒也。”[⑥]犹豫不决，做事拖延，敌已有备，必失良机。

---

① 李光地编纂，刘大钧整理：《周易折中》，第220页。

② 陈梦雷：《周易浅述》，第203页。

③ 李士鉁：《周易注》卷下，第88页。

④ 朱高正：《周易六十四卦通解》，第198页。

⑤ 张承绪：《周易象理证》，第154页。

⑥ 吴九龙主编：《孙子校释》，第196页。

【史鉴】

孟达拖延误大事

诸葛亮策反原为蜀国将领的魏新城太守孟达,促其起事。孟达回书诸葛亮:"宛去洛八百里,去此千二百里,闻吾举事,当表上天子,比相反覆,一月间也,则吾城已固,诸军足办。吾所在深险,司马公必不自来;诸将来,吾无患矣。"①(《华阳国志·汉中志》)孟达麻痹大意,因循拖延,不意司马懿八日之内即率军从宛赶至新城,孟达措手不及,被司马懿斩杀。

五十八、兑卦

【解题】

《序卦传》云:"兑者说也。"兑就是说,说,音义同悦。刘沅曰:"卦体二五以刚居中,有中心诚实之象;三上以柔居外,有接物和柔之象。内中正外和说,天理顺即人心安,是以顺天而应人也。"②李镜池认为兑卦是讲邦交问题:"《周易》作者对邦交问题,主张和平共处,反对侵略。《比》卦、《观》卦都谈到这个问题。而本卦谈得更全面。首先提出和平共悦的宗旨;中间指出侵略者、威慑者、和谈破坏者总是没有好下场的;最后说明要用引导的方法实现和平共处。"③李说别出心裁。

【兑卦经传】

兑,亨,利贞。

彖曰:兑,说也。刚中而柔外,说以利贞,(王注:说而违刚则谄,刚而违说则暴,"刚中而柔外",所以"说以利贞也"。刚中,故利贞;柔外,故说亨。)是以顺乎天,而应乎人。(王注:天,刚而不失说者也。)说以先民,民忘其劳;说以犯难,民忘其死;说之大,民劝矣哉!

象曰:丽泽,兑。君子以朋友讲习。(王注:丽,犹连也。施说之盛,莫盛于此。)

初九,和兑,吉。(王注:居兑之初,应不在一,无所党系,"和兑"之谓也。说不在谄,履斯而行,未见有疑之者,吉其宜矣。)

象曰:"和兑"之吉,行未疑也。

九二,孚兑,吉,悔亡。(王注:说不失中,有孚者也。失位而说,孚吉乃

---

① 诸葛亮著,段熙仲、闻旭初编校:《诸葛亮集》,中华书局2012年版,第118页。
② 马振彪遗著,张善文整理:《周易学说》,第561页。
③ 李镜池:《周易通义》,第116页。

悔亡也。)(按:姜国柱谓:"以侵略俘获对方为高兴、吉利之事,即使战争暂时取得了胜利,抓到了俘虏,但最终也会失败、倒霉的。"[①])

象曰:"孚兑"之吉,信志也。(王注:其志信也。)

六三,来兑,凶。(王注:以阴柔之质,履非其位,来求说者也。非正而求说,邪佞者也。)

象曰:"来兑"之凶,位不当也。

九四,商兑未宁,介疾有喜。(王注:商,商量裁制之谓也。介,隔也。三为佞说,将近至尊,故四以刚德裁而隔之,匡内制外,是以"未宁"也。处于几近,闲邪"介疾",宜其"有喜"也。)(按:姜国柱认为此卦讲外交:"商谈建立邦交,求得彼此和悦安宁,但是没有达成协定,没有好的结果。但是不要紧,只要双方有耐心,就会有结果的,比喻疥癣之病都能治好,国与国之间的小摩擦,是容易化解的,协商一定会成功的。"[②])

象曰:九四之喜,有庆也。

九五,孚于剥,有厉。(王注:比于上六,而与相得,处尊正之位,不说信乎阳,而说信乎阴,"孚于剥"之义也。剥之为义,小人道长之谓。)

象曰:"孚于剥",位正当也。(王注:以正当之位,信于小人而疏君子,故曰"位正当"也。)

上六,引兑。(王注:以夫阴质,最处说后,静退者也。故必见引,然后乃说也。)

象曰:"上六引兑",未光也。

【谋略第七十三】

让士兵为着自身的利益去作战,必舍生赴死而无憾。

兑卦彖辞曰:"说以先民,民忘其劳;说以犯难,民忘其死。"想人民之所想,让民得其惠,民出大力而心甘情愿。以捍卫人民利益的口号推动人民挺身赴难,人民不惜其死。杨万里谓:"民知圣人劳我以佚我,死我以生我也,是以说而自劝。"[③]死民而使民乐于就死,首先必先获民之心。如何获民之心,使民得其惠则乐于赴大难,其间有巧技在焉。马振彪谓:"此即孟子言以佚道使民虽劳不怨,以生道杀民虽死不怨杀者之义。……劳与死皆非人心所能忘,而以说道使民,则可得民情之劝勉,人人忘其一身之老与死,由上能

① 姜国柱:《〈周易〉与兵法》,第36页。

② 姜国柱:《〈周易〉与兵法》,第36页。

③ 马振彪遗著,张善文整理:《周易学说》,第562页。

顺天应人而为之。"[①]金景芳谓:"虽然圣明的统治者绝不为了取说于民而行说之道,但是只要他在行说之道的时候,能够顺乎天而应乎人,那么,他必然会'说以先民',平时就注意使人民饱食,暖衣,养生送死无憾;必然会'说以犯难',遇到危难例如战争的时候,依人民说不说,赞成不赞成为根据,决定仗打与不打。……能够使民说在先,需要人民出力时,民就忘其劳;需要人民打仗的时候,民就忘其死。"[②]欲得天下先得民,得民心者得天下。

孙子曰:"道者,令民于上同意也。故可与之死,可与之生,而不诡也。"[③]君主恩民惠民,则民甘于赴死而不辞。

【史鉴】

翻身农民上战场

中国共产党土地改革的成功成为中共革命胜利的基石。关于土改政策的制定,"毛泽东表态称:七大写的是减租减息,寻找适当方法实现耕者有其田。……现在有了这种可能,使我们从观念形态上解决问题,进而使一万万人得到利益。这样我们就可以进行严重的斗争,而不至于失去群众的支持。国民党比我们有许多长处,但有一大弱点,即不能解决土地问题,民不聊生,这一方面正是我们的长处"[④]。中共的这一长处可以抵得国民党的所有长处。正是土改使整个农村、整个农民阶级成为中共的坚强后盾,有了无穷无尽的兵源、财源、道义的力量,国民政府军队越打越少,红军越打越多,终于取得全国性的胜利。

五十九、涣卦

【解题】

涣卦坎下巽上,风行水上之象,风吹水使水流散。虞翻曰:"否四之二成坎巽,天地交,故亨也。"[⑤]否卦之九四来内成涣卦之九二,否卦之坤下成涣卦之坎下。否卦之六二去外成涣卦之六四,否卦之乾上成涣卦之巽上,天地否成风水涣。李士钤谓:"风行而不居,水流而不停,万物得风而宣其郁,得水而除其秽,皆有涣意。……阴阳交通,故亨。身有痞结则血气不通,心有锢蔽

---

① 马振彪遗著,张善文整理:《周易学说》,第562页。

② 金景芳、吕绍刚:《周易全解》,第410页。

③ 吴九龙主编:《孙子校释》,第5页。

④ 杨奎松:《中央土改政策变动的历史考察(1946～1948)》,《东方学报》京都第81册,第248页。

⑤ 曹元弼:《周易集解补释》卷十二,第1页。

则意见不通，家自为学、国自为政则教化不通，故涣乃亨也。”[①]因涣散而得通畅。方宗诚谓：“凡人心之涣，大抵由于我有私己之心。我有私党，我独居积，我有私应，则人心不服而涣散。故必涣其躬、涣其群、涣王居、涣其血方能济涣也。”[②]人心涣散之时，克己去私，严谨奉公，必能使人心复聚。

【涣卦经传】

涣，亨。王假有庙，利涉大川，利贞。

彖曰：涣，亨。刚来而不穷，柔得位乎外而上同。（王注：二以刚来居内，而不穷于险；四以柔得位乎外，而与上同。内刚而无险困之难，外顺而无违逆之乖，是以“亨，利涉大川，利贞”也。凡刚得畅而无忌回之累，柔履正而同志乎刚，则皆“亨”，“利涉大川，利贞”也。）“王假有庙”，王乃在中也。（王注：王乃在乎涣然之中，故至有庙也。）“利涉大川”，乘木有功也。（王注：乘木，即涉难也。木者，专所以涉川也。涉难而常用涣道，必有功也。）

象曰：风行水上，涣。先王以享于帝，立庙。初六，用拯马壮，吉。（王注：涣，散也。处散之初，乖散未甚，故可以游行，得其志而违于难也。不在危剧而后乃逃窜，故曰“用拯马壮，吉”。）

象曰：初六之吉，顺也。（王注：观难而行，不与险争，故曰“顺也”。）

九二，涣奔其机，悔亡。（王注：机，承物者也，谓初也。二俱无应，与初相得，而初得散道，离散而奔，得其所安，故“悔亡”也。）

象曰：“涣奔其机”，得愿也。

六三：涣其躬，无悔。（王注：《涣》之为义，内险而外安者也。散躬志外，不固所守，与刚合志，故得“无悔”也。）

象曰：“涣其躬”，志在外也。

六四，涣其群，元吉。涣有丘，匪夷所思。（王注：踰乎险难，得位体巽，与五合志，内掌机密，外宣化命者也，故能散群之险，以光其道。然处于卑顺，不可自专，而为散之任，犹有丘虚匪夷之虑，虽得“元吉”，所思不可忘也。）

象曰：“涣其群，元吉”，光大也。

九五，涣汗其大号，涣王居，无咎。（王注：处尊履正，居巽之中，散汗大号，以荡险阨者也。为《涣》之主，唯王居之，乃得“无咎”也。）

象曰：“王居无咎”，正位也。（王注：正位不可以假人。）

---

① 马振彪遗著，张善文整理：《周易学说》，第569页。

② 方宗诚：《柏堂遗书》卷二《读易笔记》，桐城方氏志学堂家藏版光绪六年（1880年）刻本，第11页。

上九:涣其血,去逖出,无咎。(王注:逖,远也。最远于害,不近侵克,散其忧伤,远出者也。散患于远害之地,谁将咎之哉?)

象曰:"涣其血",远害也。

【谋略第七十四】

居关键岗位,严用人唯亲之防线,克己奉公,荐举贤人,事必大济。

涣卦六四爻辞曰:"六四,涣其群,元吉。涣有丘,匪夷所思。"六四,离散其群,大吉。不用私人,集聚贤人如堆丘山,是平常人所不可想象的。余芑舒曰:"下卦本坤,三阴成群,二来居四,是散其群也。昔为否,今散,亦元吉之义。"[①]下卦之坎从否卦之坤来。陈梦雷谓:"居阴得正,上承九五,当济涣之任者。下无应与,有能散其朋党之象。高则为丘,平等为夷,互艮为山丘。小群既散,大群自合,众正盈朝若丘山。然初、三二阴皆与四等夷者,思虑不能及此。故有'涣有丘,匪夷所思'之象。六爻唯此最善而吉。盖初、二、三、上皆不得正。唯九五以刚阳得正,为济涣之主。四则以阴柔得正,为辅君以济涣之臣也。"[②]初六与六四敌应,不成朋党,而会聚众贤。三、四、五爻互艮。六四承九五,君臣相济。张承绪谓:"植私每足以乱国。四得位承五,下无私交。群既涣,萃贤如丘,与图国是,政法日明,较之思多偏邪,而以朋比害政者远矣。"[③]六四能散其私党,聚拢众贤,精忠谋国,终获大吉。

【史鉴】

韩琦任人唯贤

张承绪谓:"韩琦相宋,不私荐一人,唯与范欧诸贤和衷共济,不动声色,措国以安。"[④]韩琦以三朝定策顾命元勋著称于世,其所推许称引者皆一时之贤俊。南宋蔡勘谓:"自古人君未尝借材于异代,所用者不过当世之人,在人君作而成之。祖宗盛时,韩、范、文、富、余、尹、欧、蔡比肩于朝,故能成四十二年太平之治,固万世不拔之基。"[⑤]范、文、富、余、尹、欧、蔡,指仁宗、英宗时的大臣范仲淹、文彦博、富弼、余靖、尹洙、欧阳修、蔡襄,七人皆与韩琦共事。韩琦曾筹划当今所宜行者七事:"一曰清政本……二曰念边事……三曰擢贤

① 马振彪遗著,张善文整理:《周易学说》,第574页。

② 陈梦雷:《周易浅述》,第209页。

③ 张承绪:《周易象理证》,第158页。

④ 张承绪:《周易象理证》,第158页。

⑤ 丁守和等主编:《中国历代奏议大典》,哈尔滨出版社1994年版,第593页。

才。自承平以来,用人以叙迁之法,故遗才甚多。近中书、枢密院求一武臣代郭承祐,聚议累日不能得。谓宜仿祖宗旧例,于文武臣中不次超擢,以试其能……"[①]反对选才论年资、品级,强调要不拘一格用人。真是一贤人进,则一群贤人联翩而进。国无遗贤,国事必济矣。

六十、节卦

【解题】

节卦兑下坎上,水居泽上,所纳有限,节之象。朱熹谓:"节,有限而止也。为卦下兑上坎,泽上有水,其容有限,故为节。……然至于太甚则苦矣,故又戒以不可守以为贞也。"[②]苦节不必人人所守。尚秉和谓:"节,信也。古剖竹子为符,故说文云:节,竹约也。"[③]古代使者持节表信。陈梦雷谓:"今卦以节为名。在学为不陵节,在礼为节文,在财为樽节,在物为符节,在臣为名节,在君师为节制。随其事皆可为占。全彖节有可亨之道而贵于中正。六爻在他卦中可兼正,在此卦则虽中而不正亦凶。盖不正不可为节,但恐其过中而至于苦耳。"[④]节必以正。陈梦雷《周易浅述·恒卦》谓:"盖正者或未必中,中者可以兼正也。"[⑤]在它卦,居中可得正。在节卦,必得位方得正。

【节卦经传】

节,亨,苦节不可贞。

彖曰:"节,亨",刚柔分而刚得中。(王注:坎阳而兑阴也。阳上而阴下,刚柔分也。刚柔分而不乱,刚得中而为制主,《节》之义也。节之大者,莫若刚柔分,男女别也。)"苦节不可贞",其道穷也。(王注:为节过苦,则物所不能堪也。物不能堪,则不可复正也。)说以行险,当位以节,中正以通。(王注:然后及亨也。无说而行险,过中而为节,则道穷也。)天地节而四时成,节以制度,不伤财,不害民。

象曰:泽上有水,节。君子以制数度,议德行。

初九,不出户庭,无咎。(王注:为《节》之初,将整离散而立制度者也。故明于通塞,虑于险伪,"不出户庭",慎密不失,然后事济而"无咎"也。)

象曰:"不出户庭",知通塞也。

---

① 韩琦:《上仁宗论备御七事》,赵汝愚编:《宋朝诸臣奏议》,上海古籍出版社1999年版,第1494页。

② 朱熹撰,苏勇校注:《周易本义》,第81页。

③ 尚秉和:《周易尚氏学》,第264页。

④ 陈梦雷:《周易浅述》,第212页。

⑤ 陈梦雷:《周易浅述》,第126页。

九二,不出门庭,凶。(王注:初已造之,至二宜宣其制矣,而故匿之,失时之极,则遂废矣。故"不出门庭",则凶也。)

象曰:"不出门庭,凶",失时极也。

六三,不节若,则嗟若,无咎。(王注:若,辞也。以阴处阳,以柔乘刚,违《节》之道,以至哀嗟。自已所致,无所怨咎,故曰"无咎"也。)

象曰:"不节"之嗟,又谁咎也。

六四,安节,亨。(王注:得位而顺,不改其节而能亨者也。承上以斯,得其道也。)

象曰:"安节"之亨,承上道也。

九五,甘节,吉,往有尚。(王注:当位居中,为《节》之主,不失其中,不伤财,不害民之谓也。为节之不苦,非甘而何?术斯以往,"往有尚"也。)

象曰:"甘节"之吉,居位中也。

上六,苦节,贞凶,悔亡。(王注:过节之中,以至亢极,苦节者也。以斯施人,物所不堪,正之凶也。以斯修身,行在无妄,故得悔亡。)

象曰:"苦节,贞凶",其道穷也。

【谋略第七十五】

爱惜民力,惜民之财,藏富于民,民必为国用,虽出死力亦不辞。

节卦彖辞曰:"天地节而四时成,节以制度,不伤财,不害民。"天地刚柔相节制而成春夏秋冬,国家要制定适当合理的制度,做到不劳民、不伤财,与民休养生息。丁晏谓:"伤财未有不害民者,圣人于节传发之。惧其朘削剥民,烦苛害政,节而制之,斯害可渐除,而民有生望矣。"[①]马振彪谓:"国用不当其时而不知节用,势不能不伤民财,伤民财即莫不害民命。民以食为天,以财为命,因有所伤而受其害,是不节之弊乃所以残贼吾民也。故孔子言道(治)国者必以节用而爱人也。欲使府藏不空、力役不繁,非从节用上着手不可。"[②]强本必节用,此与墨家之道相通矣。

孙子曰:"凡用兵之法,驰车千驷,革车千乘,带甲十万,千里馈粮,则内外之费,宾客之用,胶漆之材,车甲之奉,日费千金,然后十万之师举矣。"[③]打仗之物质耗费是惊人的。现代战争之耗费,更是几万倍于古代战争。为治事者进一言,爱惜民力、民命,慎起战端。

---

① 马振彪遗著,张善文整理:《周易学说》,第580页。

② 马振彪遗著,张善文整理:《周易学说》,第586页。

③ 吴九龙主编:《孙子校释》,第20页。

【史鉴】

唐太宗爱惜民力

丁晏谓:"唐太宗曰,君依于国,国依于民,刻民以奉君,犹割肉以充腹,腹饱而身毙,君富而国亡矣。斯言痛切,千古之龟鉴也。"[①]唐太宗之认识确有千古之高度,其能成为一代贤君亦赖有一批贤臣辅佐。《唐书·张玄素传》:"贞观四年,诏发卒治洛阳宫殿,玄素乃上疏曰:'今东都未有幸期,前事土木,科调频仍,失疲人望。一不可也。陛下向平东都,会观广殿,皆撤毁之。天下翕然,一口称颂。岂有初事奢侈,后好雕丽。二不可也。今者民力,未及隋日,而役残创之人,臣恐阶下之过,甚于炀帝。'时魏徵名梗挺,闻玄素此言叹口:'张公论事,有回天之力,可谓仁人之勇。"[②]可见太宗本心亦好奢,赖有群臣正之耳。有贤臣无贤君不可,有贤君无贤臣亦不可,贞观明君贤相为千古封建增色矣。唐玄宗前期,韩休任相,刚正敢言。"上或宫中宴乐及后苑游猎,小有过差,辄谓左右曰:'韩休知否?'言终,谏疏已至。上尝临镜默默不乐,左右曰:'韩休为相,陛下殊瘦于旧,何不逐之!'上叹曰:'吾貌虽瘦,天下必肥。萧嵩奏事常顺指,既退,吾寝不安。韩休常力争,既退,吾寝乃安。吾用韩休,为社稷耳,非为身也。'"[③]好个李隆基,这样下去,未始不是李世民第二呀!谁曾想杨国忠、李林甫专权当政,李隆基投身温柔乡里,胡天胡地,乌烟瘴气,落了个千古话柄。

六十一、中孚卦

【解题】

中孚卦兑下巽上,风行泽上之象。陈梦雷谓:"中孚卦,下兑上巽。风行泽上,感于水中,中孚之象。以卦画言之,内外皆实而中虚,中孚之义。二五皆阳为中实,亦中孚之义。盖中虚者,信之本。中实者,信之质。卦所以称中孚也。"[④]九二、九五皆为中实。朱熹谓:"孚,信也。为卦二阴在内,四阳在外,而二五之阳皆得其中。以一卦言之为中虚,以二体言之为中实,皆孚信之象也。又下说以应上,上巽以顺下,亦为孚义。"[⑤]

---

① 马振彪遗著,张善文整理:《周易学说》,第580页。
② 陈登原:《国史旧闻》第2册,辽宁教育出版社2000年版,第6页。
③ 司马光:《资治通鉴·唐纪》,第7483页。
④ 陈梦雷:《周易浅述》,第213页。
⑤ 朱熹撰,苏勇校注:《周易本义》,第82页。

【中孚卦经传】

中孚,豚鱼吉。利涉大川,利贞。

彖曰:中孚,柔在内而刚得中。说而巽,孚,(王注:有上四德,然后乃孚。)乃化邦也。(王注:信立而后邦乃化也。柔在内而刚得中,各当其所也。刚得中则直而正,柔在内则静而顺。说而以巽,则乖争不作。如此,则物无巧竞,敦实之行著,而笃信发乎其中矣。)"豚鱼吉",信及豚鱼也。(王注:鱼者,虫之隐者也。豚者,兽之微贱者也。争竞之道不兴,中信之德淳著,则虽微隐之物,信皆及之。)"利涉大川",乘木舟虚也。(王注:乘木于用舟之虚,则终已无溺也。用中孚以涉难,若乘木舟虚也。)中孚以利贞,乃应乎天也。(王注:盛之至也。)

象曰:泽上有风,中孚。君子以议狱缓死。(王注:信发于中,虽过可亮。)

初九,虞吉,有他不燕。(王注:虞,犹专也。为信之始,而应在四,得乎专吉者也。志未能变,系心于一,故"有它不燕"也。)

象曰:"初九,虞吉",志未变也。

九二,鸣鹤在阴,其子和之。我有好爵,吾与尔靡之。(王注:处内而居重阴之下,而履不失中,不徇于外,任其真者也。立诚笃至,虽在暗昧,物亦应焉,故曰"鸣鹤在阴,其子和之"也。不私权利,唯德是与,诚之至也,故曰"我有好爵",与物散之。)

象曰:"其子和之",中心愿也。

六三,得敌,或鼓或罢,或泣或歌。(王注:三居少阴之上,四居长阴之下,对而不相比,敌之谓也。以阴居阳,欲进者也,欲进而阂敌,故"或鼓"也。四履正而承五,非己所克。故"或罢"也。不胜而退,惧见侵陵,故"或泣"也。四履乎顺,不与物校,退而不见害,故"或歌"也。不量其力,进退无恒,惫可知也。)

象曰:"或鼓或罢",位不当也。

六四,月几望,马匹亡,无咎。(王注:居中孚之时,处巽之始,应说之初,居正履顺,以承于五,内毗元首,外宣德化者也。充乎阴德之盛,故曰"月几望"。"马匹亡"者,弃群类也。若夫居盛德之位,而与物校其竞争,则失其所盛矣,故曰绝类而上,履正承尊,不与三争,乃得"无咎"也。)

象曰:"马匹亡",绝类上也。(王注:类,谓三。俱阴爻,故曰类也。)

九五,有孚挛如,无咎。(王注:"挛如"者,系其信之辞也。处中诚以相交之时,居尊位以为群物之主,信何可舍?故"有孚挛如",乃得"无咎"也。)(按:尚秉和谓:"五下乘重阴,得敌,故曰有孚。言孚于二阴也。挛,系也,恋也。……言系挛三四也。”[①]姜国柱释作:“把俘虏捆绑得紧紧的,准备作人牲之用。”[②])

象曰:“有孚挛如”,位正当也。

上九,翰音登于天,贞凶。(王注:翰,高飞也。飞音者,音飞而实不从之谓也。居卦之上,处信之终,信终则衰,忠笃内丧,华美外扬,故曰“翰音登于天”也。翰音登天,正亦灭矣。)

象曰:“翰音登于天”,何可长也。

【谋略第七十六】

平时孚信不足,人心离散,大敌当前,就会惊慌失措,喜怒不定,怎能谈得上胜敌图功。

中孚卦六三爻辞曰:“六三,得敌,或鼓或罢,或泣或歌。”六三,大敌当前,缺乏信力、定力,或击鼓而进或疲惫退却,进退失宜,或哭或唱,悲喜无常。尚秉和云:“子夏传:三与四为敌,故曰得敌。荀爽曰:三四俱阴,故称敌也。……盖三不当位而遇敌,故不常如此也。”[③]六三居位不中不正,孚信之德不足,做事游移不定。刘牧曰:“人惟信不足,故言行之间,变动不常如此。”[④]李士钫谓:“三不中,故或之;或者,游移不决,故有歌泣无常之象。”[⑤]金景芳谓:“六四以阴居阴得正,位近于君,上从九五,下不系于初,而六三则阴柔不中不正,而且与上九正应;中孚诸爻以无应无系为好,处在中孚的时候,却没有中孚的特点,故曰‘得敌’。”[⑥]六三居位不正,孚信不足,遂乏定力,大敌当前,举措失宜。

孙子曰:“大吏怒而不服,遇敌怼而自战,将不知其能,曰崩。”[⑦]将领平时孚信不足,待下无恩,遇战则不能指挥如意,失败是必然的。

【史鉴】

唐生智仓促拒敌

南京保卫战之仓促史有明载。“作为南京保卫战的指挥者唐生智,临危

① 尚秉和:《周易尚氏学》,第 271 页。

② 姜国柱:《〈周易〉与兵法》,第 33 页。

③ 尚秉和:《周易尚氏学》,第 270 页。

④ 马振彪遗著,张善文整理:《周易学说》,第 592 页。

⑤ 马振彪遗著,张善文整理:《周易学说》,第 592 页。

⑥ 金景芳、吕绍刚:《周易全解》,第 427 页。

⑦ 吴九龙主编:《孙子校释》,第 176 页。

受命,仓促备战,围城拒降,失援应变,率部突围,按令撤退,表现了他对帝国主义威武不屈的民族精神。指挥作战,功大于过,不失为一位爱国将领。"[①]唐生智爱国固然无疑,其备战之仓猝也是无可讳言的。"(1937年)11月23日蒋介石召开第三次幕僚会议情况……据唐讲,在确定南京防守方案后,蒋介石问在座谁愿负起防守南京的责任,确实无人回答,唐见此情景,提出推荐桂永清、刘湘担任。蒋摇头讲,桂、刘资历太浅,还是由他自己守,唐才提出:'你守不如我守。'"[②]唐氏之担当值得肯定,多年无兵无权之唐生智是否能够指挥得力却也让人生疑。"而当时的唐生智,是大病初愈,危难受命,仓促备战,面对原设计的三道国防工事已失守,立即扶病部署、指挥、巡视防御阵地。白崇禧有一段感慨和记述,可供参证:'唐生智自告奋勇担任南京防守之重责,委员长令我协助唐侦察南京城内外之地形势。时值冬令,白雪飘飞……两天视察,我发现唐之身体衰弱不堪,身着重裘至平地犹可下车看看,爬高山,便托我代为侦察,寒风白雪之中,他虚弱之身体,不禁为南京之防守担心,为他自己担心。'"[③]12月12日南京陷落,唐生智深夜乘一小船退至江北。王晏清记载:"十四日我到了滁县,罗卓英也到了。我随他到醉翁亭开会。不久唐生智也来了。大家刚一坐下来,唐生智就叹了一口气说:'我打了一辈子仗,从来没有打过这样糟的仗。'又说:'我对不起国人,也对不起自己。'他叫把运输司令周鳌山找来,唐一见周就把桌子一拍,桌上的茶杯都跳起来了,他大声喝道:'你干什么的! 你把我的几千伤兵都丢在江那边被日本人杀了!'周鳌山吓得不敢讲话,支支吾吾地说:'我有什么办法呢? 情况变得太快了,我有什么办法?'唐生智又喝道:'枪毙你!'周鳌山呆若木鸡,后来低着头走了。"[④]唐氏任城防司令只有十几天的时间,敌情、我情、环境、地利又能掌握多少呢? 他又怎能稳住慌乱之人心? 政府备战之仓猝、慌乱、阵脚不稳无处不预示着未战已败的先兆。

六十二、小过卦

【解题】

小过卦艮下震上,雷震于山,其声小过。陈梦雷谓:"小过,下艮上震。山上有雷,其声小过。为卦四阴二阳,阴多于阳。又阴居尊位,阳失位而不

---

① 湖南省政协文史办公室编:《湖南文史通讯》1989年第3辑,第31页。

② 湖南省政协文史办公室编:《湖南文史通讯》1989年第3辑,第29页。

③ 湖南省政协文史办公室编:《湖南文史通讯》1989年第3辑,第29页。

④ 张宪文主编,马振犊等编:《南京大屠杀史料集南京保卫战》,江苏人民出版社2005年版,第332页。

中。小者过其常也，故为小过。……全象以阴小过于阳亦可以亨，但利于守正，宜于小事而不宜于大事。"[①]与中孚卦相错，四阴二阳为小过，四阳二阴为大过。李士鉁谓："小过外有四阴，二五之阴，据有中位，而不相遇，以阴为主，故小过。二五柔小，阴小阳大，阴得中，故可小事；三四刚大失中，阳失位不中，故不可大事。"[②]郭雍谓："凡刚非二五，皆非得位。小过之义，可过于下，不可过于上；可过于柔，不可过于刚。"[③]小过之时宜持静谨慎，不可妄动。

【小过卦经传】

小过，亨，利贞。可小事，不可大事。飞鸟遗之音，不宜上，宜下，大吉。（王注：飞鸟遗其音，声哀以求处，上愈无所适，下则得安。愈上则愈穷，莫若飞鸟也。）

彖曰：小过，小者过而亨也。（王注：小者，谓凡诸小事也。过于小事而通者也。）过以"利贞"，与时行也。（王注：过而得以"利贞"，应时宜也。施过于恭俭，利贞者也。）柔得中，是以"小事"吉也。刚失位而不中，是以"不可大事"也。（王注：成大事者，必在刚也。柔而浸大，《剥》之道也。）有飞鸟之象焉。（王注：不宜上，宜下，即飞鸟之象。）"飞鸟遗之音，不宜上，宜下，大吉"，上逆而下顺也。（王注：上则乘刚，逆也；下则承阳，顺也。施过于不顺，凶莫大焉；施过于顺，过更变而为吉也。）

象曰：山上有雷，小过。君子以行过乎恭，丧过乎哀，用过乎俭。

初六，飞鸟以凶。（王注：《小过》，上逆下顺，而应在上卦。进而之逆，无所错足，飞鸟之凶也。）

象曰："飞鸟以凶"，不可如何也。

六二，过其祖，遇其妣；不及其君，遇其臣。无咎。（王注：过而得之谓之遇。在小过而当位，过而得之之谓也。"祖"，始也，谓初也。"妣"者，居内履中而正者也。过初而履二位，故曰"过其祖"而"遇其妣"。过而不至于僭，尽于臣位而已，故曰"不及其君，遇其臣，无咎"。）

象曰："不及其君"，臣不可过也。

九三，弗过防之，从或戕之，凶。（王注：《小过》之世，大者不立，故令小者得过也。居下体之上，以阳当位，而不能先过防之，至令小者或过而复应而从焉。其从之也，则戕之，凶至矣。故曰"弗过防之，从或戕之，凶"也。）

象曰："从或戕之"，凶如何也。

---

① 陈梦雷：《周易浅述》，第215页。

② 马振彪遗著，张善文整理：《周易学说》，第596页。

③ 马振彪遗著，张善文整理：《周易学说》，第596页。

九四,无咎,弗过遇之。往厉必戒,勿用永贞。(王注:虽体阳爻而不居其位,不为责主,故得“无咎”也。失位在下,不能过者也。以其不能过,故得合于免咎之宜,故曰“弗过遇之”。夫宴安酖毒,不可怀也。处于小过不宁之时,而以阳居阴,不能有所为者也。以此自守,免咎可也;以斯攸往,危之道也。不交于物,物亦弗与,无援之助,故危则必戒而已,无所告救也。沉没怯弱,自守而已,以斯而处于群小之中,未足任者也,故曰“勿用永贞”,言不足用之于“永贞”。)

象曰:“弗过遇之”,位不当也。“往厉必戒”,终不可长也。

六五,密云不雨,自我西郊。公弋取彼在穴。(王注:小过,小者过于大也。六得五位,阴之盛也,故“密云不雨”,至于西郊也。夫雨者,阴在于上,而阳薄之而不得通,则烝而为雨。今艮止于下而不交焉,故“不雨”也。是故《小畜》“尚往”而亨,则不雨也。《小过》阳不上交,亦不雨也。虽阴盛于上,未能行其施也。公者,臣之极也,五极阴盛,故称公也。弋,射也。在穴者,隐伏之物也。《小过》者,过小而难未大作,犹在隐伏者也。以阴质治小过,能获小过者也,故曰“公弋取彼在穴”也。除过之道,不在取之,是乃密云未能雨也。)

象曰:“密云不雨”,已上也。(王注:阳已上,故止也。)

上六,弗遇过之。飞鸟离之,凶,是谓灾眚。(王注:小人之过,遂至上极;过而不知限,至于亢也。过至于亢,将何所遇?飞而不已,将何所托?灾自己致,复何言哉!)

象曰:“弗遇过之”,已亢也。

【谋略第七十七】

当环境复杂莫测之时,不严加防备,或有不测之事发生,慎之慎之。

小过卦九三爻辞曰:“九三,弗过防之,从或戕之,凶。”九三,没有严行防备,或将受人加害,凶多吉少。程颐谓:“三于阴过之时,以阳居刚,过于刚也。既戒之过防,则过刚亦在所戒也。防小人之道,正己为先。三不失正,故无必凶之义,能过防则免矣。”[①]九三因过刚而张扬,必遭他人之忌。朱熹曰:“小过之时,事每当过然后得中。九三以刚居正,众阴所欲害者也;而自恃其刚,不肯过为之备,故其象占如此。”[②]九三不加警惕,必有不利之事。陈梦雷谓:“柔过之时,众阴害阳。三虽得位而弗能过乎阴,则当离之。若不防

---

① 李光地编纂,刘大钧整理:《周易折中》,第238页。

② 马振彪遗著,张善文整理:《周易学说》,第600页。

则随有戕之者至矣，故凶。盖此卦不宜上。三居下卦之上，众阴势方上进故也。”[①]阴方盛，九三恃刚疏于防范，或将祸至。杨增新谓：“小人宜防不宜从，从之未有不遘其戕者。不独忌我为戕，即爱我、用我亦为戕，故所从不可不慎也。”[②]近君子、远小人之谓。曹元弼谓：“三不防四，四折之初，则成明夷卦，故三凶。案明夷离体戈兵，有杀伤象，三当其凶。三四阳为君子，而三防四、四或戕三者，君子各争意见，同类相残，又与小人之甚者，故以为深戒。”[③]九四来内之初，初六往外之四，则成地火明夷卦，明必见伤。

【史鉴】

杨增新遭遇不测

杨增新治疆的手下多旧派人物。“只有军务厅长兼外交署长樊耀南为杨的高级干部中那时认为唯一的‘新人物’，是被杨氏既推重又防备的人……黎元洪派他到新疆，是想遇有机会，替代杨增新的地位，杨氏何等聪明，这个阴谋能瞒过他吗？所以北京政府发表樊耀南为阿克苏道尹时，杨氏虽表示欢迎，可是他到达迪化的时候，杨氏固对之特别优遇，惟托词借重帮忙，就没有让他到阿克苏接任，深恐其在外区易于联络活动，留在迪化担任督署军务厅长兼外交署长，军务厅实权操在杨氏，厅长徒具虚名而已，外交署倒是樊耀南发挥才能的处所。”[④]“杨增新在表面上非常尊重樊耀南，但内心却时刻防备他。杨增新曾在樊耀南背后对他亲信的人讲过：‘我养着一只老虎。’”[⑤]樊耀南不满杨增新的老旧统治，走又走不成，留又不能施展才能，遂于1928年7月17日刺杀杨增新，自己亦被杀身亡。杨增新虽时刻提防，还是被樊耀南找着了机会。

【谋略第七十八】

失意时不能消沉，得志时更不能猖狂。试看猖狂无忌之小人，不败在生前，即败在身后，欲其平安一生、流芳身后难矣。

小过卦上六爻辞曰：“上六，弗遇过之。飞鸟离之，凶，是谓灾眚。”上六，不遇阳刚而超过阳刚，像飞鸟遭受射杀，这就叫凶险祸患。小过卦，“刚伏于

---

① 陈梦雷：《周易浅述》，第217页。

② 马振彪遗著，张善文整理：《周易学说》，第601页。

③ 曹元弼：《周易集解补释》卷十二，第38页。

④ 锋晖编：《广禄回忆录时任民国驻中亚总领事的回忆》，社会科学文献出版社2013年版，，第50页。

⑤ 锋晖编：《广禄回忆录时任民国驻中亚总领事的回忆》，第51页。

柔,可小不可大,亦宜下不宜上之意也"[1]。上六已至上极,阴亢达到极点。"亢龙有悔",阴亢更有凶险祸患。《小过》上六小象曰:"'弗遇过之',已亢也。"上六乘凌九五为亢。王弼注:"小人之过,遂至上极;过而不知限,至于亢也。过至于亢,将何所遇?飞而不已,将何所托?灾自己致,复何言哉!"刘沅谓:"盖阴在上,戒其过盛也。宜下不宜上,君子处小人多之时,固当谦卑;小人当党类盛众之时,又岂可自逞乎?"[2]张承绪谓:"上与三正应,正宜相遇,乃弗遇而过之,趾高气扬,如鸟高举狂舞,不知所戒,已伏离网之机,则欲求安而无危也难矣。"[3]君子落得为君子,小人何苦为小人。小人得志狂舞日,未卜他年丧气时。

【史鉴】

史弥远大奸似忠

南宋权臣史弥远杀害韩侂胄多有内幕,史书却曲笔讳饰:"弥远力陈危迫之势,皇子询闻之,亟具奏,乃罢侂胄并陈自强右丞相。既而台谏、给舍交章论驳,侂胄乃就诛。"[4]钱大昕洞悉其奸:"弥远称奉密旨,在十一月甲戌,翌日,侂胄入朝,已为夏震所诛。其时诏旨尚未宣布外廷,何待台谏、给舍交章论驳而始就诛乎?史家欲宽弥远擅杀之罪,故为此语。"[5]史弥远还有一般大奸做不出的恶事,即谋废宁宗亲子济王而在赵姓里面找一个继承皇位。史官一笔带过:"宁宗崩,拥立理宗。"[6]钱大昕看不下去了:"弥远之奸,倍侂胄,而独不预奸臣之列;《传》于谋废济王事,并讳而不书,尚得云直笔乎?推原其故,则以侂胄禁伪学,而弥远弛其禁也。弥远得政,只欲反侂胄之局,虽秦桧之奸著众著,尚且为之昭雪,岂能宗尚道学者?使朱元晦尚存,未必不排而去之。史臣徒以门户之见,上下其手,可谓无识矣。"[7]唉,修《宋史》的史臣哪有董狐那样的心志,不就是降元的一班文人吗!事实是掩盖不了的,史官也救不了他的恶名:"济王不得其死,识者群起而论之,而弥远反用李知孝、梁成大等以为鹰犬,于是一时之君子贬窜斥逐,不遗余力云。"[8]君子遭贬,小

① 张承绪:《周易象理证》,第 162 页。
② 马振彪遗著,张善文整理:《周易学说》,第 603 页。
③ 张承绪:《周易象理证》,第 164 页。
④ 脱脱等:《宋史》卷四一四《史弥远传》,第 12416 页。
⑤ 钱大昕:《廿二史考异》,凤凰出版传媒集团 2008 年版,第 898 页。
⑥ 脱脱等:《宋史》卷四一四《史弥远传》,第 12417 页。
⑦ 钱大昕:《廿二史考异》,第 899 页。
⑧ 脱脱等:《宋史》卷四一四《史弥远传》,第 12418 页。

人得志，南宋小朝廷还有救乎？哪是亡于元朝啊，南宋是它自己埋葬了自己。

六十三、既济卦

【解题】

既济卦离下坎上，水助火势，交相为用，既济之象。陈梦雷谓："既济，下离上坎。水在火上，相交为用，天下事已济之时也。又涉川曰济。既济、未济二卦皆有坎体，坎在内有险为未济，坎在外则无险为既济也。又以卦画言之，六爻皆应，刚柔皆当其位，至此无不济矣，故为既济。"①"既济"，险已越过，已济也，涉越险难，万事功成。李士鉁谓："火惟炎上而在下，水性润下而在上，水火相交，刚柔相济。……卦画三阴三阳，各得其正，天下既平，万事既定之象也。"②水火既济如地天交泰，刚柔相交而相济。

【既济卦经传】

既济，亨小，利贞。初吉终乱。

彖曰："既济，亨"，小者亨也。（王注：既济者，以皆济为义者也。小者不遗，乃为皆济，故举小者以明既济也。）利贞，刚柔正而位当也。（王注：刚柔正而位当，则邪不可以行矣，故唯正乃利贞也。）"初吉"，柔得中也。终止则乱，其道穷也。（王注：柔得中，则小者亨也；柔不得中，则小者未亨；小者未亨，虽刚得正，则为未既济也。故既济之要，在柔得中也。以既济为安者，道极无进，终唯有乱，故曰"初吉，终乱"。终乱不为自乱，由止故乱，故曰"终止则乱"也。）

象曰：水在火上，既济。君子以思患而豫防之。（王注：存不忘亡，既济不忘未济也。）（按：《春秋繁露·俞序》："爱人之大者，莫过于思患而豫防之。"③）

初九，曳其轮，濡其尾，无咎。（王注：最处《既济》之初，始济者也。始济未涉于燥，故轮曳而尾濡也。虽未造易，心无顾恋，志弃难者也。其于义也，无所咎也。）

象曰：曳其轮，义无咎也。

六二，妇丧其茀（音 fú），勿逐，七日得。（王注：居中履正，处文明之盛而应乎五，阴之光盛者也。然居初、三之间，而近不相得，上不承三，下不比初。

---

① 陈梦雷：《周易浅述》，第 219 页。

② 马振彪遗著，张善文整理：《周易学说》，第 605 页。

③ 陈雄根等编著：《先秦两汉典籍引〈周易〉〈论语〉〈孟子〉资料汇编》，第 89 页。

夫以光盛之阴,处于二阳之间,近而不相得,能无见侵乎?故曰“丧其茀”也。称“妇”者,以明自有夫而它人侵之也。茀,首饰也。夫以中道执乎贞正,而见侵者,众之所助也。处既济之时,不容邪道者也。时既明峻,众又助之,窃之者逃窜而莫之归矣。量斯势也,不过七日,不须己逐,而自得也,故曰“勿逐,七日得”。)

象曰“七日得”,以中道也。

九三,高宗伐鬼方,三年克之,小人勿用。(王注:处既济之时,居文明之终,履得其位,是居衰末而能济者,“高宗伐鬼方”,三年乃克也。君子处之,故能兴也;小人居之,遂丧邦也。

象曰:“三年克之”,惫也。

六四,繻有衣袽(音 rú),终日戒。(王注:繻宜曰濡。衣袽,所以塞舟漏也。履得其正,而近不与三五相得。夫有隙之弃舟而得济者,“有衣袽”也。邻于不亲而得全者,“终日戒”也。)

象曰:“终日戒”,有所疑也。

九五,东邻杀牛,不如西邻之禴(音 yuè)祭,实受其福。(王注:牛,祭之盛者也。禴,祭之薄者也。居既济之时,而处尊位,物皆济矣,将何为焉?其所务者,祭祀而已。祭祀之盛,莫盛修德,故沼沚之毛,苹蘩之菜,可羞于鬼神。故“黍稷非馨,明德惟馨”,是以“东邻杀牛,不如西邻之禴祭,实受其福”也。)

象曰:“东邻杀牛”,不如西邻之时也。(王注:在于合时,不在于丰也。)“实受其福”,吉大来也。

上六,濡其首,厉。(王注:处《既济》之极,既济道穷,则之于未济;之于未济则首先犯焉。过而不已,则遇于难,故“濡其首”也。将没不久,危莫先焉。)

象曰:“濡其首,厉”,何可久也。

【谋略第七十九】

兵凶战危,战端不可轻启,谨防小人贪功冒进,陷国家于无穷之灾。

既济卦九三爻辞曰:“九三,高宗伐鬼方,三年克之,小人勿用。”九三,殷高宗讨伐西北的鬼方,三年方平定。小人心贪,勿使其妄开边衅。淮南王曰:“鬼方,小蛮夷;高宗,殷之盛天子也。以盛天子伐小蛮夷,三年而后克,言用兵之不可不重也。”[①]“虞(翻)云……小人谓上。兵凶战危,王者伐暴救

① 马振彪遗著,张善文整理:《周易学说》,第 609 页。

民不得已而为之。以盛德伐小蛮夷，犹三年乃克。劳惫如是，况可间以小人乎？师云：贞，大人吉，无咎。其上曰小人勿用。象曰：必乱邦也。与此同义。"[①]是说兵者乃国之大事，必慎重计议，且托付于持重之人，贪利乘危之小人不能用也。刘沅曰："坎险在前，故三年方克。高宗中兴，振衰拨乱，自未济而既济，且三年后克，故以惫警黩武者。"[②]顾颉刚谓："到高宗时，伐鬼方至三年之久而后克之，可称是古代的大规模的战争，所以作爻辞的人用为成功的象征。鬼方之在西北，经静安先生的考证，可无疑义。"[③]李学勤谓："高宗伐鬼方，王季伐鬼戎，纣以鬼侯为三公，都是殷商时事，入周以后，鬼方便不再在史事中出现。……实际上鬼方只是商代通行的词，西周以后即成陈迹。《周易》载有武丁伐鬼方故事，正表明其撰作之早。"[④]当是。

《孙子兵法》开篇即曰："兵者，国之大事，死生之地，存亡之道，不可不察也。"[⑤]用兵乃国家之大政，兵凶战危，谋国者不可不慎重决策。高宗伐鬼方，三年克之，劳师疲民。纣王征东夷，八年未服，而国灭于周。嗜战者能不慎乎！

【史鉴】

西屠石堡取紫袍

石堡城是吐蕃攻唐的前沿据点。天宝八年（749年），"上命陇右节度使哥舒翰帅陇右、河西及突厥阿布思兵，益以朔方、河东兵凡六万三千，攻吐蕃石堡城"[⑥]，一场血战，终于拿下。李白曾作《答王十二寒夜独酌有怀》诗讽哥舒翰贪功黩武："君不能学哥舒，横行青海夜带刀，西屠石堡取紫袍！"[⑦]李白实是对唐朝的开边黩武不满，但他哪敢写诗直斥皇帝。唐玄宗看到国土日拓，疆土日广，志得意满，不知所以。哪知边将如安禄山者横行边地，势力坐大。有朝一日，"渔阳鼙鼓动地来"，好大个江山，弄得自己几无存身之地。

---

① 曹元弼：《周易集解补释》卷十二，1927年刻本，第51页。

② 马振彪遗著，张善文整理：《周易学说》，第610页。

③ 顾颉刚：《周易卦爻辞中的故事》，《燕京学报》1929年第6期，第976页。

④ 李学勤：《周易卦爻辞年代补正》，《李学勤文集》，第333页。

⑤ 吴九龙主编：《孙子校释》，第2页。

⑥ 胡林翼：《胡林翼集·读史兵略》，岳麓书社1999年版，第1306页。

⑦ 中华书局编辑部点校：《全唐诗》第4册，第1826页。

六十四、未济卦

【解题】

未济卦坎下离上,火水不交而相违。刘沅谓:“未济,事未成之时也。火上水下,不相交则不成功用,六爻皆失其位,故曰未济。……既济则势已穷,未济尚可望其济。以此终之,变易无穷之理也。”[①]未济火水不交,如否卦之天地不交。否极转泰,未济之终必转成既济,世事转移即如斯也,易之循环往复,终而复始又在六十四卦之末突出之。马振彪谓:“既济中含未济,不防则功败而垂成;未济中含既济,不慎则不能转乱而为治。防之于未然,慎之于将然,则既济者可常济,未济者可终济也。……未济非不幸也,岁穷于冬而一阳来复,已肇其机,正可于涸阴冱(音 hù)寒之极,卜来春之旋转。”[②]天气有四时之兴替,人世有盛衰之转移。宋祚胤谓:“《周易》全书之末而殿以‘未济’,包含着这样的意义:凡是‘未济’都一定会转化为‘既济’。这就是否极必泰,剥极必复,损极必益。作者写作《周易》的目的全在于此,所以把它作为千里来龙的结穴。”[③]未济非天地人间的结束,它是新的轮回的开始,生生不息,以至无穷。

【未济卦经传】

未济,亨。小狐汔(音 qì)济,濡其尾,无攸利。

彖曰“未济,亨”,柔得中也。(王注:以柔处中,不违刚也;能纳刚健,故得亨也。)“小狐汔济”,未出中也。(王注:小狐不能涉大川,须汔然后乃能济。处未济之时,必刚健拔难,然后乃能济。汔乃能济,未能出险之中。)“濡其尾,无攸利”,不续终也。(王注:小狐虽能渡而无余力,将济而濡其尾,力竭于斯,不能续终,险难犹未足以济也。济未济者,必有余力也。)虽不当位,刚柔应也。(王注:位不当,故未济。刚柔应,故可济。)

象曰:火在水上,未济。君子以慎辨物居方。(王注:辨物居方,令物各当其所也。)

初六,濡其尾,吝。(王注:处《未济》之初,最居险下,不可以济者也,而欲之其应,进则溺身。未济之始,始于既济之上六也,濡其首犹不反,至于濡其尾,不知纪极者也。然以阴处下,非为进亢,遂其志者也。困则能反,故不曰凶。事在已量,而必困乃反,顽亦甚矣,故曰“吝”也。)

---

① 马振彪遗著,张善文整理:《周易学说》,第 615 页。

② 马振彪遗著,张善文整理:《周易学说》,第 624 页。

③ 宋祚胤:《周易译注与考辨》,第 342 页。

象曰“濡其尾”，亦不知极也。

九二，曳其轮，贞吉。（王注：体刚履中，而应于五，五体阴柔，应与而不自任者也。居《未济》之时，处险难之中，体刚中之质，而见任与，拯救危难，经纶屯蹇者也。用健拯难，靖难在正，而不违中，故“曳其轮，贞吉”也。）

象曰：九二“贞吉”，中以行正也。（王注：位虽不正，中以行正也。）

六三，未济，征凶，利涉大川。（王注：以阴之质，失位居险，不能自济者也。以不正之身，力不能自济，而求进焉，丧其身也，故曰“征凶”也。二能拯难，而已比之，弃己委二，载二而行，溺可得乎？何忧未济？故曰“利涉大川”。）

象曰：“未济，征凶”，位不当也。

九四，贞吉，悔亡。震用伐鬼方，三年有赏于大国。（王注：处《未济》之时，而出险难之上，居文明之初，体乎刚质，以近至尊，虽履非其位，志在乎正，则吉而悔亡矣。其志得行，靡禁其威，故曰“震用伐鬼方”也。伐鬼方者，兴衰之征也，故每至兴衰而取义焉。处文明之初，始出于难，其德未盛，故曰“三年”也。五居尊以柔，体乎文明之盛，不夺物功者也，故以大国赏之也。）

象曰：“贞吉，悔亡”，志行也。

六五，贞吉，无悔。君子之光，有孚，吉。（王注：以柔居尊，处文明之盛，为《未济》之主，故必正然后乃吉，吉乃得“无悔”也。夫以柔顺文明之质，居于尊位，付与于能，而不自役，使武以文，御刚以柔，斯诚君子之光也。付物以能，而不疑也；物则竭力，功斯克矣，故曰“有孚，吉”。）（按：姜国柱释作：“打了胜仗，俘虏了敌人，获得了胜利，受到了奖励，这是君子的光荣，是吉利之事。”[①]）

象曰“君子之光，其晖吉也。

上九，有孚于饮酒，无咎。濡其首，有孚，失是。（王注：《未济》之极，则反于《既济》。既济之道，所任者当也。所任者当，则可信之无疑，而已逸焉，故曰“有孚于饮酒，无咎”也。以其能信于物，故得逸豫而不忧于事之废。苟不忧于事之废，而耽于乐之甚，则至于失节矣。由于有孚，失于是矣，故曰“濡其首，有孚，失是”也。）（按：姜国柱释作：“打了胜仗，捉到了俘虏，受到了奖赏，饮酒庆祝战争的胜利，本来是没有什么问题的。但是饮酒过度，胜利者却被砍掉了脑袋。胜利冲昏了头脑，反而招致祸患。”[②]）

象曰：“饮酒”，濡首亦不知节也。

---

① 姜国柱：《〈周易〉与兵法》，第 13 页。

② 姜国柱：《〈周易〉与兵法》，第 24 页。

【谋略第八十】

臣子忠贞无悔，勤于王事，征讨不服，必受封赏。

未济卦九四爻辞曰："九四，贞吉，悔亡。震用伐鬼方，三年有赏于大国。"九四，坚守贞正之道可悔无。用力于征讨远方不服的方国，三年得胜，得受大国的封赏。李士钐谓："未济之九四即既济之九三，皆以阳爻居坎险，故亦用此爻以伐鬼方。既济之三，以阳居阳，是君伐之；未济之四，以阳居阴，是臣用君命伐之。君勤远略，非君德之美；臣伐远方，则臣力之勤。故三年既克，赏以大国之封也。"[①]未济与既济相错，九四臣位，与初正应。张履祥曰："济世之道，文武并用。治武者臣之事也，九四也；修文者君之事也，六五也。"[②]黎子耀认为九四爻中的"震"为商王亥："（殷商）七祖在甲骨卜辞中为阳、冰、土、蛛、陵、恒、亥。亥即《殷本纪》中的振，这是王（国维）氏的特大的发现。"[③]李平心谓："由于王亥同有易（扈、处）发生了严重的厉害冲突，狄人夺去了他的童仆、牛羊，终于引起了王亥、上甲微父子攻击有易（扈、处）的长期战争，这就是《未济》所说的'震（震即王亥别名）用伐鬼方'。这个传说，无疑反映了夏代商狄二族争夺财产的战斗。"[④]曹元弼认为九四是说王季之事："史记王季尝伐鬼戎有功，此文王缵王季之绪，望纣用己道如高宗中兴之志，忠孝之至，既济之本也。"[⑤]李大用谓："《古本竹书纪年》：'……武乙三十五年，周王季伐西洛鬼戎，俘二十翟王。'（方诗铭、王修龄：《古本竹书纪年辑证》，第 33～35 页）所以《易·未济》九四爻辞所记应为王季历时事。'震，用伐鬼方，三年，有赏于大国'。……爻辞意为：（王季历时）因鬼方入侵，周人乃全力反攻，历时三年，终获胜利，报捷于殷，得殷王之赏赐。"[⑥]《未济》九四爻辞是史上某次征战的反映是无疑的。

【史鉴】

沐英忠勤守云南

沐英，早年父母亡故，八岁时被朱元璋收为养子。沐英在动乱中长大，也锻炼了他的才能。朱元璋养子十几个，他是最有出息的一个。沐英从十八岁起，历任帐前都尉、指挥使、镇国将军、大都督府同知，深得朱元璋器重。

---

① 马振彪遗著，张善文整理：《周易学说》，第 620 页。

② 马振彪遗著，张善文整理：《周易学说》，第 621 页。

③ 黎子耀：《易经中殷商先公先王考实》，黄寿祺、张善文编：《周易研究论文集》第 4 辑，第 90 页。

④ 平心：《周易史事索隐》，黄寿祺、张善文编：《周易研究论文集》第 4 辑，第 57 页。

⑤ 曹元弼：《周易集解补释》卷十二，第 63 页。

⑥ 李大用：《从易经探索殷周关系》，黄寿祺、张善文编：《周易研究论文集》第 4 辑，第 82 页。

洪武十年(1377年)与邓愈进兵昆仑山,因功封西平侯。洪武十四年(1381年)与傅友德、蓝玉出击云南故元势力。洪武十六年(1383年)傅友德、蓝玉班师,由沐英镇守云南。沐英在云南开屯田、修水利、兴文教,治理得井井有条。洪武二十五年(1392年)沐英去世,朱元璋诏令追封他为黔宁王,并让他的子孙世守云南。朱元璋共有二十六个儿子,十六个女儿,一个养子他也不会稀罕的,其他养子也没见在历史上留下什么声名。沐英的成功多半还是靠他自身的努力。

【谋略第八十一】

涉越险难而大事已济,饮宴娱乐是合宜的。宴乐不知节,放松警惕,必济而复乱,慎之慎之。

未济卦上九爻辞曰:"上九,有孚于饮酒,无咎。濡其首,有孚失是。"上九,事已济而饮酒庆贺是合适的。若得意忘形,不知节制,将会有麻烦发生。马其昶谓:"九四当未济之时,出征靖难,三年有赏。历三爻而至上九,饮至策勋,与民同乐可也。……若饮酒濡首,则上下皆化而失正矣。"[①]饮酒不知节,必至误事。李简谓:"未济之终,甫及既济,而复以濡首戒之。惧以终始,其要无咎,此之谓易之道。"[②]于最末之爻示垂戒知节之意,易之勉人以中道之意亦明矣。石介谓:"上九以刚明之德,是内'有孚'也。在《未济》之终,终又反于《既济》,故得饮酒自乐。若乐而不知节,复'濡其首',则虽'有孚',必失于此,此戒之之辞也。"[③]李士钤谓:"未济之终可以济矣……然天下至甘之中,藏有至苦。厚味之中,伏有厚毒。若饮酒而不知节,至于濡首,则恃其有孚而失其是矣。"[④]冯经谓:"饮酒沉湎如狐濡首,初柔未及故不知极。上刚太过,故不知节。君子所谓慎辨物居方也。"[⑤]上九无位,应慎于出处,当思居其正当位置。陈鼓应谓:"《未济》之终则济,济而忘形则必复乱,《庄子·人间世》:'以礼饮酒者,常始于治而卒乎乱。'乱则本无咎而有咎。"[⑥]未济上卦为离明,已有出险而济之象,已济复又不慎,终又陷之于乱矣。

---

① 马振彪遗著,张善文整理:《周易学说》,第623页。
② 马振彪遗著,张善文整理:《周易学说》,第622页。
③ 李光地编纂,刘大钧整理:《周易折中》,第245页。
④ 李士钤:《周易注》卷下。
⑤ 冯经撰:《周易略解》,商务印书馆1937年版,第195页。
⑥ 陈鼓应、赵建伟注译:《周易今注今译》,第574页。

【史鉴】

韩培正匹马赴宴

韩培正,山东峄县文王峪人,善骑射,以技勇闻名。咸丰九年(1859 年)四月,捻军刘天福部进犯峄县县城,县令本书生,闻警唯涕泣。"团长韩培厚奉檄带练丁二百余人至,缒而入,分部城守。自是城上枪颇伤外贼,击其骁酋刘天祥毙之。……城之垂陷者数矣而卒不陷,岂非天耶!"[①]其骁勇如此。咸丰十年(1860 年)秋,幅军刘双印自将万余众攻文王峪韩氏,围其宅数匝,急击七昼夜不退,武生韩金栋战死,势危甚。"是时,练兵不满百人,培正意气自若,指麾部分(下)力战却之。……既屡败敌,意轻之。"[②]同治二年(1863 年),滕县羊庄已被幅军所据,韩氏不惧,仍单枪匹马赴亲戚蔡氏家宴,席间被幅军杀害。又有抗日志士韩金恭者,山东滕县柴林村人,身任日伪山亭乡乡长,秘密从事抗日工作。不意有奸人告密,日人招其赴滕县城开会而壮士一去兮不复返。轻敌大意招祸者,史不绝书,可不慎哉!

第二节 《周易》八十一谋论

《周易》八十一谋系针对《三十六计》而来,欲论八十一谋,需先弄清《三十六计》之本相。现行《三十六计》以权变称,以阴谋称,代表了中国人聪明狡黠的一面,但这远不是中国人精神的全貌。古代中国有发达的道德哲学和伦理学,在做人修养和待人接物方面为世界文明作出了自己的理论贡献。《周易》教人做正人、善人,持中道、正道,养天地正气,法古今完人,惟其如此,才成就了中华民族生生不息、源源不断的历史文明。由《周易》提炼的八十一谋用于人生指导,可做正人君子;用于行军作战,可做正义之师、文明之师。

一、《三十六计》机谋变诈论

现行的《三十六计》是上世纪中期叔和在成都的一个冷摊上发现的一本 1941 年翻印的小册子[③],至今已传播域内外,在国内几乎是无人不知、无人不晓。最早的三十六计之说可追溯到《南齐书·王敬则传》:"檀公(道济)三十

---

① 王振录、周凤鸣主修,王宝田纂辑:《峄县志》》卷十六,清光绪三十年刻本,第 8 页。

② 王振录、周凤鸣主修,王宝田纂辑:《峄县志》卷二十一,清光绪三十年刻本,第 7 页。

③ 叔和:《关于"三十六计,走为上策"》,《光明日报》1961 年 9 月 16 日。

六策，走是上策，汝父子唯应急走耳!”[①]刘师培《古籍多虚数说》云:“古人于浩繁之数，有不能确指其目者，则所举之数，或曰三十六，或曰七十二。三十六天之例与九天同，三十六宫之例与千门万户同，不必泥定数以求”[②]论者也谓:“这里的三十六，恐非实指，而是取其虚数用法，泛指极多之意。后人挖空心思，罗列‘三十六计’名目。”[③]在史上确实找不到檀道济三十六计的具体名目，大概就是“泛指极多之意”，后人还真凑足了三十六计之数。

关于现行《三十六计》的成书，有论者谓:“《三十六计》极有可能出现在明末清初，甚至更晚一些。大约是一位不知名的作者，借用流传已久的‘三十六计’之说，收集罗列了民间流传的一些计策、成语、典故等，再加上自己杜撰的一些计名，拼凑成了三十六条计策，称之为《三十六计》。后来，有人在发现这本著作之后，又根据自己的理解，加写出按语，于是便成了今天我们所见到的《三十六计》。”[④]说“明末清初”证据不够充分。邓拓曾说过:“这个油印本的错字很多(指 1941 年本)，文字也由许多地方不通，似乎可以断定它所根据的原本决非古书，也不是名家高手所作。”[⑤]从三十六计的内容来看，作者大概是地位较低的读书人，对通俗文学较为熟悉，因很多计名是在小说、戏曲中首次出现。按语也可能与三十六计同时出现，也可能后出。毛元佑、徐楚桥认为:“(《三十六计》)仅仅是一本专门论述诡道的著作。即使是就其论述的诡道方面而言，也没能像《孙子兵法》那样形成自己的体系，没能解决诡道的一些基本理论问题，而是存在不少问题。比如《三十六计》将所收入的 36 条计策分为‘胜战计’、‘敌战计’、‘攻战计’、‘混战计’、‘并战计’、‘败战计’的分类法缺乏科学依据。《三十六计》中不少计策，在内涵上没有明确而严格的界定，有不少计策意思相近或交叉重复。比如‘声东击西’与‘暗度陈仓’、‘釜底抽薪’与‘上屋抽梯’、‘假途伐虢’与‘顺手牵羊’、‘趁火打劫’与‘浑水摸鱼’，等等，就有许多相似的地方。《三十六计》的作者拘泥于选用成语作计名，如‘无中生有’、‘借尸还魂’、‘指桑骂槐’、‘抛砖引玉’、‘李代桃僵’、‘偷梁换柱’，等等，用作计名显得十分牵强别扭。还有些计名，则系作者杜撰而成，如‘假痴不癫’、‘树上开花’，让人不知所云。”[⑥]《孙子兵法》成理论、成体系，创见迭出，逻辑谨严，为大智慧。《三十六计》有

---

① 萧子显:《南齐书》卷二六《王敬则传》，中华书局 1972 年版，第 487 页。

② 汪宇编:《刘师培学术文化随笔》，中国青年出版社 1999 年版，第 120 页。

③ 叶舒宪、田大宪:《中国古代神秘数字》，陕西人民出版社 2011 年版，第 279 页。

④ 毛元佑、徐楚桥编著:《三十六计解读》，解放军文艺出版社 2002 年版，第 61 页。

⑤ 系邓拓为《北京晚报·燕山夜话》所写最后一篇文章，刊于 1962 年 9 月 2 日。(《邓拓全集》第 5 卷，第 455 页)

⑥ 毛元佑、徐楚桥:《三十六计解读》，第 71 页。

堆砌、凑数之感,理论性较差,不入流的计亦不少,尽要了小聪明,当然这也与它产生于下层社会有关。

《三十六计》前有《总说》一篇:"六六三十六,数中有术,术中有数。阴阳燮理,机在其中。机不可设,设则不中。"[1]大抵相当于前言之类。无谷对"六六三十六"作了注释:"六六三十六:用阴爻坤的符号(六)作为基数,重(乘)六,得积数三十六。……《麻衣道者正易心法》:'而老阳之策三十六,老阴之策二十四。'另见《嘉祐集·太玄论下》:'太玄之策,三十有六。'"[2]六十四卦中所有的阴爻都用数字"六"表示,"六"属阴,《三十六计》按语充分发挥了"六"的阴性意涵。"《易》例以'九'代表可变之'老阳','六'代表可变之'老阴','七'代表不变之'少阳','八'代表不变之'少阴'。《周易》占动不占静,故三百八十四爻凡阳爻皆称'九',凡'阴爻'皆称'六'。"[3]阴爻在《周易》六十四卦中指虚、静、小、小人等,《三十六计》用"阴",总不能称其光明正大。《周易·系辞》对筮法作了简要论述。"《易》筮程序是'三变'成一爻、'十八变'成一卦。而每'三变'所成之爻的阴阳性质,视四种'过揲'策数而定:三十六策为'老阳'、三十二策为'少阴'、二十八策为'少阳'、二十四策为'老阴';将诸数分别除以四(筮例四策一揲),适得'九'、'八'、'七'、'六'。"[4]"三十六策"除以四,得阳爻九,为"老阳"之策,实与阴爻六无直接关系。苏洵《嘉祐集·太玄论下》"太玄之策,三十有六"下接:"虚三,而三十有三用焉。曰:其说出于《易》。《易》曰:'大衍之数五十,其用四十有九。'是雄之所以为虚三之说也。……今夫一爻而三变;一变而挂一,是三用也。四四揲之,归奇于扐,是十扐而数其余,是三十有六用也。三与十、与三十六,而四十九之数成焉。"[5]曾枣庄注:"谓太玄占卜之法,取蓍草三十六根,先去其三,而揲用三十三。杨雄以为,立天之道有始、中、终,故天有三分,终于六成,三乘以六得十八策。天地相应,因而倍之,故蓍之数为三十六。然地则虚三以扮天,故揲用三十三。"[6]则苏洵所谓"太玄之策,三十有六"为扬雄太玄筮法,与阴爻六亦无直接关系。扬雄的太玄之策与《三十六计》也没有关系。

说三十六计之三十六数系由阴爻六倍乘而来,实有其理。"六""三十六"在秦汉时代受到特殊的重视。"秦尚六,'数以六为纪',六六三十六。故'乘六马',将原来一辆车四匹马改为六匹,秦始皇的随从为六六三十六辆马

---

① 无谷译注:《绘图三十六计》,吉林文史出版社 1991 年版,第 1 页。

② 无谷译注:《绘图三十六计》,第 3 页。

③ 黄寿祺、张善文:《周易译注》,第 46 页。

④ 黄寿祺、张善文:《周易译注》,第 48 页。

⑤ 苏洵著,曾枣庄、金成礼笺注:《嘉祐集笺注》,上海古籍出版社 1993 年版,第 180 页。

⑥ 苏洵著,曾枣庄、金成礼笺注:《嘉祐集笺注》,第 180 页。

车。汉代离宫别馆相传为三十六处，班固《西都赋》：'离宫别馆，三十六所'，唐骆宾王诗亦曰：'秦塞重关一百二，汉家离宫三十六。'汉景帝曾在长安以西以北地区设三十六处牧马场所，称三十六苑。秦汉是我国建立统一大帝国的最早两个朝代，泱泱大国的中央政权的一些重大举措爱用三十六之数，三十六便同当时的统一、强大、富丽、繁华、兴旺的社会面貌很自然地联系在一起。"[①]对"六"的崇尚自秦始，连带加上三十六。《史记》载："始皇推终始五德之传，以为周得火德，秦代周德，从所不胜。方今水德之始，改年始，朝贺皆自十月朔，衣服旄旌节旗皆上黑。数以六为纪，符、法冠皆六寸，而舆六尺，六尺为步，乘六马。"[②]五行中水配六数，秦为水德，故尚六。连秦三十六郡之划定，也是追求六及其倍数的结果。汉以后，虽尊土德，尚六及六的倍数的做法却被部分沿袭下来。"西汉末、东汉初有《三十六水法》之出世。"[③]李贺：《金铜仙人辞汉歌》："茂陵刘郎秋风客，夜闻马嘶晓无迹。画栏桂树悬秋香，三十六宫土花碧。"[④]三十六宫、三十六峰在后世文人作品、现实命名中多次出现。后世组织亦多有以三十六命名者，著名的如宋江三十六友、三十六天罡等。民国陶啸秋所著的《三十六党秘史》载有上海三十六种下层组织："名之曰三十六党史者，约举其人类而言也。"[⑤]其中又有"三六党"之名："此党有三十六人，故名。……上海初辟商埠已有之。盖当时华人知英语者绝少，西人外出购物，颇感不便。若等初皆为西崽，颇能道洋泾浜语，故如见外人，若等即上前领导购物，即引之往店肆，居间翻译，外人必予银以酬其劳。故所入颇丰。嗣后华人能道英语者日多，外人亦有能操华语者，皆不必赖若辈通言，故渐归于淘汰。但其余孽未尽，皆为饥寒所迫，驯至作索诈盗窃之事，至今日而势力益伸，人亦超出三十六之数也。"[⑥]说"此党有三十六人"，已太拘，大概也是约举吧。

数字六有哪些寓意呢？在中国古代典籍中，"六"常表示与地相关的空间概念，地为阴。"《淮南子·地形训》称'六合'：'地形之所载，六合之间，四极之内。'《楚辞》称'六漠'，屈原《远游》：'经营四荒兮，周流六漠'……还有'六区'、'六幽'、'六虚'……至于'六采'、'六神'之类天地四方的引申义。"[⑦]"六"与地有关，为阴数。古代数字与四时相配，六配冬。高亨谓："四时之

① 吴慧颖：《中国数文化》，岳麓书社2013年版，第106页。
② 司马迁：《史记》卷六《秦始皇本纪》，第238页。
③ 姜生、汤伟侠主编：《中国道教科学技术史·汉魏两晋卷》，科学出版社2002年版，第330页。
④ 陈月琴、刘长林编：《文学概论参考资料》，中央广播电视大学出版社1985年版，第457页。
⑤ 陶啸秋：《三十六党秘史》序，世界书局1921年版。
⑥ 陶啸秋：《三十六党秘史》，第19页。
⑦ 叶舒宪、田大宪：《中国古代神秘数字》，第116页。

序,春夏阳气当令,秋冬阴气当令,故筮法以'七'、'九'象春夏,以'八'、'六'象秋冬也。由春而夏,其气温逐渐上升,植物逐渐滋长,故以'七'象春,以'九'象夏……由夏而秋,由秋而冬,其气温逐渐下降,植物逐渐衰落,故以'八'像秋,以'六'象冬。"[①]于时令上"六"像冬季、象阴寒、肃杀。"六"配五行为水,水亦阴寒之物。"古代印度也视'六'为巫术之数,这种'巫六'观念表现在印度佛教中,则有'六根清净'、'六相圆融'等教义。"[②]后来宗教中凡与"六"数有关的数字多有"巫"的意涵。"三十六时兽、三十六兽,系于昼夜十二辰交互出现以恼乱修禅者的禽兽。《摩诃止观》中每一时辰各有三兽,寅时为狸、豹、虎,卯时为狐、兔、貉,辰时为龙、鲛、鱼,巳时为蝉、鲤、蛇,午时为鹿、马、獐,未时为羊、雁、鹰……寅、卯、辰之九兽属东方木,巳、午、未之九兽属南方火,申、酉、戌之九兽属西方金,亥、子、丑之九兽属北方水;依时唤名,即可消去媚鬼。"[③]《尚书·洪范》有"六极"之说:"六极指洪范九畴之一。指六种惩罚。《尚书·洪范》:'六极:一曰凶短折,二曰疾,三曰忧,四曰贫,五曰恶,六曰弱。'意即统治者用夭折、多病、多忧、贫穷、丑陋、懦弱六种惩罚戒人遵守天命和王命。"[④]"六"代表六种负性的事象。三十六计之"六"也揭示着这种阴性的谋略。

瑞士人胜雅律谓:"阴也是与'计'有关的。根据《易经》,阴的成数是六和八,而六是阴数之极。这样看来,三十六似乎是阴数之极的平方。因此,王敬则所说的三十六计,只是表示有很多的计谋。不过本书(依据现行《三十六计》小册子而编纂)要谈的三十六计在《易经》中是找不到的,尽管《易经》阐述了某些智谋方面的行为方式。前面提到的《南齐书》中,或《二十四史》中也没有最早的三十六计条目。直到前几年人们还认为,第一次把三十六计编成一套计谋口诀的,是据传成立于1674年的洪门帮会,这套口诀以'洪门哲学'的名称而著名。洪帮抱有这样的宗旨:反清复明。它所归纳的三十六计条目被看作是目前流行的三十六计版本的原始蓝本。但是1941年人们发现了一个有关三十六计的更古老的渊源,那是一本写于明末的讲述三十六计的小册子。"[⑤]说现存本《三十六计》"更古老"也不见得,说写于明末,无依据。说它与洪门有关,也有可能,但还须具体分析。朱琳《洪门志》在1947年由中华书局出版,其中载有"洪门哲学(三十六着)"部分[⑥],除少数

① 高亨:《周易古经通说》,中华书局1958年版,第117页。
② 叶舒宪、田大宪:《中国古代神秘数字》,第118页。
③ 全佛编辑部编:《佛教的动物》,中国社会科学出版社2003年版,第173页。
④ 张岱年主编:《中国哲学大辞典》,上海辞书出版社2010年版,第75页。
⑤ [瑞士]胜雅律(H. V. Senger):《智谋》,上海人民出版社2006年版,第8页。
⑥ 朱琳:《洪门志》,江西教育出版社2010年版,第128页。

计名、顺序与现行《三十六计》不同外，其他大多数计名、顺序与现行本完全相同。《洪门志》出版在《三十六计》1941年版之后，之前的洪门秘籍尚未发现有类似三十六计的记载，只能说朱琳所记为《三十六计》的另一种版本，或与现行《三十六计》有共同的渊源，或者只是相袭关系，尚不能肯定现行《三十六计》由它而来。

洪门系产生于清初的一种秘密结社，其仪式、思想多有承袭道教的地方。“清廷入关以后，禁令森严，开会结社，为法律所不许；然而愈其禁止，秘密的组织亦愈多。在北方，则有白莲教与八卦教，以后演变而为义和拳，皆含有宗教的色彩。在南方，则有三点会、哥老会、天地会等等，均为政治的秘密结社。盖起于明代遗民之归依道教者，冀借此潜伏的势力，以谋光复汉族的河山，其势力范围，以福建为中心，而蔓延于两广及长江一带。”[①]秘密结社包括洪门都与道教有密切的关系。“清朝治台二百多年，因为台湾是最后一个反清基地，反清力量萃聚于此，因此武装反清的行动有一百余次之多；这些反清行动的领导团体，都是以道教为其团结的核心，并且大致上和郑氏三世的反清意念一脉相承。……反清武装行动的领导核心是天地会。”[②]过香成为天地会的入会仪式。“红花亭中设关羽神位，这是道教的神。其他陈设有红灯(代表朱、红，谐音洪)、官伞、七星刀、木斗、七星剑等等。香主的训词有‘虔拜天帝、地皇、山河、土谷之灵，六恶之灵，五方五龙之灵，以及无边际之神灵……’……这些仪注是道教的已经不需要详释了。”[③]道教崇尚三十六数在后文详说。在洪门的秘籍中也有多处用到三十六数字的地方：

“先锋带乌入城……真金显出三河水，三六文章教不差。”[④]

“盖被……无色红罗被一张，三十六誓内中藏。”[⑤]

“问：你被有几多副？答：三十六副。”[⑥]

“桃李三六在树根，李子吉二甚超群。两下同连来结阵，一百零八定乾坤。”[⑦]

对联：“花亭第二：三十六声声声达上九重天天生明朝，岐山凤鸣鸣鸣唤

---

① 蔡寄鸥：《鄂州血史》，知识产权出版社2013年版，第31页。

② 张荚：《台湾民间宗教信仰与道教》，廖静宽编辑：《西王金母信仰与天山瑶池圣地之研究》，慈惠堂1992年版，第277页。

③ 张荚：《台湾民间宗教信仰与道教》，廖静宽编辑：《西王金母信仰与天山瑶池圣地之研究》，第278页。

④ 罗尔纲编：《天地会文献录》，正中书局1943年版，第11页。

⑤ 罗尔纲编：《天地会文献录》，第15页。

⑥ 罗尔纲编：《天地会文献录》，第23页。

⑦ 罗尔纲编：《天地会文献录》，第28页。

出洪英登殿万年长。"[①]

"你老哥果有天才、地才、文武全才。三十六本天书本本看到,七十二本地书页页看清;我兄弟三十六条全不晓,七十二款并不知。你哥哥威风过界、仁义过天,真正肚大量宽。"[②]

"问:何时还钱答诗。答:五月十五夜,还你三十六。二月初二日,还你七十二;五月十三,还你百　八;八月十五中秋足,还你大钱三百六;七月廿五夜,还你二十一;后存三文在身边,留作过波渡船钱。"[③]

"迎请神令":"三十六天好南天,南天门外接圣贤。二十八宿排左右,有请圣人下凡尘。"[④]

"早知你哥哥驾到,正当三十里铺毡四十里结彩,五里排茶亭,十里排长案,派三十六大满,七十二小满,摆队迎接你哥哥,才是我兄弟的道理。"[⑤]

"数目字码暗记:'三六'为新会员,'七二'为各头目,'一百八'为'大总理',即总首领。"[⑥]

"坐堂令……瓦岗三十六员将,威风凛凛镇山冈。梁山一百零八将,仁义过天是宋江。上有三十六天罡,下有七十二地煞。上有三十六渡口,下有七十二码头。上有三十六大条,下有七十二大款。三十六把金交椅,七十二座银凳台。有位请等龙虎位,无位站班来护卫。"[⑦]

"造紫金梁条……乃是西天一根木,出在四川峨嵋山,长在南阳卧龙岗。七十二人抬下山,三十六人把梁架。"[⑧]

"奉赠管事条……左手捧三十六本天罡书,右手捧七十二本地煞律。本本看到,页页看清。"[⑨]

"仙桃与江湖问答:问:三十六仙桃,何月何日摘?何月何日吃?答:五月五日摘,六月六日吃。"[⑩]

"对复全堂条……三十六大行,七十二小行,各有各行。"[⑪]

---

① 罗尔纲编:《天地会文献录》,第 34 页。

② 李子峰:《海底》,河北人民出版社 1990 年版,第 292 页。

③ 李子峰:《海底》,第 293 页。

④ 群英社编:《江湖海底》,广文书局 1976 年,第 116 页。

⑤ 吴贵长:《中国秘密社会之研究》,《警声月刊》1941 年,第 43 页。

⑥ 朱琳:《洪门志》,第 46 页。

⑦ 朱琳:《洪门志》,第 147 页。

⑧ 朱琳:《洪门志》,第 178 页。

⑨ 朱琳:《洪门志》,第 207 页。

⑩ 朱琳:《洪门志》,第 213 页。

⑪ 朱琳:《洪门志》,第 228 页。

“皮绊条……左插三十六大香，右插七十二小香。”[①]

洪门如此喜用三十六这个数字，一是受民俗的影响，一是受《水浒传》中“三十六天罡”“七十二地煞”的影响，还有就是受道教的影响。笔者怀疑是洪门中人制作了三十六计。一是洪门中人爱用三十六这个数字，一是他们也喜欢从小说、戏曲等通俗文学中汲取材料，而《三十六计》大量计名来自于通俗文学。再者，洪门、《三十六计》都与道教有一定关系。

道教与数字“三十六”有密切的关系。“天界分为‘九霄三十六天’，九霄有‘三十六真人’，元始天尊称‘朕有三万六千宫，宫有三万六千主’，道士修炼之地为‘三十六洞天’。走进道教天地，恍如步入一个‘三十六’大观园。”[②]“与三十六天相对应的有三十六地，地有九重，每重有四地，每地有神主之，共有三十六土皇。”[③]东汉《太平经》中有：“其余公卿有司仙真圣品大夫官等三百六十一，从属三万六千人，部领三十六万，人民则十百千万亿倍也。”[④]张角黄巾起义分天下为三十六方即受此经之启示。“在道教中，有三十六洞天、七十二福地之说。三十六就来自于六六相乘……因此三十六具有特殊的含义，我国代表智慧和军事计谋的三十六计也因此被赋予了神秘的色彩。”[⑤]三十六不是一个无端的数字，它的基础就是六这个五行属水的太阴数。正巧的是《三十六计》所论之计多属阴谋权诈之计，正与“阴”的性质相合。邓拓曾经论道：“古人所谓三十六计，原来并没有详细的内容，只是借六六之数表示阴谋诡计多端而已。”[⑥]

《三十六计》颇重“数”：“按语：解语重数不重理。盖理，术语自明；而数，则在言外。若徒知术之为术，而不知术中有数，则数多不应。且诡谋权术，原在事理之中，人情之内。倘事出不经，则诡异立见，诧事惑俗，而机谋泄矣。”[⑦]用“诡异”而诡异不能见，使“机谋”而机谋不能泄，全在对“数”的把握。如“阴在阳之内，不在阳之对。太阳，太阴。”[⑧]光明正大之下、人情物理之中隐藏阴谋诡计，最名正言顺的地方暗藏着最不为人知的运作和目的，真是太可怕了。

《三十六计》在阴阳两个维度中多以阴为主立论。《三十六计·第九

① 朱琳：《洪门志》，第 233 页。

② 叶舒宪、田大宪：《中国古代神秘数字》，第 283 页。

③ 盛莉：《〈太平广记〉仙类小说类目及其编纂研究》，中国社会科学出版社 2010 年版，第 68 页。

④ 王明编：《太平经合校》，山东画报出版社 2004 年版，第 4 页。

⑤ 翁颖明主编：《卓越游戏的诞生：游戏设计内幕》，清华大学出版社 2010 年版，第 132 页。

⑥ 邓拓：《燕山夜话》，中国社会科学出版社 1997 年版，第 428 页。

⑦ 无谷译注：《绘图三十六计》，吉林文史出版社 1991 年版，第 1 页。

⑧ 无谷译注：《绘图三十六计》，第 8 页。

计·隔岸观火》:"阳乖序乱,阴以待逆。"[①]以阴代变。《第十计·笑里藏刀》:"信而安之,阴以图之。"[②]让人信而不疑,蓦地图穷匕见。《第十三计·打草惊蛇》:"疑以叩实,察而后动。复者,阴之媒也。"[③]反复审察,窥破敌之阴谋,正我方用谋之机。《第三十计·反客为主》:"乘隙插足,扼其主机,渐之进也。"按语直云:"此渐进之阴谋也。"[④]鹊巢鸠占、婢作夫人、小三正位都不是一日之功,需徐图渐进,水到渠成。《三十六计》多阴谋,此与道家正同。

金景芳1944年所著《〈周易〉与老子》一文称:"老子尚阴谋,怀杀机,而以无为,为藏身之固。故屡称于水,而好谈兵。其为人也,当厚貌深情,天性冷酷,与《周易》一派之人生哲学,背道而驰,判若泾渭。盖在《易》,《坎》为水,为险,为陷,凡《困》、《蹇》、《讼》、《师》诸卦,皆取义于水;而《离》为火,为丽,为明,凡《同人》、《大有》、《丰》、《晋》诸卦,皆取义于火,其喜阳憎阴,好明恶隐之情,昭然若揭。"[⑤]《周易》"喜阳憎阴",《老子》却喜"阴"而憎"阳":"天下之至柔,驰骋天下之至坚。"[⑥]"知其雄,守其雌,为天下谿。"[⑦]"牝常以静胜牡。"[⑧]"坚强者死之徒,柔弱者生之徒。是以兵强则灭,木强则折。强大处下,柔弱处上。"[⑨]以"阴"用兵,必然阴谋迭出,诡诈肆行。金景芳谓:"盖《老子》全书,皆从得失利害处着眼,不以阴谋术数为讳;与孔子之必辨事之邪正善恶者,迥殊。"[⑩]《老子》兵学为道家言兵一派所继承,尚阴谋诡诈,不减《孙子兵法》而有以过之。

霍印章曾著文论及《孙子》的"诡道":"《周易》之所以称为'易',最大的特点是'穷则变,变则通'。阴可以变为阳,阳也可以变为阴。在阴阳互变中克阴者必阳,克阳者必阴。因此,在知彼知己的前提下,孙子提出了'兵者诡道'、'兵以诈立'的论断。这个论断的实质,就是按照相反相成的辩证思维,利用各种阴谋诡计的手段去克敌制胜,从而创造出大量出神入化、变幻莫测、奇妙无穷的战法。如《计篇》的诡道十二法:'能而示之不能,用而示之不用,近而示之远,远而示之近,利而诱之,乱而取之,实而备之,强而避之,怒而挠之,卑而骄之,佚而劳之,亲而离之。攻其无备,出其不意,此兵家之胜,

① 无谷译注:《绘图三十六计》,第39页。
② 无谷译注:《绘图三十六计》,第42页。
③ 无谷译注:《绘图三十六计》,第50页。
④ 无谷译注:《绘图三十六计》,第107页。
⑤ 刘大钧主编:《〈周易〉与中国文化》(2),上海科学技术文献出版社2010年版,第818页。
⑥ 任继愈:《老子绎读》,北京图书馆出版社2006年版,第96页。
⑦ 任继愈:《老子绎读》,第62页。
⑧ 任继愈:《老子绎读》,第134页。
⑨ 任继愈:《老子绎读》,第168页。
⑩ 刘大钧主编:《〈周易〉与中国文化》(2),第819页。

不可先传也。'可以说条条都是相反相成，句句都是阴谋诡计。再如，《形篇》的'若决积水于千仞之溪'；《势篇》的'如转圆石于千仞之山'，'善出奇者，无穷如天地，不竭如江河'；《虚实篇》的'致人而不致于人'，'攻其所不守'，'守其所不攻'，'微乎微乎，至于无形；神乎神乎，至于无声'；《军争篇》的'以迂为直，以患为利'，'后人发，先人至'；《九变篇》的'途有所不由，军有所不击，城有所不攻，地有所不争，君命有所不受'；《九地篇》的'投之亡地然后存，陷之死地然后生'，等等。所有这些都是相反相成的诡诈之术，堪称为孙子用兵之道的灵魂。这一思想在中国军事学术史上是一次深刻的革命。"[①]孙子的"诡道"出奇与老子的阴谋诡诈在兵学发展史上相对于上古的行兵作战严守军礼是一个突破，也是军事学的一个进步。近代吸收《孙子》《老子》用兵变诈之精髓，集诡道、阴谋之大成的莫过于《三十六计》了。

毛元佑等谓："《三十六计》以《易》推演诡道之术，反映了作者从最古老、影响最大的经书中为各种阴谋诡计寻找理论基础和哲学依据的企图。不过，引用《易》中的只言片语来阐释各种计谋，容易给人一种牵强附会、生搬硬套的感觉。更重要的是，自古以来，儒家的'仁义道德'与兵家的'兵以诈立'便水火不相容，冰炭不同炉。"[②]《易》是"大道之源"，讲的是天地人间的大道理、大智慧，薰育的是贤人君子，那些"笑里藏刀""借刀杀人""浑水摸鱼""顺手牵羊"之计等，怎样也不会在《周易》里面找到注脚。古人颇重道德教化，《左传》所谓"三不朽"[③]首重立德，对行阴谋诡诈者颇为不齿。

泷川资言《史记总论》中谓："史记以尧、舜、禹为黄帝后，以殷为契后，以周为后稷后，以秦、赵为伯翳后，以齐为四岳后，以楚为颛顼后，以陈、田齐为舜后，以杞、越、匈奴、闽越为禹后。项羽本纪云：'舜目盖重瞳子，项羽亦重瞳子，羽岂其苗裔邪？何其兴之暴也！'黥布列传云：'英布者，其先春秋所见楚灭英六，皋陶之后哉！身被刑法，何其拔兴之暴也。'史公盖以为王侯将相，起身建国者，皆其父祖积善余庆所致也。《陈丞相世家》，陈平曰：'我多阴谋，是道家之所禁，吾世即废，终不能复起，以吾多阴祸也。'《韩世家》，韩厥之感晋景公，绍赵之孤子武，以成程婴、公孙杵臼之义，此天下之阴德也。韩氏之功于晋，未睹其大者也，然与赵、魏终为诸侯十余世，宜乎哉！'盖积善余庆，阴谋阳祸，史记一贯之旨。"[④]司马迁在《太史公自序》中曾述其父司

---

① 霍印章：《辩证和谐的基因孙子兵法的灵魂——再论〈孙子〉源于〈周易〉》，中国孙子兵法研究会编：《孙子兵法与和谐世界：第八届孙子兵法国际研讨会论文集》，第 163 页。

② 毛元佑、徐楚桥：《〈三十六计〉解读》，第 84 页。

③ 杨伯峻编著：《春秋左传注》，第 1088 页。

④ 黄市荣编：《史记论文选集》，长安出版社 1982 年版，第 251 页。

马谈之学:"太史公学天官于唐都,受《易》于杨何,习道论于黄子。"[①]故司马迁颇高自期许:"先人有言:'自周公卒五百岁而有孔子。孔子卒后至于今五百岁。有能绍明世,正《易传》,继《春秋》,本《诗》《书》《礼》《乐》之际?'意在斯乎!意在斯乎!小子何敢让焉。"[②]故司马迁写《史记》正寓"春秋笔法"、儒家之旨而褒贬于其中。其所述积善余庆、阴谋阳祸正所以激励后世,而大易之旨在焉。流风所被,尚阴谋者亦屡为后人所贬斥。

清人周之标《封神演义序》云:"子牙,阴谋之祖也。其佐武王,纯用杀伐,纠纠乎,桓桓乎,岂不自思哉。盖当年本以兵事开国,厥用在金,运数所至,不得已,鹰扬鼓厉玄鸟之祚忽诸,而既也田和为诸侯,姜氏之族遂如僵禽甚矣,天道恶阴谋也。乃后世谈兵者,率姜子牙。……六韬九略,各有五行。生生克克,奇变存乎中,而莫之或动。何也?阴谋主藏,善藏则善用。纠纠桓桓之士,仍具深藏之气,如山如谷,敌人登城晌之,卒不可得,谋诚阴矣哉!是故天道恶之。后此者,有孙吴为之胤子妇人,行兵阖闾,偶然生此怪想,卒藉孙子以破强楚,威齐晋,所获与爱姬孰多?孙膑学武子兵法,形格势禁,因势利导,刑徒云功名震熠寰宇,能卫国不能卫身。"[③]综论天道好还,以阴谋得计于一时者终不能善终,而高标尚德为立国、行政、做人、做事之根本。"积善之家,必有余庆;积不善之家,必有余殃。"[④]《周易》之教诲世人深矣!

二、八十一谋阳谋正略论

如说《三十六计》多是阴谋诡计的话,则《周易》八十一谋全是阳谋正计。《周易》是讲天、地、人大道的:"易之为书也,广大悉备,有天道焉,有人道焉,有地道焉。"[⑤]"天道下济而光明,地道卑而上行。天道亏盈而益谦,地道变盈而流谦……"[⑥]"说而顺,刚中而应,大亨以正,天之道也。"[⑦]"父父,子子,兄兄,弟弟,夫夫,妇妇,而家道正;正家而天下定矣。"[⑧]"天地之道,贞观者也。日月之道,贞明者也。"[⑨]"惧以终始,其要无咎,此之谓易之道也。"[⑩]大易之道,正大光明,规规矩矩,无始无终,善始善终,可证于天地,可施于家国,可

① 司马迁著,邹德金整理:《名家注评史记》下卷,天津古籍出版社2010年版,第1259页。

② 司马迁著,邹德金整理:《名家注评史记》下卷,第1263页。

③ 朱一玄编,朱天吉校:《明清小说资料选编》上册,南开大学出版社2012年版,第480页。

④ 《周易·坤卦·文言传》。

⑤ 《周易·系辞下》。

⑥ 《周易·谦卦·彖》。

⑦ 《周易·临卦·彖》。

⑧ 《周易·家人·彖》。

⑨ 《周易·系辞下》。

⑩ 《周易·系辞下》。

正己,可正人。

《周易》重道亦重德。"夫易,圣人所以崇德而广业也。"[①]"君子以成德为行。"[②]"夫大人者,与天地合其德,与日月合其明,与四时合其序,与鬼神合其吉凶。"[③]"地势坤,君子以厚德载物。"[④]"君子以果行育德。"[⑤]"君子以自昭明德。"[⑥]"君子以反身修德。"[⑦]君子得天地之道而后能成人之德,天行健,地势坤,正为做人之极规。来知德谓:"德者,行道而有得于身也。"[⑧]行道而有得曰德,有德者必行道,其实一也。"古人有谓:'在天成道,在人成德。'所以'道'、'德'同出一元。同时道统天人:言'人'必诉诸于'天',言'天'必诉诸于'人'。孔子在《乾卦·象传》上说:'天行健,君子以自强不息'。于《坤卦·象传》上说:'地势坤,君子以厚德载物'。这皆指示人人应鉴照天德以彰人德。所以《中庸》上说:'能尽人之性,则能尽物之性;能尽物之性,则可以赞天地之化育;可以赞天地之化育,则可以与天地参矣。'"[⑨]以天德统率人德,人得天之性,则可与天永寿。

《周易》亦重谋乎?"君子以作事谋始。"[⑩]"人谋鬼谋,百姓与能。"[⑪]《周易》详解天道、地道,目的还在让人领略人道,示人以规矩、方圆,以成其德业,以成其君子。《周易·系辞》云:"是以君子将以有为也,将以有行也,问焉而以言,其受命也如响,无有远近幽深,遂知来物。非天下之至精,其孰能与于此。"[⑫]《周易》为君子谋者亦多。潘雨廷谓:"三爻、四爻是人位,常临困境,必须选择。"[⑬]岂止是三爻、四爻,初爻事之初始,上爻事之将终,《易》必示人慎始慎终;二爻、五爻中正可喜,《易》必示人不可走偏入斜,而是导人以正。

《周易》之谋亦同于《道德经》《三十六计》乎?郭象升谓:"晁公武诸人遽

---

① 《周易·系辞上》。

② 《周易·乾卦·文言》。

③ 《周易·乾卦·文言》。

④ 《周易·坤卦·象》。

⑤ 《周易·蒙卦·象》。

⑥ 《周易·晋卦·象》。

⑦ 《周易·蹇卦·象》。

⑧ 来知德撰,张万彬点校:《周易集注》,第680页。

⑨ 程石泉:《易学新论》,文景书局有限公司1996年版,第143页。

⑩ 《周易·讼卦·象》。

⑪ 《周易·系辞下》。

⑫ 《周易·系辞上》。

⑬ 张文江记述:《潘雨廷先生谈话录》,复旦大学出版社2012年版,第6页。

谓老子阴谋可畏,岂不闻道家忌阴谋耶(《史记·陈平世家》)。”[①]笔者谓:老子不是阴谋家,老子之术确可为阴谋家所用,老子之书确为使机心、用机谋之阴谋家的教科书。观《老子》所谓“将欲歙之,必固张之;将欲弱之。必固强之;将欲废之,必固兴之;将欲夺之。必固与之”之语,不欲使人生自危之心乎?稍不慎,即入他人篝中。《三十六计》更不用说了,你不用,你的朋友用不用啊?更别说你的对手了?这样只能闹得人生如战场、商场如战场、情场如战场了,原本要以德服人、以诚待人、以情感人的,这回要靠兵法赌输赢了。《周易》不是这样的。张载说了:“易为君子谋,不为小人谋,故撰德于卦。”[②]《周易》之谋,先谋于德,德为人之大本,德立而行修,而世界得以大同。

古人素重德,有“三德”“九德”之说。“三德指洪范九畴之一。指古代统治者治服臣民的三种手段。《尚书·洪范》:‘三德:一曰正直,二曰刚克,三曰柔克。’意即正曲为直,压制强横不顺的,怀柔安分守己的。后也指《周礼》中提出的三种品德。《周礼·地官·师氏》:‘一曰至德,以为道本;二曰敏德,以为行本;三曰孝德,以知逆恶。’”[③]《周礼》有九德之歌,亦称九歌,为歌颂大禹之歌。《周礼·春官·大司乐》云:“九德之歌、九磬之舞,於宗庙之中奏之。”[④]《左传》云:“九功之德皆可歌也,谓之九歌。六府、三事,谓之九功。水、火、金、木、土、谷,谓之六府,正德、利用、厚生,谓之三事。”[⑤]褚亮并拟有《宗庙九德之歌辞》:“皇祖诞庆,于昭于天。积德斯远,茂绪攸先。继天应历,神武弘宣。肇迹妫水,成功坂泉。道光覆载,声穆乾元。式备牺象,用洁牲牷。礼终九献,乐展四悬。神贶景福,遐哉永年。”[⑥]有皇祖积德,才有茂绪绵绵,世祚长延。《尚书》有九德之说:“《尚书·皋陶谟》:‘亦行有九德’:‘宽而栗,柔而立,愿而恭,乱而敬,扰而毅,直而温,简而廉,刚而塞,强而义。’意谓宽宏大度而又严肃恭谨,性情温和而又办事认真,与人和顺而又处事果断,为人正直而又态度温和,放得开而又能收得住,性情刚正而又不鲁莽,强劲勇敢而又合道义。认为这些是统治者所必须具备的品德。《逸周书·常训》也有‘九德’之说,指‘忠、信、敬、刚、柔、和、固、贞、顺’。”[⑦]《左传》亦有九德之说:《左传·昭公二十八年》:“心能制义曰度,德正应和曰莫,照临四方曰明,勤施无私曰类,教诲不倦曰长,赏庆刑威曰君,慈和遍服曰顺,择善而

---

① 山西省图书馆编:《郭象升藏书题跋》,山西古籍出版社2007年版,第82页。

② 张载:《横渠易说·系辞下》,《张载集》,中华书局1978年版,第48页。

③ 张岱年主编:《中国哲学大辞典》,第75页。

④ 林尹注译:《周礼今注今译》,书目文献出版社1985年版,第232页。

⑤ 杨伯峻编著:《春秋左传注》,中华书局1990年版,第564页。

⑥ 王启兴主编:《校编全唐诗》(下),湖北人民出版社2001年版,第4317页。

⑦ 张岱年主编:《中国哲学大辞典》,第75页。

从之曰比，经纬天地曰文。九德不愆，作事无悔。”此九德则为度、莫、明、类、长、君、顺、比、文。”[①]正是上述九德之成说，人们归纳出《周易》九德卦。

《周易·系辞》云：

> 易之兴也，其于中古乎？作易者，其有忧患乎？是故履，德之基也；谦，德之柄也；复，德之本也；恒，德之固也；损，德之修也；益，德之裕也；困，德之辩也；井，德之地也；巽，德之制也。
>
> 履，和而至；谦，尊而光；复，小而辩于物；恒，杂而不厌；损，先难而后易；益，长裕而不设；困，穷而通；井，居其所而迁；巽，称而隐。
>
> 履，以和行；谦，以制礼；复，以自知；恒，以一德；损，以远害；益，以兴利；困，以寡怨；井，以辩义；巽，以行权。[②]

上述九德卦为履、谦、复、恒、损、益、困、井、巽。来知德谓：“此章论圣人以九卦修德。”[③]九德卦有其提纲挈领之作用。吴汝纶曰：“《九家易》云：所以说此九卦者，圣人履忧、济民之所急行也。故先陈其德，中言其性，后叙其用。”[④]上述三段，对九德卦三复陈之，德、性其体，后言其用，在六十四卦中自成一格局，成其统领其余各卦之作用。程石泉对此作了详解：

此节列举九卦应用于个人行为及事业者，而不必与各该卦之卦辞爻辞有若何关系也。(一)“《履》为德之基也”，《履》者行也。下文言“《履》和而至”，“《履》以和行”盖以人之处事以和为贵。《履》而能和，是为德行之基础。(二)《谦》卦六爻皆吉。谦所以去骄泰。“谦以制礼”，盖礼之精义在谦让而不逾越其分，方得人之尊敬而自觉光荣(“《谦》尊而光”)，故谦让所以显示德性之把柄(枢纽)也。(三)复者“反”而“自知”，是为德行之根本。反者、反省以“辩于物”。自知者，“自知之明”也。人有“自知之明”是为其德行之根本。(四)恒者，久也。人之德行不因一善而著(“善不积不足以成名”)，必须持之以久方能坚固。(五)损者所以去泰、去奢、去盈，《象传》云：“损，君子以惩忿窒欲”，故《损》卦有“远害”及“先难后易”之意。重在克己修身，故为“德之修也”。(六)《益卦·彖传》云：“益动而巽，日进无疆”。《杂卦传》云：“《损》《益》，盛衰之始”。故有“宽巽”，“兴利”之意，故谓之德之裕也。(七)困之志在“寡怨”。则当明辨怨之所由来，如能明辨怨之所由来，则当变而通之。凡遇困穷之时必待明辨其所以，于是“困而不失其所亨”(《彖传》)。亨者，通也。(八)井为“养而不穷”《彖传》之象，乃生命之所赖。古人有“改邑不改

① 郑天挺、谭其骧主编：《中国历史大辞典》(一)，上海辞书出版社 2010 年版，第 53 页。

② 马振彪遗著，张善文整理：《周易学说》，第 703～707 页。

③ 来知德撰，张万彬点校：《周易集注》，第 684 页。

④ 马振彪遗著，张善文整理：《周易学说》，第 707 页。

井”(《井》卦辞)之义,凿井之地以养生,故谓“德之地也”。(九)巽,据《彖传》谓“重巽以申命”,又《象传》谓“君子以申命行事”,凡此皆言君子发布命令,以推行政事(“《巽》以行权”)。但命之所出,必称其德。行权有道,则隐而不露(“《巽》称其命而隐”)。“申命”,“行权”乃指人之道德之施诸法律制度者,故称“德之制也”。[①]

九德卦以礼为先,以权为末,体现了常经与权变的关系。人要遵循规矩,但也要有一定的灵活性。陈玉森等谓:“‘礼’,理也,于天为天道往来变化之常,于人则为人伦纪纲之法,故‘礼’不可须臾而失。人之于礼,总而论之,则修德之谓;细而分之,则践履必以阳刚之气为本,谦己而乐于施予,慎微独处而不悖于德,失位穷困而不改其志,日自省而刚柔得度,遇事能变又不失于常,遭遇小人而修身自洁,无孤高自恃之心而必以生民为本,其处事也必顺情依理,此《易》九德卦之谓。”[②]礼又为九德卦之纲领。孔子曰:“非礼勿视,非礼勿听,非礼勿言,非礼勿动。”[③]履礼则正视听言动,“正”则为九德卦之灵魂矣。

刘沅谓:“三陈九卦,明君子反身修德,以处忧患之事也。……学者即九卦而精之,可以通全易。”[④]学者能贯通九德卦,六十四卦不难一一索解。来知德谓:“圣人作《易》固有忧患矣,然圣人之忧患惟修其德而已。圣人修德虽不因忧患而修,然卦中自有修德之具,如履、谦、复、恒、损、益、困、井、巽,乃德之基、之柄、之本、之固、之修、之辩、之地、之制,盖不必六十四卦,而九卦即为修德之具矣。”[⑤]“能和行,能制礼,能自知,能一德,能远害,能兴利,能寡怨,能辨义,能行权,则知行并进,动静交修,经事知宜,变事知权,……以此修德,天下有何忧患不可处哉!”[⑥]易之为君子谋者,修德其为先乎?周易之谋略亦必自实行九德始。

《三十六计》攀附《周易》,用太阴六的极数衍成三十六计策。然《周易》本身扶阳抑阴,阳主生息,阴主消耗;阳为大,阴为小;阳为君子,阴为小人。易为君子谋,必以阳爻为体用。太阳数九,其极数八十一,周易之谋略可以八十一概之矣。前已言九德,是为德略,加乾、坎、艮、震、巽、离、坤、兑八略,略为九谋,是为九略八十一谋。

古有九略乎?《淮南子》云:“禹之时,天下大水,禹身执虆臿,以为民先,

---

① 参见程石泉:《易学新探》,上海古籍出版社 2003 年,第 186～187 页页。

② 陈玉森、陈宪猷撰:《周易外传镜诠》下册,中华书局 2000 年版,第 898 页。

③ 杨伯峻译注:《论语译注》,第 130 页。

④ 马振彪遗著,张善文整理:《周易学说》,第 707 页。

⑤ 来知德撰,张万彬点校:《周易集注》,第 681 页。

⑥ 来知德撰,张万彬点校:《周易集注》,第 684 页。

剔河而导九岐，凿江而通九略，辟五湖而定东海。”[①]陈继儒《古文品外录》序云：“凡余所为如是者，要欲学者知九州之外复有九州，九略之外复有九略。”[②]陈所谓“九略”即《淮南子》所云“九略”。“九略”谓何？贾谊《新书·修正语上》：“(大禹)故鬟河而导之九牧，凿江而导之九路，澄五湖而定东海，民劳矣而弗苦者，功成而利于民也。”[③]则“九略”为“九路”矣。“略”字本义即是划定土地的疆界，引申义是法度、谋略、经略、管理等。《尚书·禹贡》：“嵎夷既略，潍、淄其道。”[④]给嵎夷(今山东半岛一带)划定、整治了疆界，潍、淄水也就疏通了。“略”由划界引申为经略。李柄《祭倪无双太史文》云：“命谪仙之斗酒，纵啸歌以斟酌。鲸吸百川，谈该九略。”[⑤]此“九略”似应作类似于黄石公《三略》之典籍看。清人周之标《封神演义序》云：“六韬九略，各有五行。生生克克，奇变存乎中，而莫之或动。”[⑥]此标举“六”“九”正欲显阴、阳两符号耳，否则有现成之《三略》而不言，何来九略？《周易》尚阳九，九略之说亦有所本矣。

八十一谋何所来？实则从一、到三、到九、到八十一是一个历史发展的序列。“对‘三’的神秘化是在人类数字文化发展史上基数不超过‘三’的那个时代产物。法国人类学家列维·布留尔在《原始思维》一书中指出：‘在非常多的原始民族中，用于数的单独名称只有一和二，间或也有三。超过这几个数字时，土人们就说：许多、很多、太多。’可见，人类数字发展史上曾有过以‘三’作为极数的时代。所以视‘三’为神秘数。……在萨满教神秘数字观念的进一步发展过程中，‘三’的倍数‘九’更加神秘化了。到了这一阶段，‘三’从极数的位置退下来，将其‘无限大’资格让给了自己的乘积——‘九’了。’”[⑦]同样的道理，八十一数也继而获得了神秘的性质。“九九乘法表两千多年前就被我国先人刻在竹简上了，原来九九八十一是第一句，七百多年前才改成现在的样子，也许是因为古人觉得由九九八十一衍生的九九归一太重要了，所以要开门见山地指出。所谓九九归一，指的是事物发展到了一定阶段就会周而复始，但不是回到原地，而是又到了一个新的起点，这样循环

---

① 解缙等编纂：《永乐大典》第2卷，大众文艺出版社2009年版，第629页。

② 周榆华：《晚明文人以文治生研究》，广东高等教育出版社2010年版，第268页。

③ 贾谊撰，阎振益、钟夏校注：《新书校注》，《新编诸子集成》本，中华书局2000年版，第361页。

④ 樊东译注：《尚书译注》，上海三联书店2013年版，第25页。

⑤ 郑元勋选：《媚幽阁文娱》，上海杂志公司1936年版，第32页。

⑥ 朱一玄编，朱天吉校：《明清小说资料选编》上册，第480页。

⑦ 田艳秋：《蒙汉谚语中数字文化比较》，解放军外国语学院亚洲研究中心编：《东方语言文化论丛》第27卷，军事谊文出版社2008年版，第417页。

往复,以至无穷。"[①]《三十六计》是由六到三十六,八十一谋是由九到八十一。

最早使用八十一成数的可推《礼记》《战国策》。《礼记·昏义》:"古者,天子后立六官,三夫人、九嫔、二十七世妇、八十一御妻,以听天下之内治,以明章妇顺,故天下内和而家理。"[②]《战国策》称颜率谓齐王曰:"……昔周之伐殷,得九鼎,凡一鼎而九万人挽之,九鼎八十一万人。"[③]鼎再大,何用九万人,喜用九万表多耳。《史记·孟子荀卿列传》述邹衍"大九州"学说:"以为儒者所谓中国者,于天下乃八十一分居其一分耳。……中国外如赤县神州者九,乃所谓九州也。于是有裨海环之……乃为一州。如此者九。"[④]邹衍一是受《禹贡》九州的启发,另一方面,"邹衍在某种形式上是吸收了强烈地表现阴阳思想的《周易》的精髓"[⑤],才创造出了九九八十一州的世界学说。

直接模仿《周易》创成一格的是杨雄所著《太玄》:"太初之后百年,扬雄作《太玄经》,意图建立一种超越古易学的新宇宙学数理模式。他从易学的二进制发展出三进制,每卦四爻,各名'方、州、部、家',每爻三式,以 3 的 4 次方得八十一卦。他的理论虽未流行,却表现了标新立异的风格。"[⑥]《太玄》把周易的三画卦推衍为四画卦,以阳统阴,由《周易》的六十四卦发展成八十一首,首以拟卦。其《太玄·玄首都序》云:"阴阳坒参,以一阳乘一统,万物资形。方州部家,三位疏成,曰陈其九九,以为数生。赞上群纲,乃综乎名,八十一首,岁事咸贞。"[⑦]郑万耕释:"阴阳二气消长运行,万物盛衰,视阳而定,故言以一阳乘一统。……太玄以三起数,转而相乘,三三而九,九九而八十一,以成一玄三方九州二十部八十一家。一玄分而为三,分配于方州部家四个层次之中,共得八十一首。……八十一首分别统领七百二十九赞。"[⑧]由三、到九、到八十一,循阳数之倍乘发展,崇阳的意味非常明显。《太玄》之始即列《中》首:"阳气潜萌于黄宫,信无不在乎中。"[⑨]《太玄冲》云:"中则阳始。"[⑩]与冬至之节气相应,正一阳来复之时。《太玄》之第二首名《周》:"阳气周神而反乎始,物继其汇。"[⑪]阳气周而复始,万物因阳之功而复荣。到第四

---

① 翁颖明主编:《卓越游戏的诞生:游戏设计内幕》,第 135 页。
② 杨天宇:《礼记译注》,上海古籍出版社 2004 年版,第 820 页。
③ 张清常、王廷栋笺注:《战国策笺注》,南开大学出版社 1993 年版,第 3 页。
④ 程馀庆:《历代名家评注史记集说》,第 927 页。
⑤ [日]井上聪:《先秦阴阳五行》,湖北教育出版社 1997 年,第 227 页。
⑥ 李志超:《中国宇宙学史》,科学出版社 2012 年版,第 129 页。
⑦ 扬雄著,郑万耕校释:《太玄校释》,北京师范大学出版社 1989 年版,第 1 页。
⑧ 扬雄著,郑万耕校释:《太玄校释》,第 2 页。
⑨ 扬雄著,郑万耕校释:《太玄校释》,第 5 页。
⑩ 扬雄著,郑万耕校释:《太玄校释》,第 6 页。
⑪ 扬雄著,郑万耕校释:《太玄校释》,第 11 页。

十一《迎》首阴始登场用事:“阴气成形乎下,物咸遡而迎之。”[①]《太玄》之崇阳抑阴更甚乎《周易》。

郑万耕谓:“它(太玄)企图探讨外部世界的普遍联系。但是这个关于世界联系的图画,把一切事物的发展变化都局限于以九为基数的框子之中,企图用一些简单的数字解释丰富的、纷繁变化的事物,不免陷于牵强,失于主观臆断。”[②]但《太玄》崇阳抑阴的思想与《周易》是一脉相承的。阴是什么?“六画之卦则如《复》、《师》、《谦》、《豫》、《比》、《剥》一阳为主,皆君子之道也;《姤》、《履》、《夬》一阴为主,皆小人之道也。……阳至四五而后言壮,《姤》一阴方长,即曰女壮勿用取女,可见君子小人之情不同,《易》之所以喜阳恶阴也。”[③]《太玄》之喜阳抑阴与《易》同,《三十六计》之崇阴不是走向易教的方面吗? 如《三十六计》所言,机谋遍地,尔虞我诈肆行,人自设防,防不胜防,何来诚信? 何来和谐? 当然,《三十六计》自有其特殊用场,在对敌斗争中未始不是好手段。《三十六计》的局限性是明显的了,它是阴性思维、黑箱运作模式的膨胀和发展,它决不能代表中华民族的特质。有论者指出:“中华民族是一个崇尚智慧的民族,更是一个追求人格完善、注重道德修养、谦虚诚信的民族。这才是我们民族文化和民族精神的主流。”[④]《周易》作为人生指导准则,让人从立德做起,行乎中道、正道,见贤思齐,争取跻身于君子、大人的行列,而谋功业之所成,岂不是人世间的大方略乎? 此正《八十一谋》之所作也。《八十一谋》以德、乾、坎、艮、震、巽、离、坤、兑九略领八十一谋,一出于中正,不违常经,而通权达变,庶几有弼于易教,有助于人生,而成百姓日用之谋略参考。其详论请参阅笔者下一步著作《周易八十一谋与孙子兵法》。

一本大学教科书写到:“巴尔塔沙·葛拉西安(Bahasar Gracian,1601～1658)……《智慧书》被许多欧洲学者评为‘具有永恒价值的三大处世智慧奇书之一’……葛拉西安以他浓缩了人生经验的箴言而受到世界范围内众多读者的喜爱。……书中简短的语句中闪现着17世纪的人生智慧。”[⑤]该教材选取了葛拉西安的《中庸之道》:“一位圣人曾把所有的美德都归于中庸之道。如果把对的推到极端,那么对的也会变成错的;如果把橘子的汁全部榨干,那么橘子也会变得苦涩。即使在享乐方面,也不要走极端。”[⑥]感情葛拉西安的智慧是跟孔夫子学的,不过他的归纳也够精炼、形象的了。说《孙子

① 扬雄著,郑万耕校释:《太玄校释》,第128页。

② 扬雄著,郑万耕校释:《太玄校释》前言,第9页。

③ 孙国中、董光和编著:《易经指南》,团结出版社2008年版,第94页。

④ 毛元佑、徐楚桥编著:《三十六计解读》,第72页。

⑤ 曾繁仁主编:《大学语文》,教育科学出版社2010年版,第141页。

⑥ 曾繁仁主编:《大学语文》,2010年版,第141页。

兵法》《智慧书》《君主论》是“三大处世智慧奇书”,恕笔者力拙,至今不知是哪些欧洲学者在什么时候说的。但该教科书选了葛拉西安的一篇《中庸之道》,却没有选一下中国的奇书《孙子兵法》中的什么。说来也是,该书把葛拉西安的文章放在“君子人格”部分,与孔子、子思等哲人并列,孙子的论兵文章怕不宜放在这里。看来西哲、东哲对君子人格的重视是人同其心、心同其理的。

《周易》是严君子小人之分的:“文明以健,中正而应,君子正也。唯君子为能通天下之志。”[①]唯有君子能以正道疏通畅达天下人的志向而导向正途。“大者正也。正大而天地之情可见矣!”[②]天地化生万物无私无邪、无偏无倚,其德既大且正。《周易》爻位居中者无有不正:“大哉乾乎?刚健中正,纯粹精也。”[③]“刚健中正”指乾卦二、五爻。“纯粹以精,盖赞其光明之极,无量无边也。此乾之所以为大也。”[④]六爻皆阳,刚健光明臻乎极致。“君子黄中通理,正位居体,美在其中,而畅于四支,发于事业,美之至也。”《周易·坤卦·文言》指坤卦六五爻而言。“就一身言则畅于四支,就天下言则发于事业。曰畅曰发,皆本其在中之美而以时发之也。”[⑤]“讼元吉,以中正也。”李士鉁谓:“中则不过,正则不偏,以之讼则获理,以之听讼则息争而平其情。”[⑥]讼为凶事,九五阳刚中正,而获大吉。“六五:知临,大君之宜,吉。象曰:大君之宜,行中之谓也。”来知德谓:“六五柔中居尊,下任九二刚中之贤,兼众智以临天下,盖得‘大君之宜’者也,吉可知矣。……六五中,九二亦中,故曰‘行中’。‘行中’即用中。”[⑦]六五本不得正,居中而正。无论六五柔中还是九五刚中皆宜。“九二:舆说輹。象曰:舆说輹,中无尤也。”(《大畜卦·九二》)尚秉和谓:“车之行全恃輹。輹脱则车不能行。二承乘皆阳。阳遇阳则窒,故有是象。……然爻辞无吉凶,无咎悔,故象曰中无尤。言无尤之故,以得中也。”[⑧]大畜九二爻车脱輹本凶,因居中位,凶亦不凶。“九二:悔亡。象曰:九二悔亡,能久中也。”(《恒卦·九二》)尚秉和谓:“二不当位,前临重阳,宜有悔矣,然得中位,进随不利,中正自守,亦无悔也。”[⑨]九二阳爻居阴位,居位不

---

① 马振彪遗著,张善文整理:《周易学说》,第 142 页。
② 马振彪遗著,张善文整理:《周易学说》,第 335 页。
③ 马振彪遗著,张善文整理:《周易学说》,第 27 页。
④ 马振彪遗著,张善文整理:《周易学说》,第 27 页。
⑤ 马振彪遗著,张善文整理:《周易学说》,第 50 页。
⑥ 马振彪遗著,张善文整理:《周易学说》,第 86 页。
⑦ 来知德撰,张万彬点校:《周易集注》,第 302 页。
⑧ 尚秉和:《周易尚氏学》,第 133 页。
⑨ 尚秉和:《周易尚氏学》,第 158 页。

正，即不当位，然尚氏仍说“中正自守”者，能居中者，不正亦正，以中为正也。“中”成为《周易》论卦的核心原则。扬雄有以继之，《太玄》之始即列《中》为八十一首之首：“阳气潜萌于黄宫，信无不在乎中。”[①]谓阳气生于地中而上达天中。《太玄冲》谓：“中则阳始，应则阴生。”[②]应为《太玄》第四十一首，阳从中始，而盛而衰，阴始上升。

“《易》以中为正，阴阳得中正之道则吉。”[③]“儒家易学的基本精神之一是以中为贵，这是从爻位的‘时中说’引申而来的，即以中为正，主张应时而行中道；同时主张变通，不因循守旧，‘随时而变，在中而已’，以中作为变通的尺度。这种思想既主张变通、变革，又不走极端、盲目妄动。”[④]即守中庸，又要适时达变。“《周易》赋予‘中’以道德含义并极力宣扬这种道德，目的在于让上至王公贵族下至庶民百姓牢牢地抓住矛盾两个方面：阴阳、刚柔、吉凶、上下、安危、彰微等，以最终达到中庸境界。尚中用中是中国古代人的理想人格和价值尺度。《尚书·洪范》曰：‘无偏无陂，遵王之义……无偏无党，王道荡荡；无党无偏，王道平平；无反无侧，王道直直。’这是指政治崇尚中和。《周礼·大司徒》：‘以五礼防万民之伪，而教之中，以六乐防万民之情，而教之和。’这是指礼乐崇尚中和。《中庸》则作了更深入系统的论述，如‘中也者，天下之大本也；和也者，天下之达道也。致中和，天地位焉，万物育焉。’”[⑤]儒家“中庸”的思想是一以贯之的，在《周易》亦不例外，能中则正。以“中”教人，必使人做正人君子。不只唯中，还要适时通变，这样方能做人做事圆融无碍。

与《周易》的中道中矩相比，《孙子兵法》的灵活性大大提高了。《周易》的作者像是一个智慧老人在告诫年轻人在人生的道路上应该怎样走。孙子是一个英武的年轻将军，带着朝气、锐气，告诉他的君主、他的同伴怎样在战场上驰骋争胜。《孙子兵法》曰：“兵者，诡道也。故能而示之不能，用而示之不用，近而示之远，远而示之近。……攻其无备，出其不意。”[⑥]孙子对战争本质的把握横绝当世，辉耀千古。当别人还扭扭捏捏、不好出手的时候，孙子直言不讳、直截了当，胜利就是目的，能导致胜利的手段都是合理的。是呀，一位独裁者不是说过吗，胜利者是不受谴责的。孙子曰：“凡战者，以正合，

---

① 扬雄著，郑万耕校释：《太玄校释》，第5页。

② 扬雄著，郑万耕校释：《太玄校释》，第346页。

③ 王文采：《周易经象义证》下册，第341页。

④ 万本根、蔡方鹿：《儒家精神与现代社会》，国际儒学联合会编：《儒学与当代文明：纪念孔子诞生2555周年国际学术研讨会论文集》第1卷，第69页。

⑤ 刘大钧主编：《大易集义》，上海古籍出版社2002年版，第479页。

⑥ 吴九龙主编：《孙子校释》，第12页。

以奇胜。故善出奇者,无穷如天地,不竭如江河。终而复始,日月是也。死而复生,四时是也。声不过五,五声之变,不可胜听也;色不过五,五色之变,不可胜观也;味不过五,五味之变,不可胜尝也;战势不过奇正,奇正之变,不可胜穷也。奇正相生,如循环之无端,孰能穷之?"[①]一"奇"字概括战争无数奥决,正可测,奇不可测,正可循,奇不可循,"运用之妙,存乎一心"[②],"能因敌变化而取胜者,谓之神"[③]。不能用奇者,虽正亦不正也。正而不能胜,正复何用?故以奇为正,以胜为正。

《周易》以道德示人而不拘,《孙子兵法》以功利示人而不肆,而皆以其"正"垂法于后世。得《周易》多者,行兵作战多谨严法度,老成持重,所谓"诸葛一生唯谨慎"。得《孙子兵法》多者,行兵作战多飘疾如风,奇计迭出,神出鬼没,如李靖之灭东突厥。能融汇《周易》与《孙子兵法》之精髓于一身者,其行兵作战即便不以正为主,其奇亦必有法度可循,多于其学养、阅历中得之。观曾国藩氏之用兵,奇计异谋并不为多,其行事重操守、能坚持、扎硬寨、打死仗,终能平患靖难,换来清朝中兴。曾氏本人亦说:"古人用兵,最贵变化不测。吾生平用兵,失之太呆。"[④]"官军深入贼地,逆党拼死来争,我军以寡击众,并不用虚声奇计,专以扎硬寨,打死仗为能。"[⑤]"国藩平日不善临阵,故友人相戒,但宜在远处调度,不宜至近处对敌。"[⑥]曾氏乃运筹帷幄之元戎,非冲锋陷阵之猛将,指画方略,谋定后动,是其能事。曾氏用兵以大战略著称,然并非不用奇。其谓:"大抵平日非至稳之兵,必不可轻用险著;平日非至正之道,必不可轻用奇谋。然则稳也,正也,人事之力行于平日者也;险也,奇也,天机之凑泊于临时者也。"[⑦]人能用力于正,不能寄希望于奇。正可期,奇不可期。奇正全在战场上之机缘,而出于主帅之灵机。曾氏说:"凡用兵,主客奇正,夫人而能言之,未必果能知之也。……忽主忽客,忽正忽奇,变动无定时,转移无定势,能一一区而别之,则于用兵之道思过半矣。"[⑧]曾国藩氏之用兵,获得后人高度赞誉,其勋业宏绩多来自于其才、学、识,其得自于《周易》与《孙子兵法》者亦甚多。

---

① 吴九龙主编:《孙子校释》,第71～73页。

② 脱脱等:《宋史》卷三六五《岳飞传》,第11376页。

③ 吴九龙主编:《孙子校释》,第103页。

④ 陶伯仁标点:《曾文正公嘉言类钞》,大达图书供应社1934年版,第198页。

⑤ 曾国藩:《官军双城驿大获胜仗克复黄梅县城摺》(一),燕林主编:《曾国藩文集》(上),北方妇女儿童出版社2002年版,第252页。

⑥ 陶伯仁标点:《曾文正公嘉言类钞》,第215页。

⑦ 陶伯仁标点:《曾文正公嘉言类钞》,第218页。

⑧ 陈大政辑录:《曾国藩全书·治军卷》第7卷,内蒙古大学出版社2001年版,第141页。

《周易》号称“群经之首”“大道之源”，是东方的“圣经”，是中华民族之“智慧藏”[①]。“自唐虞世南有言：‘不读《易》，不可为将相。’于是有用世之志、济世之才者，尤孜孜有索于《易》矣。”[②]《孙子兵法》有“百世谈兵之祖”之美誉，“唯其懂《孙子兵法》，才能懂中国文化”[③]。《周易》与《孙子兵法》是国人智慧的源头，是中华民族文化的精粹，用她们作指导，可使我们的人生走向圆满，可使我们从胜利走向胜利，让我们以一双慧眼探寻先哲们留给我们的智慧吧。

---

① 摩德勒伽就翻译为智母、智慧之母、智母藏、智慧藏，母就是能生之义，藏就是含藏之义，我们读诵受持能生智慧（释大愿编：《大愿与地藏法门》，宗教文化出版社 2012 年版，第 423 页）。

② 南怀瑾：《中国文化五讲》，复旦大学出版社 2003 年版，第 256 页。

③ 邱复兴主编：《孙子兵学大典》第 5 册，北京大学出版社 2004 年版，第 55 页。

后　记

在这里，我想对我习读《周易》与《孙子兵法》的过程作一回顾。

我出生于枣庄山亭柴林村农家。父亲少时受过私塾教育，但整天忙于农活，其所学也忘得差不多了（那时过年写春联，他老人家还要我从家里的一本《毛泽东诗词》里找联句，他年年写的是"春风杨柳万千条，六亿神州尽舜尧"）。农闲时，他还是会聊些小时候上学的事情。比如，他的表字是任先生起的，大叔的字是国瑞等。大叔善博闻强记，老年犹能背诵全部"三百千"（《三字经》《百家姓》《千字文》）。正是听他老人家说过，"学了《增广》会说话，学了《易经》会算卦"（他自己倒不会）。那时我也就上小学二三年级吧，也就知道《周易》是个很高深的学问。

1979年，那是一个春天，我已经在本村上四年级了。一天，秋祥叔拿来一本线装古旧书来让我帮他看一下。这本书是《爱众篇》，清人张觉正写的，讲的是阳宅风水（当时还奇怪这个书名呢）。想不到我竟然一看就懂，秋祥叔大大表扬了一番。这倒让我产生了兴趣，也产生了信心，遂留意起古旧文化来。

旧小说也是我爱看的。我看的第一本旧小说是《续济公传》，木活字排印本，前后都没了封皮，后来知道是坑余生写的。其中，令我记忆犹新的则是谭宗旺误进桃花坞与狄小霞结亲那一段。书中那些先天八卦、后天八卦、明分八卦、暗合五行的名头有些也不怎么明白，也就稀里糊涂地读了下来。我那时还在生产队，晚上有一个聊书、说书的小圈子（想想那时还真有文化氛围），在我家北面的井沿边。最老的祺祥大爷五六十岁（亲哥仨都见过世面：老大韩吉祥上海滩第一打手，黄金荣护院，人称"韩大侉子"；老二韩岳中系卫立煌部下营长，抗战有功），还有荣斌哥、荣华哥、明海哥等，最小的本人上四年级。谈得最多的是《济公传》《三侠五义》等小说。我最早的古典知识是从这里得来的，也养成了读古书的习惯。

1983年，我顺利考入滕县师范，那时读的闲书最多，事实上已成了一个"杂家"。但对《周易》的兴趣一直没有间断，我还有不少手抄本呢。1988年，我在曲阜师范大学上郭克煜先生的课时，第一次学会了怎样用蓍草、铜钱起卦。但开始认真读《周易》则是在新疆大学跟管守新先生读研期间。2001 年的第一场雪来得不早不晚，在白雪飘飞的季节里，我一心扎进了书海古卷里面。张立斌先生想让我承担一些周易研究课题，因本人不能使用电脑工作而作罢。2007 年，我在扬州大学跟吴善中先生读博士时，经学专家刘建臻先生给我们讲《周易》，我获益匪浅。我的博士论文是《黄葆年与太谷学派研究》。太谷学派开山周太谷，讲学以易学为不二法门。易学研究遂成太谷学派的鲜明特色，学派弟子刘鹗所著《老残游记》体现的易学时世观，可见一斑。太谷学派易学思想成为我关注的主要课题。2013 年在复旦大学访学期间，我专门听了刘康德先生、谢金良先生的易学课和陈居渊先生的经学课，受教颇深。

滨州学院孙子研究是其特色，本人也厕身其中。1988 年左右，本人曾购进吴如嵩先生的《孙子兵法浅说》一书，时常研读。那时哪会想到以后会研究《孙子兵法》，在山间小学糊口而已。孙远方、姚振文两教授建议我把《周易》研究与《孙子兵法》研究结合起来，遂有今天的这本小书。

黄侃先生曾谓："读书不必自出新义，能解古人之意，于余足矣。"（仓石武四郎：《述学斋日记》，中华书局 2002 年版，第 195 页）《周易》难读呀，古人们解易也是异见迭出，令今人难以取舍。本人沿着前贤的足迹、照着自己的理解将《周易》与《孙子兵法》结合起来进行解读，重点阐释《周易》所蕴含的谋略意义，不知偏差多少。"八十一谋"则是本人的一个新提法，有和"三十六计"比较的想法，是我下一步致力的一个目标，且俟来日吧。

感谢滨州学院科研处李靖莉处长，闫永利副处长，孙子研究院孙远方院长，人文学院王明东院长，孙洪军、王凤翔副院长，滨州孙子研究会扈光珉秘书长对本人研究课题的鼓励和支持，感谢张瑞编辑的辛勤付出，感谢妻子李红玲的默默支持，感谢韩东珍、韩瑞珍对我拙为人父的理解。母亲张氏已八十望五，她老人家七岁丧母，依其外祖母丁家过活。战乱中，曾外祖母全家曾躲进红山峪（全国著名民俗村）一炮楼中。恰巧当夜有队伍攻炮楼，攻打不下，放火焚楼。曾外祖母带着全家从枪炮、大火中跑出，无一伤亡（没跑的无一生还）。曾外祖母说，多亏祖宗积善行德（正应了《周易》的一句话：积善之家，必有余庆）。母亲常以其事训余（母亲曾获"山亭区善行义举好婆婆"奖）。愿天常生好人，好人一生平安！

韩荣钧

于乙未冬月滨州新立河畔听香斋